계곡의 안개처럼 살다

계곡의 안개처럼 살다

■

지은이 | 고산지

■

초판 1쇄 2017년 4월 20일

■

펴낸이 | 길명수

펴낸곳 | 배문사

출판등록 1989년 3월 23일, 제10-312호

주소 서울시 서대문구 경기대로 76

전화 (02) 393-7997

팩스 (02) 313-2788

e-mail pmsa526@empas.com

■

편집 인쇄 삼중문화사

ISBN 978-89-87643-28-1(03340)

값 25,000원

* 낙장 및 파본은 교환해 드립니다.

계곡의 안개처럼 살다

한국판 쉰들러 리스트

- 무계(霧溪) 고영완(高永完) 일대기

고 산 지 지음

배문사

추천서문

제14대 대법원장 이용훈(李容勳, 고영완 선생의 둘째사위)씨로부터 고영완(高永完) 선생의 일대기에 관한 추천서문을 부탁받고 감히 거절하기 어려웠다.

고영완 선생과는 함께 정치를 한 적은 없지만, 본인이 기자였던 1974년, 동아일보에 '제1공화국 제8화 국민방위군 사건' 을 연재하면서 선생의 의정활동에 깊은 감명을 받았다.

해동(海東) 굴지의 명문인 삼한갑족(三韓甲族) 제주고씨(濟州高氏) 장흥백파(長興伯派) 고복림(高福林)의 26세손이자, 제봉(霽峰) 고경명(高敬命)의 16세손인 선생은, 일본 유학 시절 3,000석의 지주이었음에도 불구하고 열심히 농촌계몽운동을 한 선각자였다.

선생은 연희전문학교 학생과 일본 유학생이 중심이 된 항일결사조직 '조선학생동지회' 에 누이동생 고완남과 함께 참가, 전라도 책임자로 활약하다 징역 1년형을 언도받고 함흥형무소에서 옥고를 치룬 독립투사였다.

해방은 되었으나 국가 재정이 너무나 빈약해 부족한 교육시설은 학부모와 군민들의 힘으로 확충해야 할 난관에 부딪히자, 장흥공립중학교에 자신의 '논[畓] 100두락(斗落)' 을 쾌척한 독지가였다.

선생은 초대 감찰위원회에 참여해 농림부장관 조봉암의 양곡매입비 조작유용 사건과 상공부장관 임영신의 수뢰 및 국가재산남용 사건을 밝혀 낸 후, 이승만 대통령이 이들의 파면을 거부하자, 감찰위원장 정인보와 함께 물러난 진정한 공인(公人)이었다.

6 · 25전쟁 중에 고영완 의원이 정읍군 고부면의 부역자들을 구한 이야기를 나는 이번에야 알게 되었다. 정치활동을 했던 내 지역구에서 일어난 일이기에 내게는 큰 충격이었다. 9 · 28 수복으로 서울로 돌아온 선생은 가족들의 행방을 알 수가 없었다. 종처남이 정읍군 인민군당위원장이던 고부면의 처갓집을 찾았다. 그곳에서 가족과 무사히 상봉한 고영완 의원은 정읍경찰서장에게 구치소에 구금 중인 부역자(附逆者)들을 풀어줄 것을 요구했다.

거부하는 경찰서장에게 "내 가족이 지난 3개월 동안 무사한 것을 보면 저들은 공산당이 아닙니다."고 설득했다. 그래도 완강히 거부하자 조병옥 내부부장관에게 전화를 걸어서 위원장 1명을 제외한 모두(4, 50여 명)를 석방시킨 이야기는 쉰들러 리스트(Schindler's List)처럼 나에게 감동을 주었다.

이승만(李承晩) 대통령의 최대실정인 국민방위군 사건은 군사재판 개시 3일만에 '김윤근은 무죄, 윤익헌은 3년 6개월' 을 선고했다. 자칫 묻혀버릴 것 같은 이 사건이 재심을 거처 사형선고에 이르게 된 것은 고영완 의원의 국회 발언 때문이었다. 전시임에도 불구하고 정의를 세우기 위한 선생의 용기 있는 행동은 후배 정치인의 귀감이 아닐 수 없다.

신정동지회로 들어간 정치자금은 신정회 사무총장 조영환이 무죄판결을 받음으로써 일단락되었다, 특이하게도 신정회 사무국장이었던 조영환이 5년 후(1957)에 고정간첩으로 밝혀져서 15년형을 받았다고 이 책은 기록하고 있다.

4 · 19혁명으로 제5대 국회의원에 당선된 선생은 신, 구파 분쟁으로 민주당이 분열하자, 구파동지회 소속임에도 불구하고 민주당에 잔류해 통합을 주장했다. 민주당 장면 정부가 5 · 16군사정변으로 10개월도 채우지 못하고 무너진 원인은 민주세력의 분열에 있었다.

선생의 정치적 멘토였던 조병옥 박사의 "빈대 잡는다고 초가 삼간을 불태워서는 안 된다."는 정치적 유산이 이 책을 읽는 모든 독자의 가슴에 울림이 되기를 기원하면서 추천사에 갈음한다.

2017년 4월 일

제17대 국회의장 김원기

서시

계곡의 안개처럼 살다

－무계(霧溪) 고영완(高永完)

조국의 광복(光復)을 위해서
말을 남기지 않고[不言]
글을 남기지 않고[不文]
이름을 남기지 않았던[不名] 당신은
이 시대의 진정한 투사(鬪士)였습니다.

사람들은 당신의 행실을
드러내라 했지만
오른손이 한 일을
왼손이 모르게 한 당신은
진정한 이 시대의 군자였습니다.

일본 유학생과 연희전문학생들이
주축이 된 조선학생동지회의 독립운동에
여동생 고완남과 함께 참여한 사실을
부친마저 몰랐다던 과묵한 당신은

공사(公私)가 분명한 선비였습니다.

치안유지죄라는 명목으로
함흥형무소에 수감되어서
모진 고문 견뎌내고
1년 형기 마치고 풀려난 당신은
진정한 대한(大韓)의 아들이었습니다.

대한민국의 건국을 위해 건준장흥지부에서 활동하다
미군정(美軍政) 초기 장흥군수로 임명되어
무질서한 폭력의 실체를 깨닫게 된 당신
독촉회의 및 족청장흥지부장 재임 중
한민당 소속으로 제헌국회위원에 출마해 낙선하자
나라를 위해 또 다른 길을 선택한 당신은
자신이 해야 할 일을 찾아서 하는 선구자였습니다.

감찰위원회 정보관으로 나라를 세우는 데 진력했던 시절
농림부장관의 양곡매입비 조작 유용 사건과
상공부장관의 수뢰 및 국가재산 남용 사건에 대해

농림부장관 조봉암(曹奉岩)과 상공부장관 임영신(任永信)의
징계를 상신한 감찰위원회의 건의를
이승만 대통령이 거절하자,
이들의 파면을 의결하고 정인보 감찰위원장과 함께 사임한 당신.
당신의 그 용기를, 우리는 잊을 수가 없습니다.

37세의 젊은 나이로 제2대 국회의원에 당선된 당신은
동족상잔의 참극이 진행되는 전시임에도 불구하고
국민방위군 사건 재심을 국회에서 거론합니다.
1 · 4후퇴시 방위군 설치법에 따라 소집된 예비병력의
수송비용과 식량 등 군수품을 부정 유출, 유용하여
수많은 장병들이 굶주림과 질병, 동사(凍死)한
국민방위군 의옥 사건을
불순분자나 오열의 소행이라고 압박하는
전시권력에 굴하지 않고
부정과 부패의 척결을 요구한 당신의 거룩한 분노를
우리는, 우리는 기억하고 있습니다.

국민방위군 의옥 사건으로

이승만 정권의 요주의인물로 부각되어

제3대, 제4대 국회의원 선거에서

관권의 부정한 선거개입으로 낙선된 당신은,

막내아들은 대학교에 진학시키지도 못하면서

자신의 토지를 학교부지로, 도로부지로 내놓았던 당신은,

이 시대의 진정한 멘토였습니다.

살아 생전에
그 흔한 자신의 공덕비 하나 남기지 않고
말도 남기지 않고[不言]
글도 남기지 않고[不文]
이름조차 남기지 않았던[不名]
당신은
오늘도 동삿골[東寺谷]의 아침 안개가 되어
우리의 가슴을 설레게 합니다.

– 고산지

프롤로그(prologue)

고영완(高永完, 1914. 2.11.~1991. 8. 6. 운동계열 학생운동)은 전남 장흥(長興) 사람이다. 서울중앙고보를 졸업하고 일본에 유학해 일본 센슈대학(專修大學)에 유학했다. 1939년 12월, 연희전문학교 학생 김상흠(金相欽), 서영원(徐泳原), 윤주연(尹柱淵) 등이 중심 되어 조직한 항일결사조직 조선학생동지회(朝鮮學生同志會)에 참가해 전라도책임자로 활약했다.

조선학생동지회는 3 · 1운동과 같은 방법으로 독립투쟁을 하기로 하고, 1942년 3월 1일을 거사일로 정했다. 이들은 조직을 전국적으로 확대하고 도쿄 유학생 등 해외 유학생과 연락, 거국적인 거사를 계획했다. 1940년 2월부터 1941년 7월까지 남한산성, 냉천동 약수터, 연희전문학교 뒷산, 벽제관 등에서 모임을 갖고 독립의식을 고취시키며 동지규합 및 조직확대에 힘을 쏟았다. 그러나 1941년 7월에 동회의 하부조직인 원산상업학교의 조직이 일경(日警)에 발각됨으로써 동조직의 전모가 드러나게 되었다.

고영완은 여동생 고영남(고완남)과 함께 동년 9월 일경에 피체(被逮)되었다. 모진 고문을 당한 고영완은 1943년 3월 함흥지방법원에서 치안유지법 위반 혐의로 징역 1년형을 언도받고 옥고를 치렀다. 대한민국 정부에서는 그의 공훈을 기리어 1990년에 건국훈장 애족장(1982년 대통령 표창)을 수여했다.

제5대 국회의원 고영완

필자의 결혼식 혼주 사진

건국훈장 애족장의 공훈조서 외에는 무계 고영완의 독립운동에 관한 공식적인 기록은 남아 있지 않다. 다행히 필자는 2010년 8월에 발간한 윤주연옹의 항일비밀결사 《조선학생동지회약사》를 통해 조선학생동지회의 실체를 알게 되었다. 조선학생동지회는 비록 미수에 그친 독립운동이었지만, 1930년 이후 조국의 독립을 위해 단체를 결성한 투쟁봉기를 목적으로 생성된 단체였다. 1930년 이후 독립운동을 목적으로 단체를 결성하고 독립운동을 한 단체는 오직 '조선학생동지회' 뿐이었다는 데 그 의미가 있다.

차 례

3. 고영완의 가계와 가문의 전설

4. 고영완의 스승들

5. 고영완의 농촌계몽운동과 평화마을의 노래

6. 고하 송진우 – 첫 번째 멘토

7. 해방 정국

8. 미군정

9. 정치인 고영완

10. 위당 정인보 - 두 번째 멘토

11. 고영완과 감찰위원회

12. 2대 국회의원 고영완

13. 6 · 25전쟁 발발

14. 6 · 25전쟁과 고영완

15. 유석 조병옥 - 세 번째 멘토

16. 국민방위군 사건과 고영완 의원

17. 고영완과 부산정치파동 그리고 발췌개헌

18. 2대국회 고영완 의원의 의정활동

19. 3대 국회의원 선거와 고영완

20. 장흥농업기술학교와 고영완

21. 민주당 창당과 고영완

1. 조선학생동지회 약사

몽양(夢陽) 여운형(呂運亨)의 권유로 연희전문학교 상경과에 재학 중이던 윤주연과 김상흠(인촌 김성수의 아들), 서영원(서재필 박사의 손자)은 1939년 12월 같은 학교 학생인 이동원, 김영하, 민영로 등과 함께 윤주연의 집에 모여 항일결사 단체인 '조선학생동지회'를 조직했다.

고하(古下) 송진우(宋鎭禹)와 몽양 여운형 그리고 서재필 박사의 지도를 받고자 했으나, 김상흠과 윤주연을 만난 고하는 "너희들이 그런다 해서 조선(朝鮮)이 독립되는 것이 아니다. 객관적인 정세변화(情勢變化)가 일어나 천지가 진동(震動)해야지 그렇지 않고서는 희생만 당한다. 지금 하고 있는 공부나 열심히 해서 신상영달(身上榮達)을 도모하고 딴 생각은 아예 하지도 말라." 고 질책(叱責)했다.

그러나 몽양은 "장하도다! 우리 학생들이여! 일본의 멸망이 안전(眼前)에 와 있다. 이 운동은 반드시 도쿄(東京) 유학생들과 회동(會同)해 긴밀히 밀착되어야 한다. 그래야만 세계적으로 영향력을 행사할 수 있다." 며 격려했다.

1) 동지 규합과 운동범위의 확대

서영원(徐泳源)은 연희전문학교 동급생 이동원(李東元)과 민영로(閔泳魯), 이영춘(李永春) 등을 포섭했고, 황해도 청년 박운선(朴雲善)은 윤주연의 중학교 동창 황인선(黃仁善)과 함께 황해도를 담당했다. 김영하(金永河)가 포섭한 최재근(崔在根)은 강원도를 담당했고, 김재황(金在璜)은 송봉우(宋鳳瑀)를 영입했다.

윤주연(尹柱淵)은 장흥(長興)의 지주이자 일본 센슈(專修)대학에 유학 중이던 상당한 이론가 고영완(高永完)을 설득하는 데 성공했다. 그는 고영남(高永南, 고완남)의 오빠였다. 고영완은 흔쾌히 누이와 함께 "활동하겠다."면서 "전라도를 책임 맡겠다."고 했다.

이화여중 출신의 고영남은 고영완의 누이이자 인촌(仁村)의 자부로서 가정환경이 극히 애국적이었다. 그녀 또한 오빠와 상의해 이화여중 동창들을 동원하겠다는 각오를 밝혀 왔다. 은행에서 40만 원(圓),현 20억 상당의 융자를 신청해 결제가 났다는 고영완에 관한 《조선학생동지회약사》의 기록에 관한 담보물은 고영완의 외가 장성군에 있던 고영완의 동생 고영구의 소유 전답 300마지기였다.

광주고보사건의 이해용(李海鎔)을 설득해 경기도를 담당하게 한 윤주연은 중앙고보 최복현(崔福鉉) 교사를 포섭했고, 대동상업학교 이연호(李連鎬) 선생의 노력으로 대동상업학교의 양(楊)선생을 영입했다. 이근갑(李根甲)이 소개한 원산상업학교의 윤선생과 자원한 함흥농업학교의 윤선생, 루씨(樓氏)여고 교사 안시영(安時永)

등이 참여했다.

대동상업학교 이연호(李連鎬) 선생의 독자인 이근갑(李根甲)은 함경도 북청(北靑) 태생으로 자청해 함경도를 담당했다. 당시 함경남도는 애국사상이 왕성해 '사상함남(思想咸南)'이라는 별칭을 얻고 있었다. 이근갑은 함흥농업학교, 함흥중학교, 루씨여고, 원산상업학교의 세포조직을 끝내고, 함경북도 회령(會寧), 성진(城津), 청진(淸津)에 세포를 조직해 함경북도까지 조직을 확산시키던 중 체포되었다.

2) 사건의 진행

1939년 12월 조선학생동지회 창립총회는 윤주연이 기거하고 있던 도정관(都正官)의 3칸 거실에서 개최, 도쿄 유학생을 포함, 약 40여 명이 참석했다. 도정관은 왕족의 사궁(私宮)으로 잡인과 일본인의 출입이 금지된 비밀이 잘 보장된 곳이었다. 윤주연은 그 궁에서 학교에 다니고 있었다. 임시의장에는 백재호(白在鎬)가 추천한 윤주연이 선임되었다. 도정관회의에서는

"회의 명칭은 조선학생동지회라 한다."

"기미년 3 · 1운동식으로 거사하기로 한다."

"도쿄 유학생 대표 및 연락책임자로 재도쿄(在東京) 중앙고보 교우회회장이며 중앙대학교동지회 간부인 백재호(白在鎬)를 선임한다."

"상하이 임시정부와의 연락은 작금으로서는 불가능하므로 몽양

(夢陽)에 부탁해 차후 가능한 시기를 취하도록 한다."
등을 결의했다.

회의진행 도중 와세다(早稻田)대학교에 재학 중인 고재국(高在國)과 김운용(金龍雲)이 발언권을 얻어서

"조선독립은 일종의 혁명이다. 그런즉 왜성적(倭性的) 기존질서를 파괴하고, 새 질서를 세워 그 위에 새로운 이데올로기를 가진 사람이 나와서 시스템을 수립해야 할 것이다. 그 신혁명의 성격을 규정지어야 한다."

고 주장하면서

"세계 각지에서 인류약소민족의 해방과 독립은 인민, 대중, 농민의 지상천국인 공산주의 혁명이어야 한다. 세계 조류에 따르자."

는 장광설(長廣舌)이 계속되었다. 민족주의를 바탕으로 건국되는 조선은 소련이나 중국, 혹은 일본이나 미국의 어느 나라에도 예속(隸屬)되지 아니한 완전한 자주독립국가로 성장해 강대국이 되어서 세계를 호령하자면서 기염을 토했다.

김영하(金永河) 등이 발언권을 얻어서 논박하고 나섰다.

"고동지, 김동지, 소비에트를 가 보았는가? 마르크스, 레닌, 엥겔스에 의한 공산락원이라고 하지만, 공산주의 국가에는 스탈린이라는 신흥공산 황제 독재군주가 생기고, 신흥공산 귀족이 공산인민노예를 강제 지배하는 암흑 같은 생지옥이다. 자유가 전

무한 황무지(荒蕪地)라는 것을 모르는가? 이 민족을 암흑노예지 대화된 공포(恐怖)의 세계로 끌고 갈 수는 없다."

면서 민족주의 혁명을 주장했다.

쌍방의 논쟁이 격앙되자, 흥분한 이들이 던지는 중국요리접시와 재떨이가 벽에 부딪쳐 깨어지는 등 회의장은 아수라장으로 변했다. 임시의장 윤주연은

"이 문제는 대단히 중요한 사안이다. 민족의 장래를 결정하고 방향을 제시해야 하는 안건이기 때문에 독립이 된 후에 국가헌법 기관을 설립해 인민투표로 결정하자."

는 긴급제안을 해 사태를 수습했다.

이어서 도쿄 유학생 대표 백재호는 일본의 조선착취 유형을 설명하고 민족혼, 발분(發奮)과 진작(振作)을 강력히 촉구했다.

"전조선 13도, 전국민의 85%가 농민이다. 이 농민을 착취하는 자는 각지에 산재해 있는 금융조합이다. 금융조합 위에 동양척식주식회사가 있다. 동양척식주식회사 주주는 왜인재벌이다. 왜인재벌을 파멸시키려면 일본의 지하공산주의자들과 제휴해야 한다."

고 역설해 이 제의를 만장일치로 채택했다. 그리고 일본지하공산주의 단체 죽마회(竹馬會)회장 기무라겐타로(木村建太郎)를 교섭하는 담당책무를 와세다대학의 고재국(高在國), 김용운(金龍雲)에게 위임하자 두 사람은 기꺼히 받아들이면서 적극 협력할 것을 맹세했다.

1940년 4월 조선학생동지회 제2차 회의는 의장으로 선임된 김영하의 주관으로 남한산성에서 열렸다. 윤주연으로부터 도정관(都正官)회의에서 결의된 사항을 여운형에게 알렸다는 보고가 있었다. 이어서 송진우(宋鎭禹)를 방문해 조선학생동지회에 대한 몽양(夢陽)의 지도를 설명하자 고하(古下)는

"얼굴을 정색하고 경청했다."

는 김상흠(金相欽)의 보고가 있었다. 거사 당일 대중, 봉기, 동원, 선동에 관한 각자의 구상을 파악해, 모의, 선동, 웅변, 연습을 했다. 김재황(金在璜)의 선창으로 5개 행동강령을 재창하고 거사를 위해 어떠한 희생도 아끼지 않을 것을 맹세했다.

1941년 5월 구파발 냉천동 약수터 뒷산에서 모인 제3차 회의는 의장으로 선임된 김재황(金在璜) 주관으로 진행되었다. 기성세포조직의 강화방안과 함께 황해도, 강원도, 경기도, 충청도의 조직완료를 윤주연(尹柱淵)이 보고했다. 도쿄 유학생동지회 간부와는 여름방학 때 만나서 구체적인 사항을 숙의하기로 의결했다. 이들과의 연락은 김상흠(金相欽)이 맡기로 했다. 끝으로 5개 행동강령을 서영원(徐泳源)의 선창으로 재창한 다음, 비밀을 절대엄수할 것과 조국독립을 위해 생명을 바칠 것을 재차 맹세했다.

1941년 7월 하순에 모인 연희희원(延禧喜園) 뒷산의 제4차 회의는 회장으로 선임된 서영원이 회의를 주관했다. 도쿄 유학생으로는 백재호(白在鎬), 고재국(高在國), 김용운(金龍雲) 등이 참석했다. 일

본의 공산주의 비밀단체인 죽마회(竹馬會)와 제휴관계 등 그간의 경과보고와 함께 죽마회로부터 조선 학생들의 시위를 적극 후원하겠다는 약속을 받았다는 도쿄 유학생 대표 백재호의 보고가 있었다.

이어서 도쿄 주재 각국 대사관의 동태 및 반응에 대해

"각국의 반응은 긍정적이며 특히 미대사관에서는 상당한 흥미를 갖고, 더 자세히 듣고 싶어 한다."는 백재호의 설명이 있었다. 이어서 서영원이 1942년 춘계 방학을 기해 거사하자고 제의했으나, 내년 3월 1일을 거사일로 결의했다, 별도의 지령이 없어도 자발적으로 봉기할 것과 술을 한두 잔씩 마시고 용기를 내자는 의견도 있었다.

독립선언서 초안은 도쿄 유학생 측에서 작성하기로 의결했다. 친일파 최남선(崔南善)이 제작한 전(前)기미독립선언서는 명문임에는 틀림없지만 사용하지 않기로 했다. 동지규합에 대한 방안과 각 도 조직 상황을 윤주연으로부터 보고받고, 다음 모임은 백제관(白蹄館)에서 갖기로 했다.

1941년 7월 하순. 백제관의 제5차 회의는 의장으로 선임된 김상흠의 주관으로 진행되었다. 도쿄 유학생 대표 백재호로부터 도쿄 유학생 조직상황에 대한 자세한 보고가 있었고, 유학생들이 각자 친분 루트를 통해

"거사일에는 친구들과 일본인 동조학생들이 가담키로 했다."

고 부언했다. 이어서 잔여 세포조직을 세밀하고 구체적인 윤주연

의 보고와 세포조직은 거의 완료단계라는 그의 설명이 있었다. 1942년 3월 1일 거사일의 동원 계획을 점검하고, 거사 장소를 탑골공원으로 할 것이냐, 남산으로 할 것이냐는 논의 끝에, 김재황의 제의대로

"시가지와 접한 탑골공원은 주관자들이 즉각 체포되므로 행사를 못할 우려가 있으니 거사 장소는 남산으로 하자."

고 결의했다. 도쿄에서는 히비야공원(日比谷公園)에서 동일 동시에 거사하되, 사전에 도쿄에 소재한 각국 대사관에 문서로 알려서 세계적인 여론을 조성하기로 하고, 각국의 동태와 반응 등, 취합은 백재호가 맡아 하기로 했다. 거사 방법에 관해 서영원의 구상을 청취 검토하고, 전국적인 세포조직망을 통해 동원하면서 삐라를 살포하고,

"거사 직전에 독립선언서를 선포, 일제히 봉기해 시위를 행동으로 옮기자."

고 결의했다. 이어서

"동아일보, 조선일보와 함께 불교, 기독교, 천도교에도 사전에 알려서 동시다발적으로 봉기하자."

는 결의를 했다. 삐라 인쇄는 이근갑에게 맡기기로 했다. 이근갑 친구는 부친이 관훈동 뒷골목 소재의 자기집에 설치한 족동식(足動式) 구식 소형 인쇄기 한 대로 생활하고 있었다. 삐라 인쇄를 부탁하자, 친구의 부친은 얼굴이 사색이 되어서 거부했다. 세 차례에 걸쳐 찾아가 눈물로 간곡히 설득한 이근갑과 윤주연이 "발각되더라도

죽어도 어르신의 이름은 밝히지 않겠다."고 맹세를 하자 허락했다. 삐라 약 28만 장을 인쇄해 각 도에 나누어 주었다.

〈조선학생동지회 격문〉

전조선 학생 동지들이여!
궐기하자!
일본 왕국은 우리에게서 모든 것을 약탈했다.
이제는 더 이상 가져갈 것이 없다.
남은 것은 생명뿐인데, 그것마저 앗아가고 있다.
최후 단말마(斷末魔) 일본을 타도하자!
오는 3월 1일을 기해서 일제히 일어나자!
그리고 시위하자!
민족정기를 되살려 국제적으로 널리 알리고
우리의 살 길을 기어이 찾아가자!

3) 검속과 체포

1941년 7월 함경도책 이근갑이 경성(京城)의 윤주연에게 보내는 소개편지를 소지한 원산상업학교 세포책이 상경기차의 검문에 걸려서 체포되었다. 이 사건은 함경남도 경찰부 특고과장(特高課長) 이치하라, 조선인 형사 시바다와 낭하하라, 검사장 아오야키 고로가 직접 담당해 수사가 시작되었다.

원산상업학교 생도 5명과 원산 루씨여고 학생 15명이 체포되었다. 8월에는 원산중학교와 함흥농업학교의 조직책, 그리고 함경도책인 이근갑마저 체포되었다.

경성으로 비화된 이 사건은 8월에는 중앙중학교 학생 5명과 최복현(崔福鉉) 선생, 유영하(柳永夏), 노국환(盧國煥) 등이 검거되었고, 1941년 9월 3일 경성본부와 도쿄 유학생본부가 연쇄적인 검속(檢束)으로 붕괴되었다. 고영완(高永完)과 고영남(高永南)이 포박되자 전라남북도 조직이 무너졌고 각 도의 조직 또한 와해되었다. 후에 이 사건은 조선어학회 사건으로 비화되어 많은 사람들이 검거되는 계기가 되었다.

4) 고 문

윤주연(尹柱淵)의 사례로 본 그 잔인함

함흥형무소에는 134명의 피의자가 구류되어 있었다. 고문 취조는 심야 혹은 비오는 날 이루어졌다. 지하 고문실에 끌려간 윤주연에게 고문을 담당한 형사는 천정에 매달린 전라(全裸)의 여인을 보여주었다. 형사가 지팡이로 여인의 국부를 쑤셔대자 비명소리와 함께 출혈이 낭자해졌다. 여운형(呂運亨)과 관계를 집요하게 추궁했으나 윤주연은 대답하지 않자 그 또한 전라의 몸으로 천정에 매달렸고, 몽둥이 찜질이 시작되었다.

기절한 윤주연은 들것에 실려 감방으로 옮겨졌다. 남자의 양근에 심지를 박는 고문도구도 있었지만, 윤주연은 대쪽 꼬챙이로 손톱

밑을 쑤시는 고문을 당했다. 다시 고문실로 끌려갔으나 끝내 말하지 않자, 그를 엎어놓고 척추를 발로 밟아서 숨을 못 쉬게 했다. 한참 후에 겨우 숨을 차린 윤주연은 고문을 하던 형사를 넘어뜨리고 그의 척추를 밟아버렸다. 다음날 형사 5, 6명에 의해 고문실로 끌려간 윤주연에게 심한 매질이 기다리고 있었다.

느슨한 틈을 타 정신을 차린 윤주연은 철문을 걷어차고 쏜살같이 함흥시가지를 향해 발가벗은 체 달려갔다. 마침 함흥 장날이라서 어느 여자상인의 좌판(坐板) 밑에 숨어 있던 윤주연은 다시 붙잡혀서 전기고문을 당하고 감방에 투옥되었다. 전기고문으로 그의 신경은 몇 번이나 마비되었다. 인두에 불을 달궈서 몸을 지진 곳이 날씨가 흐리면 아프고 쑤시면서 가려워서 참을 수 없었다고 고백한 윤주연. 전기고문이나 자형(炙刑)은 인간성을 말살하는 무서운 고문이었다. 윤주연뿐만이 아닌 당시 조선학생동지회 사건으로 구속된 모든 사람은 고문의 후유증에 평생을 고통에 시달려야 했다.

5) 재 판

기약없이 예심으로 무기한 몇 년이고 기다리고 있는 사상범에게는 재판일자가 확정되어 재판을 받게 된다는 것은 대단한 희소식이었다. 1년, 2년 혹은 3년을 예심으로 있다가 재판을 받지 못하고 죽어나가는 사상범들도 있던 시절이었다. 재판 일정이 확정되자 김병로(金炳魯), 한격만(韓格晩), 서광우(徐光禹) 변호사 등이 함흥까지 와서 무료변론을 해 주었다. 재판장은 후지이쇼소 판사와 배석판사

2인, 검사는 아오야기고로 검사장과 입회검사 엄상섭(嚴祥燮)으로, 죄명은 치안유지법 위반이었다.

"회, 단체를 결성했느냐?"는 검사의 질문에 "결성한 사실이 없다."고 부인하는 윤주연에게 검사는 징역 7년을 구형했다. 김병로 변호사의 변론은 법정을 울렸다. 재판장은 윤주연, 김상흠에게 징역 2년, 김영하, 서영원, 김재황, 이근갑, 이해용에게 징역 1년 6개월, 고영완, 최복현, 고재국, 김운용, 백재호, 이동원에게 징역 1년이 언도되었다. 사상범 재판은 통상 3심까지 가는 것이 관례였다. 1심 언도가 끝나자 김병로 변호사가 찾아와서 윤주연 등에게 1심에 승복하고 끝내자 합의되었으니 더 이상 소송은 하지 말라고 조언했다.

6) 여운형과 왕징웨이

'조선학생동지회' 사건이 일단락되자, 아오야기고로 검사장은 이 사건의 배후인 여운형(呂運亨)을 체포하기 위해 조선총독에게 상신했다. 조선총독의 요청을 받은 일본정부는 '조선학생동지회' 사건을 윤주연(尹柱淵) 등의 선에서 끝내라는 지시를 내렸다. 아오야기고로 검사장은 특별배려라면서 윤주연을 불러내어 일본정부의 명령서를 보여주었다. 연유를 묻는 윤주연에게 아오야기고로 검사장은

"일본은 북지나(北支那) 대부분을 점령했다. 일본정부는 북지나의 정권 수반으로 중국의 왕징웨이(汪精衛)[1]를 지목하고 추진 중에 있다. 왕징웨이를 회유할 사람은 여운형밖에 없다는 것이

일본정부의 판단이다. 지금 여운형은 왕징웨이를 설득하기 위해 일본 열하(熱河) 아다미에서 그와 교섭 중이므로 체포하지 않았다."

고 말했다. 몽양 여운형은 1942년 치안유지법(조선학생동지회 사건) 위반 혐의로 구속되어 징역 1년에 집행유예 3년을 선고받았다. 해방 후 대부분의 조선학생동지회 멤버는 여운형과 완전히 결별한 후 공산주의를 반대하는 고하 송진우편에 서게 된다. 다만 고재국, 김운용 두 사람은 월북했다.

1940년 3월 30일 일본은 왕징웨이를 내세워 난징에 소위 '중화민국국민정부'를 수립했다. 이후 왕징웨이의 '중화민국국민정부'에는 왕커민(王克敏)의 북평정권과 양홍지의 난징정권, 몽강정부 등 그동안 일본에 의해 수립된 친일괴뢰정권들을 모두 복속시켰고, 왕징웨이는 주석대리 겸 행정원원장, 저우포하이는 부주석 겸 행정원부원장, 진공박은 입법원원장, 양홍지는 감찰원원장, 왕커민은 화북정무위원회위원장으로 각각 한자리씩 차지했다.

1914년 중국 난징(南京)의 금릉대학(金陵大學)에서 영문학을 전공한 여운형은 1925년 쑨원(孫文)의 권유로 중국국민당에 가입해 중국혁명운동에 참여했다. 이때 쑨원의 비서로 함께 활동했던 여운형과 왕징웨이는 특히 가까운 사이였다. 여운형과 왕징웨이는 둘다 인물이 훤칠하게 잘생겼고, 연설에 능한 대중 정치인이었다. 그리고 겉으로는 항일을 내세우면서도 일본과 가까웠다는 점 등에서 이 둘은 유사점이 많은 정치인이었다. 여운형은 1926년 중국혁명운동이 실패하자 독립운동에 주력하다가 1929년 상하이에서 일제 경찰에 체포된 여운형은 징역 3년을 선고받고 1932년 출옥했다.

〈1938년 11월 9일 동아일보〉

통일정권 수립과 왕(王)위원장 담(談) - [베이징 7일발 동맹] 임시정부행정위원장 왕커민(王克敏)씨는 외교대루에서 7일 오후 4시 30분 일지 기자단과 회견, 금후 정부방침에 대해 내용 여좌한 담화를 했다. 일본성명에는 전혀 공명감격하고 있다. 정부로서는 금후 최고의 노력으로써 나갈 작정이다. 연합위원회 3차 회의는 오는 12월 중순에 베이징에서 열리기로, 내정 의안에 대해서는 금월 하순 베이징에 상임위원회를 개최해 결정할 예정으로써 내용에 대해 아직 발표할 시기가 아니다.

중국통일정권의 수립이라고 하는 것에 대해 유신정부와도 의견의 일치를 보고 있으므로 실현하도록 노력하나 아직 구체적인 점에 이르지 않았다. 연합위원회의 몽강정권 권유는 덕왕(德王)의 귀국을 기다릴 작정이다. 장(蔣)정권은 화평권고 성명에 대하여 아무 의지표시를 하지 않는 이상 정부로서는 반공(反共), 반장(反蔣) 태도를 인식시키는 수밖에 없을 뿐이고 재차 권고의 필요는 없다고 생각한다. 금일 일본에서는 북지나개발공사가 이제 창립된다고 하고 있는데, 실로 동경(同慶)이 다 서로 제휴해 경제건설에 노력하려고 생각한다. 내정방면에는 치안유지가 중점인데, 점진방책을 취해 제

1기로써 베이징 근교에 모범치안구를 건설하기로 되어 이미 착수하기로 되어 있는데, 이와 병행해 보갑제도 실시 축차 각지에 확충할 방침이다.

* 주해(註解) 1) 왕징웨이(汪精衛) : 왕징웨이는 중국인들에게는 친일 매국노의 대명사로 '중국의 이완용' 이라 불릴 만큼 경멸의 대상이지만, 한때는 청조를 무너뜨리고 새 시대를 연 혁명1세대로서 중국에서 가장 영향력 있고 존경받는 인물이었다. 젊은 시절의 왕징웨이는 꽃미남에 학식과 지성을 갖춘 달변가로 이름을 날려 당대 지식인들의 선망의 대상이었다. 중국 근대사 최고의 사상가였던 호적조차 왕징웨이에게 반해 "그가 여자가 아니라 남자인 것이 아쉽다. 그래도 사랑스럽다."라고 말했을 정도였다.

그의 본명은 '왕자오밍(汪兆銘)' 으로, 일본 유학시절 쑨원(孫文)의 '중국혁명동맹회' 의 결성에 적극적으로 가담하였고, 이후 귀국하여 당시 청조의 마지막 황제 푸이(溥儀)의 아버지이자 섭정이었던 순친왕(醇親王) 재풍(載豊)을 폭탄으로 암살하려다 실패, 전국적인 유명인사로 부상했다. 체포되어 종신형 선고를 받았으나 1911년 신해혁명으로 청조가 무너지자 쑨원의 오른팔이 됐다. 4살 연하의 장제스(張介石)가 뒷골목을 맴돌며 백수건달로 살아갈 때 그는 이미 국민당 내에서 주요 요직을 거치며 사실상 쑨원의 후계자 반열에 올랐다.

쑨원은 신해혁명 전 도쿄(東京)에서의 망명생활 중 상하이 도독이었던 천치메이(陳其美)를 통해 당시 일본에 유학온 장제스를 소개받았다. 장제스는 귀국하여 상하이에 있는 증권사에 취업했으나, 주식으로 엄청난 빚더미에 앉게 됐다. 그가 쑨원의 혁명정부에 가담한 것은 몇 년 후였고 군벌들과의 전쟁에서 군사적 재능을 보이기는 했으나 왕징웨이, 랴오중카이(廖仲愷) 등 쑨원 주변의 쟁쟁한 정치가들에 비한다면 감히 명함을 내밀 수도 없었다. 장제스는 황포(黃埔)군관학교 교장이 되면서 군권을 쥐게 되자 급속도로 세력을 키워 나갔다.

1924년 5월 황포군관학교를 수립할 때만해도 장제스는 왕징웨이에게 "몇 년 전만 해도 나는 혼돈속에서 갈팡질팡하고 있었다."라고 편지를 보냈었다. 반면, 왕징웨이는 그의 상관이자 쑨원의 가장 강력한 후계자였다. 1925년 3월 12일 베이징에서 장쭤린(張作霖)을 만나 내전중지와 남북 평화회담을 추진하던 쑨원이 간암으로 죽자, 왕징웨이는 쑨원의 장례식을 직접 주관해 자신이 쑨원의 후계자임을 대외적으로 각인시켰으나, 국민당 내 원로이자 광동군벌인 후한민(胡漢民), 랴오중카이, 허숭지 등과 대립했다. 휘하에 아무런 무력이 없는 왕징웨이는 황포군관학교장이었던 장제스와 손을 잡아 정치적 라이벌을 하나씩 제거했다.

1925년 6월 15일 국민정부가 수립되자, 왕징웨이가 주석으로, 장제스는 7인의 군사위원회의 위원이자 광주위수사령관 겸 제1군의 군장이 되었으나, 이들의 밀월관계는 이른바 '중산함 사건'으로 깨졌다. 장제스는 국민정부 해군국 국장이자 공산당원인 이지룡이 중산함을 이용해 자신을 블라디보스토크로 납치 감금하려는 음모가 있다는 보고를 받자, 1926년 3월 20일 새벽 3시 기습적으로 계엄령을 선포하고 병력을 동원해 이지룡을 체포하고, 소련 고문단과 공산당원들을 구금한 사건이다.

장제스는 이 음모가 왕징웨이와 공산당이 꾸민 것이라고 주장했으며, 이로 인해 국민당은 두 쪽으로 분열되어 장제스의 우파세력과 왕징웨이의 좌파세력 간의 충돌직전까지 갔다. 그러나 모스크바에서 타협할 것을 지시하자, 좌파측이 물러서지 않을 수 없었고, 이로 인해 국민당 내 공산당과 소련의 영향력은 대폭 축소됐다. 권력다툼에서 패한 왕징웨이는 프랑스로 망명했다

장제스와 왕징웨이는 서로가 필요로 할 때는 손을 잡았다가도 다시 대립하기를 반복했으나 매번 왕징웨이의 패배로 끝이 났다. 왕징웨이는 몇 번이나 장제스 암살과 쿠테타, 군벌들을 부추겨 반란을 시도했지만 그때마다 장제스를 이기지 못했고, 하야하거나 망명했다가 다시 돌아왔다. 말로는 '독재타도' 와 '민주주의' 를 외쳤으나 왕징웨이의 진짜 목적은 자신의 영향력을 확대하고 장제스로부터 권력을 빼앗는 것이었다. 과거의 혁명투사가 아니라 이제는 권력의 화신이 되어서, 이를 위해서는 온갖 비열한 수단과 방법을 가리지 않았다.

만주사변이 발발하기 직전 왕징웨이는 이종인을 비롯해 광서, 광동 군벌들을 부추겨 양광사변을 일으킨 후, 광주에서 광동정권을 수립해 장제스의 난징정부와 대치하고 있었다. 만주사변 당시 장쉐량(張學良)이 무저항 방침으로 싸우지 않고 만주를 내주는 사태가 벌어지자, "20만이 넘는 동북군이 겨우 10,000여 명의 일본군을 상대로 일전 한 번 치루지 못한 것은 참으로 부끄러운 일이다." 라며 장쉐량을 비난하면서 스스로 자결하라고까지 말했던 그가, 정작 본인은 외교부장 천유런(陳友仁)을 일본으로 보내 비밀리에 교섭을 추진, "일본이 광동정부를 승인한다면 중일 양국의 모든 문제에 대해 자연스럽게 논의할 수 있다.", "만주에 대해서는 자치를 허용하되, 그 지배에 대해서는 일본군에게 의존하고 싶다." 는 등의 친일매국적인 제안을 했다.

시데하라(幣原) 외상과 일본정부는 난징정부를 정통으로 보고 있었기에 왕징웨이의 제안을 거부했다. 그러나 그와 일본이 몰래 밀실회담을 했다는 의혹이 퍼지자, 왕징웨이는 도리어 '반일' 을 외치며 '친일적인 장제스 타도' 운운하며 역공을 펼쳤다. 장제스는 내전을 피하기 위해 왕징웨이가 요구하는 대로 하야, 장제스-왕징웨이 연합정권이 탄생했으나, 얼마 가지 않아서 장제스는 복귀하였다. 무력이 없는 왕징웨이는 어차피 장제스 없이는 단 하루도 군벌들을 통제하며 정권을 유지할 수 없는 입장이었고, 장제스 역시 국민당의 원로인 왕징웨이의 영향력이 필요했기 때문에, 서로 견제하고 미워하는 사이이면서도 손을 잡지 않을 수 없었다.

만주사변 이후에도 일본은 침략을 점점 노골적으로 확대하면서 화북을 위협하자 장제스는 "일본의 목적은 난징정부를 전복시키고 중국을 해체하려는 것"이라며 단호히 맞설 것을 주장했으나, 행정원장으로서 대일교섭을 맡고 있던 왕징웨이는 "일본의 요구를 거절하면 전쟁이 일어날 것이고 아무 준비가 되어 있지 않은 상태에서 화북은 물론 상하이, 난징까지 위험해질 것"이라며 현실론을 내세워 일본의 모든 요구를 무조건 받아들여야 한다고 강력히 주장 '하메협정' 이 체결됐다. 왕징웨이는 "국민들이 당장의 분함을 이기지 못해 현실을 제대로 직시하지 않고 일본과의 전쟁을 주장하고 있지만, 중국이 무력으로 일본을 이길 수 없는 이상 우선 역량을 키워야 하며 전국의 역량을 한 군데로 집중하고 실력을 충실히 해야 한다."는 논리를 펼쳤다. 장제스 역시 이런 왕징웨이의 현실론을 인정하고 지금으로서는 공산군 토벌과 정권의 안정에 주력하는 것이 우선이라고 판단했기에 동의했다. '일면저항, 일면교섭' 을 주장하는 왕징웨이는 국민정부 내에서 대표적인 친일 유화파로 통하게 되었고, 대일정책을 놓고서 영미파인 쑹쯔원(宋子文)과 여러 차례 충돌하자, 일본 외무성과 군부는 장제스는 극도로 불신하였지만, 왕징웨이에 대해서는 매우 호의적이었다.

대내외적으로 완전히 친일매국노로 낙인 찍힌 왕징웨이는 국민적인 존경의 대상에서 암살의 표적으로 전락했다. 1935년 11월 1일 난징에서 국민당 제6차 전당대회가 개최되었을 때 단체 사진촬영을 하는 과정에서 기자의 총격을 받아 3발의 총탄이 그의 몸에 명중했다. 한 발은 그의 왼팔을 스쳤고, 한 발은 그의 왼쪽뺨에 박혔으며, 또 한 발은 척추 주변에 박혔다. 이 척추 주변에 박힌 총알은 제거하지 못했고, 이 때문에 골수에 종양이 생겨서 사망했다. 범인은 상하이에서 일본군과 격전을 벌였던 제19로군 소속의 장교 출신으로, 우익단체의 멤버였다.

정부가 일본의 침략을 묵인하고 있다는 불만을 품고 있었던 그는 장제스와 왕징웨이 두 사람을 '친일의 괴수' 라고 보고 일차목표로 장제스로, 두 번째 목표를 왕징웨이로 정하고 있었는데, 촬영장소에 장제스가 없자 왕징웨이를 저격하였다.

"일본의 침략에는 저항하지 않고 내전에만 광분하고 있다."라는 비난은 장제스 입장에서는 명백히 부당한 것이었다. 그는 결코 일본의 침략에 손놓고 있었던 것이 아니라, 오히려 그때마다 초공전을 중단하고 가능한 모든 수단을 동원해 적극적으로 대응했다. 단지 피아간의 전력

차이가 너무나 컸기에 이길 수가 없었다. 그는 상하이, 열하, 장성전투에서 직속 최정예 부대를 투입했음에도 큰 희생만 치루고 물러났다. 또한 두 차례에 걸친 이종인의 반란(양광사변)에 대해서도 무력 진압 대신 장제스는 일본의 침략에 단결해서 맞서야 한다면서 정치적 타협을 택했다.

반면, 왕징웨이는 상하이사변과 열하사변, 이후 장성에서의 전투에서 중국군이 연전연패하자 점점 패배주의에 빠져들었고, 심지어 "일본의 침략에 저항해 본들 이길 수 없다는 것은 처음부터 알고 있었던 것이다. 단지 마음의 안위를 삼기 위해서 저항해 보았을 뿐이다."라면서, 장제스의 군사력 증강 정책이나 쑹쯔원이 중국경제의 대일종속성에서 벗어나려는 것에 대해서도 일본을 자극해 침략을 불러올 뿐이라며 반대했다.

암살 사건 이후 왕징웨이는 유럽 휴양을 내세워 홍콩을 통해 독일로 가면서 중국, 일본, 독일 3국의 방공조약을 수립하고 독일을 통해 일본과의 관계를 회복시키겠다고 했다. 그러나 그의 계획은 장제스의 반대로 무산되었다. 유럽을 떠돌고 있던 그에게 1936년 12월 12일 중국에 남아 있던 부인 진벽군(陳璧君)이 '서안사변 발발' 이라는 긴급 전문을 보냈다. '할렐루야' 를 외치면서 급히 귀국길에 오른 왕징웨이는 12월 18일 이탈리아 제노바에서 중국행 배에 승선했다.

그러나 12월 25일 장제스가 석방되어 난징으로 돌아왔다는 사실을 왕징웨이는 수에즈 운하를 지나가고 있을 때 알았고, 1937년 1월 14일 상하이에 도착하였다. 왕징웨이는 장제스와 면담한 후 1월 28일 행정원장 자리에 다시 복귀하여, 군권은 장제스가 정무는 왕징웨이가 맡는 형태의 연합정권이 다시 수립되었다. 왕징웨이는 장제스의 '국공합작'에 대해 강력하게 반대하고 "용공은 후환을 생각하지 않고 당장 눈앞의 어려움을 해결하려는 것일 뿐"이라고 말하면서 대일강경론과 주전론에 대해서도 여전히 반대했고, 일본과의 타협과 양보만이 최선의 방책이라고 주장했다.

루거우차오(蘆溝橋) 사건으로 중일전쟁이 발발하자 왕징웨이는 표면적으로는 장제스의 항일방침에 찬성했으나 뒤로는 외교적인 교섭으로 해결할 것을 지속적으로 주장했다. 여론이 극도로 악화된 상태에서 대표적인 '친일파'로 알려진 자신이 이 시점에서 타협론을 말했다가는 자칫 국민의 공적(共敵)이 될 수 있었기 때문에 부득이 겉으로만 타협론을 버린 것처럼 했을 뿐 "싸워본들 이길 수 없다."는 패배주의와 비관주의를 공공연히 말하고 있었다. 여기에 국민정부 선전부장(우리의 장관에 해당)인 저우포하이(周佛海)를 비롯해 호적, 고종무, 웅식휘, 진공박 등 국민당 내 일부 인사들도 "항일주장은 무책임한 히스테리일 뿐"이라며 왕징웨이의 주화론에 적극 찬동했다.

특히 저우포하이는 "중국은 일본과 비교해서 어떤 면에서도 미치지 못한다는 사실을 장제스는 전혀 이해하지 못하고 있다."라면서 장제스의 '지구전략'에 대해서도 "일본이 고통을 느낄 때쯤이면 중국은 이미 사망했을 것."이라며 매도했다. 이들은 소위 '저조구락부'라는 조직을 결성하였고 암암리에 왕징웨이를 중심으로 뭉쳐 일본과의 화평운동과 비밀교섭을 준비해 나갔다. 또한 '반공'이라는 명분을 내걸어 반장제스세력과 반공인사들을 대거 포섭하며 세력을 확대했다.

중일전쟁 발발 후 1년 동안 중국군은 연전연패하고 광주, 무한마저 함락되자 왕징웨이는 이제는 자신의 화평론만이 중국의 살 길이라며 "일본이 중국의 독립을 인정한다면 언제라도 화해할 수 있다."라고 공개적으로 발언했다. 그러나 그의 주장은 완전히 궤변으로, 일본의 목적이 중국 전체를 장악하는 것에 있다는 것이 명백해졌음에도 그 사실을 굳이 외면한 채 일본의 선처에만 매달리겠다는 것에 불과한 것이었다.

난징 함락직후 일본이 독일을 통해 제시한 화평조약이 매우 가혹하자 장제스는 이를 거부했고, 1938년 1월 16일 고노에 수상은 "장제스정권과는 대화하지 않는다."라며 주중대사를 소환했다. 이때부터 왕징웨이는 본격적으로 일본과 비밀교섭에 나섰다. 1938년 3월 27일 국민정부 외교부 아주국장이자 왕징웨이파인 고종무는 홍콩에서 일본측과 만나 "만주와 내몽고에 대해서는 일단 덮어두고, 장성 이남의 중국의 주권을 인정해 준다면 화평하겠다."라고 제안했다. 그는 장제스로부터 승낙을 받았다고 말했으나 실제로는 왕징웨이의 지시를 받았다. 11월에도 고종무, 매사평 등이 상하이에서 일본측과 만나서 교섭을 했는데, 여기서 본격적으로 왕징웨이의 망명계획이 논의됐다.

> "왕징웨이는 진공박 등 주화파들과 함께 충징(重京)을 탈출하여 곤명을 거쳐 홍콩으로 망명한 후 장제스와의 단절을 선언한다. 여기에 호응하여 운남, 사천이 독립을 선포한다. 그리고 운남, 사천, 광서, 광동 4개 성을 기반으로 왕징웨이의 신정권을 수립한다."

일본으로서도 이런 왕징웨이파의 제안은 그야말로 반가운 것이었다. 무한, 광주를 함락시켰으나 오히려 전쟁은 장기전의 양상을 보이고 있었고, 이것은 일본의 당초 예상과는 완전히 빗나갔기 때문이다. 막대한 전비 부담은 일본 경제에 심한 타격을 주었다. 영미 등 서구 열강으로부터 대량의 군수품을 수입함으로써(특히 미국) 1938년 7월이 되면 이미 외화보유고가 절반으로 감소해 엔화의 가치가 폭락했다. 전쟁의 장기화는 일본으로서도 치명적일 수밖에 없었다. 만약 국민당의 부총재이자 행정원장이며 혁명가로서 명성이 높은 왕징웨이가 화평교섭에 나선다면 장제스와 중국은 정치적으로 완전히 분열될 것이라고 일본은 판단했다. 육군상 이타다키 세이치로 중장(만주사변 당시 관동군 참모장으로 만주사변을 주도했던 분)을 비롯해 일본정부는 새로운 방침으로서 '장제스 정권을 타도하고 새로운 인물로 신정권을 수립하자.' 라고 결정했는데 이 새로운 인물이 바로 왕징웨이였다.

11월 20일 상해 중광당에서 일본과 왕징웨이측 간에 이른바 「중광당밀약」이 조인됐다.

① 중일방공협정의 체결과 이를 위해 내몽고와 평진 지구에 대한 일본군의 주둔 인정

② 일본인의 내지거주 및 영업의 자유 인정

③ 만주국 승인

④ 경제제휴에서 일본의 우선권 인정 및 화북자원개발 및 이용에서 특별한 편리 제공

⑤ 일본은 중국에 대해 배상금을 요구하지 않는 대신 중국은 일본거류민이 입은 피해를 보상한다.

⑥ 일본군은 2년 이내에 현재 점령지구에서 완전히 철수한다.

일본의 목적은 중국 국민정부를 분열시키는 데 있었다. 그러나 왕징웨이는 자신만이 중국을 전란에서 구할 수 있다고 믿고서 일본의 제안을 모두 받아들였다. 왕징웨이는 장제스에게 강연을 핑계로 성도로 출장 간다고 하고서는 12월 18일 부인과 소수의 측근들을 데리고 충징에서 빠져나와 곤명으로 갔다. 아무것도 모르고 있었던 장제스는 당시 전선 시찰을 위해 서안에 가 있었다. 그에게 운남성장인 용운이 "왕징웨이가 예고도 없이 곤명에 와서는 일본과의 화평 운운하며 협력을 요구하는데 어떻게 해야 하는가?"라는 보고가 올라왔다. 깜짝 놀란 장제스는 자신은 왕징웨이와 그런 논의를 한 적도 없으며 일본과는 화평을 논할 여지가 없다는 전보를 용운에게 보내고 급히 충징으로 귀환한 장제스는 "왕징웨이는 화평을 논할 자격도 없고 중국은 화평은 커녕 대규모 반격을 준비하고 있다."고 발표하여 공모설을 부정했다.

왕징웨이가 곤명을 거쳐 베트남 하노이에 도착하자 12월 22일 고노에 수상은 소위 '대중 근본방침'을 선언했다. "중국은 만주국을 승인하며 중일방공협정을 체결하여 일본군은 내몽고를 비롯한 특정지점에 주둔권을 갖는다."라는 등의 왕징웨이와 맺은 「중광당밀약」과 동일한 내용이었으나 한 가지 다른 점은 일본군의 철병에 대해서는 언급하지 않았다. 왕징웨이의 망명에 대해 "그의 어리석음과 천박함이 그 정도까지 추락할 줄을 미처 몰랐다. 그처럼 파렴치하고 퇴폐적인 인물을 가진 것은 당과 국가의 불행이다."라며 자신의 일기를 통해 극도의 분노를 표출했던 장제스는 1939년 1월 1일 그의 당적을 삭제하고 모든 지위에서 해임할 것을 결의했다.

왕징웨이는 이른바 구국방공동맹회와 이를 위한 새로운 군대를 조직하고 일본이 점령지역에 수립한 여러 괴뢰정권을 흡수해 신정권을 수립한다는 계획을 만들어 고종무를 통해 일본과 교섭을 시작했다. 그런데 그 과정에서 3월 21일 장제스가 보낸 특무요원이 그를 습격하는 사건이 벌어졌다. 왕징웨이는 간신히 피했으나 대신 그의 비서인 증중오가 피살되자, 신변이 위험하다고 판단한 왕징웨이는 일본이 보낸 화물선을 타고 5월 5일 당시 일본 점령지역인 상하이로 갔다.

그는 상하이에 도착한 후 본격적으로 신정권 수립을 추진하여, 1940년 3월 30일 난징에서 소위 '중화민국 국민정부'가 수립됐다. 여기에는 왕커민(王克敏)의 북평정권과 양홍지의 난징정권, 몽강정부 등 그동안 일본에 의해 수립된 친일 괴뢰정권들을 모두 복속시켰고 왕징웨이는 주석대리 겸 행정원 원장, 저우포하이는 부주석 겸 행정원 부원장, 진공박은 입법원 원장, 양홍지는 감찰원 원장, 왕커민은 화북정무위원회 위원장으로 각각 한 자리씩 차지하였다.

이후 왕징웨이가 내세운 명분인 '중국 주권의 존중'과 '일본군의 철수'에 대해 일본은 애매모호한 자세를 고수했다. 일본군의 철수에 대해서도 중광당회담에서는 '2년 이내의 철수'를 약속했음에도 이 대목이 쏙 빠져버렸다. 왕징웨이측이 이에 대해 분개하자 일본은 군의 반발이 심해 부득이했다는 식으로 답변했다. 왕징웨이는 그해 6월에 도쿄를 방문해 일본정부와 교섭하는 과정에서 이 두 가지에 대해 일본이 구체적으로 보장해 줄 것을 요구했으나 일본은 대답을 회피했다.

일본은 왕징웨이의 방일 직전에 내부적으로 '신중앙정부 수립에 대한 방침' 을 결정했다. 그 내용은 철저하게 중국을 여러 개로 분리시키고 친일괴뢰정권을 수립하는 것이었다. 일본에게 왕징웨이는 자신들의 중국 통치에 필요한 한낱 이용물에 불과했다. 일본의 중국 분할 계획에 따라 난징정권의 통치구역 역시 일본이 장악한 화남과 화중일대의 점령지구로 국한되었다. 화북과 내몽고에 대해서는 '국방상 특수한 지위' 로 설정되어 제외되었다.

붉은색 지역이 왕징웨이정권의 통치구역. 아무런 독자성도 없었고 일본에 철저하게 예속되었다는 점에서 만주국과 다를 바가 없었다. 독일도 장제스정권과의 관계를 고려해 이 괴뢰정권에 대한 승인을 보류하고 있다가 1941년 7월에 와서야 승인했고 미, 영을 비롯해 대부분의 국가들로부터는 인정받지 못했다. 왕징웨이는 자신의 정권이 결코 일본의 괴뢰정권이 아니라 중국의 정통정권이라는 것을 대외적으로 인정받기 위해서 쑨원 이래 중국의 국기인 청천백일기를 그대로 사용해야 한다고 주장했으나 일본은 장제스정권과 구분하기 어렵다고 주장했다. 결국 청천백일기 위에 황색기를 다는 것으로 합의했다.

왕징웨이정권은 당초 기대와 달리 부의처럼 아무런 권한도 없는 일본의 꼭두각시였다. 그의 정권에 가담한 이들도 고색창연한 청말, 북양

군벌시절의 관료들과 부귀영화에 눈 먼 친일파들이었다. 이중적인 일본의 태도에 실망한 고종무 등 일부 인사들은 왕징웨이와 결별하고 홍콩으로 탈출한 후 왕징웨이와 일본간에 체결된 굴욕적인 합의 내용을 공개했다. 이로 인해 왕징웨이 정권의 실체가 알려지면서 그는 나라를 팔아먹은 매국노로 전락했다. 왕징웨이의 운명은 충징을 탈출할 때 이미 결정났다. 그의 변절은 당시로서는 큰 충격을 주었으나 전쟁에 그 어떤 영향도 주지 못했다. 천황 히로히토조차도 왕징웨이 회유 공작에 대해 "이런 건은 안 되는 것이 당연하고, 되는 것이 더 이상하다."라고 말했을 만큼 비판적이었다.

일본의 어설픈 모략과 왕징웨이의 권력욕이 만들어낸 한 편의 정치 희극은 결국 태평양전쟁에서 일본이 패망함으로써 끝나고 말았다. 왕징웨이 정권에 가담했던 모든 사람들이 체포되어 사형에 처해지거나 옥사했다. 왕징웨이 본인은 1944년 11월 10일 일본 나고야의 병원에서 치료를 받던 중 사망했으나 그의 묘는 종전 후인 1946년 1월 15일, 폭약으로 폭파되었고 그의 유해도 불에 태워져 들판에 뿌려졌다. 그의 부인인 진벽군 역시 체포되어 매국노로서 종신형을 선고받았고, 마오쩌둥(毛澤東)의 신중국이 들어선 후인 1959년 6월 17일 옥사했다.

2. 조선학생동지회

1) 고영완과 여운형

'조선학생동지회' 사건은 고영완에게는 정신적으로 큰 영향을 끼친 사건이었다. 이 사건의 배후 인사로 알려진 몽양(蒙陽) 여운형은 학생운동을 하던 당시 조선 청년들에게는 우상이나 다름없는 존재였다. 조선학생동지회를 통해 알게 된 몽양과 고영완은 '조선건국준비위원회[2]'까지 그 인연을 이어갔다.

2) 고영완과 조선학생동지회

여동생 고완남(고영남)과 함께 조선학생동지회에 가입한 고영완은 독립운동의 행동철칙인 불문(不文), 불언(不言), 불명(不名)을 끝까지 지킨 사람이었다. 부친 고동석옹은 조선학생동지회 사건을 고영완 남매(男妹)가 함흥형무소에 구속되고서야 알게 되었다. 고영완과 고완남이 체포되었다는 소식을 듣고서 고동석옹은 고영완과 고완남이 어디에 구금되었냐면서 당시 장흥읍장이던 종제인 고창석에게 일이 이 지경이 되도록 방치했다면서 진노했다. 결국 조선학생동지회 사건으로 인한 화병으로 고영완의 부친 고동석옹은 사망했다.

윤주연이 조선학생동지회의 겉으로 드러난 지도자였다면 고영완은 숨은 지도자였다. 윤주연이 기록한 《조선학생동지회약사》에 담긴 행간의 의미를 잠시 살펴보자. 고영완의 외종(外從)인 도쿄 유학생동지회 대표 백재호, 인촌(仁村)의 4남 김상흠은 고완남의 시동생이자 고영완의 사돈이었다. 도쿄제국대학의 고재국(고재욱의 동생, 월북) 또한 고영완과 이종(姨從)간이었고, 고영완의 동서인 노국환 역시 조선학생동지회에 참여 함께 활동했다.

더구나 고영완은 외가(外家)인 장성 홍정에 있던 논 300마지기(동생 고영구 명의)를 담보로 은행에서 40만 원을 융자받았다는 사실이 《조선학생동지회약사》에 기술되어 있다. 지금의 돈으로 환산하면 20억 원 상당의 자금을 무계는 독립운동자금으로 사용했다. 무계는 이 자금의 출처를 증빙하기 위해 1943년까지 전북 장수군 반암면과 남원군 산동면 월석리의 고남광산(남도일보 2001년 6월 4일 기사)을 운영했으며, 무계의 생가 평화리의 억불산 자락에 금굴(광산) 또한 일경(日警)에게 보여주기 위한 것으로 전해지고 있다. 광산에서의 수입은 전혀 없었다.

무계는 동생 고영구의 몫인 토지가 독립자금으로 사용된 것에 대해 부담을 갖고 있었다. 1948년 무계는 농지개혁법에 따라 2,500석에 대한 지가증권을 정부로부터 수령했다. 그 후 동생 고영구가 사업을 하겠다며 조르자, 1952년 당시 재무부장관을 겸임하고 있던 백두진(白斗鎭) 국무총리에게 부탁해 지가증권 전액을 담보로 사업 자금을 마련해 주었다.

이러한 사실을 종합해 보면, 조선학생동지회의 숨은 지도자는 고영완이었음이 틀림없다. 그럼에도 불구하고 고영완은 한 편의 글도, 한 장의 사진도, 그리고 본인의 입으로는 조선학생동지회에 대해 한 마디도 언급하지 않았다. 무계의 사촌이자 규방가사로 유명한 소고당 고단(紹古堂, 高端) 여사의 가사 종남형회혼가(從男兄回婚歌, 1987)를 보면, '조선학생동지회' 사건을 '조선어학회'로, 예비검속을 포함해 1년 6개월의 함흥형무소 투옥기간을 4년으로 잘못 노래할 정도로 고영완은 과묵했다.

3) 고완남과 조선학생동지회

1920년 2월 12일 고동석옹의 차녀로 태어나 이화여중을 졸업한

조카의 결혼식에 참석한 고완남 여사

고완남(고영남)은 조선학생동지회에 가입해 활동하던 1940년 인촌 김성수의 2남 김상기와 결혼하였으나, 호적정리에 따른 혼인신고는 다음해인 1941년 6월 14일 자로 되어있다. 이희호 여사와 홍라희 여사의 모친 등이 고완남의 이화여중 동창들이다. 인촌(仁村)의 4남 김상흠은 일경(日警)의 내사가 시작되자 형수인 고완남의 집으로 책을 비롯한 자신의 물건을 옮겼다. 그 해 겨울은 유난히 추웠다.

임신 중이던 고완남은 오빠 고영완과 함께 체포되어 함흥형무소에서 5개월 동안 신문을 받았다. 형무소의 감방에서 담요 한 장으로 겨울을 난 고완남은 첫아이를 유산했다. 고완남의 유산을 당시 정신여중에 재학 중이던 고완남의 사촌동생 고연(오치 누님)은 다음과 같이 회고했다.

"병원에 갔더니 언니의 산후수발을 큰어머니가 하고 있었네. 당시 언니는 리히카(離被架, 환자의 환부나 수술 부위에 이불 등이 직접 닿지 않게 하기 위해 받치는 기구) 위로 솜이불을 덥고 있었지. 언니의 수척한 모습은 차마 볼 수 없을 지경이었네."

고문의 후유증으로 둘째아이마저 유산을 한 고완남은 이후 아이를 갖지 못했다. 인촌 김성수는 둘째 자부인 고완남을 무척 아꼈던 것 같다. 계동 본가에 모인 정치인들의 접대는 항상 둘째 자부의 몫이었다. 6 · 25전쟁 중에 시동생 김남(인촌의 7남)과 자신의 여동생이 결혼을 하게 되자 고완남은 이혼을 결심했다. 파리 유학을 다녀온 후 명동에 '고싸롱' 이라는 의상실을 개업, 독립을 한 고완남은 1955년 시아버지(김성수)가 작고하자 1957년 7월 22일 김상기와 이

혼하고 독신으로 여생을 마쳤다.

필자는 조선학생동지회에 관련된 세 인물과 밀접한 관계에 있다. 큰집의 큰형님인 고영완은 필자의 결혼식 혼주(婚主)였으며, 광복회(光復會) 사무총장을 역임한 백재호는 필자의 결혼식 주례(主禮)였다. 덕택에 고영완과 백재호(사진)의 사진이 내 결혼식 사진의 중심에 자리잡고 있다. 고영완은 일찍 부친을 여읜 나에게는 아버지나 다름없는 분이었다.

낙원동 누님으로 불렀던 고완남은 마음이 따뜻한 다정한 분이었다. 1970년대 말, 다락을 정리하던 고완남은 권총 한 정과 함께 총에 맞아 쓰러진 이기붕 일가의 사진들을 발견하자 경악(驚愕)했다. 당시 범한전선에 다니고 있던 나는 낙원동 누님의 연락을 받고 김재욱(범한전선 상무, 전 방첩대 장흥지구 대장)과 함께 달려갔다. 마침

필자의 주례 백재호(독립운동가)

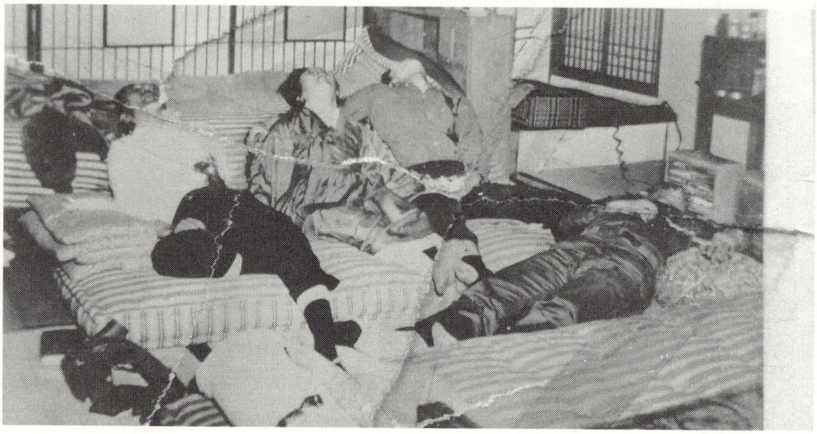

이기붕 일가 시신

총기보유자 신고기간 중이어서 김재욱을 통해 권총은 해당기관에 신고하고 반납했다.

자유당 말기 헌병대 소령이었던 김남(金楠, 仁村의 7男)은 고완남의 제부(弟夫)로 처형집에 자주 들렀다. 군인 신분이었던 이강석(이기붕의 아들)이 가족을 살해하고 자살하자, 헌병대 수사관이었던 김남 소령은 담당 수사관으로 참여해 취득한 이기붕 일가(一家) 시신(屍身) 사진과 소지하고 있던 권총을 처형집에 보관했던 것 같다. 시신의 사진을 보자 징그럽다면서 찢어버리는 낙원동 누님. 그러자 김재욱은 역사적인 사진인 데 버리면 안 된다면서 찢어진 곳을 테이프로 부쳐서 나에게 주었다. 그 사진을 지금도 필자는 소장하고 있다.

4) 인촌 김성수와 조선학생동지회

조선학생동지회에 관련된 인촌의 가족은 김상흠(4남)과 고완남

(둘째 자부) 그리고 김상협(조카) 등 3명이다. 사건이 터지자 인촌의 마음은 무거웠다. 김병로, 한격만, 서광우 등 3명을 변호사로 선임하고 일본측 인맥을 동원해서 본 사건에 치안유지법 위반죄 구법을 적용토록 했다. 일제치하의 사상범들은 기약없는 예심(豫審)으로 1~2년을 기다리는 것이 통례였다. 재판일자가 확정되어 재판을 빨리 받을 수 있다는 것 또한 사상범들에게는 축복이나 다름이 없었다. 인촌의 로비 때문에 이들은 체포된지 6개월만에 재판을 받을 수 있었다, 사상범의 재판은 통상 3심까지 가는 것이 관례였으나 1심을 유리하게 이끌어 낸 김병로(변호사)는 "1심에서 끝내자고 합의됐으니 상고하지 말라." 고 이들에게 당부했다.

인촌의 가족 중 아들 김상흠은 윤주연과 함께 최고형인 2년형을 받았다. 고완남(자부)과 김상협(조카)은 기소중지로 석방되었다. 김상흠은 1년이 넘게 형을 살다가 가출옥으로 석방되었으나, 나머지 관련자들은 형(刑)을 모두 채우고 출소했다. 윤주연은 자신의《조선학생동지회약사》에서 이 사실을 인촌의 가족에게 주어진 특혜라고 기록하고 있지만, 조선학생동지회로 구속된 관련자 모두는 인촌 때문에 신속한 재판을 통해, 죄목도 형량이 가벼운 치안유지법 위반죄 구법을 적용받았다는 사실을 간과하고 있다. 며느리와 조카를 구하기 위해 일본정부에 로비를 했다고 친일로 매도할 수만은 없을 것이다.

《논어(論語)》의 자로(子路)편에는 다음과 같은 이야기가 나온다.

초나라의 대부 섭공(葉公)이 공자(公子)에게 "우리 마을에 몸가짐이 바른 자가 있으니, 그 아버지가 양을 훔치자 아들이 그것을 고발했습니다." 말하자. 공자(公子)는 "우리 마을의 정직한 사람은 그와 다릅니다. 아버지는 아들을 위해 숨기고, 아들은 아버지를 위해 숨겨주지만 정직은 그 가운데 있습니다." 대답했다.

일제 치하에서 조국의 독립을 위하다 붙잡힌 젊은이들, 그들 중에 아들과 자부, 조카가 끼어 있었다. 그리고 임신한 며느리는 고문 후유증으로 유산했다. 단지 그의 아들이 형을 살다가 가출옥했다는 사실만으로 우리는 인촌의 정직(正直)을 의심해서는 안 된다.

* 주해(註解) 2) 조선건국준비위원회(朝鮮建國準備委員會)

1945년 해방과 함께 조직된 최초의 건국준비단체. 약칭 '건준(建準)'

1945년 8월 초 제2차세계대전에서 일본의 패배가 유력해지자 당시 조선총독 아베 노부유키(阿部信行)는 일본의 항복과 더불어 일어날지 모를 조선에 있는 일본인들의 안전 문제를 해결하기 위해 조선의 민족 지도자와 협력관계를 맺고자 총독부 정무총감 엔도(遠藤隆作)를 앞세워 협상대상자를 찾았다.

그 대상자 중 송진우(宋鎭禹)는 총독부의 협상요청을 거부했지만, 여운형(呂運亨)은 이를 받아들이고, 8월 15일 오전 8시, 엔도와 만나 일본측이 요구한 자주적 국내치안유지와 일본인들의 안전한 귀환을 보장하고, ① 정치, 경제범의 즉시 석방, ② 3개월간의 식량 보급, ③ 치안유지와 건국사업에 대한 간섭 배제, ④ 학생훈련과 청년조직에 대한 간섭 배제, ⑤ 노동자와 농민을 건국사업에 조직, 동원하는 것에 대한 간섭 배제 등을 조건으로 협상을 타결했다.

여운형은 일본의 항복과 동시에 '건국준비위원회(이하 '건준')'를 발족시켰고, 8월 16일 오후 1시, 서울의 휘문중학교 교정에서 엔도와의 회담경과 보고연설회를 개최했다. 건준 부위원장 안재홍은 한 · 일 두 민족의 자주호양을 요망하는 담화를 방송하면서, 경위대 편성을 넘어 정규병의 무장대를 편성해 질서를 도모할 것과, 식량정책을 넘어 경제상 통화와 물가에 대한 신정책을 수립하고 근본적인 정치운영 대책을 발표하겠다고 했다. 이들은 서울 풍문여자중학교에 사무소를 두고 건국준비사업 선전공작과 치안활동을 개시했다.

8월 17일 건준의 중앙조직이 발표되었는데, 여운형이 위원장이 되고, 부위원장 안재홍(安在鴻), 그 외 5개 부서로 총무부장 최근우(崔謹愚), 재무부장 이규갑(李奎甲), 조직부장 정백(鄭栢), 선전부장 조동호(趙東祜), 무경부장(武警部長) 권태석(權泰錫)으로 진용을 갖추었다. 8월 18일 여운형이 제1차 위원회를 개최, 건준 명의로 '3천만 동포에게 지령'을 발표했다. 자치기관을 신속하게 조직하고, 조직이 완료되면 건준에게 연락하며, 건국준위원회 공작에 협력할 것을 지시했다. 즉, ① 어느 기간까지 자발적으로 자치수단을 강구해야 한다. ② 자치수단은 가장 신속하고 가장 효과적인 방법을 선택해야 된다. ③ 자치수단은 어디까지나 평화적이어야 한다. ④ 모든 공사기관의 기능을 확보하기 위해 소속인원은 현직장을 엄수해야 한다. ⑤ 각 원은 각기 직장에서 적극적으로 위원회의 공작에 협력해야 한다는 등의 내용이었다.

하지만 민족주의 계열 일부 및 공산주의 계열 내부에서 건준의 조직상 문제가 발생하기 시작했다. 8월 18일 김병로, 백관수, 이인 등은 민족주의 계열과 건준 합작을 위해 여운형, 안재홍과 담판을 제의했고, 이들 간에 19일 '전국유지자대회'를 소집하기로 합의했으나 그날 밤 여운형이 해방 후 최초의 테러를 당하면서 이는 실행되지 않았다. 또한 테러로 여운형이 공석인 상황에서 21일 고경흠, 윤형식, 정백 등 소위 장안파 공산주의 계열에서 상의 없이 건준 경성지회를 휘문중학교 강당에서 조직하고 15명의 위원을 선출해 이에 대한 반발이 일어났다.

이런 상황에서 8월 22일 건준 2차 중앙조직이 구성되었다. 여운형, 최근우, 이동화, 이병학, 이여성, 이상도, 장권, 권태석, 권태휘, 김약수, 박문규, 이강국, 최용달, 이광, 정의식, 정화준, 김교영, 홍기문, 고경흠, 윤행식, 최성환, 최익한, 정백, 안재홍, 양재하, 이승복, 이의식, 유석현, 이규갑, 김준연, 함상훈, 이용설, 정순용 총33명으로 확대되었다.

중앙조직이 발표된 다음 날부터 좌우협상 및 건준 확대가 논의되기 시작했다. 8월 23일 선전부장 권태석은 백관수를 만나 좌우를 아우른 건준 확대위원을 논의했고, 여운형은 건준이 신국가 권력을 독점하려는 행위라는 민족주의 계열의 비판을 겨냥해 건준은 신정권이 수립될 때까지의 준비와 치안 확보를 위한 것이라는 의사를 전달했다. 25일 권태석은 다시 김병로, 백관수, 이인, 박명환, 김용무, 박찬희, 김약수 등과 만나 확대위원 명단을 합의했다. 그러나 여기에 위원장 직무대리인 안재홍이 직권으로 5명의 우익인사를 추가하고, 건준 내부에서 좌익적인 소장파 100여 명을 추가하는 등의 문제로 좌우간의 협상은 결렬되었다.

이러한 중앙집행부 내부의 문제에도 불구하고 건준은 8월 말까지 전국적인 조직을 완료한다는 목표를 위해 지역 조직을 구성했다. 8월 26일 위원회의 기획부 전조선직역자치본부(全朝鮮職域自治本部)에서는 각 지역 종업원들에게 지역별 자치회의 조직을 통고하고, 또 각 지방에는 위원회가 조직되었다. 무경부 산하에는 장근(張槿)을 대장으로 하는 치안대가 조직되어 사무국장에 정상윤(丁相允), 총무부장에 송병무(宋秉武) 등이 17개 부서를 맡게 되었다.

9월 2일 서기국을 통해 발표된 강령을 보면 ① 우리는 완전한 독립국가의 건설을 기함, ② 우리는 전 민족의 정치적 · 경제적 · 사회적 기본 요구를 실현할 수 있는 민주주의적 정권의 수립을 기함, ③ 우리는 일시적 과도기에 있어서 국내 질서를 자주적으로 유지하며, 대중생활의 확보를 기함 등의 3개 항을 내세웠다. 그러나 건준과 민족주의 계열의 협상이 결렬된 상황에서 8월 31일 여운형은 사직을 선언하고, 안재홍도 건준에 사표를 제출했다. 건준은 9월 1일 사회주의 계열 인사 중심으로 135명의 확대위원 명단을 발표했다.

9월 4일 확대위원회가 열렸으나 135명 중 일부만이 참석한 가운데 여운형과 안재홍의 사임수리건을 18대 17로 부결시키고, 허헌(許憲)을 부위원장으로 추가했다. 한 증언에 따르면 같은 날 허헌, 박헌영, 여운형, 정백 등 4인이 회동해 인민공화국 수립 문제와 구성을 협의했다. 이틀 후인 9월 6일 위원회는 600여 명으로 된 '전국인민대표자대회'를 서울 경기여자중학교 강당에서 소집했다. 이 회의는 헌법기초위원을 겸직하는 전국인민대표위원에 이승만(李承晩), 여운영, 허헌, 김규식(金奎植), 김구(金九), 김성수, 김병로, 안재홍, 이강국, 신익희(申翼熙), 조만식(曺晩植) 등 55명을, 고문에 오세창(吳世昌), 권동진(權東鎭), 김창숙(金昌淑), 이시영(李始榮) 등 12명을 각각 선출하고, 「조선인민공화국임시조직법」을 통과시킨 다음 '조선인민공화국' 수립을 발표했다.

따라서 건국준비위원회는 9월 7일 해체되었고, 9월 11일 주석에 이승만, 부주석에는 여운형, 총리에는 허헌이 각각 추대, 임명되었으며, 9월 14일 인공중앙위원회에서 인공의 정부 부서 및 정강, 시정방침 등을 발표했다. 그러나 그 과정에서 여운형은 9월 7일 2차 테러를 당했고, 상하이임시정부의 환국을 기다리던 송진우, 김성수, 장덕수 등은 임정봉대론을 주장하며 이들 조각을 인정하지 않았고, 미군정은 10월 10일 조선인민공화국을 부인하는 성명을 발표했다. 또한 환국한 이승만도 주석 취임을 거절하는 성명을 발표함으로써 자연적으로 해체되었다.

〈한국민족문화대백과, 한국학중앙연구원〉

3. 고영완의 가계와 가문의 전설

1) 고영완의 가계

고영완은 해동(海東) 굴지의 명문인 삼한갑족(三韓甲族) 제주고씨(濟州高氏) 장흥백파(長興伯派) 고복림(高福林)의 26세손이자 제봉(霽峰) 고경명(高敬命)의 16세손이다. 장흥고씨 평화파(平化派)의 종손인 부친 고동석(高東錫)옹은 석(錫)자 항열의 일본유학(留學) 봉우제 전설에 큰 기대를 걸었으나 좌절했다.

메이지대학(明治大學)을 졸업한 종제(從弟) 고희석(高熹錫)과 고응석(高應錫) 형제 중 고희석은 요절했고, 고응석은 아편으로 폐인이 되어 귀국했다. 보통학교 출신인 재종제(再從弟) 고창석(高昌錫)만이 장흥면장으로 활동했을 뿐, 필자의 백부인 고원석(高元錫) 또한 휘문고 재학 중 폐병으로 20대 초반에 요절했다. 재종제인 고원석의 부음(訃音)을 듣고 도쿄에서 보낸 고희석[3]과 고응석[4]의 애사(哀詞)를 필자는 지금도 보관하고 있다.

항일혁명투사 구파 백정기가 도쿄 유학 중이던 고희석에게 도움을 청했던 편지[5]는 독립기념관에 전시되어 있다. 가문을 일으키기 위해 유학을 보낸 동생들이 폐인(廢人)이 아니면 요절하자 고동석 옹은 맏아들 고영완에게 신학문을 시키는 것이 두려웠다.

2) 봉우제 설화(說話)

1979년 10월 26일 박정희 대통령의 시해 사건이 일어나자, 군부는 계엄령을 선포하고 정권을 잡았다. 말 한 마디 잘못하면 문인들도 삼청교육대로 끌려가는 살벌한 시기였다. 시해 사건이 일어나기 전, 나는 경방에 근무하면서 야간에는 대림동에 있는 재건학교(대림재건학교에서 한국청년학교로 학교명이 바뀜)에서 국사와 국어를 가르치면서 '시인의 집' 과 '창조문예(創造文藝)', '맥심부락(麥心部落)' 등 동인활동에 열심을 내고 있었다. 김지하(金芝河) 시인의 오적시(五賊詩)가 《사상계(思想界)》에 연재되자 사상계는 폐간되었다. 오적시를 소유하고 있다는 이유로 긴급조치 9호 위반으로 입건된 나는 박영웅 시인과 함께 보안사와 안기부의 내사를 받았다. 두 번에 걸친 가택수색으로 가족들의 마음 고생은 이만저만이 아니었던 시기였다. 그 무렵 범한전선을 설립한 종형으로부터 도와달라는 부탁을 받았다. 나는 갈등할 수밖에 없었다. 직장을 옮기게 되면 재건학교를 그만 둘 수밖에 없는 상황이었다.

범한전선으로 옮겨간지 3개월이 채 안 되어 재건학교 선생 전원이 '김대중내란음모 사건' 이라는 죄명으로 구속되었다. 교사 중 한 명(한양대)이 재건학교의 가리방으로 데모 격문을 긁다가 발각된 것이다. 남대문경찰서에 수감된 재건학교 교사들은 면회하면서 그들을 수발했던 당시, 서대문에서 서예교실을 운영하면서 신문예 동인지를 내고 있던 부원 김창직 선생으로부터 '시인의 고향' 을 주제로 한 수필원고 청탁이 들어 왔다. 그 때 쓴 필자의 수필이 다음의 '봉화제 설화(說話)' 이다.

버스를 타고 고향에 들어서면 제일 먼저 나를 반기는 건 억송(億松, 億佛山 큰소나무)이다. 억송을 바라보는 설레임. 억불산 9부 능선에 우뚝 선 억송이 보이면 드디어 고향에 왔다는 안도감이 나를 사로잡는다. 억송은 높이 20m, 나무둘레 3.5m의 거목으로 원래 제주가 고향인 장흥고씨와 제주양씨가 인근에 자리잡은 묘를 수호하기 위해 심은 것으로 전해지고 있다. 이 억송 바로 옆에 나의 7대조의 묘인 봉우제 산소가 있다.

억불산(億佛山) 연대봉의 봉수대 관리를 위해, 병정(兵丁)들이 거주하면서 성촌(成村)된 정화소(丁火所)를 당시 관리 책임자였던 신경원(申敬源)이 조정으로부터 하사받았다. 정화소(丁火所)가 평산신씨(平山申氏)의 화속지(化屬地)로 변하자, 그의 손자 신원수(申元壽)가 평산신씨(平山申氏)의 '평(平)' 자와 화속지(化屬地)의 '화(化)' 자를 따서 평화(平化) 마을로 마을 이름을 정했다. 세월이 흘러서 1770년 제봉(霽峰) 고경명(高敬命)의 7대손 진해공(鎭海公) 고석겸(高碩嗛)은 영조 때의 국지사 이계현(李啓鉉)의 권유를 받아 이곳에 터를 잡고 정착을 하게 된다, 이 후 지금까지 평화 마을은 장흥고씨의 세거지가 되었다.

정조의 둘째아들인 순조는 1800년(정조 24) 1월 세자에 책봉되었다. 그 해 6월 정조가 죽자 11세의 나이로 순조는 왕위에 오르자 영조의 계비인 정순왕후(貞純王后)가 수렴청정을 하게 된다. 정순왕후는 벽파(僻派) ; [사도세자(思悼世子)의 폐위를 주장했던 동생 김귀주(金龜柱)가 속한 붕당]와 함께 수렴청정 기간 내내 정조 때 집권세력이었던 시파(時派)의 숙청에 주력했다. 사교금압(邪教禁壓)이라는 명분으로 신유사옥을 일으켜서 이가환, 이승훈, 정약종 등을 처형하고, 정약용, 채제공 등은 유배를 보냈다. 순조는 1804년 12월부터 직접 국정을 관장했으나, 권력의 핵심은 김조순을 비롯한 안동김씨 일문으로 이미 옮겨간 후였다. 관직에 나아가기 위해서는 안동김씨 일족에 줄을 대야만 했다. 과거제도가 문란해지자 양반관료 체제가 안정을 잃었고 국가의 조세 체계 또한 크게 흔들렸다.

순조 임금이 즉위한 1800년대 초 평화 마을의 고재해의 사랑채는 항상 지나가는 과객들로 붐볐다. 심지어는 몇 달째 묵고 있는 과객들도 있었다. 그러나 얼굴 한 번 찌뿌리지 않고 과객을 대했던 지난해 작고한 양부 고후진의 온유함과 후덕함은 원근까지 소문이 자자했다. 지금은 다리가 있어서 통행에 불편함이 없으나 당시에는 징검다리로 건너야 했던 탐진강 건너편에 서는 장흥의 5일장은 언제나 북적거렸다. 양부의 기일을 앞두고 제숫거리를 사기 위해 아침부터 서둘러서 장에 간 고재해, 갑자기 하늘이 컴컴해지더니 장대비가 쏟아졌다. 갑자기 불어난 강물로 징검다리가 물에 잠겨 강을 건널 수가 없게 되자, 그는 강어귀 주막에서 발을 동동 구르고 있었다.

"무슨 일이 있습니까?"

뒤돌아보니 사랑방에 묵고 있는 과객이 혼자서 술을 마시고 있다.

"오늘 저녁이 선친 기일입니다."

노도와 같이 흐르는 강물을 불안한 모습으로 바라보는 고재해.

"꼭 건너야 겠습니까?"

말없이 고개만 끄덕이는 그에게 눈을 감고 자신의 등에 업히라는 과객. 알고 보니 과객은 유명한 술객(術客)이었다. 그 일로 인해 고재해와 술객은 가까워졌다. 그러던 어느 날 조부가 자리에 눕자 그는 산소 자리를 술객에게 부탁했다. 부탁한지 3개월이 지났는데도 가부간 대답이 없자. 다시 한 번 간청하는 고재해에게 "명당은 임자가 따로 있나 봅니다." 면서 털어놓는 술사의 이야기가 바로 봉우제 산소에 대한 설화(說話)이다.

장흥고씨보다 먼저 평화 마을에 정착을 한 것은 광산김씨 일문이었다. 광산김씨는 알고 지내던 술사에게 자신의 부친 산소 자리를 부탁했다. 광산김씨에게 드러나지 않는 명당 자리라면서 추천해준 곳이 봉우제 산소 자리였다. 억불산 9부 능선에 있던 묘자리를 추천하자 광산김씨는 탐탁치 않는 기색이었다. 호랑이가 나올 정도로 험악한 산 9부 능선에 묘를 쓴다는 것이 선뜻 내키지 않는 표정이었지만, 부친이 오늘 내일 하자 우선 가묘를 만들었다. 사단은 광산김씨 문중의 출가한 딸 때문에 벌어졌다. 가묘를 만든 그날 밤 시집식구들을 동원해 부친 몰래 가묘에 물을 길러다 부었다. 명당이라는 말에 욕심이 생긴 딸의 돌발행동을 모르는 광산김씨는 묘자리가 습하다면서 묘자리를 다른 곳으로 부탁했다.

"명당에는 드러난 명당과 드러나지 않는 명당이 있습니다. 드러난 명당은 어지간한 풍수면 누구나 알 수가 있지만, 드러나지 않는 명당은 아무나 알 수가 없습니다. 봉우제 산소 자리는 드러나지 않는 명당입니다. 250년이나 300년 후에 일국의 지도자를 배출할 수 있는 곳입니다. 그러나 유념할 것은 시신을 입관할 때 목관으로 하지 말고 수수대관으로 해야 합니다. 수수대관은 황금관을 상징합니다. 전쟁터에서 왕이 전사하자 왕을 수수대로 싸서 묻었는데, 바람이 불어와서 능이 만들어졌다는 중국의 고사가 있습니다. 그리고 가능한 한 후손들은 바다 건너 멀리 내보내야 가문이 흥합니다. 봉우제에 산소를 쓰신다면 내 말을 명심하셔야 합니다."

삼오제를 위해 산소에 간 고재해는 초립동을 대동한 노인을 만났다. 어떤 사람이 자신이 보아 둔 명당 자리에 묘를 썼는지 궁금해 기다리고 있었다는 노인은 안동에서 왔다고 자신을 소개했다. 고재해는 노인을 집으로 모시고 가 후히 대접을 한 후 노자까지 주어서 보냈다. 이 설화(說話) 때문이었을까? 일제 식민지 치하였던 1924년 해리 아저씨(고희석)와 장성 아저씨(고응석)를 일본의 메이지대학에 유학을 보냈지만 한 분은 일찍 돌아가시고 한 분은 폐인이 되었다. 설화는 설화일 뿐이다. 다만 우리 가문에 이러한 스토리텔링이 있다는 것이 고맙고 소중할 뿐이다. 덕분에 나는 설화 속의 주인공이 되어서 지금까지 꿈을 꾸며 살아올 수 있었다.

＊주해(註解) 3) 고희석의 애사(哀詞)

좌측 고응석과 우측 고희석 형제

贈. 哀詞慰元君靈魂(증. 애사위 원군 영혼)

아, 슬푸다 君(군)이여.

丙寅(병인) 某年某日(모년모일)이 君(군)의 最從日(최종일)이드냐?

가슴이 바야지고(미어지고) 목이 메인다.

그리도 冷情(냉정)하고 야속도 하더냐?

이 세상이 괴롭더냐? 黃泉(황천)이 그립더냐?

魔鬼(마귀)에 속아 끌니여 갓드냐?

사람은 모도 다 너다려(너더러) 不歸客(불귀객) 不歸客이라 부른다.

不歸客 不歸客 — 永永(영영) 못 오는 이 세상 사람이 아니란 말일가?

그려면 君은 다시 만나볼 君이 아니엿든가?

未來(미래) 億萬年(억만 년) 끝업는 將來(장래) 어느때일지라도

君의 자최(자취)는 더욱더욱 幽暝(유명)의 나라에 사라지고 만단 말일가?

아, 슬푸다 君이여.

君은 확실이 이 세상을 떠낫다고 傳(전)한다.

그러나 至今(지금)도 나의 눈에는 君의 容貌(용모)가 어린어린거리며,

귀에는 君의 音聲(음성)이 쟁쟁하게 들린 듯하다.

달 발근(밝은) 밤 東山(동산)에 散步(산보)하고 노든(놀던) 일

團欒(단란)한 諸從兄弟(제종형제) 지줘거리고 노던(놀던) 일

和風(화풍)에서 즐기며 놀아스매(놀았으며)

逆境(역경)에서 서로 가치(같이) 헤매엿다.

우서도(웃어도) 가치 웃고 울어도 가치 울든 君과 내가 아니든냐?

우리는 同親(동친)의 友情(우정)보다 知己(지기)의 友情이 서로

도타웁든(두텁던) 君과 나 이엿다.

在京幾年間(재경기년간) 寢食(침식)을 가치 하고 苦樂(고락)을 가치 했다.

작란도 잘도 하고 말기운도 썩 조흔(좋은) 君이엿다.

그리하야 형(兄)의 責望(책망)도 퍽(많이) 들엇든 君이 아니든가.

그러나 三年間(3년간)을 하로가치(하루같이) 客窓(객창)에서 지내엿다.

아, 君아. 나는 君이 그리웁다.
새삼스러이 옛일이 더욱더욱 그리웁다.
今年(금년) 七月이 君과 나와 永訣(영결)로 作別(작별)한 것인 쥴
엇지 꿈인들 뜻하엿스랴.
나는 그 後(후) 萬里他國(만리타국)에 몸을 붓친 後(후)
언젠가 君의 病勢危重(병세위중)하단 말을 듯고
바로 가서 慰安(위안)도 못한 것이 至今(지금)에 생각하면
뼈끝이 압푸고(아프고) 가슴이 저린다.
一字書信(일자서신)이라도 慰安(위안)을 줄가 하엿스나
도리여 病人心中(병인심중)에 害가 잇슬가 말엇든(말았던) 것이다.
너. 나보고 너무도 無心(무심)하다 하엿슬 줄 안다.
그러나, 너 엇지 兄(형)의 本心(본심) 모를손냐?
철업는 君아. 兄이 무슨 感情(감정) 잇서(있어) 편지 아니 하여겟나?
그러나 凶音(흉음) 듯고 바로 가서 參哭(참곡)도 못한 것은
말하지 못할 事情(사정)이엇지만,
友愛之情(우애지정)이 敗頹(패퇴)한 것을
君아 十分(십분) 용서하라.
아, 슬푸다 君아.
人生(인생)의 一生(일생)에 死(사.죽음)가 무릇 原則(원칙)이지마는
君의 죽음처럼 설움이 한울(하늘)에 사모치도록
원통하고 끔직한 죽음이 어데 잇스랴.
二十二(이십이)란 短期(단기)에 엇지하야 最後(최후)의 숨을 맷기고
(맡기고)

幻想(환상)의 나라로 발길을 도리키어 九泉(구천)의 손이 되단 말이냐?

君아. 나 사랑 君아.

煩腦(번뇌)의 바다. 苦悶(고민)의 물결 —

그것보다 차라리 廢墟(폐허) 가튼 永劫(영겁)의 骸骨(해골)의 꿈 속으로

도라가리라 하엿듬 아니냐?

나는 다시금 君의 最後(최후)의 잠을 記憶(기억)하노라.

君이여. 青春(청춘)의 生命(생명)이 웨 그대지(왜 그다지) 虛荒(허황)하냐?

멀고먼 黃泉(황천)의 길을 떠나려는 그 瞬間(순간)에

果然(과연), 君은 이 세상을 얼마나 원망하엿든냐?

世上(세상)은 참으로 虛無(허무)의 虛無로구나.

그리하야, 나는 君의 죽음을 몹시도 섭섭하고 허통하게 생각이 날 뿐이다.

하지만 旣往(기왕) 사라진 君의 얼골(얼굴), 손, 발 사테를

다시 볼 곳 그 어데니냐. 나는 우노라. 가슴을 부듸노라.

설음 설음, 설음이 다 무엇인지, 생각사록 한숨뿐 눈물뿐이다.

아, 슬푸다 君아.

至今(지금)은 바람이 차다. 눈이 여지엄시(여지없이) 퍼붓는다.

고요한 青山(청산) 쓸쓸한 무덤 속에 君아.

얼마나 孤獨(고독)을 늣긔는냐(느끼느냐)?

그러나 最後(최후)라면 恨(한)이 될 죽음, 그것을 君아 원망치 마라.

다시 못 오는 이 세상을 그리원마라(그리워하지마라).
永遠(영원) 永遠이 편안니 잠들어라.
아,
그러나 君아, 君의 靈感(영감)이 잇거든 哀痛(애통)에 매이는
兄(형)의 一幅哀詞(일폭애사)를 뜻잇게 바드라.
아,
사랑하는 君아, 문노라(묻노라). 아느냐?
靈魂(영혼)은 잇슬지라도 어이 대답이 잇스랴?
아,
이것이 果然(과연) 不歸客(불귀객)이란 말인야?
정말 다시 못 볼 君이로구나.
끌른(끓는)피 미지분 눈물, 말 끈고 痛哭(통곡) !!

丙寅 十二月 朔日(병인 12월 초하루)
日. 東京 江戶川 雪窓에 잇서
(일본 도쿄 에도가와의 눈내린 창가에서)
君을. 그리웁고 彷徨한 兄憙는 贈
(군을 그리면서 방황하는 형 희 는 증)
哀詞(애사)하노라.
元 君　　　徹天(철천)의 靈前(영전)

* 주해(註解) 4) 고응석의 애사(哀詞)

증 애사 하야 위 원군 영혼이라
아, 슬푸다. 군아.
그러면 군은. 이 병인년을 군의 최후 년으로 삼고.
영원이 영원이 이 세상을 저바려는야?
아, 군아. 무어시(무엇이) 이 세상이 불만족하며,
무어시(무엇이) 그닥지(그다지) 락원이 그리웁든야?
아, 군아. 군도 물론. 락원이. 그리워
가든 아니하엿슬 것이다(간 것이 아니었을 것이다).
그러면 악마의 유혹에 끌려 그와 갓치(같이) 무정이 이 세상을
작별한 것시(것이) 안이엿는가(아니었는가)?

위 고희석의 애사 원본과 아래 고응석의 애사 원본

가삼이(가슴이) 먹먹하고, 눈물리(눈물이) 압을(앞을)
가루울 뿐이다(가리울 뿐이다).
아, 군아. 드러라(들어라). 어느날 밤 꿈이여섯다.(꿈이였다).
한 곳에서 나는 군을 보아섯다(보았었다).
그리하와(그리해) 군을 그리워하난(그리워하는) 형은
안탁가운듯시(안타까운듯이) 소리을(소리를) 내어 군을 불너섯다.
그러나 군은 냉소를 띄우며 어대인지 그만
영자을(영자를) 감츄어벼리고(감추어버리고) 말드라.
아, 군아. 슬푸다. 군아 —
물론 이 세상을 무정타(무정하다) 하며
따라(따라서) 형을 무정하다고. 생각해 그와 갓치(같이)
냉소를 띄우며 영자를 감츈 것이엿든야(감춘 것이였더냐)?
아, 그렷타(그렇다). 군아. 십분 용서해라.
군의 병세 위중탄(위중하단) 마을(말을) 듯고도(듣고도)
가서 위안도 못 하엿다. 지금 생각하면 다맛(다만)
끌는(끓는) 눈물리(눈물이) 압을(앞을) 가룰 뿐이다(가릴 뿐이다).
아, 군아. 나의 사랑하난(사랑하는). 군아.
삼사연(삼사년) 동안을 모진 경성설풍에 모든 고통과
오만(수많은) 고생을 하든(하던) 군이 안이엿는가(아니었는가)?
참으로. 슬푸다. 군아.
나와 함기(함께) 경성 한 모통이에 잇을 때다.
그때 몹시 날도 차고, 방도 츄어섯다(추웠었다).
그리하와(그리해) 츄우을(추위를) 못 견드여(못 견디어)

군이 한 마리(말이) 새삼스러이 귀에 쟁쟁하다.

우리가 어느 때나 이 고생을 면하고, 다스한(따스한) 고향에

가서 잇서 볼가요(있어 볼까요)? 하든(하던) 군이 아닌가?

아, 군아. 그러면 엇지 따스한 방을 버리고 쓸쓸하고 적막한 청산 한 무덤 속에 엇지 추워 잠 깁피 드럿는야(잠 깊이 들었느냐)?

아, 군아.. 참으로 그리웁다—.

금연(금년) 칠월리(칠월이) 군과 나와 최후의 작별 될 쥴이야

몽중(꿈 속)인들 생각하엿스랴(생각했겠느냐)?

아, 슬푸다. 이십이라는 꽃다운 청춘을 뒤로 두고,

마귀의 손에 얼키여(얽혀) 갈 때 얼마나 이세상 사람을. 원망해스며,

또난(또는) 저쥬도 하엿던야? 생각할사록 눈물뿐이다.

아, 군아. 이 세상을 원망하며 또난(또는) 저쥬하와(저주하면서).

창공(하늘) 말이에(끝에서) 너무나 허매이지 말고(헤매지 말고),

펜안이(편안이), 펜안이(편안이),

깁피(깊이), 깁피(깊이), 잠들러라(잠들어라).

아, 군아 !!

도쿄 강호천에서 기리워한(그리워한). 응은 증 원군하노라.

*주해(註解) 5) 백정기(白貞基)가 고희석에게 보낸 편지

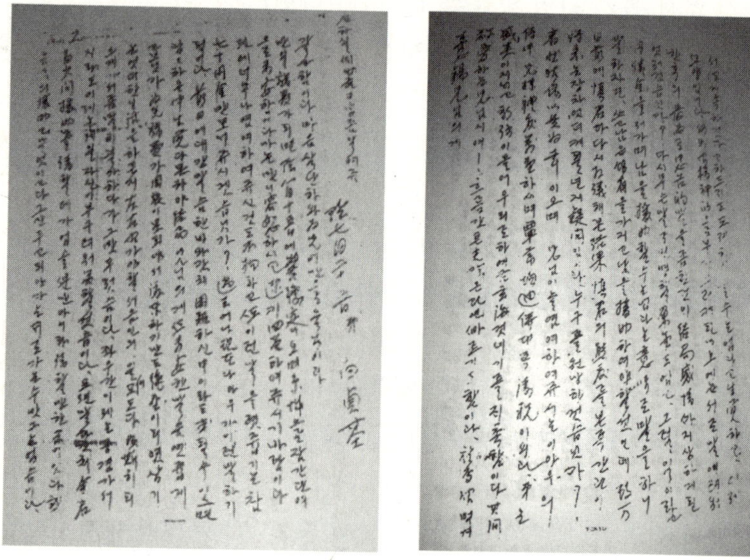

백정기가 고희석에게 독립자금을 부탁한 편지 원본

희석(熹錫) 형님에게

경애하는 형님이시여

흐름 같은 광음(光陰)은 빠르기도 합니다.

어언간 벌써 성염(盛炎)이 지나고 신량(新涼)이 들어

우리로 하여금 현해 건너기를 재촉합니다.

그간 시중(侍中; 어른을 모심) 형체도만중(兄逮度萬重)하시며

담절균적병절(覃節均迪併節) 도축(禱祝)이외다.

제가 성장고의이시위행(省杖姑依而是爲幸)이오며 형님이 늘 염려해 주시는

이 아우의 장래는 장차 어떻게 될는지 의문입니다.

누구를 원망하겠습니까?

일전에 신(愼)군과 상의해 본 결과 신군의 태도를 본즉 간단히 말하자면 쓰고

남는 여유를 가지고 남을 원조해야 할 것인데, 수만전(數萬錢) 채금(債金)을 져 가며

남을 원조할 수 없다는 뜻으로 말을 하니 어찌하겠습니까?

다시 무슨 말로 변명할 용기도 없고 그럴 일이라고 한 후

최후로 충고적인 말을 좀 한 것이 결국 감정까지 상하게 된 모양입니다, 하여간

정신적으로 부끄럽게 된 이상에는 서로 말 어려워도 계속 하겠다고 하더라도

도저히 그럴 수 없다고 생각하고 이제는 남의 원조고 무엇이고 다 그만두고

되어 가는 대로 가는 수밖에 없습니다.

다소간 원조를 청할 때가 없을 뿐 아니라 청할 만한 곳이 있다 할지라도

이제는 자신이 부끄러워 못 하겠습니다

요전 말과 같이 김군에게 가서 좀 말해 볼까 하다가 그만두었습니다.

좌우간 이제는 도쿄 가서는 어떠한 생활을 하던지 간에 가야 할 셈인데

일이 모두가 여사(如事)히 되고 보니까 우선 여비 주선이 못 되어서

도동하기만도 절망이 되었삽기에 답답하던 중 생각다 못 해

결국 형님에게 또 미안한 말씀을 여쭙게 됩니다.

전일 대강 말씀한 바와 같이 곤란하신 중에라도 혹 될 수 있으면

70원금만 보내주시겠습니까?

과거에나 현재나 아우가 이런 말하기 전에 너무나 염려해 주신 것도 불구하고

또 이런 말을 여쭙기는 참으로 미안합니다마는 많이 용서하시고

속히 화답해 주시기 바랍니다

만일 여비가 되면 음 8월 15일에 출발 예정이오니 경성에 잠깐 다녀갈까 합니다

마음 산란해 위선 줄입니다

음 7월 20일 弟 백정기

하실 때 출발 일자를 좀 알려주

〈항일혁명투사 구파 백정기 - (사)구파백정기의사 기념사업회〉

4. 고영완의 스승들

1) 인곡 김정채

고영완은 국민학교에 들어가기 전까지 인곡(仁谷) 김정채(金正采) 선생으로부터 한학(漢學)을 배웠다. 예의나 격식에 구애됨 없는 천진난만한 인곡(仁谷)의 성품은 무계(霧溪)의 정신세계에 큰 영향을 끼쳤다. 원래 고영완의 아호는 화정(化汀)이었다. 어느 날 밤 고

인곡 김정채 선생으로부터 한학 수학

영완은 안개가 자욱한 골짜기를 소요하는 꿈을 꾸었다. 기이하면서도 기분 좋은 그의 꿈 이야기를 듣고서 인곡 선생은 고영완에게 아호를 무계로 부르는 것이 좋겠다고 권했다. 그때부터 고영완은 무계라는 아호를 지니게 되었다.

2) 조부 고재극옹

무계(霧溪)의 성품은 조부 고재극(高在克)옹의 영향도 받은 듯하다. 노장학(老莊學)에 심취했던 재극옹은 모든 일을 순리대로 무리하지 않고, 아무리 급해도 서두르지 않으며, 남에게 적악(積惡)하지 않은 도량이 큰 인물이었다. 재극옹은 임종하기 직전 아들 고동석에게 방채(放債)장부를 불살라버리라는 유언을 남겼다. 이를 지켜보던 사람들이 깜짝 놀라 그 연유를 묻자

"빚을 받기 위해 안달을 하다 보면 본의 아니게 적의(敵意)를 뒤집어 쓸 것이다. 그렇게 되면 언젠가는 화(禍)를 입게 될 것이 뻔한데, 내가 너희들에게 화를 물려주고 갈 수는 없지 않느냐?"

했다. 이런 할아버지 품에서 자란 무계가 어떤 성품을 지녔으리란 것은 충분히 짐작할 수가 있다.

3) 이우영

고영완은 본인의 이름으로는 글 한 편 남기지 않았지만 서예가로서 그의 글씨는 비석이나 액자를 통해 우리 곁을 지키고 있다. 무계는 안진경체로 유명한 서예가 이우영으로부터 서예(書藝)를 배웠

다. 이우영은 무계의 조모 이소산(李小山)의 조카였다. 당대(唐代)의 명필인 안진경의 서체(書體)에 심취한 무계는 안진경서체 중에서도 해서(楷書)체만을 고집했다. 다른 사람의 서체나 또는 다른 체(體)의 글씨를 쓸 법도 하지만, 생전에 안진경의 해서체 외에는 단 한 자도 쓰지 않았다.

한 가지 체(體)만 쓰다 보면 싫증도 나고 또 진전이 없는 것 같아서, 행서(行書), 초서(草書), 예서(隸書), 전서(篆書)도 쓰기 마련인데, 무계는 한결같았다. 안진경체의 특징은 필력에 힘이 있고 준완(遵婉)함에 있다. 건강하고 힘이 있으며, 온유해 부드러운 아름다움이 있다는 뜻이다. 외유내강(外柔內剛)한 무계의 성품이 서도(書道)에 그대로 투영된 것이다.

서예에서 명필(名筆)은 생(生)과 졸(拙)이요, 달필(達筆)은 교(巧)와 숙(熟)이라 한다. 생(生)과 졸(拙)은 초보자가 쓰는 것처럼 어수룩하고 다듬어지지 않은 맛이요, 교(巧)와 숙(熟)은 재주가 무르익어 넘쳐나는 것처럼 가볍다는 의미다.

안진경의 해서체는 잘 쓸수록 어수룩한 맛이 있다. 어수룩하기 때문에 초심을 잃지 않았던 무계의 정치 여정을 우리는 무계의 글씨를 통해 이해하게 된다. 국회의원에 6번 출마해 2번 당선된 고영완은 2대 국회의원 시절에는 6 · 25전쟁이 발발했으며, 5대 국회의원에 당선되고는 5 · 16군사정변으로 임기를 채우지 못하고 물러났

인곡 선생의 비에 새겨진 무계의 글씨

다. 그러나 한 번도 정치노선을 바꾸지 않았던 정치가로서 그가 남긴 업적은 지금도 우리의 가슴을 뭉클하게 한다.

5. 고영완의 농촌계몽운동과 평화마을의 노래

1) 고영완의 농촌계몽운동

외가인 장성군 삼계면 홍정리에서 남들보다 3년이나 늦은 연배에 국민학교에 입학한 후 광주 서석국민학교를 졸업한 무계는 중앙고보를 거쳐서 일본 센슈(專修)대학교에 진학했다. 일본 센슈대학을 다니던 고영완은 방학 때는 고향에 돌아와서 가운데골에 있는 차뚱[茶山嶝]의 위씨(魏氏) 제각에 야학(夜學)을 개설하고, '평화 마을의 노래' 등을 젊은이들에게 가르치며 농촌계몽운동에 열심이었다. 당시의 마을 노래는 도쿄 유학생들이 노랫말에 나라를 상징하는 단어를 마을 이름으로 바꾸어 부름으로써 민족의식을 고취시켰다. 평화 마을의 노랫말은 이렇다.

2) 평화마을의 노래

산수 좋고 이름 좋은 우리 평화야
앞에다 방죽 두고 뒤에 산 두고
높이 솟은 억불산 청청도 하다.

조그마한 우리 평화 씩씩하구나.
산수 좋고 이름 좋은 우리 평화를
사랑하고 보호하세 우리 향토를
깊이 든 잠 얼른 깨어 일하러 가세.
평화낙토 영원토록 건설해 보세.

일본 순사의 내사(內査)가 심해지자 당시 면장이던 고창석(고영완의 재당숙)의 권유로 일본으로 건너간 고영완은 집에서 보내온 풍족한 자금으로 주변의 어려운 친구들을 돌본다. 전남교육감을 역임한 안용백의 증언에 의하면 전주제사 김승택 사장 등 어려운 환경에 있던 유학생들의 학비를 고영완이 부담했다고 한다. 나라를 되찾아야 한다는 이상을 품고 있던 도쿄 유학생의 대부분은 사회주의 이상에 심취해 있었다. 일본 중앙대학교에 다니던 백재호는 사회주의에, 와세다대학에 재학 중이던 고재국은 이미 공산주의에 물들어 있었다.

광복직후 청년단원과 함께한 고창석옹

6. 고하 송진우 – 첫 번째 멘토

대지주의 아들인 고영완은 어려움을 겪고 있던 유학생들의 등록금(전남교육감 안용백씨 증언)을 대주는 등, 한국 유학생들 사이에서 그의 행동이 유별났다. 그 소문이 고하(古下) 송진우의 귀에 들렸다. 인촌(仁村) 김성수와 고하 송진우는 동아일보와 경방 등 민족 개조를 통한 조국 해방을 꿈꾸고 있었다. 고하와 인촌은 창평영학숙 출신으로 장흥고씨와 깊은 인연이 있었다. 인촌은 어머니와 부인이 장흥고씨였다.

1) 고하와 기삼연

조선이 개항한 때로부터 14년이 지난 1890년 전남 담양에서 태어난 송진우는 어린 시절 한말(韓末)의 의병장 성재(省齋) 기삼연(奇參衍)으로부터 한학을 배웠다. 기삼연은 을미사변으로 명성황후가 살해되자 1896년에서 조카뻘인 기우만(奇宇萬)과 함께 의병을 모집했다. 군사 부문을 담당한 기삼연을 사람들은 '백마장군(白馬將軍)'이라 불렀다.

거사직전 학부대신을 지낸 신기선 등이 내려와서 왕명이라고 설득하자 거병이 무산되었다. 고종의 뜻이 아닐 것이라는 생각에 다시 거사를 도모했으나 일진회(一進會) 회원의 밀고로 체포되었다. 딸이 혼례를 치르는 날에 체포되어 한성부 평리원으로 압송되었다가 이용태의 배려로 탈옥했다.

1907년에 대한제국의 군대(軍隊) 해산으로 다시 의병 운동이 일어나기 시작했다. 기삼연은 전남 장성군 황룡면 와우리 수련산(秀蓮山)에서 호남창의회맹소(湖南倡義會盟所)라는 이름으로 의병부대를 구성하고 대장에 올랐다. 이들은 격문을 작성해 돌리면서 일본인과 일진회원을 처단하면 상금을 주겠다고 선언했다. 장성군, 고창군, 법성포 일대에서 활동하면서 법성포의 순사주재소를 공격하는 등 여러 차례 전공을 올렸으나 1907년 말부터 겨울철 추위로 세력이 위축되었고, 담양군으로 피신했다가 기습 공격을 받아 사상자가 다수 발생했다. 순창군에서 체포된 기삼연은 광주에서 총살형으로 사망했다.

2) 고하와 고희석

1907년 송진우는 창평영학숙(昌平英學塾)[6)]에 입소해 신학문을 배웠다. 국권회복을 위해서는 실력부터 키워야 한다는 춘강(春崗) 고정주의 지도 아래 신학문을 익히면서 그는 평생동지인 인촌(仁村) 김성수(金成洙)와 만나게 된다. 신학문을 배운 후, 김성수와 함께 일본에 건너간 송진우는 1910년 와세다대학에 입학했다. 한일합방이 되자 잠시 귀국한 송진우는 재차 일본으로 건너가서 메이지대학 법과에 입학해 유학생 친목회 총무로 고희석과 함께 학지광(學之光) 발간에 참여했다. 메이지대학 시절 고희석과 고하는 유난히 절친했으나 그들의 우정(友情)은 고희석의 요절(夭折)로 정지(停止)되었다.

3) 고하와 동아일보

일제(日帝) 치하의 민족계몽운동은 서양의 근대문명을 수용하면서 동시에 민족문화를 계승하는 문화운동이었다. 이 문화운동은 이념을 달리하는 민족운동 진영들에서 각각 뿌리내리고 있었다. 국외에서는 박은식, 신채호 등의 민족주의 역사학자들의 국혼론, 국수론이 형성되었고, 국내에서는 〈동아일보〉를 중심으로 전개된 민족세력들도 민족문화운동을 통한 신문화 건설을 주장했다.

송진우는 독자적인 사상적, 문화적 전통과 역사를 확립하는 것이 민족운동에 있어 무엇보다 중요한 과제며, 이를 통해 민족주의 세력 주도의 자립적 근대국가 건설운동의 사상적 기반을 마련할 수 있다고 보았다. 이는 공산주의 세력 주도의 국가 건설운동에 대응하는 것이기도 했다. 이 때문에 송진우는 정인보를 끌어들여 동아일보의 지면을 제공하면서 그의 저작 활동을 적극 후원했다. 정인보 또한 송진우를 높이 평가하고 있었으며, 이들은 평생 같은 길을 걷게 된다.

1930년대 조선 또는 조선학을 연구하는 경향은 크게 세 갈래가 있었는데, 정인보는 식민지 조선의 현실과 현실 문제에 깊이 관심을 가지면서 조선을 연구하는 '조선학운동' 을 전개했다. 정인보는 고전의 정리와 고증, 전통의 재해석과 재구성을 통해 근대 서구 문명에 대응할 새로운 동양적 근대사상을 수립하려 했다.

신간회 해소 후 1932년 동아일보는 민족운동 내의 사상적 대립과 불일치를 극복하기 위한 '사상혁신' 을 주장하면서, 이를 위해 조선의 민족주의 사상 마련과 자주적 정신을 기반으로 한 조선 연구를 강조했다. 이런 주장에 정인보가 대응한 것이 '양명학연론' 과 '오천년간 조선의 얼' 논설이었다. 정인보가 주도한 1930년대 조선학운동의 최대 성과는 조선후기 특정의 학문경향이었던 실학의 재발견이었다.

정인보는 실학을 의실구독지학(依實求獨之學)으로 규정하면서, 보편적 철학 원리인 실(實)에서 출발한 '실심' 에 기반해 잃어버린 민족의 독자성과 주체성을 회복하고, 백성의 일용과 민족과 나라의 실익을 가져다주는 민족 단위의 학문으로 규정했다. 그에 있어서 '근세 조선학' 인 실학은 무엇보다 주체적 민족론으로서 의미를 크게 갖고 있었다.

송진우의 통찰력은 만보산 사건에서 드러났다. 당시 동아일보 사장이었던 송진우는 제보의 진위 여부를 확인하고 기사를 작성할 것을 당부했다. 1931년 5월 하순부터 창춘(長春) 근교의 만보산 삼성

보에서 조선인 농민과 중국인 농민 사이에 수로 개설 문제를 둘러싸고 분쟁이 발생했다. 6월 초순 중국경찰이 개입해 조선농민을 몰아내자, 일본의 영사경찰은 조선농민들이 법적으로 일본신민이라며 이 분규에 개입했다.

조선농민들은 일본경찰의 보호 아래 수로공사를 강행했다. 몇 차례 충돌 끝에 7월 1일 중국농민 200여 명이 조선인들이 만든 수로를 파괴하자 일본경찰이 출동해 중국농민들을 향해 발포했다. 다행히 인명피해는 없었다. 그러나 중국인 노동자들 때문에 조선인들이 일자리를 잃는다는 의식이 퍼지면서 조선에는 반중국인 의식이 자라고 있었다. 이런 반중국인 감정에 불을 당긴 것은 1931년 7월 2일 밤과 3일 새벽에 〈조선일보〉가 이례적으로 두 차례나 발간한 호외였다.(호외는 "중국관민 800여 명과 200동포 충돌 부상/ 창춘 일본 주둔군 출동 준비/ 대치한 일 · 중 관헌 1시간여 교전/ 급박한 동포안위/ 기관총대 급파/ 전투 준비 중" 등 당시의 상황을 다급하게 전했다. 더구나 기사의 내용은 동포 다수가 부상이 아니라 살상당한 것으로 되어 있었다.) 이 사건을 윤치호는 자신의 일기(1931년 7월 13일 월요일)에 이렇게 기록하고 있다.

최근 조선에서 발생한 화교 박해사건이 일본인들의 사주를 받아 일어났다는 의혹이 제기되고 있다. 사람들이 제시하는 정황 증거는 이렇다.

(1) 〈조선일보〉 창춘지국장은 중국인들이 조선인 마을을 습격한 사건에 대해 자극적이고 과장된 기사를 송고(送稿)했다. (관동군이

사건을 확대하고자 일본영사관을 통해 〈조선일보〉 창춘지국장 김이삼(金利三)에게 '만보산 사건'에 대한 허위 자료를 제공했는데, 김이삼이 진상에 대한 확인 절차 없이 그대로 본사에 기사를 보낸 것으로 알려져 있다. 그런데 그는 밀정이라고 알려져 있다.

(2) 〈조선일보〉는 호외를 발행했지만, 동일인으로부터 똑같은 소리를 접한 〈동아일보〉는 호외를 발행하지 않았다. 그러자 이름만 대면 다 알 만한 종로경찰서 형사가 동아일보사에 전화를 걸어 이토록 중대한 사건에 대해 호외를 발행하지 않은 이유를 추궁했다.

(3) 서울의 경찰 당국은 조선인들에게 대표자회의의 개최를 허가해 주지 않았다. 이 회의는 화교들에게 어떤 행패도 부려서는 안 된다고 조선인 주민들을 계도하기 위한 것이었는데도 말이다.

(4) 의지만 있었더라면, 그토록 유능하고 막강한 경찰이 평양과 인천에서 발생한 난동을 못 막았을 리 없다.

〈'윤치호 일기', 김상태 편역, 역사비평사, 1988, 277~278쪽〉

1936년에 발생한 '일장기말소 사건'에 대해 당시 동아일보 사장 송진우는 "성냥개비로 고루거각을 태워버렸다."면서 이길용 기자를 사장실에 불러놓고 크게 꾸짖었다. 이 일을 두고 일부에서는 총독부와 밀월관계에 있던 동아일보에 이런 불경스런 사태가 발생했으니 송진우가 펄펄 뛰는 것은 어쩌면 당연한 처사였는지도 모른다고 말하고 있지만, 이는 송진우의 통찰력을 감안하지 않는 단견일 뿐이다. 《인촌 김성수전》은 이 사건을 이렇게 기술하고 있다.

이 사실을 전화로 연락받은 인촌은 앞이 캄캄해지는 것을 느꼈다. 점점 험악해져 가는 시국을 계산에 넣지 않는다 해도 무기정간이 내릴 것은 틀림없었다. 제2, 3차 무기정간 처분의 이유가 되었던 외국인의 메시지나 축사에 비(比)할 바가 아니었다. 제1차 무기정간을 가져온 '삼종신기(三種神器)' 도 간접으로 그것을 건드렸던 것이고, 또 시대가 그 때와 달랐다.

몇 달 전 도쿄에서 이른바 황도파(皇道派) 장교들이 내대신(內大臣) '사이토오(齊藤實)', 장상(藏相) '다카하시(高橋是淸)' 등 중신(重臣)을 살해한 소위 2 · 26 사건 때도 그들이 내세운 구호가 국체명징(國體明徵)이었고, 국기는 그 단체의 상징인 것이다. 급히 동아일보사로 오는 자동차 속에서 인촌은 히노마루 말소는 몰지각한 소행이라고 노여움과 개탄을 금할 수 없었다. 사진에서 일장기를 지워버리는 데서 오는 순간의 쾌(快)와 동아일보가 정간되거나 영영 문을 닫게 되는 데서 오는 실(失)을 생각하면, 그 답은 분명했다.

산란한 마음을 억누르지 못하던 인촌은 도중에 문제의 신문을 구해서 그 사진을 보고는 생각이 달라지는 것을 느꼈다. 민족의 정기가 위축되어만 가고 변절하는 유명, 무명의 군상이 늘어나는 세태로 볼 때, 일장기의 말소는 잠자려는 민족의식을 흔들어 놓은 경종이 아닌가 하는 생각이 든 것이다. 그렇게 생각하니 마음이 다소 가라앉는 것 같았다. 그에 대한 탄압은 민족 대표지로서 쾌히 짊어져야 할 십자가로 생각되기도 했다.

신문사에 도착하니 밖에는 수많은 정, 사복 경관이 지켜 섰고, 사내는 마치 독립만세를 부르고 난 것 같은 흥분에 쌓여 있었다. 사장실에 들어선 인촌은 눈을 감고 심통한 표정으로 앉아 있는 고하에게 한 마디 없을 수 없었다. "자네 거기서 뭘 하고 앉아 있나?" 그러나 고하는 딴 소리를 했다. "지금쯤 미나미(南次郎)는 부산에 도착했을 걸…." 이때 신임 총독 미나미는 부임 도중에 있었다. 이 미나미는 그 뒤 6년 동안 조선총독에 재임하면서 조선민족 말살정책에 수단과 방법을 가리지 않아 '제2의 데라우찌(寺內正毅)' 라는 칭호를 받게 되는 인물이었다.

고하는 이렇게 계속했다. "부임해 오는 미나미 총독이 폐간과 같은 극단적인 태도로 나오지는 않으리라고 생각하지만, 일본 군벌은 미친 개여서 마음을 놓을 수 없어." 그도 조금 전 까지만 해도 "성냥개비로 고루거각을 태워버렸다."고 이길용 기자를 크게 꾸짖으면서 흥분을 가누지 못했던 것이다. 인촌은 더 할 말이 없었다. 26일 경성에 부임해 온 총독 미나미는 29일자로 동아일보에 무기정간 처분을 내렸다.

4) 고하(古下)와 6 · 10만세운동

6 · 10만세운동은 1926년 6월 10일 순종의 장례식을 기해 일어난 독립만세운동이다. 6 · 10만세운동은 3 · 1운동을 잇는 전국적, 전민중적인 항일운동으로, 사전에 치밀하게 준비되었다. 그러나 일제는 3 · 1운동의 전철을 밟지 않기 위해 철저한 경계 태세를 갖추었고, 경성부에는 7,000여 명의 육 · 해군을 집결시켰으며, 부산과 인

천에는 함대를 정박시켰다.

주동자는 사회주의계의 권오설, 김단야, 이지탁, 인쇄직공 민영식, 이민재, 연희전문의 이병립, 박하균, 중앙고보의 이광호, 경성대학의 이천진, 천도교의 박내원, 권동진 등으로, 이들은 10만 장에 달하는 격문을 준비하고, 오전 8시 30분경 순종의 상여가 종로를 지날 때 일제히 만세를 부르고 격문을 살포, 수많은 사람들이 이에 호응했다.

격문의 내용은 '일본 제국주의 타도', '토지는 농민에게', '8시간 노동제 채택', '우리의 교육은 우리들 손에' 등이었다. 6월 10일 순종의 인산에 참가한 학생은 2만 4,000여 명이었다. 군중의 호응으로 시위가 확대되었으나 조직 사이의 유대 결여와 민족진영의 조직 약화, 노총계, 사회주의 계열의 사전체포 등으로 일본 경찰에 저지당해 곧 실패했다. 그러나 만세운동은 곧 전국으로 번져, 고창, 원산, 개성, 홍성, 평양, 강경, 대구, 공주 등지에서 대규모의 만세시위운동이 일어났다.

이 사건으로 1,000여 명이 체포, 투옥되었으며, 제2차 고려공산청년회 책임비서 권오설을 비롯한 다수의 공산당원이 체포됨으로써 제2차 조선공산당이 무너지는 결과를 가져왔다. 또한 1927년 신간회, 근우회, 신정회, 연정회 등의 조선인 사회단체 조직과 1929년 11월의 광주학생운동에도 영향을 끼쳤다.

6 · 10 만세운동 당시 송진우는 정인보(鄭寅普)와 함께 순종의

'유칙 위작(遺勅僞作)'을 획책했다가 발각되어 이루지 못했다. 그들은 곧 6 · 10만세운동을 배후에서 조종한 혐의로 종로경찰서에 불려가 취조를 받았다. 한편, 수감된 공산주의자 박헌영 역시 배후조종 혐의로 고문을 당했으나, 관련이 있다는 근거는 찾아내지 못했다. 그 해 11월 송진우는 3 · 1운동 7주년 기념사 관련 항소에서 패소하고 곧 서대문 형무소에 수감되었다. 이어 11월 '국제농민본부기념사' 사건으로 징역 6월형이 확정되어 복역했다가 1927년 2월 일본 신임 천황 히로히토(裕仁) 즉위기념 특사로 출옥했다.

5) 고하와 인촌 그리고 고영완

20여 년이 흐른 후 고희석의 조카 고영완에 대한 소문을 듣고 일본 센슈대학에 다니던 무계와 상봉한 고하(古下)는 입이 무겁고 듬직한 고영완에게 매료되었다. 고영완에게서 고희석의 모습을 본 것이다. 그리고 그는 평생 동지(同志)인 인촌(仁村)에게 고영완의 여동생 고영남(고완남)을 자부(子婦)로 맞아들일 것을 권했다.

고하의 권유를 받고서 고영완을 만난 인촌 또한 과묵한 그를 고하처럼 신뢰했다. 인촌의 2남 김상기와 무계의 여동생 고완남의 혼사가 빠르게 진행되었다. 고완남과 김상기가 결혼을 한지 얼마 되지 않아서 조선학생동지회 사건이 일본경찰에 발각되었다.

이 사건에 연루된 인촌의 가족 중 4남 김상흠과 자부(子婦) 고완남은 체포되었고, 조카 김상협은 내사를 받았다. 인촌 김성수는 번

민(煩悶) 속으로 빠져들었다. 고완남은 6개월 만에 김상협과 함께 불기소처분 되었으나 김상흠에게는 조선학생동지회 사건의 최고형인 징역 2년형이 선고되었다. 함흥형무소의 고문 휴유증으로 유산을 한 고완남의 친정집에 인촌의 7남 김남이 자주 놀러갔다. 그곳에서 고완남의 여동생 고영희를 만난 김남은 첫눈에 필이 꽂혔다.

고완남은 동생의 결혼을 위해 인촌의 만류에도 불구하고 이혼을 결심하게 된다. 인촌과 고영완의 인연은 여기에서 끝나지 않았다. 인촌의 매부(妹夫)인 김용완의 딸과 고영완의 남동생인 고영구의 혼담으로 이어졌다. 인촌과 무계는 나이에 상관없이 정치적 동지로서 이후 같은 길을 걷게 된다.

6) 고하의 조선총독부 제안 거절

고하 송진우와 인촌 김성수는 국내에서 안재홍, 김준연, 여운형, 장덕수, 신익희, 조봉암, 조만식 등과 함께 조국의 독립을 위해 민족, 민주, 민생, 민문주의를 기본사상으로 정하고, 언론, 교육, 문화활동으로 민족의 역량을 키워나갔다. 히로시마와 나가사키에 원자폭탄이 투하되자 패전을 의식한 조선총독부는 재한 일본인의 안전을 담보로 고하에게 정권인수를 제의했으나 고하는 즉각 거절했다. 승전국인 미군의 양해 없는 정권인수는 혼란만 가중시킬 수 있었기 때문이었다.

고하에게 거절당한 총독부는 여운형에게 전권인수를 다시 제안했다. 여운형은 일본의 항복과 동시에 '건국준비위원회(이하 '건준')' 를 발족시켰고, 8월 16일 오후 1시 서울의 휘문중학교 교정에서 엔도와의 회담경과 보고연설회를 개최했다. 8월 23일 여운형은 건준이 신국가 권력을 독점하려는 행위라는 민족주의 계열의 비판을 겨냥해 건준은 신정권이 수립될 때까지의 준비와 치안 확보를 위한 것이라는 의사를 전달했으나 좌우(左右)협상은 결렬되었다. 8월 31일 여운형은 사직을 선언하고, 안재홍도 건준에 사표를 제출했다.

건준은 9월 1일 사회주의 계열 인사 중심으로 135명의 확대위원 명단을 발표했다. 9월 4일에는 확대위원회가 열렸으나 135명 중 일부만이 참석한 가운데 여운형과 안재홍의 사임수리건을 18대 17로 부결시키고, 허헌(許憲)을 부위원장으로 추가했다. 한 증언에 따르면 같은 날 허헌, 박헌영, 여운형, 정백 등 4인이 회동해 인민공화국 수립 문제와 구성을 협의했다.

이틀 후인 9월 6일 위원회는 600여 명으로 된 '전국인민대표자대회' 를 서울 경기여자중학교 강당에서 소집했다. 이 회의는 헌법기초위원을 겸직하는 전국인민대표위원에 이승만(李承晩), 여운영, 허헌, 김규식(金奎植), 김구(金九), 김성수, 김병로, 안재홍, 이강국, 신익희(申翼熙), 조만식(曺晩植) 등 55명을, 고문에 오세창(吳世昌), 권동진(權東鎭), 김창숙(金昌淑), 이시영(李始榮) 등 12명을 각각 선출하고, 「조선인민공화국임시조직법」을 통과시킨 다음 '조선인민공화국' 수립을 발표했다.

건국준비위원회는 9월 7일 해체되었다. 9월 11일 조선인민공화국 주석에 이승만, 부주석에는 여운형, 총리에는 허헌이 각각 추대, 임명되었으며, 9월 14일 인공중앙위원회에서 인공의 정부 부서 및 정강, 시정방침 등을 발표했다. 그러나 그 과정에서 여운형은 9월 7일 2차 테러를 당했다. 상하이임시정부의 환국을 기다리던 송진우, 김성수, 장덕수 등은 임정봉대론을 주장하며, 이들의 조각을 인정하지 않았다. 미군정은 10월 10일 조선인민공화국을 부인하는 성명을 발표했으며, 또한 환국한 이승만도 주석 취임을 거절하는 성명을 발표함으로써 조선인민공화국은 자연적으로 해체되었다.

7) 고하와 한국민주당

1945년 9월 16일 한국민주당이 결성되자 당수격인 수석총무에 추대된 고하 송진우는 고영완에게 건국준비위원회가 민족, 민주주의를 실천하는 건국(建國)의 주체가 될 수 없다면서 건준의 배후에 있는 공산주의자의 책략에 주의할 것을 당부했다. 그 해 12월 1일 동아일보가 복간되자 제8대 사장에 송진우가 취임했다.

8) 고하와 신탁통치

모스크바 3상회의에서

"한국의 독립은 국민 정치 수준과 경제 사정으로 미뤄볼 때 당장하기는 어렵다. 국제연합이 5년간 신탁통치를 한 다음 독립시키기로 한다."

는 결정을 내렸을 때 한국에서는 좌우 불문하고 민족의 자존심을 내걸고 반대의 기치를 올리고 있을 때 한국민주당 당수였던 고하는 매우 신중한 입장을 보였다.

"신탁통치는 어차피 5년이라고 하지만 3년만에도 끝낼 수 있다. 우리가 신중하게 고려할 만하다."

는 의견을 피력했다. 12월 28일자 동아일보는 모스코바 3상회의의 신탁통치안을 보도했다. 이 날 고하 송진우는 신탁통치 문제로 아놀드(Arnold, A. V.) 미군정장관과 회담을 통해 자신의 의견과는 다르지만 한국인의 반탁시위 정당성을 강조했다,

9) 고하의 피살

김구와 임시정부가 중심이 된 각계 대표자들의 회합이 이어졌고, 29일에는 신탁통치반대 국민총동원위원회가 결성되었다. 29일 밤 경교장(京橋莊)에서 송진우는 임시정부 요인들과 회담을 했다. 김구와 임시정부의 강경론에 반대해 미군정청과의 충돌은 피하면서 국민운동으로 반탁(反託)을 관철해야 한다는 신중론을 피력했다.

위험할 줄 모르니 경교장에서 묵으라는 김구의 만류에도 불구하고 자택으로 돌아온 고하 송진우는 다음날 30일 상오 6시 한현우(韓賢宇) 등 6명의 습격을 받고 서울특별시 종로구 원서동 74번지 자택에서 피살되었다. 암살범들은 고하(古下)가 신탁통치를 찬성했기

때문에 처단했다고 살해 이유를 밝혔다.

조선이 낳은 두 인물로 율곡(栗谷)과 고하(古下)를 손꼽는 데 서슴지 않았던 가인 김병로, 고하를 충무공 이순신과 비유했던 위당 정인보,

"의인은 예로부터 목숨대로 생을 마치는 일이 드물고, 죽음을 예사로 여겨 갈 길을 돌아가는 듯하네. 온 나라가 모두 슬퍼하고 처자는 소리 내어 우는데 섣달그믐 망우리에는 눈만 펄펄 내리는가."

고하의 비문에 새겨진 위당의 글은 지금도 우리의 가슴을 저미게 하고 있다. 고하의 죽음을 계기로 고영완은 사회주의자에서 민족주의자로 변신(變身)했다. 고하의 피살 현장에 있던 피묻은 병풍을 보관 중이던 고영완은 후일 고하의 후손에게 그 병풍을 돌려주었다.

* 주해(註解) 6) 창평영학숙(昌平英學塾)

월봉산 기슭에 창평을 인물의 고장이게 만든 상월정(上月亭)이 자리하고 있다. 상월정은 창평 지역 정자의 효시다. 고려 경종 1년(976) 창건된 대자암 절터로, 그 후 세조 3년에 추제 김자수가 벼슬을 사임하고 고향인 이곳에 돌아와 대자암 터에 상월정을 조성했다. 손자사위인 덕봉 이경에게 양도하고, 다시 이경은 사위인 학봉 고인후(高因厚, 1561~1592)에게 물려주었다. 이 정자에 대한제국 시기 규장각의 사료들을 관리하던 직각의 벼슬을 하던 춘강 고정주(高鼎柱, 1863~1933)가 고향에 내려가 1906년 창평 '영학숙(英學塾)' 을 개설했다. 차남인 고광준과 사위 인촌 김성수에게 영어를 가르치기 위해 서울에서 교사를 초빙해 예비 영어 학교를 개설한 것이다. 나중에 '창평의숙' 으로 교명이 변경된 근대 교육기관이다.

고정주는 3만 석 부자였다. 만석은 요즘으로 치면 천억 원 정도의 재산이다. 이 창평의숙의 학생으로 김성수, 송진우, 백관수, 김병준, 현준오 등이 있다. 이들이 와세다대학에 유학을 해서 와세다 학파로 불렸다. 법조계의 원로 김병로(순창 출신)를 비롯 박석윤(매일신보 부사장), 고정주의 손자 고재욱(동아일보 사장) 등은 창평의숙 동창생들이다. 창평을 교육의 고장이 되도록 만든 기반에는 임진왜란 의병장으로 순절했던 제봉 고경명(高敬命, 1533~1592), 제봉의 첫째아들 고종후(高從厚, 1554~1593), 둘째아들이었던 학봉 고인후의 의절이 있었다. 이들 중 학봉의 후예들이 자작일촌을 형성하고 살아오면서 창평은 선비의 고을이 되었다.

7. 해방 정국

1) 해방전야(解放前夜) －맨해튼 계획과 일본의 항복

1943년부터 제2차세계대전의 종전(終戰)까지 계속된 일련의 회담에서 한국에 대한 미국의 정책이 드러나고 있었다. 1943년 3월 영국 외상 이든(Eden)과의 워싱턴회담에서 루즈벨트(Roosevelt)는 인도차이나와 한국의 신탁통치를 주장했다. 1943년 12월 1일 카이로 선언에서 루즈벨트와 처칠(Churchill) 그리고 장제스(蔣介石) 3인은 특별조항에 한국의 미래에 대해 언급하고 독립을 보장하는 국제적 합의를 했다. 그러나 현재 한국민이 노예상태 아래 놓여 있음을 유의해 앞으로 적절한 절차에 따라 한국의 자유와 독립을 줄 것("…… in due course Korea shall become free and independent ……")이라는 문장에 함의(含意)된 본질적인 뜻은 일정기간 신탁통치한 후 독립이었다.

1943년 11월 28일 미국, 영국, 소련 3개국 정상회담(테헤란 회담)에서 루즈벨트는

"한국인이 완전한 독립을 얻기 전에 약 40년 간의 수습 기간을 필요로 한다."

고 말했다. 1945년 얄타 회담에서는 미국, 영국, 소련의 세력 균형하에 20~30년간의 신탁통치를 제안했다. 신탁통치는 미국의 오래 된 공식적인 전후처리 방침이었다. 필리핀의 신탁통치가 이루어진 예에서 보듯이 미국은 식민지였던 국가에 신탁통치를 실시하자는 입장이었지만 많은 식민지를 확보하고 있던 영국 등이 맹렬하게 반대했다

연합국이 카이로, 얄타, 포츠담 회담 등을 연쇄적으로 개최했음에도 불구하고 제2차세계대전이 종결되기 전에 유럽과 아시아 지역에 대한 전후 처리문제에 대해 합의를 실패한 이유는 30년 간의 신탁통치를 주장한 미국의 제안에 소련과 영국이 반대했기 때문이었다. 미국은 한국 또한 신탁통치를 실시해야 한다는 입장이었다.

1945년 10월 20일 미 국무부 극동국장이던 빈센트(John C. Vincent)에 의해 이러한 방침이 확인되어 국내에 보도되었다. 모스크바 3국 외상회의에서 한국 문제에 대한 최종 결정에 도달할 수 있었던 것은 소련이 미국의 제안을 수정한 새로운 안을 제출했고, 이것에 미국이 동의했기 때문이다. 즉, 소련의 안은 임시민주정부 수립을 앞세우고 임시정부와 연합국이 협의해 최장 5년 간의 신탁통치를 실시할 수 있다는 것이었다.

태평양 전선에서 외롭게 싸우고 있던 미군은 천천히 북쪽을 향해 진격했다. 일본군은 수많은 섬에 흩어져 있었다. 미군은 주요 섬을 골라 하나씩 점령함으로써 나머지 섬들이 보급품 부족으로 저절로 항복하게 만드는 '섬 건너뛰기(island - hopping)' 작전을 채택했다. 이 작전으로 미군은 솔로몬 군도, 뉴기니 섬, 길버트 제도를 함락했다. 1944년 6월 미군은 마리아나 군도의 사이판 섬을 점령함으로써 B-29 폭격기가 일본 본토를 폭격할 수 있게 되었다.

1944년 10월 필리핀의 레이테 만(Leyte 灣) 해전에서 미군은 크게 승리했다. 이 해전으로 일본의 마지막 주요 함대가 무너졌다. 1944년 11월 일본 본토에 대해 대규모의 공습을 시작했다. 1945년 2월 말 더글러스 맥아더 장군의 미군이 마닐라를 점령했다. 미군은 일본 본토에서 500마일밖에 떨어지지 않은 보닌스 군도의 이오지마 섬을 점령함으로써 일본 본토 폭격은 더욱 쉬워졌다.

미국 본토에서는 원자탄으로 알려진 무서운 신형 무기가 비밀리에 개발되고 있었다. 제2차세계대전이 일어나기 직전인 1938년 8월 알베르트 아인슈타인이 루즈벨트에게 원자폭탄의 가능성을 지적한 편지를 보냄으로써 시작되었다. 독일이 먼저 원자폭탄을 만들지 모른다는 두려움 때문에, 미국 정부는 1940년 핵무기 개발을 위한 '맨해튼 계획(Manhattan Project)' 을 서둘러 추진했다. 연구는 비밀을 유지하기 위해 시카고 대학 풋볼 경기장 밑에 있는 정구장에서 이루어졌다.

성공의 가능성이 보이자, 테네시의 오크리지와 워싱턴의 핸퍼드에 공장이 세워졌다. 폭탄 제조 책임자는 J. 로버트 오펜하이머 박사였다. 1945년 7월 뉴멕시코의 알라모고르도 근처의 사막에서 폭발 실험이 이루어졌다. 이 계획에 대한 비밀은 철저하게 지켜졌기 때문에 부통령이었던 트루먼도 대통령이 될 때까지는 전혀 모르고 있었다. 미국은 고심 끝에 일본과의 전쟁에 원자폭탄을 사용하기로 결정했다. 〈맨해튼 계획과 일본의 항복 - 미국사, 미래엔 - 발췌〉

1945년 7월 26일 미국, 영국, 중국은 '포츠담 선언' 에서 대일(對日) 처리방침을 명시하고 무조건 항복을 요구했다. 일본이 이를 묵살하자 미국은 8월 6일 히로시마(廣島)에 9일 나가사키(長崎)에 원자폭탄을 투하했다. 나가사키에 원폭이 투하되자 소련은 즉시 대일(對日) 선전포고를 하고 만주에서 공격을 개시했다. 일본 군부는 마침내 항복을 결의하고 10일 밤 포츠담 선언 수락을 결정했다.

그러나 주전파의 '국체수호(國體守護)' 고집으로 진통을 겪던 일본은 일왕(日王)의 결단으로 14일 무조건 항복의 수락을 통고하고, 15일 이것을 일왕의 이름으로 국민에게 방송했다. 8월 30일 미군은 일본 본토를 점령했고, 9월 2일 도쿄만(東京灣)에 정박한 미주리호(號)에서 항복문서가 조인되면서 태평양전쟁과 함께 제2차세계대전은 끝이 났다.

제2차세계대전은 유럽 전선에서는 미국, 영국, 프랑스, 소련의 연합군과 독일군의 전선(戰線)이 형성되었다면, 태평양 전선은 미군과 일본군의 전쟁이었다. 당시 미국은 전후 세계질서 구축에 소련과 협력이 반드시 필요하다고 굳게 믿고 있었다. 그러나 미국무성의 정책입안자 중 다수가 나중에 공산주의자였음이 밝혀졌다. 미국은 일본과의 전쟁에 소련의 참전을 강력히 요구했으나 일본과 맺은 상호불가침조약을 이유로 참전하지 않던 소련은 히로시마와 나가사키에 원자폭탄이 투하되자 대일선전포고와 함께 만주와 북한에 진격했다.

일본왕이 포츠담 선언을 수락하고 항복선언을 한 8월 15일을 아직까지 기억하는 나라는 일본과 한국, 북한 등이다. 일본은 종전일(終戰日)로 우리는 광복절(光復節)로 기억한다. 불행이도 우리에게는 전승절(戰勝節)이 없다. 일본이 항복선언을 할 때까지, 자국(自國)의 영토에서 일본군을 한 사람도 밀어내지 못했던 중화인민공화국은 2014년부터 9월 3일을 전승절로 기념하고 있다. 마오쩌둥(毛澤東)의 공산당에 패해 타이완(臺灣)으로 밀려났던 중화민국(中華民國)에 일본의 공식적인 항복문서가 도착한 날이 9월 3일이다. 중화민국의 장제스에게 항복한 일본의 항복을 자신들의 승리로 둔갑시키는 중국공산당의 역사 왜곡을 우리는 어떻게 바라봐야 할까? 종전(終戰)이 되자, 연합군은 미국과 소련이 중심이 된 전후 질서가 구축되었다.

2) 38선 - 무장해제 경계선

남, 북한 간의 경계선인 38선은 일본군의 무장해제라는 군사적 목적에 따라 일시적 편의를 위해 책정된 것이었다. 제2차세계대전의 종전이 임박했음을 미리 내다본 미국, 영국, 소련 등 연합국 측 3개 국 수뇌들은 1945년 2월 4～11일 얄타 회담에서 전후 처리에 관한 협정을 맺었고, 소련은 대일참전(對日參戰)을 약속했다.

1945년 8월 10일. 일본이 비로소 포츠담 선언을 수락해 무조건 항복할 뜻을 밝히자, 미국 국방성은 한반도는 38도선을 기준으로 이남은 미군이, 이북은 소련군이 주한 일본군의 항복과 무장해제 문제를 담당할 것을 제의해 미국 정부안으로 확정하고, 소련측과 합의해 미 · 소 양군의 군사분계선으로 38선을 책정했다.

그것이 문서상으로 나타난 것은 1945년 9월 2일 연합국 최고사령부 지시 제1호였다. 여기서 북위 38도선 이북의 한국에 있는 일본군은 소비에트 극동군 최고사령관에게, 38도선 이남의 일본군은 미합중국 육군부대 총사령관에게 항복할 것을 명시했다.

그러나 소련의 야심은 점령지에 소비에트 질서를 강요함으로써 세계를 적화(赤化)시키는 데 있었다. 이러한 이유 때문에 38선은 남, 북 분단의 정치적 경계선으로 바뀌게 되었다. 전후 독일은 미국, 영국, 프랑스, 소련으로 분할 통치되었다. 미국, 영국, 프랑스가 통치하던 서독은 인적 교류가 자유로웠지만, 동독은 소비에트 질서 강화가 먼저였기 때문에 인적 교류가 자유롭지 못했다. 38선이라는 정치적 경계선 때문에 수천 년 간 단일 생활권을 형성했던 우리 민족은 일시에 두 개의 이질적인 생활영역으로 분할되어, 부모, 형제 간의 생이별은 물론 그 밖에도 수많은 고통을 강요당했다.

특히 남한(南韓)은 그때까지 북한의 공업 기반에 의존했던 전력(電力), 비료, 석탄, 관개수리(灌漑水利) 등의 공급 단절로 결정적 타격을 받았다. 남, 북한의 민주와 공산이라는 이데올로기와 체제 대립으로 한반도는 격화되는 동서냉전의 최전선으로 부각되더니, 급기야는 북한의 남침으로 동족상잔의 민족적 비극이 촉발되었다.

8. 미군정

1) 미군정 체제 탄생

제2차세계대전에서 연합군이 승리를 한 다음, 일본의 식민지였던 한반도는 38선을 경계로 미국과 소련이 분할 점령했다. 1945년 8월 9일 소련군은 북한에 진격해 8월 26일 평양에 진주했다. 1945년 8월 20일과 21일, 9월 1일 세 번에 걸쳐서 미군의 진주를 알리는 전단이 살포되었다. 9월 8일 오후 1시 미 24군단이 인천의 월미도에 상륙한 후 9월 9일. 서울에 입성했다. 이 날 주한 미육군사령관 하지(John R. Hodge) 중장은 아베 노부유키(阿部信行) 총독으로부터 총독부 회의실에서 정식으로 항복문서를 접수했다.

이어 9월 12일 하지 중장은 아놀드(A. V. Arnold) 소장을 군정장관에 임명한 뒤 9월 20일 군정청의 성격, 임무, 기구 및 국, 과장급 인사를 발표했다. 북한은 소련군정(蘇聯軍政)의, 남한은 미군정(美軍政)의 통치가 시작되었다. 8월 15일부터 9월 9일까지 약 3주는 일본총독부에 의한 행정 및 치안 질서가 계속 유지되었다. 각종 행정 조직과 관리는 물론, 치안, 방송, 무역 등도 종전대로 일본인들을 중심으로 수행되었다.

10월 5일 김성수(金性洙) 등 11명의 한국인을 군정장관 고문으로 임명했다. 그러나 12월 군정청의 각 국장에 미국인과 한국인 각 1인씩을 임명하는 2인 국장제가 채택되면서 한국인 고문제는 폐지되었다. 1946년 3월 29일 법령 제64호로 국을 부로 개편하면서 군정청의 행정편제가 확정되었다.

각 부, 처장의 업무와 미군정장관의 활동을 중간에서 조정하는 기구로 민정장관이 있었다. 따라서 행정권이 한국인에게 이양되기 전에는 미군정장관을 수석으로 하고 미국인 각료들로 구성된 일단의 미국인 기구와, 민정장관을 수석으로 하고 한국인 각료들로 구성된 행정기구가 공존했다. 그리고 그 밑에 행정, 사법, 입법의 삼권이 통합되어 있었다. 다만 군점령재판소 관할 이외의 일반 법원 재판의 독립성은 대체로 보장되었다.

1947년 6월 3일 남조선과도정부가 수립되자 행정권이 한국인에게 인계되었다. 각 부, 처장 자리에는 한국인 1인만이 임명되었고, 미국인은 고문의 자격을 가지고 행정 일선에서 물러났으나 실권은 여전히 그들에게 있었다. 따라서 행정권의 측면에서 볼 때, 미군정기는 미군정 당국이 모든 행정권을 장악했던 1945년 9월 9일부터 1947년 6월 2일까지의 전반기와 형식적으로나마, 한국인에게 행정권이 이양된 1947년 6월 3일부터 1948년 7월 12일까지의 후반기로 나눌 수 있다. 이러한 점진적인 과정을 통해 미군정은 장차 수립될 한민족의 독립정부에 통치권을 이양해 가는 과도적인 기능을 수행했던 것이다.

1945년 12월 28일 모스크바 3상회의 결정 발표를 계기로 국내 정국은 반탁운동의 격동에 휩쓸렸다. 임정측과 인민공화국측은 합작을 위한 행동통일을 시도했으나 결실은 보지 못했다. 이에 김구(金九) 등 임정요인들은 1946년 2월 1일 임정 주도하의 자주적 과도정부 수립을 목표로 공산당을 제외한 각 정당의 대표로 구성된 비상국민회의를 소집, 그 밑에 최고정무위원회를 설치하고 이승만, 김구, 김규식(金奎植) 등 28인을 위원으로 임명했다. 그 뒤 최고정무위원회는 같은 해 2월 14일 미군정 자문기구인 남조선 대한국민대표민주의원으로 개편되었다.

그러나 1946년 3월 제1차 미소공동위원회 개최를 계기로 반탁운동을 주도한 우익진영의 입장이 미묘해지면서, 이승만이 의장직을 사퇴한 뒤 실질적인 기능을 발휘하지 못했다. 그 뒤 과도정부의 새로운 입법기관으로서 남조선과도입법의원이 창설되었다. 이 기관은 1946년 8월 24일 군정법령 제118호에 의해 공포되고, 12월 12일 개원되었다. 그 목적은 모스크바 3상회의 결정에 의거한 통일임시한국민주정부 수립을 위한 정치, 경제, 사회 개혁에 적용될 법안을 군정장관에게 제안하는 데 있었다. 그러나 입법의원은 군정장관의 동의서명이 있어야만 그 의결사항이 효력을 얻는 자문기관에 불과했다.

입법의원의 의원은 관선 45명과 민선 45명의 총계 90명으로 이 중 관선의원은 좌우합작위원회의 심사위원이 심사한 뒤 하지 중장이 최종 결정한 좌우합작위원회, 정당, 사회단체의 중간파 지도급 인사들로 구성되었다. 민선의원은 호주에게만 선거권을 부여한 선거제에 의해서 간접선거로 선출되었는데, 도별 정원은 서울특별시 3명, 충청북도 3명, 경상북도 7명, 전라북도 4명, 강원도 3명, 경기도 6명, 충청남도 5명, 경상남도 6명, 전라남도 6명, 제주도 2명이었으며, 정당별로는 한민당 18명, 독립촉성국민회 11명, 한독당 4명, 무소속 12명이었다.

1948년 5월 4일 군정법령 제192호에 의해 재판소 조직관련법이 제정 공포되어, 사법행정권은 군정청 사법부장에게서 대법원, 고등법원, 지방법원 및 간이법원으로 구성된 법원으로 이관되어 재판권의 독립이 확보되었다. 미군정 체제에서의 남조선과도입법의원의 발족과 재판소의 독립은 곧 제한된 삼권분립 체제의 형성을 의미했으며, 이는 대한민국 정부의 수립을 위한 기초작업이기도 했다.

이후 1948년 6월 10일 「국회법」 제정과 1948년 7월 17일 「대한민국헌법」 공포 및 1948년 8월 15일 대한민국 정부수립 선포에 이어 1948년 9월 13일 한미간의 행정권 이양이 이루어지면서 미군정 체제는 완전히 종결되었다.

2) 미군정하의 정당들

미군정 당국은 1946년 2월 23일 군정법령 제55호(정당활동규제)

를 발표했다. 모든 정당은 군정 당국에 등록할 것, 정당사무소는 일정한 위치에 고정시킬 것, 정당은 명칭을 보유할 것, 회계 내용을 군정 관서에 제출할 것, 당원의 자격을 규정할 것 등이 이 법령의 내용이었다. 이 법령은 실효를 거두지 못했다.

(1) 한국민주당

한국민주당(韓國民主黨)은 건국준비위원회(建國準備委員會)의 좌경 독주 경향에 대항할 목적으로, 민족진영의 지도자들이 세력을 집결해 조직한 정당이다. 형성과정을 보면, 1945년 8월 18일 원세훈(元世勳)이 발기한 고려민주당(高麗民主黨)을 모체로 김병로(金炳魯), 백관수(白寬洙) 등이 합작해 조선민족당(朝鮮民族黨)을 발족시켰다.

그런 뒤 여기에 백남훈(白南薰), 윤보선(尹潽善) 등의 한국국민당(韓國國民黨), 송진우(宋鎭禹), 서상일(徐相日) 등의 국민대회준비회(國民大會準備會), 이인(李仁), 조병옥(趙炳玉) 등의 충칭(重慶) 임시정부 및 연합군 환영준비위원회 등이 가세해 국내 민족진영 지도자들이 총망라된 단일정당으로, 1945년 9월 16일에 결성되었다. 한민당은 결성 직후 당 발기회의 결의로 인민공화국 타도와 충칭임시정부 지지 성명서를 발표해 정치노선을 천명했다.

한민당의 성격은 그 지도층의 사회 배경에서 잘 나타나고 있다. 한민당의 지도층은 주로 호남 재벌을 중심으로 한 지주, 기업인, 관료들로, 높은 사회적 지위를 누리고 있었고, 미군정의 요직까지 차지했기 때문에 그 영향력은 실로 막강했다. 5월 6일 제1차 미소공동위원회의 결렬을 전후해서 이승만이 남한 단독정부 수립운동을 전개하자 한민당은 이에 적극 가담하고 나서면서 임정계와도 결별했다.

(2) 대한독립촉성국민회

대한독립촉성국민회(大韓獨立促成國民會)[7]는 한민당과 함께 이승만을 강력하게 지지한 국민운동 조직이다. 이승만의 환국을 계기로 그를 지도자로 추대하는 국내 200여 개의 정당, 정치단체의 지도자들이 1945년 10월 25일 대한독립촉성중앙협의회를 구성했는데, 1946년 2월 8일 여타 반공단체와 우익정당들이 이에 가세해 대한독립촉성국민회를 조직했다. 이 국민회는 이승만의 정치노선을 지지, 추종하는 정치조직 연합체에 불과했으나, 이후 자유당(自由黨) 조직의 모체가 되었다.

이 밖에 이승만을 권좌에 올려놓는 데 전위부대 노릇을 한 대표적인 우익청년단체로 서북청년회, 전국학생연맹, 대동청년단, 민족청년단 등이 있다. 서북청년회는 공산치하의 북한에서 탈출해 온 격렬한 반공청년들의 조직체였고, 전국학생연맹은 주로 학원가에서 반공투쟁을 감행한 학생운동의 전위대였다.

대동청년단(大同靑年團)[8]과 조선민족청년단(朝鮮民族靑年團)[9]은 반공운동에 동원된 청년행동대 연합체로, 각기 전국 조직망을 가지고 있었다. 이들 청년단체들은 군정하에서 조병옥, 장택상(張

澤相)이 이끄는 경찰조직의 적극적인 비호를 받았다.

(3) 한국독립당

한국독립당(韓國獨立黨)은 중국 상하이(上海)에서 1930년 1월 25일에 결성되어 대한민국임시정부의 주축을 형성하면서 중국 본토와 만주 등지의 독립운동 세력을 흡수, 확장해 왔다. 환국 후 1946년 4월 18일 국민당(國民黨), 신한민족당(新韓民族黨)과 합작해 그 대중적 기반을 강화했다. 김구, 김규식, 조소앙(趙素昂) 등을 중심으로 한 한독당 지도자들은 순수한 민족주의자들로, 항일투쟁에서 큰 업적을 남겼다.

해방 후 좌우 분열이 심해지자 김규식은 여운형(呂運亨)과 더불어 좌우합작위원회를 주도하기도 했으며, 김구는 이승만의 남한 단독정부 수립 노선이 조국을 영구분단시킬 것이라는 이유로 완강히 반대하고 남북협상을 시도했다. 한독당의 정강정책은 중진이론가인 조소앙이 기초한 것으로, 그의 삼균주의(三均主義)는 정치적 균등, 경제적 균등, 그리고 교육기회의 균등을 제창한 독창적인 이론이었다.

(4) 기타 정당

일제 식민지시기 국내외에 걸친 독립운동 경력을 바탕으로 특히 지식인층과 젊은 세대 사이에서 명성이 드높았던 여운형은 중도 마르크스주의 노선을 표방했다, 그는 건국준비위원회를 조직하고 이를 모체로 한 조선민주주의인민공화국을 선포했다. 그러나 미군정 당국에 의해서 그 조직이 무너지자 여운형은 그와 정치노선을 같이 하는 정치인과 여러 단체를 규합해 1945년 11월 12일 조선인민당을 결성했다.

1946년 8월 조선인민당이 박헌영(朴憲永) 중심의 남로당에 흡수되자, 여운형과 그의 지지 세력은 장안파 출신 이영(李英)이 이끄는 사회노동당과 합작해 1947년 5월 24일 근로인민당을 조직했다. 근로인민당은 여운형이 피살되자 해체되었다. 그 뒤 사회노동당계 간부를 비롯한 일부 세력은 북한의 공산정권 수립에 참여했으며, 조선인민당계의 일부 세력은 남한에 잔류해 혁신 세력의 주축이 된다.

조선공산당은 러시아 공산혁명의 영향과 1919년에 창립된 코민테른의 공작으로 1925년에 창당되었다. 그 뒤 지도층간의 파벌과 일제탄압으로 분열과 붕괴를 거듭하다가 광복을 계기로 다시금 활성화되기 시작했다. 광복 후 한국공산주의 운동은 그 주도권을 놓고 이영 등의 장안파(長安派)와 박헌영 중심의 재건파(再建派)가 첨예하게 대립했으나, 결국 재건파가 승리해 1945년 9월 조선공산당이 재건되었다.

특히 남한지역의 조선공산당은 1946년 11월 조선인민당과 신민당 및 그 밖의 좌익인사들을 흡수, 통합해 남조선노동당(南朝鮮勞動黨)을 결성했다. 남로당은 박헌영의 주도 아래 교조주의적 공산혁명을 주창하며 활발한 정당활동을 전개하다가 1947년 8월 미군정 당국에 의해 정당활동이 불법이 되면서부터는 지하활동에 들어갔다. 남북협상을 전후해 박헌영 등의 간부들은 월북해 북한의 정권수립에 참여했다.

3) 미소공동위원회와 국제연합임시위원단

1946년 3월 20일 제1차 미소공동위원회가 개최되었다. 미군측 수석위원은 아놀드 소장, 소련측 수석위원은 스티코프(T. E. Shtikov) 중장이었다. 그러나 1946년 5월 1일까지 7차례의 공동성명을 발표하면서 상호간의 이견을 확인한 뒤, 5월 6일 결렬되고 말았다. 미소공동위원회의 결렬은 반탁의 우익진영 정당, 사회단체를 놓고 소련이 이들을 협의대상에서 제외시킬 것을 주장하자, 미국은 포함시킬 것을 주장했다.

제1차 미소공동위원회가 결렬되자 이승만은 남한 단독정부 수립을 주장했다. 여기에 한민당이 가담했으나 좌우합작에 의한 미소공동위원회의 재개를 원하는 미국은 좌우합작을 주장하는 김규식과 여운형을 지원했다. 1946년 7월 22일 좌우합작위원회가 결성되었다. 우파대표에 김규식, 원세훈, 안재홍, 최동호(崔東晧), 김붕준(金朋濬)이 선출되고 좌파대표는 여운형, 허헌(許憲), 김원봉(金元鳳), 백남운, 이강국(李康國)이 선출되었다. 그리고 이들을 중심으로 남조선과도입법의원이 만들어졌다.

남조선과도입법의원이 개원된 뒤 좌우합작위원회의 소속 위원들은 대부분 관선의원으로 입법의원에 참여해 입법의원 내부에 합작세력이 강력한 기반을 구축했다. 그러나 남한 단독정부 수립을 주장하는 이승만과 한민당의 격렬한 반발과 합작위원회 좌익측 주석이었던 여운형이 피살되자, 좌우합작위원회는 붕괴되었다. 1947년 4월 미국 국무장관 마샬(G. C. Marshall)과 소련 외상 몰로토프(V. M. Molotov)는 한국문제를 다시 논의하기로 합의, 5월 21일 제2차 미소공동위원회가 재개되었다.

여운형의 피살사건과 소련측의 비타협적인 태도로 모처럼 속개된 제2차 미소공동위원회는 다시 결렬되었다. 여운형이 죽자, 합작위원회는 김규식을 중심으로 해 민족의 자주노선을 지향하는 사회단체와 정치인을 재규합했다. 1947년 12월 20일 김규식은 미소공위대책협의회, 민주주의독립전선, 시국대책협의회 등을 통합해 민족자주연맹(民族自主聯盟)을 결성했다.

제2차 미소공동위원회가 결렬되자 이승만의 남한 단독정부 수립 불가피론이 힘을 얻게 되었다. 1947년 8월 11일부터 남한에서는 대대적인 좌익계 검거가 시작되었다. 이 검거사건을 놓고 미소 양측은 서로 상대방의 태도를 비난하는 공방을 벌였다. 그리고 한국문제는 국제연합(UN) 총회로 이관되었다. 한국문제의 국제연합 이관은 미국이 이승만의 남한 단독정부 수립 불가피론을 인정한 결과이기도 했다. 1947년 11월 14일 국제연합 총회에서 소련을 비롯한 동구권의 나라들이 퇴장한 가운데

"국제연합 감시 하에 남북한 총선거를 실시하며 정부의 수립과 미소 양군의 철수를 위한 감시 및 협의기구로 국제연합 임시위원단을 구성, 파견한다."

는 내용의 미국안이 가결되었다.

국제연합 임시위원단의 북한 출입은 소련에 의해 좌절되었다. 1948년 2월 16일 국제연합 소총회는 가능한 지역 내의 총선거 실시 권한을 국제연합 한국임시위원단에 부여했다. 국제연합 소총회의 결정이 전해지자 김구, 김규식 등은 남한 단독 선거에 반대 입장을 표명했다. 1948년 3월 11일 이들은 조소앙, 김창숙(金昌淑), 조완구(趙琬九), 홍명희(洪命熹), 조성환(曺成煥) 등과 함께 민족자결원칙에 입각한 남북협상안을 발표했다. 4월 19일 북행을 단행한 이들의 노력은 결국 무산되었고, 북한측의 선전에 이용되는 결과를 초래했다. 1948년 5월 10일 국제연합 소총회의 결의에 따라 남한만의 총선거가 실시되었다.

* 주해(註解) 7) 대한독립촉성국민회(大韓獨立促成國民會)

'독촉국민회(獨促國民會)' 라 약칭한다. 조국의 완전독립을 달성할 때까지 강력하면서도 영구적인 조직체를 만들 목적으로, 기존의 반탁(反託)운동 기관인 이승만(李承晩) 중심의 독립촉성중앙협의회와 김구(金九) 중심의 신탁통치반대국민총동원중앙위원회가 통합해 1946년 2월에 발족했다.

범국민적인 반탁운동과 미소공동위원회의 활동 반대, 좌익운동의 봉쇄 등이 행동 목표였으므로 좌익진영에서 가장 두려워하는 우익진영의 대표적 정치단체였다. 그 해 6월 민족통일총본부로 개편되어 재발족했다. 총재 이승만, 부총재 김구, 김규식(金奎植), 고문에 권동진(權東鎭), 김창숙(金昌淑), 함태영(咸台永), 조만식(曺晩植), 오화영(吳華英) 그리고 회장에 오세창(吳世昌)이 추대되었다.

* 주해(註解) 8) 대동청년단(大同靑年團)

1947년 9월에 결성된 한국 청년운동 단체다. 1947년 9월 상하이임시정부의 광복군 총사령관을 지낸 지청천(池靑天)이 당시 32개의 청년단체들을 통합해 결성한 청년단체로, 8 · 15광복 뒤의 혼란한 시기에 많은 활약을 했다. 조직은 단장과 부단장 밑에 훈련원, 비서, 총무부, 조직부, 경리부, 선전부, 교육부, 산업부, 구호부, 서북사무처, 감찰위원회, 회계감사위원, 여성부, 공작국, 통보국 등으로 구성되었고, 서울운동장(지금의 동대문문화역사공원)에서 결성대회를 가졌다.

결성 당시 기존의 청년단체들의 해산을 전제하에 이루어졌으므로, 참가한 단체들은 상당한 진통을 겪었다. 단장은 지청천, 부단장은 이성주(李成株)와 오광선(吳光鮮)이 맡았으며, 막강한 조직을 갖추고 반공 및 단독정부 수립을 주장한 이승만 노선에 협조했다. 1948년 정부 수립 후 이승만의 명령으로 해산해 대한청년단에 통합되었다

* 주해(註解) 9) 조선민족청년단(朝鮮民族靑年團)

이범석(李範奭)이 1946년 10월 민족정신의 전통을 계승할 청년운동의 모체로 결성한 단체다. 약칭 '족청(族靑)' 이라 한다. 이승만이 집권한 뒤 실시한 청년단체 통합에 따라 대한청년단으로 통합, 해체되었다. 그러나 내용은 형식일 뿐 이범석이 권좌에 오름에 따라 하나의 강력한 정치 파벌로 남아 있으면서 자유당 창당 및 자유당 집권 초기에 정치력으로 크게 작용했다.

족청의 초기 면모를 보면, 단장에 이범석, 부단장에 안호상(安浩相), 전국위원에 김관식(金觀植), 김활란(金活蘭), 이철원(李哲源), 현상윤(玄相允), 이용설(李容卨) 외 32명, 이사에 백낙준(白樂濬), 최규동(崔奎東) 외 10명, 상무이사에 김형원(金炯元). 노태준(盧泰俊), 박주병(朴柱秉), 설린(薛麟), 김웅권(金雄權) 등으로 구성되었다.

족청의 강령인 단지삼칙(團旨三則)은 다음과 같다. ① 우리는 민족정신을 환기해 민족지상, 국가지상의 이념하에 청년의 사명을 다할 것을 기한다. ② 우리는 종파를 초월해 대내자립, 대외공존의 정신으로 민족의 역량을 집결할 것을 기한다. ③ 우리는 현실을 직시하며 원대한 곳을 바라보고(着眼遠大), 비근한 것부터 착수해(着手卑近) 건국도상의 청년다운 순감(純感)을 바칠 것을 기한다.

조선민족청년단은 미군정 당국의 지원을 받아 1946년 11월 수원에 훈련소를 설치하고, 1개월 과정인 청년간부훈련에 착수했다. 당시 훈련지원자 수는 2만여 명에 이르렀으며, 그들 중에서 200명을 선발, 1946년 12월 제1기 훈련생 입소식을 가졌다. 제7기생부터는 여성간부

훈련생도 입소시켰으며, 훈련은 이론부, 실천부, 기술부 등 5개 부문으로 나누었다. 이론 부문에서는 정인보(鄭寅普), 안호상, 배성룡(裵成龍), 설린 등 20여 명이 강론을 맡고, 실천 부문에서는 이범석 스스로가 1주 12시간의 강론을 맡아 조국의 현실과 새로운 청년운동의 방안, 혁명적 인생관, 혁명적 민족관, 구국구족운동(救國救族運動) 등의 인식화 교육에 힘썼다.

조선민족청년단은 청년들의 특질, 즉 생명력, 정열, 구지욕(求知慾), 자의식(自意識), 모험심, 순진성 등을 청년운동의 생산력과 투쟁력으로 전환시켜 나갔다. 강훈련을 받은 수료생들은 이범석의 휘하에서 뭉쳐, 각기 사는 고장과 소속되었던 단체로 돌아가 족청의 하부조직을 결성, 강화해 나감으로써 전국적인 막강한 조직을 형성했다.

이와 같이 조직이 확장됨에 따라 정계와 사회의 일부에서는 광복군 활동의 연장, 독재운동단체, 심지어 용공단체라는 비판의 소리가 강하게 일었다. 조선민족청년단은 1951년 12월 신당으로서 이기붕(李起鵬) 중심의 자유당이 결성될 때, 별도로 부산의 동아극장에서 발기인대회를 갖고 강령, 당헌 등을 채택함으로써, 결국 같은 이름의 두 자유당이 탄생했다. 이른바 '원외자유당(院外自由黨)' 이다.

이 족청계의 원외자유당에서는 1952년 5월의 정 · 부통령선거에 즈음해 원내자유당의 기선을 제압, 이승만을 대통령 후보로, 이범석을 부통령후보로 내세웠으나, 이범석은 낙선하고 무소속의 함태영(咸台永)이 당선되었다. 자유당의 전당대회는 정 · 부통령 선거 후 40일 내에 소집하게 되어 있었는데, 전당대회에서 선거 결과에 따른 논공이 예상되어 족청 계열은 유례 없는 정치적 격분에 휩싸였다.

족청계는 선거에 비협조적이던 인사들을 규탄하는 한편, 당외로도 공세를 폈다. 당시 국무총리 장택상(張澤相)과 내무부장관 김태선(金泰善)을 선거법 위반으로 고발하는 동시에 정치적 투쟁을 선언하기까지 했다. 김태선은 실각해 서울특별시장으로 물러앉고, 장택상은 '고시사건(古市事件)' 이라는 정략에 휘말려 총리직에서 물러났다.

정 · 부통령선거 후 숙청을 위한 족청계 주도의 전당대회가 1953년 5월에야 대전에서 열렸다. 이 대회는 자유당 안에서 그 종파적 투쟁으로 족청계가 당권을 전단(專斷)한 최고절정기였으며, 이것을 당시에는 조선민족청년단의 자멸을 초래한 발악적인 횡포기였다고 말하기도 했다.

이승만은 같은 해 9월 족청파 제거에 관한 담화를 발표했다. 이승만은 특별분부라 불리는 이 담화를 통해

> "자유당 안에 구민족청년단을 중심으로 하는 세력부식자들이 있어서, 내 의도에 대립해 당내의 통일을 해치며 전 국민의 통일정신을 위험하게 해 분열을 일삼고 있으니, 이는 '단지(斷指)의 아픔' 을 당하더라도 숙청되어야 한다."

는 전례 없는 강경한 결단을 보였다. 이를 고비로 해 이범석은 자유당 안에서 이기붕과의 권력투쟁에서 패배, 대한청년단으로의 통합원칙을 결의하고 통합교섭을 위한 5명의 대표자를 뽑았다. 그리고 다음해인 1954년 1월 "우리 청년운동의 공과에 대해서는 우리 민족이 부흥했을 때 정당한 역사적 평가를 받게 될 것"이라는 성명을 마지막으로 해체되었다.

9. 정치인 고영완

1) 정치 입문

독립을 위해 일제에 항거했던 항일운동가들의 해방정국 행보는 극명하게 달리 나타났다. 조국 해방이라는 공통의 목적이 달성된 뒤 좌익과 우익으로 크게 대별되는 이들의 성향은 좌익의 사상적 흐름과 우익의 지주계급 출신으로 구분된다. 조선학생동지회 사건으로 함흥형무소에서 1년의 형기를 마친 뒤 고향으로 돌아온 고영완은 농촌계몽운동에 열중하고 있었다. 일본의 패망과 조국 광복에 대비해 불문(不文; 문서로 남기지 않는다), 불언(不言; 말하지 않는다), 불명(不名; 이름을 말하지 않는다)을 원칙으로 조직된 비밀결사조직 '조선학생동지회'에 가입했던 고영완은 해방이 되자 건국준비위원회 장흥지부 재정 및 문화부장으로 활동했다. 그러나 고하(古下)가 암살되자 건국준비위원회가 민족, 민주주의를 실천하는 건국(建國)의 주체가 될 수 없음을 깨닫게 된 고영완은 사회주의 사상이 주류를 이루었던 해방 정국에서 좌익에서 우익으로 돌아섰다.

청년단의 추천으로 미군정에 의해 지방행정기관의 수장인 장흥 군수로 임명된 고영완은 장흥군의 질서회복에 전력을 기울였다. 농지개혁 당시, 피분배(被分配) 지주명단에 나타난 전남지방의 98명 대지주 가운데 이우현(여수), 고영완(장흥), 김종필(구례)이 건준(建準)에 참여했다. 대지주이면서도 일제 강점기, 농민계몽운동을 한 이들은 농민들에게 큰 영향력을 행사하고 있었다. 건국준비위원회가 인민위원회(人民委員會)로 개편되자 고영완은 건준과 결별하고 한국민주당(韓國民主黨)에 입당해 한민당 장흥군지부를 창당했다.

2) 광주, 전남의 정당

광주를 비롯한 전남지역에서 우익은 인민위원회를 중심으로 한 좌익의 발빠른 행동과는 달리 적극적이고 능동적인 활동을 보이지 못했다. 표면적으로는 건국준비위원회를 중심으로 결합된 양상을 보였지만, 이후 미군정이 들어서면서 전혀 다른 길을 걷게 된다.

일제 강점기 민족운동을 전개한 인사들과 지주의 억압으로부터 해방을 원하는 인사들이 주축이 되어 광주, 전남에서는 많은 정당(政黨)들이 조직되었다. 1945년 9월 15일 조선공산당 전남도당이, 11월 초에는 한국민주당 전남도당이 조직되었다. 이어서 사회주의 정당인 조선인민당, 남조선신민당과 우익정당인 한독당의 전남도당이 결성되었다.

해방 3년 전부터 광주의 백운동 벽돌공장에 은거해 있던 박헌영

(화요회 계열)을 중심으로 한 좌익세력은 일제 때부터 노동자들이 많이 포진되어 있던 화순탄광, 종연방직, 목포의 항만노조에 조직원을 상당수 갖고 있었고, 일본이나 국내에서 고등교육을 받은 인텔리들로서, 이정윤(곡성 출신)의 영향을 받고 있던 토착 좌익운동가들로 구성된 서울청년회 계열은 건준이나 인민위원회에서 활동하고 있었다.

이들 세력이 연합해 1945년 9월 15일 조선공산당 전남도당 결성을 위한 준비 모임을 가졌다. 이 모임은 각 군, 면 단위에서 선출된 대의원들이 참석한 것이 아닌 불완전한 모임이었다. 12월 25일 목포의 공화극장에서 열린 도당대회에서 도당위원장으로 이정윤 계열의 유혁을 선출해 9월 15일에 선출된 사람들을 대부분 그대로 인준하는 형식을 취했다.

조선공산당 전남도당 조직과 병행해 조선인민당 전남 조직을 결성하기 위한 준비 모임이 1945년 12월 15일 조선은행 광주지점 2층에서 있었다. 이 모임에서 박헌영을 3년간이나 숨겨주었던 백운동 벽돌공장 주인 이득균이 조선인민당 전남도당 위원장을 맡게 되었다.

조선인민당 전남도당은 광주지구(광주, 광산, 담양, 구례, 곡성, 영광, 장성, 나주, 화순), 목포지구(목포, 무안, 함평, 진도, 완도, 강진, 장흥, 해남), 순천지구(순천, 보성, 여수, 고흥, 광양), 제주지구 등 4개 지구로 나누어 관리했다. 1946년 1월 19일 장흥 제일초등학교 강당에서 인민당 장흥지부가 결성되었다, 위원장에 손순기, 부위원장에 김두환, 박정수를 선출했다.

1946년 6월 9일 남조선신민당 광주본부 결성대회가 광주극장에서 개최되어 김철을 위원장으로 선출했다. 북한에서 북조선공산당과 조선신민당이 합당했다는 소식이 전해지자, 1946년 11월 남한에서도 조선인민당의 제의(提議)로 이들 3당이 합당해 남조선노동당(南朝鮮勞動黨)이 되었다.

좌익정당이 신속히 조직되어 활동하고 있을 때, 우익진영에서는 한민당 지부조직을 준비하고 있었다. 해방 이후의 정국을 알아보기 위해 전남 건준의 상경대표단 일원이었던 김시중과 고광표는 트럭을 타고 서울로 출발했다. 출발직전 고광표는 대촌 종손(장흥고씨 종손)의 부탁을 받고 촌로(村老) 한 사람을 태웠다. 정읍에서 하차한 그 사람이 박헌영이었다는 것을 나중에야 알게 되었다는 고광표와 김시중은 1945년 8월 17일 서울에 도착해 오랜 지우(知友)였던 고하 송진우와 인촌 김성수를 만났다. 고하와 인촌은 전승국(戰勝國) 미국의 양해 없이 일본으로부터 정권(政權)을 이양받고자 하는 여운형의 건준에 대해 문제를 제기하면서 우익민족진영을 중심으로 한 정당의 창당발기인으로 참여하라는 요청을 받았다.

김시중과 고광표는 자신들 외에 최시중 전남건준위원장과 국기열 총무부장을 그들의 양해 없이 한민당 발기인 명부에 포함시켰다. 이 사실이 전남건준(全南建準)에 알려지자 전남건준은 개편대회를 열어서 고광표를 재정부장에서 해임시켰다. 이에 따라 고광표는 9월말경 한민당 광주시당을 조직하고 시당위원장이 되었다.

광주시당의 결성을 계기로 순천의 김양수, 목포의 천진철, 여수의 김문평, 해남의 송봉해, 벌교의 서민호, 장흥의 고영완, 영광의 조영규 등의 군당이 조직되고, 1945년 11월 초 건준 사무실로 사용했던 고광표가 운영하던 창평상회에서 한민당 전남도당을 결성하고 김시중을 도당위원장에 선출했다. 한민당 전남도당의 내부조직은 1948년 남한의 단독정부가 수립될 때까지 변화가 없다가 1949년 2월 10일. 민주국민당으로 통합되었다.

김구를 흠모했던 인사들 중심으로 구성된 한독당 전남도당은 1946년 10월12일 결성되었다. 위원장 이은상, 부위원장에는 신순언과 국민당을 결성했던 정두범을 선출했다.

3) 조선민족청년단 간부 훈련소 입소

미군정(美軍政) 당시, 청년단의 추천으로 장흥군수에 임명된 고영완은 군정 당국의 지원을 받아 조선민족청년단 수원 훈련소에 입소해 1개월 과정의 청년간부 훈련을 받게 되었다. 훈련은 이론부문, 실천부문, 기술부문 등 5개 부문으로 나누어 실시했다. 당시 훈련지원자 수는 2만여 명에 이르렀으며, 그들 중에서 200명을 선발, 1946

위는 고영완 훈련소 사진 및 아래는 장흥 족청단부 사진

년 12월 제1기 훈련생 입소식을 가졌다. 고영완은 조선민족청년단 청년간부 훈련 중 그의 일생을 바꾼 두 번째 멘토(mentor). 위당(爲堂) 정인보(鄭寅普) 박사(族靑, 이론 담당)를 만나게 된다.

〈1946년 12월 03일 경향신문〉

조선민족청년단 간부 훈련소 제1기생 입소식 성대 - 조선민족청년단에서는 민족부흥과 건국의 초석이 될 청년운동의 각층 간부를 양성하기 위해 이범석 장군의 지도 아래 그 동안 수원에 간부훈련소를 개설하고, 남한 각지에서 제1기생 200명을 선발해 2일 오전 10시 반부터 천도교 강당에서 오세창, 이시영 양씨를 비롯한 각계 인사 다수 참석하에 성대한 입소식을 거행했다. 그 석상에서 '헬믹' 대장, 정인보와 조소앙씨 등의 축사가 있었다.

4) 신탁통치 반대운동

1947년 고영완은 이승만이 주도한 대한독립촉성국민회(大韓獨立促成國民會)에 가입해 신탁통치반대운동[10]을 했다. 이후 고영완은 독촉국민회의 및 민족청년단 전남장흥군 지부장으로 활동했다.

〈1947년 7월 10일 동아일보〉

계몽반이 동원, 애국심 강조, 독촉국민회의와 독촉연맹에서는 위원장 고영완, 송형식 양씨를 비롯해 회원으로서 조직된 계몽반을 군내 각지에 파견하야 부락마다 순회하며 애국심을 강조했는데, 각지에 다대한 성과를 거두었다 한다.

〈1948년 2월 25일 동아일보〉

고영완씨 독촉국민회의 및 민족청년단 전남장흥군 지부장 상경 인사차 내사(來社)

5) 제헌국회의원 낙선

미군정 초대 장흥군수로 임명된 고영완(35세)은 국가의 기틀을 마련하기 위한 남한만의 단독선거인 1948년 5월 10일 제헌의원 선거에 한민당의 추천을 받아 출마했다. 장흥읍 건준을 맡았던 김중기씨가 무소속으로 출마해 2파전 양상을 보인 선거였다. 선거 결과 김중기(47세)씨가 22,979표를 득표해 고영완을 10,000여 표 차로 누르고 당선되었다.

〈1948년 4월 21일 동아일보〉

중간파 입후보로 장흥손씨 기권, 전남 장흥군에서는 민족진영측에서 고영완, 손석두 양씨가 입후보로 출마했는데, 그 난립을 이용해 중간진영의 김중기씨가 출마해 중간파와 좌익의 협조를 얻어 민족진영의 당선이 우려되던 바 손석두씨는 자진해 자신의 투표지반을 동지 고영완에게 일체 양보해 입후보 난립방지에 좋은 모범을 떨치었다

〈1948년 4월 24일 동아일보〉

입후보자명부. 장흥 : 김중기(47세) 무소속, 고영완 (35세) 한민당

* 주해(註解) 10) 신탁통치반대운동

1945년 12월, 모스크바 3국 외상회의의 한국 관련 결정 사항을 신탁통치로 규정해 일어난 우익 세력의 반대운동이다. 연합국은 카이로, 얄타, 포츠담 회담 등을 연쇄적으로 개최했음에도 불구하고 제2차세계대전이 종결되기 전에 유럽과 아시아 지역에 대한 전후 처리문제에 대해 합의를 이루지 못했다. 결국 연합국의 전후 처리문제에 대한 합의는 1945년 12월, 모스크바에서 개최된 미국, 영국, 소련 간의 3국 외상회의에서 결정되었다.

이 회담에서 3국은 한국에 임시민주정부를 수립하고, 이 정부와 연합국이 협의해 최장 5년 간의 신탁통치를 실시할 수 있다는 결정서에 합의했다. 제2차세계대전 내내 연합국 간에 합의가 실패한 이유는 30년 간의 신탁통치를 주장한 미국의 제안에 소련과 영국이 반대했기 때문이었다.

신탁통치는 미국의 오래 된 공식적인 전후처리 방침이었다. 필리핀의 신탁통치가 이루어진 예에서 보듯 미국은 식민지였던 국가에 신탁통치를 실시하자는 입장이었지만, 많은 식민지를 확보하고 있던 영국이 맹렬하게 반대해 제대로 실시되지는 않았다.

한국에 대해서도 미국은 신탁통치를 실시해야 한다는 입장이었고, 이미 1945년 10월 20일 미 국무부 극동국장이던 빈센트(John C. Vincent)에 의해 이러한 방침이 확인되어 국내에 보도되기도 했었다. 모스크바 3국 외상회의에서 한국문제에 대한 최종 결정에 도달할 수 있었던 것은 소련이 미국의 제안을 수정한 새로운 안을 제출했고, 이것에 미국이 동의했기 때문이었다. 즉, 소련의 안은 임시민주정부 수립을 앞세우고 임시정부와 연합국이 협의해 최장 5년 간의 신탁통치를 실시할 수 있다는 것이었다.

사실관계가 이러했음에도 모스크바 3국 외상회의의 한국문제 결정 내용이 동아일보에 의해 한국에 최초로 보도된 내용은 소련의 주장에 의해 신탁통치를 실시하게 되었다는 것이었다. 동아일보의 보도는 미국 태평양 사령부가 발간하던 태평양판 성조지(Pacific Stars and Stripes) 보도 내용을 전달해 준 합동통신사의 뉴스 기사를 인용한 것이었다. 동아일보의 보도 내용은 사실관계가 부정확한 오보에 가까운 것이었음에도 국내에 엄청난 반향을 불러일으켰다.

1946년 1월 소련의 타스 통신이 모스크바 3국 외상회의의 한국문제 결정 내용을 정확하게 상세하게 보도했지만, 이미 벌어진 사태를 어쩔 수는 없었다. 동아일보의 보도는 즉각적으로 광범위한 반대운동을 촉발시켰다. 오랜 기간 동안의 식민지배에 막 벗어난 상황에서 또 다시 신탁통치를 받는다는 보도내용은 광범위한 대중의 분노를 사기에 충분했던 것이다. 신탁통치안이 보도된 1945년 12월 28일. 김구와 임시정부가 중심이 되어 각계 대표자들의 회합이 열리고 이튿날에는 신탁통치반대 국민총동원위원회가 결성되었다. 이로써 본격적인 반탁운동이 전개되기 시작했다.

김구와 임시정부는 매우 강경한 태도로 반탁운동을 주도했는데, 조심스럽게 신탁통치에 찬성 입장을 표명했던 한국민주당의 송진우가 1945년 12월 30일. 암살당하는 사건이 벌어지기도 했다. 김구와 임시정부는 1945년 12월 31일. 신익희 내무부장 명의로 국자(國字) 1호와 2호

포고문을 발표해 미군정의 모든 한인 관리와 경찰들은 임시정부의 명령에 따를 것을 선포했다.

실제로 서울시내 다수의 경찰서장들이 김구와 임시정부를 찾아가 충성을 맹세하기도 했다. 이는 곧 당시의 통치권력이던 미군정을 부정하고 임시정부가 실질적 통치를 행사하겠다는 의지의 표명으로 이해되었다. 이에 미군정 사령관 하지(John R. Hodge) 중장은 이를 쿠데타로 규정하고 김구와 임시정부에 강력한 경고를 하기도 했다. 직접적인 권력 접수가 무위에 그친 후 김구와 임시정부는 이승만 세력과 연합해 비상국민회의를 만들고 이것이 대한국민대표민주의원(大韓國民代表民主議院, 약칭 민주의원)의 모체가 되었다.

반탁운동을 주도한 것은 김구와 임시정부였지만 그 성과로 나타난 민주의원 의장에는 이승만이 취임했다.

한편, 좌익세력은 대부분 '동아일보 보도가 사실이라면' 이라는 단서를 달아 신탁통치에 반대하는 입장을 취했다. 그러나 타스 통신 등의 보도로 모스크바 3국 외상회의의 정확한 내용이 알려지자 모스크바 3국외상회의 결정내용에 대한 총체적 지지 입장을 표명했다. 좌익세력은 이후로도 단정이 가시화되기 전까지는 일관되게 모스크바 3국외상회의 결정에 근거한 미소공동위원회 성공과 임시 민주정부 수립을 주장했다.

반탁운동은 1945년 말과 1946년 1월 초에 걸쳐 진행된 이후 1947년 제2차 미소공동위원회 재개가 가시화되면서 다시 한 번 전개되었다. 그러나 2차 반탁운동은 그 강도와 규모에 있어서 1차에 비할 바가 아니었고, 한국문제가 유엔으로 이관되면서 신탁통치 문제 자체가 사라지고 자연스럽게 소멸되었다.

1945년 신탁통치반대운동은 해방정국 최대의 분수령 가운데 하나였다. 이 운동을 계기로 좌익세력과 우익세력 간의 대결 구도가 확고하게 형성되었고, 이후 해방 공간의 정치구도를 기본적으로 결정지은 것이었다. 우익세력이 비상국민회의를 결성한 다음 민주의원으로 연결되는 조직적 행보를 보였다면, 좌익세력은 민주주의 민족전선을 결성해 자신들만의 통일전선을 형성하게 됨으로써 좌우 대립 구도는 조직적 분립으로까지 연결되었다.

특히 이 운동을 계기로 좌익에 비해 열세를 면치 못하고 있던 우익세력이 확고한 자기 기반을 마련하는 계기가 되었다. 하지만 연합국의 승전에 따른 해방이라는 조건 하에서 연합국의 영향을 전면 부정할 수는 없었기에 무조건적 신탁통치 반대운동은 복잡한 국제정치적 맥락에 대응하기에는 많은 문제가 노정되는 운동이었다. 결국 이 운동은 미국과 소련의 협조보다는 대립을 강화하는 성격이 짙었기에 한반도의 분단을 해결하기에는 분명한 한계가 있었던 운동으로 평가될 수 있다.

〈한국민족문화대백과, 한국학중앙연구원〉

10. 위당 정인보 - 두 번째 멘토

1) 난곡 이건방에서 양명학을 배우다

1893년 5월 6일 서울 종현(鍾峴, 현 명동 성당 부근)의 외가에서 호조참판을 지낸 아버지 정은조(鄭誾朝)와 어머니 달성서씨(達城徐氏) 사이에 태어난 위당(爲堂) 정인보(鄭寅普)는 후손이 없는 큰집에 입양되었다. 어려서는 아버지 정은조로부터 한문을 배웠고, 13세 때부터 외삼촌 서병수(徐丙壽)를 통해 조선 양명학의 본류인 강화학파의 학자인 난곡(蘭谷) 이건방(李建芳)의 휘하에서 양명학 등을 수학했다. 그는 10대 때부터 문장이 능숙하고 재기가 넘쳐서 많은 사람으로부터 총애를 받으며 자랐다.

2) 중국에서 독립운동하다

1905년. 을사조약이 체결되어 국가의 주권이 손상되고 이에 대한 국권회복투쟁이 활발히 전개되면서 세상이 시끄러웠다. 그는 관리 진출의 뜻을 버리고 부모와 더불어 진천(鎭川), 목천(木川) 등지에 은거해 학문에 전념했다.

1910년 8월 29일 한일합방조약이 체결되자 압록강을 건너가 중국 동북성 회인현(懷仁縣) 흥도촌(興道村)과 류허현(柳河縣) 삼원보(三源堡) 등지에서 활동했다. 이곳에서 이회영(李會榮) 형제를 만난 정인보는 선대로부터 물려받은 부평의 전답을 팔아 신흥강습소 등 독립군양성소를 위한 군자금으로 지원했다. 1913년 중국 상하이(上海)로 활동무대를 옮겨 신채호(申采浩), 박은식(朴殷植), 신규식(申圭植), 김규식(金奎植), 문일평(文一平) 등과 함께 동제사(同濟社)를 조직해 교포들의 정치적 · 문화적 계몽활동을 통한 독립운동을 했다.

1913년 9월 부인 성씨(成氏)가 첫딸을 출산한 후 엿새 만에 산고로 타계했다는 비보를 듣고, 노모의 비애를 위로하고자 귀국해 충청도에 머물며 학문연구에 매진했다. 양명학에 대한 깊은 이해와 역사에서 정신적 요소를 강조하는 그의 학문관은 이때 기초가 이루어졌다.

3) 민족사관 정립을 위한 위당의 열정

조국에 돌아온 정인보는 항상 검은색 한복과 모자, 검은색 안경과 고무신 차림으로 다녔다. 부인을 애도한다는 명목이었으나, 나라 잃은 슬픔과 독립에 대한 염원이 담긴 정인보다운 행동이었다. 1922년 4월 정인보는 연희전문학교의 초빙을 받아 조선문학론과 한문을 강의하기 시작했다. 1926년 순종이 승하하자 유릉지문(裕陵誌文) 찬술의 일을 맡아 보았다.

1927년 중앙불교전문학교와 이화여자전문학교 등에서 국학 및 동양사를 가르치는 한편, 동아일보, 시대일보의 논설위원으로서 필봉을 휘두르며 민족사관 정립에 심혈을 기울였다. 이 후 동아일보에 1931년 '조선고전해설'과 1933년 '양명학연론(陽明學演論)'을 그리고 1935년 '오천년간 조선의 얼' 등을 연재해 한국사에 대한 자긍심을 환기시키고, 민족의식을 고취시키는 데 주력했다.

1935년 정약용 서거 100주년을 계기로 안재홍(安在鴻) 등과 함께 《여유당전서(與猶堂全書)》를 교열, 간행하는 등 조선학운동을 주도해 조선 후기 실학연구의 초석을 마련했다. 1936년 연희전문학교에서 한문학, 국사학, 국문학 등 국학 전반에 걸친 강좌를 담당했다. 1940년 10월 중앙중학교의 노국환(盧國煥), 조성훈(趙成勳), 황종갑(黃鍾甲), 이기을(李氣乙), 유영하(柳永夏) 등이 중심이 된 소위 '5인독서회'에서 정인보는 김성수(金性洙), 송진우(宋鎭禹) 등과 함께 역사연구를 명분으로 국제정세와 조국독립에 관한 강의를 했다.

1941년 태평양전쟁이 일어나자 내선일체(內鮮一體)를 강조한 일제(日帝)는 창씨개명을 강요하고, 조선어 강좌를 폐지했다.

"얼은 암흑 속에 사라지는가? 이제 어디에서 우리의 얼을 찾을 수 있단 말인가? 참으로 가증하다."

는 말을 남긴 정인보는 1938년 연희전문을 사임하고 국학 연구에 전념했다. 그 무렵 수많은 학자, 언론인, 작가 등 사회지도층 인사들이 훼절했다, 위협과 회유의 손길이 자신에 미치자, 정인보는 홀연 경기도 양주군 노해면에 은거했다. 1943년 전라북도 익산군 황화면

중기리 산중으로 거주지를 옮겨 은둔생활을 계속했다.

4) 조선사 연구에 매진하다

1945년 8월 15일 광복이 되자 상경한 정인보는 임시정부 요인들의 환국을 앞두고 '봉영사' 와 '순국선열 추념사', '광복열사의 영령 앞에' 등을 지어 순국선열과 생존 독립지사들의 노고를 기렸다. 하나 같이 겨레의 '얼' 이 깃든 명문이다.

1946년 9월 그는 민족사를 모르는 국민에게 바른 국사를 알리고자 《조선사연구(朝鮮史研究)》를 간행했다. 정인보는 신채호의 민족주의 사학의 전통을 이어 조선사를 연구했으나, 독립투쟁의 방법으로 민족사 연구를 지향하던 신채호의 민족사학과 달리, 엄밀한 사료적 추적에 의한 사실 인식과 민족사적 부각을 의미하는 신민족주의 사학의 입장에서 조선사를 연구했다.

1946년 12월 민족부흥과 건국의 초석이 될 청년간부를 양성하기 위해 조선민족청년단 간부훈련소의 이론 담당 강사로 활약한 정인보는 남한 민주의원으로 선출되기도 했으나 곧 탈퇴했다. 그리고 새나라의 건설을 위해 민족의 '얼' 이 깃든 대학이 있어야 한다고 인식한 그는 동지들과 국학대학을 설립하고 1947년 초대 학장에 취임했다.

5) 감찰위원회 위원장 정인보

위당 정인보는 1948년 대한민국 수립 후 초대 대통령인 이승만

(李承晩)의 간곡한 청으로 초대 감찰위원장이 되었다. 그런데 이듬해인 1949년 4월에 장관 임영신(任永信)이 관련된 독직사건의 처리를 두고 이승만 대통령과 마찰을 빚자 즉시 사직하고 국학대학으로 복귀했다. 서울 회현동 자택에서 집필활동 중에 6 · 25전쟁이 발발해 정인보는 1950년 7월 31일 서울을 점령한 북한공산군에 의해 강제로 납북되어, 개성으로 가던 중 낙오되었다. 아사직전에 구출되었으나 후유증을 이기지 못하고 1950년 10월 24일 58세를 일기로 병사했다. 현재 평양 애국열사릉에 안장되어 있다.

위당은 타고난 성품이 올곧고 매서워서 허위와 가식을 싫어했다. 민족사학 정신을 이어받은 단재(丹齋) 신채호(申采浩)가 여순감옥에서 옥사한 소식을 듣고 추도하는 글을 짓고, 육당(六堂) 최남선(崔南善)이 만주괴뢰국의 건국대학 교수로 간다는 소식을 듣고 그의 집 대문 앞에 냉수를 떠놓고 곡(哭) 했다.

시문과 사장(詞章)의 대가로 광복 후 전조선문필가협회의 회장으로 선출되기도 했고, 서예에 있어서도 일가를 이루었으며, 인각(印刻)에도 능했다. 또한 한민족의 얼과 실심을 강조한 양명학 연구의 대가였으며, '국학(國學)' 이란 용어를 처음으로 사용하고 한민족이 주체가 되는 역사체계 수립에 노력한 민족사학자였다.

결론적으로 말해 위당 정인보 선생은 일평생 독립운동가, 역사학자, 언론인, 시조작가, 교수, 산문작가, 교육자, 우리나라 최후의 양명학자 등으로 활동하면서 큰 업적을 남겼다. 특히 그는 대한민국

정부가 수립되면서 4대 국경절의 노랫말이 모두 그의 손으로 지어질 만큼 위당 정인보는 학문, 애국정신, 역사인식, 지절, 문장력 등에서 겨루는 자가 없을 만큼 독보적이었다.

11. 고영완과 감찰위원회

1) 정인보를 만나다

미군정(美軍政)의 지원을 받고 있던 조선민족청년단의 청년 간부훈련에서 이론 부문 강론을 맡고 있던 위당(爲堂) 정인보(鄭寅普)와 고영완의 첫 만남은 1946년 12월 3일 조선민족청년단 청년간부훈련소에서 이루어졌다. 선지후행(先知後行)의 주자학(朱子學)이 아닌 지행합일(知行合一)의 양명학(陽明學)을 젊은이에게 설파한 정인보의 강의는 당시 청년들에게 깊은 감명을 주었다.

특히 송진우와 고영완의 관계를 잘 알고 있었던 정인보의 고영완에 대한 애정은 각별했다. 이후 이들의 인연은 감찰위원회[11)]로 이어지고 함께 신생 대한민국의 부패척결에 앞장을 서게 되었다. 고하의 암살에 충격에 받은 고영완에게 두 번째 멘토 역할을 담당했던 정인보, 고영완은 정인보를 스승으로 여기고 존경했다

2) 감찰위원회 정보관으로 임명되다

1948년 4월 한민당 소속으로 제헌국회의원 선거에 출마한 고영

완(35세)은 좌익과 중간진영의 지지를 받은 무소속 김중기(47세)에게 패배 낙선했다. 농촌계몽운동을 하다가 정치인으로 내딛는 첫걸음에서 고배를 마신 고영완에게 국가를 위해 헌신할 수 있는 또 다른 기회가 주어졌다. 1948년 11월 6일 위당 정인보의 추천으로 고영완은 감찰위원회 정보관에 임명되었다. 1949년 감찰위원회는 조봉암 농림부장관의 양곡매입비와 조작비 유용 사건과 임영신 상공부장관의 수뢰 및 국가재산남용 사건에 대한 감찰을 실시했고, 농림부장관과 상공부장관의 징계(파면)를 의결했다.

장관에 대한 비위조사 결과를 대통령에게 상신한 정인보 감찰위원회 위원장은, 이승만 대통령이 이에 대한 조치를 거부하자 그해 7월. 임기 4년을 남겨두고 고영완 정보관과 함께 물러났다. 청렴하기로 소문났던 위당 정인보는 남산동에 은거해 조선의 고대사를 연구하다가 6 · 25전쟁 중 납북되었다. 자신의 멘토(mentor)인 정인보 박사를 뵙기 위해 남산동을 자주 찾았던 무계 고영완은 어린 시절 한학(漢學)을 수학했던 인곡(仁谷) 김정채(金正采)의 글을 위당(爲堂)에게 보여주었다. 당시 정인보는 "고문(古文)으로서는 문단(文壇)의 거보(巨步)"라고 인곡의 문사(文詞)에 대해 논평을 했다.

3) 감찰위원회 활동 관련 신문기사

〈1948년 10월 23일 동아일보〉

관기(官記)를 진숙(振肅) 암행어사 출도 앞두고 정감찰위원장 초회견담 – 암행어사가 미구에 출도하게 된다. 감찰위원회에는 그 동안 인선을 거의 완료하고 11월 초순경에는 그 기능을 발휘하기로 되었다. 그런데 현기구와 진용으로는 사무가 벅찬 감이 있다 해 앞으로 기구와 인적 확대를 꾀해 철저한 공무원 감찰사무를 할 것이라고 한다. 그리고 청사는 현재 태평로에 있는 경기도청에 이사하기로 될 것이라 한다. 이에 앞서 지난 22일 정인보 위원장은 다음과 같은 요지의 담화를 발표했다.

세상에서 감찰위원회는 관공리의 비위를 감찰하는 데로만 아나, 내 마음으로는 먼저라도 이도(吏道)에 대한 규범을 세우고자 한다. 과거 4년간 관계(官界)가 더러운 것이야 누구나 안다. 그러나 공무원들이 살 수 없었던 것도 사실이니 중국에서 봉급을 양렴은(養廉銀)이라고 부르는 것같이 굶으면 청렴하기가 어렵고, 거액만루의 부를 가지고도 별별가지 협잡을 하는 죽어 마땅한 자도 없지 아니하다.

빈곤에서 생긴 비행은 법에 의해 징벌을 면할 수 없다 할지라도 그 비행에 대해서는 위정자로서도 책임을 지지 아니할 수가 없다. 우리 정부는 여기에 큰 조치가 있어야 할 줄로 안다. 내 뜻은 오직 비위 처단에만 있지 아니한 것을 말하고자 한다. 지금 공무원 전원은 먼저 국가와 민족을 알아야 한다. 오늘날이 어떤 날이냐 고관이나 말직이나 모두 우리나라를 만들려고 나선 것이다. 여기 긴장함에 있어서 일체의 고난을 스스로 억제하고 나아가지 아니하면 안 된다.

〈1948년 11월 6일 경향신문〉

감위원회 인사발령, 5일 감찰위원회로부터 다음과 같은 인사발령이 있었다.

감찰관 안윤출 외 7인, 정보관 고영완 외 14인, 서기관 이윤종 외 2인

〈1949년 02월 02일 동아일보〉

조(曺)농림부장관 감위(監委)에서 적발. 양곡매입대 중 3천만 원 중 500만 원 부당지출. 조(曺) 식공이사장 등 파면 - 관권을 잡고 요직에 있게 됨을 기화로 온갖 못된 짓을 해 백성과 관계업자의 고혈을 착취해 제 뱃속만을 채우는 악질 관공리를 비롯해 공정하게 운영해야 할 공금 같은 것을 흐지부지 사사로이 써버리는 부정관공리에 대한 준엄적절한 내사를 해 관기숙청과 이도쇄신을 위해 전력을 기울이고 있는 감찰위원회다.

행정의 최고 수뇌부인 국무위원의 행동을 감시해 오던 중 그 제일 착수로 농림부장관 조봉암을 비롯해 양곡행정에 관련되어 있는 농림부비서실 비서관 겸 양곡매입촉진위원회 사무국장 권서윤(39)에 대한 식량공사 이사장 서리 조규설(38), 귀속농지관리국장 김형규(51)씨 등 4명을 공금부정소비의 비행을 적발해 1일 신(申)국회의장에게 그 비행의 전모를 통고하는 동시에 조농림부장관을 제외한 3명에 대해 면직징계를 결정 건의한 바 있다. 그런데 적발당한 그들의 비행내용은 다음과 같다.

① 조농림부장관 관계

양곡매입촉진위원회의 양곡매입총예산액 3,497만 4,000원 중 농림장관 사택수리비 및 응접실 비품대로 320만 원, 요리식사대로 766,555원 50전, 농림부장관 출장비입체금으로 212,600원, 농림신문

사대부금으로 130,000원, 농민일보 창간 찬조금으로 50만 원, 농림부 직원출장입체금으로 166,550원과 기타 비용을 합해 500만 원을 지출하고, 그 미봉책으로 대한식량공사에 '농민의 나라' 라는 영화를 미끼로 지난 1월 11일에 금 570만 원을 부당 지불시켰다.

또 작년 12월 24일 봉사로부터 하등 근거도 없이 3,746,300원을, 작년도 추곡매입비 중에서 3,801,350원을 농림부 경비로 소비한 것과 농민일보 찬조금으로 대한식량공사에서 700만 원 귀속, 농지관리국에서 50만 원, 수리조합연합회에서 30만 원, 마사회에서 30만 원, 조선농회에서 300만 원, 상정농림에서 20만 원, 농지개발영단에서 50만 원을 부당 지출시켰다.

② 권서윤, 조규설, 김형규 관계

이 세 사람은 각각 조농림부장관의 공금부전소비에 직접 관계해서 각각 직무를 악용했다.

〈1949년 2월 4일 동아일보〉

농림부 사건, 조(曺)장관 국회에서 변해(辨解) – 3일 21차 본회는 개회벽두 노일환 의원으로부터 2일 발표된 반민법에 대한 대통령의 담화내용은 반민법 수행에 지대한 영향을 미치게 한 것이므로, 우리는 이 문제에 대한 결정적 태도가 있어야 할 것이라는 발언, 김경배 의원으로부터는 2일 이북 인민군이 백천지구에 월남해 백천경찰서를 습격해 경관 40여 명이 피살되었는데, 이러한 긴급사태임에도 불구하고 국방부와 내무부의 38선 경비가 소홀한 것은 크게 우려된 것이므로, 4일 본회의에 국방, 내무장관을 출석케 해 자세히 보고를 청취할 것을 동의한 바 106 대 0으로 가결하고, 정용 의원으로부터 대통령의 담화가 사실인가 아닌가를 확인하기 위해 공보처장에게 확답을 요청할 것을 동의해 역시 가결했다.

이어 조농림부 사건이 상정되어 조장관으로부터 관사수리 사건은 입주 당시 파괴되어 응급수리를 요하게 되어서 국고예산이 미정인 만큼 일시 입체 수리한 것이며, 영화제작과 출장여비, 농민신문 관계는 양곡매입의 촉진을 위해 선전계몽의 필요상 정당히 지출된 것이다.

그리고 양곡매입조작 사건은 양곡매입의 시급성과 그 완수를 위해 취지선전이 시급한 관계로 먼저 들어온 돈으로 응급조치의 수단을 강구했을 뿐이고, 비료문제는 이북에서 수입하는 비료대금으로 톤당 50.25달러를 지불한 것을 미군 당국자와 상인들의 계약이 있어 행정권 이양 이후 농림부 당국으로서는 긴박한 비료정세에 비추어 이 계획을 계속하려고 했으나, 사정에 의해 여의치 못하고 그 후 전매국장으로부터 의뢰가 왔으므로 전매국은 정부의 기관이며, 정부의 소용인 만큼 당연 배급해 주어야 할 처지에 있으나, 양곡매입용이 우선적인 만큼 도저히 태만할 수 없었던 바 전기 비료는 정부와 관계가 없는 만큼 그렇게 처리한 것이다.

이번 사건은 조금도 불법비행이 아닐 뿐 아니라 양심에 비추어 추호라도 비행이 있다면 종로네거리에서 목을 베어도 한이 없겠다는 간곡한 설명, 소위 장관이 이와 같은 모욕을 받고도 이 자리에 있을 수 없어 오늘 대통령에게 사의를 표명했다는 발언이 있는 후 김옥주 의원이 등단해 흥분한 어조로 의사진행에 대한 의장의 탈선을 경고한 다음 지금 조장관의 변해와 전일 감찰위원장 보고와는 상이한 점이 있으므로 조장관의 변해설명에 대해 감찰위원장의 견해를

듣고자 한다는 발언이 있자 감찰위원장 정인보씨는

"조장관의 자세한 설명을 들었으나 전회의에서 보고한 바와 같이 우리는 확실한 증빙서류를 가지고 있다. 저택문제만 하더라도 그것이 사저고, 관사고 간에 300여 만 원이라는 거금을 시급을 요하는 양곡매입촉진위원회에서 지출시켰다는 것은 불법이 아닐 수 없다. 이 사실은 농림부 직원에게도 일일이 조사해 확실한 증거를 가지고 있다."

는 답변이 있었다. 노일환 의원은 뒤를 이어 등단해

"이것은 중대한 의제임에도 불구하고 의사진행에 대혼란이 있을 뿐 아니라, 감찰위원장의 진술을 묵살하려는 경향이 보이고 있는 것은 절대 부당한 것이다. 장내 질서를 유지해 양측의 발언을 명확히 들어 사건의 가부를 판단하자."

라는 발언이 있자 이재형 의원은 서류반환을 동의하고 서용길 의원은 오는 9일까지 이 사건을 심사 보고케 할 것을 개의, 노일환 의원이 다음과 같이 재개의했다.

"농림부의 부정지출은 뚜렷한 사실이요 농민을 위한다는 농림부장관이 관사수리비로 300만 원을 지출함에 있어 다른 돈도 아니요 시급 중대한 양곡매입금에서 지출했다는 사실, 또 무슨 회의라 해 70만 원의 거액을 이것 역시 양곡매입금에서 지출한 것은 중대한 과오다. 조장관은 깨끗한 듯이 말하나 나는 수긍할 수 없는 사실이므로 명일 계속해 토의할 것을 재개의한다."

결국, 이 사건은 다음 회의에서 계속 토의하기로 했다. 그리고 국회에서 그 해석에 문제가 되었던 정부조직법 제43조와 헌법 제46는 다음과 같다.

* 정부조직법 제43조 감찰위원회는 공무원의 위법행위 또는 비행이 있을 때에는 사실을 심사한 후 증빙에 의해 의원과반수로 징계를 의결한다. 징계가 의결되면 소관행정장관에게 이송해 시행케 한다(단, 헌법 46조에 열거된 공무원의 징계는 국회에 통지해야 한다.).

* 헌법 제46조 대통령, 부통령, 국무총리, 국무위원, 심계원장, 법관, 기타 법률이 정하는 공무원이 그 직무수행에 관해 헌법 또는 법률에 위반한 때에는 국회는 탄핵의 소추를 결의할 수 있다. 국회의 탄핵소추 발의는 의원 50인 이상 연서가 있어야 하며 그 결의는 재적의원 3분의 2 이상의 찬성이 있어야 한다.

〈1949년 2월 22일 경향신문〉

조(曺)씨 체포 논의. 법무장관의 동의요청 거부, 국회 – 입일 국회본회의는 법무장관의 요청에 대한 동의안을 상정하고, 김약수 부의장의 사회로 개의했다. 먼저 의장으로부터 동요청은 인사문제며 중대한 것이므로 비밀회의로 진행하는 것이 좋을 것이라는 발의가 있어 이를 가결하고, 11시부터 비밀회의로 들어갔는데, 법무장관의 요청이란 저반 감찰위원회에서 조사해 국회에 통고해 온 조봉암 농림부장관의 소위 비행문제로 그간 사법부에서 조사한 결과 조장관을 구속하고자 국회의 동의를 요청해 온 것이다. 그런데 본회의에서는 이 요청에 대해 재석 152인 중 55대 77표로 부결했다.

〈조봉암씨 약력〉

경기도 출신(당 51세) / 1921년 중앙대학 정경과 졸업 / 1921년과 27년 양차에 걸쳐 조공(朝共, 조선공산당) 대표로 막사과(莫斯科, 모스크바) 코민테른에 파견 / 1945년 1월 해외연락관계로 인천에서 일본헌병대사령부에 체포되었다. 8 · 15해방으로 출옥 / 1946년 민전(民戰)에 참가 후 동년 박헌영에게 이설(異說)설명서 발표 / 1947년 3월 민주주의독립전선 의장단 참가 / 1948년 5월 대한민국 국회의원 / 1948년 8월 농림장관에 취임 / 1949년 2월 동직 사임

〈1949년 2월 22일 동아일보〉

조(曺)농림장관의 파면, 감찰위원회서 정식 상신 – 감찰위원회에서는 조봉암 농림장관에 대한 부정처사에 대해 연일같이 내사를 해 오던 바 그에 대한 행위의 윤곽도 명확해 정부조직법 43조에 의거해 드디어 21일 파면신청을 제시했다는데, 이에 대해 감찰위원장 정인보씨는 다음과 같은 담화를 발표했다.

농림부장관 조봉암씨의 비위에 대해 본 위원회로서는 2월 12일 파면에 처한다는 결의를 하고, 즉시 대통령에게 보고했으나 국회에서 동사건에 대해 조사위원을 선출해 조사를 진행하고 있었으므로, 그 조사위원의 조사완료를 기다려 이제 발표하는 바이다. 또한 이번 농림부 사건을 대통령의 특명에 의해 감찰위원회에서 조사에 착수했다는 말이 있으나, 이는 전여 오해다. 감찰위원회에서 농림부 사건 조사에 착수하기는 금년 1월 8일인데, 1월 13일 대한민국감찰부에서 귀속농지국장 김형규의 비행을 대통령에 보고한 바 있어 대통령께서는 감찰위원회에 김의 비행을 조사하라는 명령이 있었으

니 농림부 사건에 대해서는 명령 혹은 지시하신 일은 전여 없다.

〈1949년 2월 22일 경향신문〉

조농림부장관 사임, 이대통령 작일 수리 – 저반래 미곡매입촉진비유용건으로 물의를 일으키고 있던 농림부 사건은 이후 점차 확대되어 불의의 정치문제로까지 야기하고 마침내는 정부, 국회간에 불온한 분위기를 자아내고 있음에 감해 그 동안 사건의 불확대 방침을 견지하고 있던 조봉암 농림부장관은 지난 20일 이대통령에게 정식 사표를 제출하고 인책사임을 표명했다. 이에 대해 이대통령은 21일부로 조장관의 사표를 정식 수리함을 표명했다.

매곡(買穀) 실패 유책 사임경위를 발표 – 21일 김공보처장은 조(曺)농림부장관 사임에 대해 다음과 같은 담화를 발표했다.

대통령 각하가 농림장관 조봉암씨에게 권고해서 농림장관직을 사임케 했으니, 그 이유로는 제일 긴요한 미곡수집을 대통령 각하가 농림장관에게 일임하고 그 의도를 지지해 계획대로 진행하기를 절대 후원했던 바 지금 미곡수집이 반수량에도 미급하게 되었다.

따라서 각처의 보고를 들으면 농림부장관이 농민들에게 선언하기를 팔 수 있는 사람은 자유로 팔 수 있고 팔지 아니해도 무방하다고 연설한 것이 누누이 보고되었음에도 불구하고, 이를 경청치 않고 있었으나, 지금에 와서는 신문지상에 대서로 취급되기를 미곡수집에 강권발동하는 것은 자기 의사와는 배치되는 것으로 발표되어, 이는 대통령과 반대의사를 표시하게 된 것이니 정부 체면으로도 좋지 못한 일이다.

따라서 미곡수집에 대통령 의사와 반대된다면 더 큰 곤란이 없을 터이므로, 부득이 대통령 각하로부터 사임을 권고한 것이다. 미곡 수집에 대해서는 수차 대통령 각하의 담화로 발표되었고, 정식으로 공표해서 중농 이상이나 부가(富家)가 폭리자들이 미곡을 성법(成法)대로 매도치 않는 사람들은 강권을 발동해 매출케 한다는 의도를 명제히 한 것이다. 지금 정부에서 발표한 대로 준행할 것이요 언제든지 법대로 준행하는 것은 강제로 인정치 않는 것이니 일반으로 미곡을 내놓지 않는 사람들은 다시 격려해서 곡 정부에 매도하므로, 국민으로써 의무를 이행하고 민생의 곤란을 구제해 중벌을 피해야 할 것이다.

〈1949년 4월 5일 동아일보〉

임상공부장관 감위에서 적발, '수회(收賄)로 공무부당처리 선거에 국재남용' 파면결정까지의 경위, 임영선을 구속 - 농림부 사건을 들추어내어 세인을 놀라게 한 감찰위원회에서는 이번에 또다시 여장관으로 이목을 끌고 있는 임영신 상공장관의 비행 사건을 적발했다. 이번 상공장관 사건은 작년 12월 경북 안동을구 국회의원 선거 입후보 당시 장관의 직권을 남용해 선거비용을 조달한 비행 사건으로, 사건의 내용을 추려 보면 아래와 같다.

즉, 작년 12월 중순 경북 안동에서 국회의원으로 출마했을 당시 선거비용을 충당하기 위해 1월 18일 상공부 감독하에 있는 대구메리야스 관리인 이순희를 사촉해 동공장의 소유면사 6곤(梱)을 담보로 조선저축은행대구지점에서 300만 원을 채금하고, 회사공금 244만 원을 융통받아 선거비용에 썼으며, 1월 6일에는 샤33타(15,696원)를 뇌물로 받아 선거운동에 사용했다.

그리고 동공장 자동차 2대를 내게 해 공장비용에서 39,500원을 자동차 출장비로 지출케 했다. 또 대구방직공사로부터 휘발유 2드럼(3만 원)을 뇌물로 받았으며, 기타 자동차 선전용 마이크 비용 등 274,350원을 선거운동 비용으로 사용케 했다. 그리고 경북상공국장 이일내로부터 각 사업체에 할당징수한 70만 원 중에서 선거용 현수막 20개 대금 5만 원과 선거운동 탄 자동차비용 48,000원 휘발류대 18,000원, 능금 다섯 상자 13,000원 도합 122,000원의 뇌물을 받았다.

장관 자신과 수행원의 숙박은 접대비용으로 246,823원에 상당한 향응을 받았으며, 12월 중 안동군 일직국민학교에 수리비 15만 원을 기부하는 조건으로 선거운동을 요청하고, 안동경찰서에 30만 원을 경비비용으로 기부한다고 하고, 선거운동에 적극 협력을 요청해 입후보한 자를 경찰에 소환, 기권을 권유한 사실, 경북 내무국장을 움직여 월곡면 도로를 수선해 준다는 조건으로 선거운동을 시킨 것, 상공부 출입기자 윤모씨를 통문신해, 모사사원 후생용으로 부산에 있는 갱질제지회사로부터 자기특배신청을 승인한 사실이 있고, 작년 10월에는 빙상여비를 조달 보조한다는 명목으로 70만 원을 지출한 사실이 있다.

그리고 조선광업진흥회사로부터 금반지(32,000원)를 수회, 광업권의 부정이전을 시킨 사건, 그리고 지난 3월 21일에는 대통령 탄신일을 기념한다고 하고 현금 5,000만 원을 만들기 위해 공업국에 2,000만 원, 광업국에 1,000만 원, 수산, 무역, 전기, 상무 각국에 500만 원을 할당 증수케 하는 동시에 조선전업에서 100만 원, 남전 100만 원, 경전 100만 원, 서전 30만 원, 조선전구 20만 원, 광업진흥 150만 원, 무역협회 60만 원, 동양상사 10만 원, 동양면화 20만 원, 대양

공사 5만 원, 도합 595만 원을 수금했다가 대통령의 중지명령으로 중지된 사실의 비행이 적발되어 파면을 동위원회에 상신했다 한다.

상공부장관 임영신씨 동생 임영선(任永善)씨는 돌연 4일 하오 2시경 감찰위원회 지시로 구금했다 한다. 증거가 확연해 최(崔)감찰국장 담(談) - 감찰위원회 감찰국장 최명석씨는 상공부 사건에 관해 4일 다음과 같이 말했다.

"상공부 사건을 모략이니, 허위이니 하는 담화로 호도하려 하나 감찰위원회 결정서 내용은 동 사건 관계자의 자인(自認)에 기준해 작성된 것이므로, 이것은 일일이 증거서류로써 지적할 수 있는 일이다. 특히 대통령 탄신기념비 5,000만 원에 관한 것은 결정서 내용의 다른 사실에 비할 때, 그리 대단한 것이라고 생각할 수 없는 것이다. 이미 발표된 결정서 이외에 부정사실 조사를 계속 진행하고 있음을 부언한다."

임(任)상공장관 담(談) - 이 사건의 전말에 대해서는 근일 중으로 발표하겠으니 자세한 것은 그때까지 물어주지 말기를 바란다.

〈1949년 4월 5일 경향신문〉

임(任)상공장관 파면처분 감찰위원회 결정서 발표, "나도 모르는 사실" 사표낸 임(任)의원 기자에 흥분된 일언 - 아직 확실치 않은 내각 대이동설이 항간에 떠돌고 있던 참에 돌연 임영신 상공부장관은 어제 감찰위원회로부터 장관파면처분의 결정을 받아 앞서 조(曺)농림부장관의 변의 뒤를 이은 파문을 던지고 있다. 파면결정 이유는 요지별항과 같거니와 이 날 국회에도 그 사실이 통고되어 오늘쯤은 본격적인 논의가 벌어질 터이고, 본인도 사표를 낸 만큼,

한편 국무위원회를 거쳐 대통령으로서도 하등의 의사표시가 있을 것으로, 어쨌든 임장관의 사직은 결정적인 기세다.

임장관은 국회의원으로서 이 날 국회에 참석했는데, 파면처분에 관한 기자의 질문에 다만

"나는 하나도 모르는 사실이다."

라고 할 뿐 답변을 피했다. 임의원의 표정은 매우 흥분된 빛이었고, 그럴싸해서 그런지 눈빛조차 약이 오른 듯했다. 마침 임씨의 오빠 임태희 의학박사가 면회를 청해 의사당 어구에서 남매끼리 무언가 속삭이는 등 신변의 분망을 느끼게 했다. 임박사를 붙들어,

"누님이 어찌된 셈이요?"

했더니 "그건 내가 잘 아는데 죄다 모략입니다." 하면서 창황히 가 버렸다. 한편, 모 국회의원 더러 임씨의 의원으로서의 문제는 어떻게 전망될까 문의한 바 자칫하면 국회의 중개법에도 저촉될까 싶고 아마 죄상에 따라서는 선거관리위원회로서도 관심사일 게라고 국회 내의 심상치 않는 공기를 시사했다.

임영선 여사 피검, 임장관의 매씨 임영선씨는 어제 하오 한 시경 감찰위원회에 불리웠다가 그 길로 검찰청에 검거되었다는데, 임장관의 파면 사건에 관련되지 않았는가 보고들 있다. '선거운동비 부정염출 등' 감위(監委) 파면이유서 발표.

임장관 파면처분에 관한 감찰위원회 발표문 중 그 이유의 요지는 다음과 같다.

① 안동을구 국회의원 선거 때에 선거비용으로 대구메리아스공장에서 공금 149만 원의 융통을 받고, 면사 6세(細)를 담보로 저축은행대구지점에서 200만 원을 차수했다.

② 경북도상공국장 이일내로부터 각 사업체에서 증수한 70만 원 중에서 선거비용으로 12만 원을 뇌물로 받고, 또 24만 원의 향응을 받았다.

③ 공무원으로서 국회의원에 입후보하고 동군의 초등학교에 대해 선거운동을 요청했고, 또 안동경찰서에서 적극 협력하는 동시 다른 입후보자를 소환해 기권을 권유했고, 경북도 내무국장은 동군 월곡면은 동원해 투표케 했다.

④ 상공부 비서 이효창군의 빙상선수권대회에 출장여비보조금으로 상하 회사로부터 75만 원을 부당지출케 했다.

⑤ 아남상사 전기홍으로부터 무이자로 100만 원을 대여받고, 가격심사에 편의를 보였다.

⑥ 조선광업진흥회사로부터 순금반지를 받았다.

⑦ 반민법 피의자 이종형의 처 이취성이를 강신상이란 이름으로 강원도 가덕광산 대표자로 선정했다.

⑧ 대통령 탄신 봉축 의미로서 산하 각 회사로부터 5,000만 원을 헌납받기로 결의하고 수금타가 대통령으로부터 중지 당했다.

〈1949년 4월 16일 동아일보〉

감위의 직제 개정, 파면권 정지, 반민 '특경대'는 해산 이대통령 담(談) – 이대통령은 지난 15일 중앙청 제1회의실에서 기자단과 정례회견을 하고, 임상공부장관과 감찰위원회와의 문제, 정부와 국회와의 관계, 기타 외전(外電)이 전하고 있는 한미군사협정 문제 등에 언급해 다음과 같이 말했다.

① 민주주의하에서는 원래 행정부와 입법부 사이에 다소 마찰이

없을 수는 없는 것이오, 시비와 논박하는 중에 일의 진위와 사람의 시비를 표명케 되어 그 분위기를 청결케 하는 것이 약간의 알륵이 있다고 해서 과히 애려(愛慮)할 것이 어니오, 오직 사혐이나 사욕으로 인록하야 공심을 버리고 서로 잔해를 도모한다면 이는 정부와 민중이 결코 포용할 수 없는 것이다.

② 감찰위원은 정부 당국들의 비행을 조사하는 책임이 있으므로 조사한 결과를 사실을 사실대로만 보고한다면 시비할 수 없는 것이다. 그러나 우리의 법제상 이러한 사실을 공포하는 것이 의당(宜當)한 일로 되어 그 사실을 대통령이 정당히 조처하기 전에 세상에 죄명이 공포되고 보니 순리로 처결될 여지가 없이 죄명부터 세상이 알게 되므로, 누구나 자기가 행한 일이 곧 죄명으로 공포될 때에는 가만히 앉아서 죄를 자백하는 것처럼 하지 않을 것이 인간의 상정이다.

또 감찰위원으로서는 자기들이 조사한 죄명을 공정한 판결 없이 자기들끼리 집행해서 파면징계까지 한다면, 이것은 삼권분립의 민주제도로서는 도에 지나치는 것이므로 옛 전, 군주시대 어사가 국명을 가지고 조사와 징벌을 행하던 것처럼은 될 수 없는 것이니, 국무회에서 이번 이 문제로 말미암아 직제를 개정할 필요가 있다고 해 감찰위원은 조사하되 사실을 공포하지 말고 대통령에게 상신해서 정당히 처결하도록 만들 것이다. 감찰위원이 파면 벌칙까지 판단하는 것은 정지하게 될 것이다.

그리고 감찰위원이 조사한 사실을 대통령에게 상신하는 동시에 국회에까지 보고하게 되었으므로 이같이 하면 정당히 조처될 일도 신문지상에 먼저 발표케 되어 사람의 죄, 유무를 대통령이나 또한 법정에서 심사하기 전에 죄명부터 공포되게 되므로 이것이 직제상 잘못된 것이다. 또 감찰위원이 자기의 조사를 의거해 처벌까지 자의로 결정해 공포하는 것은 더구나 삼권분립제도에 부적당한 일이므로 국무회에서 몇 조건(條件) 개정하기로 양해된 것이다.

③ 유엔한국대표 조병옥 특사가 군사상 원조를 미당국에 요청한 모양인데, 그 방면으로 군사협정의 의도를 청한 바 있는지 아직 소상한 보고도 없고, 또 확인된 바도 없으므로 자세히는 알 수 없다.

④ 인권상 제일 중요한 것이 생명재산보호권이요 정부의 제일 중요한 책임도 생명과 재산을 보호하는 것이다. 반민특별조사위원 중에서 어떤 국회의원이 자동차를 몰고가다가 어린아이를 치어죽였다는데, 그 후에 경찰이 조사해서 사실을 소상히 조사할 기회를 주지 않고 시신을 없이했다는 보고를 들었으나, 경관들과 검찰관들이 다 정당히 조처할 줄로 믿고 기다리고 있었던 것이다. 그러나 종시 아무 소리가 없으므로 사법 당국에 물은 즉, 사실을 조사는 했으나 특별한 조치는 없게 된 것을 알기에 이르렀으니, 나로서는 대단히 놀랍게 여긴 것이다.

그래서 사실을 법으로 판단하고 공포해서 민중이 알아야 되겠는데, 아무 판단 없이 그냥 덮어두고 말면 경관과 검찰관이 책임을 질 것이라고 했다. 이러한 상태가 오직 특별위원 중 몇 사람이 반민법을 진행한다는 명의로 헌법에 대치되는 일을 행해서 치안에 많은 동요가 있게 되므로 나로서는 이런 일을 법적으로 교정하기를 수차 선언했으나, 국회의원 중에서도 여러분이 협의해 국회에 조치하겠다고 누차 말한 분도 있었고, 행정장관 중에서도 순조롭게 막겠다고 담보하는 고로 기다리고 있던 중인데, 한 가지 양해된 것은 경찰이 조사위원의 명령으로 관민을 잡아 가두고 신문하는 것만은 막아서 조사위원들이 평민을 고용해 특경대를 만들어 사람을 자유로 잡아가두게 된 것이니, 이것이 다 위법한 행동이다.

지금에 와서 더 놀랄 만한 일을 들었으니 수일 중에 국회의원 경호원 한 사람이 취중에 대로에서 단총을 난사해 행인 2명을 즉살하고 1명을 중상시켰으므로 경관들이 어찌할 수 없어 필경은 총으로 그 자의 다리를 쏘려고 총을 빼었다 하니, 더 놀라울 일이 없을 것이다.

워싱턴에서 온 보고를 듣건대, 감리교 월츠씨가 장면 대사에게 편지를 보낸 내용 중 양주삼 목사를 반민법에 걸어 수감했다는 것이다. 이 외에도 여러 친구들이 이 사건에 대단히 격분해서 국제문제로 삼기에 이르렀으니, 나는 양주삼씨가 수감되었다는 것도 알지 못하고, 이와 같은 문제를 일으키게 된 것은 더욱 놀라운 일이다. 지각없는 사람들이 내외 대세를 모르고 이 같은 행동으로 국제문제를 일으키게 된 것은 유감을 면할 수 없는 바이다.

그러므로 지금부터는 소위 특별조사위원은 조사만 하고 사법에 넘겨서 행정이나 사법일은 조금도 참여하지 못할 것이오, 특경대는 해산시켜서 그러한 명의로 불법행위를 하는 자는 엄벌 징치할 것이니, 국회의원 중에서도 공정한 생각을 가진 분들은 자기들이 정한 헌법을 존중해 대지(大旨)를 위반하는 것은 여간 사고한 위반이 있더라도 다 폐지하고 법을 존중해야 할 것이다.

〈1949년 4월 17일 동아일보〉

감위의 파면권

① 이도(吏道)의 숙청이 가장 요망되는 오늘 감찰위원회가 전기국장을 파면하고 국무위원인 농림장관, 상공장관의 파면을 결정한 흑취한 태도에 경의를 표하는 바이다. 그러나 감찰위원회가 과연 이같이 공무원이나 정무관을 대통령의 승인도 없이 단독으로 파면시킬 수 있는가에 대해서는 일반의 물의가 많은 것 같다. 즉, 감위가 관리의 비행을 들어서 파면을 건의하는 것쯤은 별 문제로 하고, 단독으로 파면을 한다는 것은 형행 법제상 규정에 비추어 다소 지나친 감이 없지 않다.

이 문제가 상공부장관 사건을 계기로 해 표면화했고, 드디어는 정부와 감위와의 대립에까지 발전했다. 그리해서 국무위원과 감찰위원의 연석회의를 열게 되었는데, 아직은 타협점을 발견하지 못한 모양이나 차제에 이 문제는 해결지어야 할 것이다.

② 감위 주장에 의하면 감찰위원회는 정부와 별개기관이므로 국회의원과 법관을 제외한 일반공무원에 대해는 국무위원이라 할지라도 파면할 수 있다는 의견이다. 적어도 감찰위원회가 정부와 별개의 기관이라는 점에 대해는 아무도 이의가 없을 줄 안다. 다만 문제는 이 감찰위원회가 대통령으로부터까지 독립할 수 있는가에 있다.

만일 대통령이 정부의 책임자가 아니라 국가의 책임자에 그친다면 감찰위원회 역시 대통령에 소속되어야 마땅할 일이다. 그러나 대한민국 대통령은 국가의 책임자인 동시에 정부의 책임자인 만큼 감찰위원회가 이에 소속될 수 없는 것이요. 그러다 보니 또한 여러

가지 폐단이 적지 않은 것이다.

일반공무원도 아닌 국무위원을 사임도 아닌 파면을 선고하고 보니 정부의 위신을 손상하는 일이라고 해 감위에 대한 불만이 적지 않다. 즉, 정부측은 삼권이 분립한 오늘 감위가 국무위원을 파면시킬 수 없다는 것인데, 그 역시 일리가 없지 않으나 문제가 그렇게 단순하지만은 않은 것이다. 이 문제가 대통령제를 전제로 하고 감위가 단독으로 파면할 수 있었기에 간단히 해결된 것이지 그렇지 않으면 행정상 문제가 정치상 문제까지 확대되고 말 것이다.

정부측에서 주장하는 바와 같이 국무위원이라 해 파면할 수 없는 것이라 하면, 그 대신 이 사건을 계기로 해 국무위원 전체가 인책사직을 해야 마땅한 일이다. 왜냐하면 아무리 국무위원이라 하더라도 비행까지 무책임할 수는 없는 것이기 때문이다. 이와 같이 감찰위원회가 국무위원을 단독으로 파면한다는 것은 일견 지나친 감도 있으며 또 이에 따른 폐단도 없지 않으니, 이는 대통령제 정부에 따르는 불가피한 폐단이라 할 것이다.

③ 이와 같이 보면 이 문제는 이 나라의 헌법의 근본적인 문제에까지 이르게 되는데, 현행 법규에 의하면, 대통령이 국가의 책임자를 겸한 이상 감위로서는 상신권밖에 없다고 보는 것이 타당할 것이다. 그러나 이렇게 되면 감위가 유명무실화할 우려 또한 없지 않을 것이다. 감찰권이 행정권에서 독립하지 않는 이상 그 기능을 발휘할 수 없기 때문이다. 감위의 기능을 축소하는 것이 탐관오리가 도량(跳梁)하는 건국 초창기에 있어서 타당한 일인가 아닌가? 이도 확립이 초긴급한 시기에 적당한 조치인가 아니가에 대해서는 신중히 고려되어야 할 것이니, 이 문제는 결국 오권헌법을 철저히 하여

대통령을 국가의 책임자에 국한하느냐 않느냐는 문제에 관련되는 것이다.

〈1949년 4월 17일 동아일보〉

조봉암씨도 기소, 업무횡령 및 배임 혐의로 – 국회의원 조봉암(전 농림부장관)씨는 그간 5개월에 걸쳐 서울지검과 대검찰청에서 불구속으로 조사를 받고 있던 중 드디어 지난 5월 18일부로 기소되었는데, 동씨가 업무횡령 및 배임으로 공판에 회부되기까지의 경위와 기소내용은 다음과 같다.

즉, 조씨가 농림장관 재직시 양곡매입 추진비용에 사용할 예산 중에서 동사업과 전연 상관이 없는 장관관사 수리비로 320만 원을, 또 요리식사대로 766,500여 원을, 또 장관출장비 입체금으로 21만여 원, 농림신문사 대부금으로 13만 원, 농민일보 창간비 보조금으로 50만 원, 농림부 직원 출장여비 부족 입체금으로 166,000여 원, 기타 제비용 총계 500만 원을 부당지출하고, 촉진위원회 예산청구서에는 문화영화제작비를 계상했으나, 결정예산에는 삭감되어 영화를 제작하지 못하게 되었음에도 불구하고 이를 부당 지출한 것. 국고에 납일할 단기 4281년도 하곡수집에 관한 조직비 1,300만 원을 국고에 납입치 않고 이를 추곡매입촉진보조금으로 부당 유용한 것 등으로 기소내용은 감위의 적발내용과 대략 동일한데, 문제는 국회의원에 관한 것이니 만큼 수사에 신중을 기해 오던 차 금번 임(任)상공장관의 기소를 계기로 조씨도 단연 공판에 회부한 것이라 한다.

〈1949년 7월 10일 경향신문〉

'감위' 를 정보기관화, 개정안을 정(鄭)위원장 비난 – 국회 이인(李仁) 의원 외 57인 의원이 정부조직법 제29조 및 동제43조에 대한 개정법률안을 8일 국회에 제출했는데, 동제43조에 대한개정안은 감위의 권한을 전연 말살한 것이므로, 감위를 대표해 정인보 위원장은 다음과 같은 담화를 발표했다.

정부조직법 제43조의 개정안의 내용을 검토하건대,

① 개정안 제1항은 감위의 징계의결권을 징계의견의 결정에 그치게 하고,

② 그 제2항은 감위의 전기 권한의 법적 효력을 전연 거세했다. 다시 말하면, 감위가 종래 가지고 있었던 비위공무원에 대한 징계처분권을 거부하고, 또한 이 징계처분권의 실시에 있어서 공무원의 지위 고하를 막론하고 소관 행정장관에 이송케 하던 것을 다만 그 징계의견을 국무위원 이하 지방장관 이상에 대해서는 대통령에게 상신하고 기타 공무원에 대해서는 소관행정장관에게 송부함에만 그치도록 해, 감위의 공무원에 대한 징계의견은 소관장관의 참고 재료밖에 안 되게 해, 감위는 공무원의 비리를 내사하는 정보기관에 지나지 않게 되고 말았다.

이러한 제안이 과연 국민의 현하 실정에 있어서 적의한 일인가? 일제의 잔재와 군정의 여폐가 아직 관계를 혼탁케 해 정부의 시책이 원만히 추진되지 못하고, 민중의 소원(訴冤)이 사뭇 소연(騷然)하지 않은가? 관기의 진숙(振肅)과 이도의 쇄신이 더욱 더 요망되는 이때 공무원의 비위를 감찰하는 기관의 권한을 확립 강화하기는커녕 오히려 거세 말살하려는 의도는 실로 해괴라 아니할 수 없다. 민

의를 대표해 국정을 감시하는 선량으로서 이러한 관권옹호를 감행하려 함은 자못 경악할 일이다

〈1949년 7월 23일 경향신문〉

노진설 선임 감찰위원장 – 이대통령은 22일 돌연 기획처장을 비롯해 감찰위원장, 관재총국장, 금련회장 등 정부인사 경질을 다음과 같이 발표했다. 정부인사발령 : 대법관 노진설 임(任)감찰위원장, 감찰위원장 정인보 의원면(依願免) 본관(本官), 백남칠 임관재총국장, 기회처차장 김훈 임기획처장, 기획처장 이순탁 의원면 본관, 임금융조합연합회장, 김우평 임외자운영위원회 분과위원장

〈1974년 10월 11일 경향신문〉

정인보 선생 6 · 25전쟁 때 별세, 폭격으로 평북 희천서, 북괴 IPU 단장 홍기문 밝혀 〈도쿄 이용승 특파원〉 6 · 25전쟁 때 납북된 국문학자 위당 정인보 선생이 6 · 25전쟁 때 폭격으로 별세했다고 IPU 북한대표단장 홍기문이 10일 밝혔다. 홍은 이 날 하오 일본 중, 참의원의장 주최 리셉션에서 이같이 말하고 정인보씨는 나의 동생 홍기무의 장인이었으며 평북 희천에 묘가 있다고 전했다.

* 주해(註解) 11) 감찰위원회(監察委員會)

공무원의 직무감찰을 위해 1948년 설치되었다가 1952년 폐지되었으며, 다시 1961년 1월 부활되었다가 1963년 심계원과 통합된 감사원의 전신을 말한다. 근거 「정부조직법」(법률 제1호, 1948) 「감찰위원회 직제」(대통령령 제2호). 감찰위원회는 1948년 7월 17일 제정, 공포된 정부조직법에 의해 설립되었다. 당시 사회는 적산관리에 따른 부작용과 물가로 인한 생활난과 관공서의 독직, 비행, 부정 사건의 계속적 발생 등으로 사회는 혼란한 상태에 있었다.

이와 같은 상황에서 공무원의 기강을 확립하기 위해 공무원에 대한 감찰 사무를 장리할 기관이 필요하게 되었다. 1948년 이승만 대통령이 초대 감찰위원장으로 정인보, 감찰위원으로 최명수 등 7인을 임명함으로써 감찰위원회가 발족하게 되었다. 감찰위원회는 최초의 정부조직법에서 감찰위원장 1인과 감찰위원 8인으로 구성하도록 되어 있고, 직무상 독립의 지위에 관한 규정은 없었다.

1948년 제정된 정부조직법 제41조와 제42조의 규정에 의해 감찰위원장과 감찰위원은 대통령이 임명했는데, 임기는 5년이며 연임될 수 있었다. 감찰위원은 탄핵 또는 형벌에 의하지 아니하고는 파면, 정직 또는 감봉되지 않도록 신분의 보장을 받는 반면, 정치에 참여하지 못하며 영리를 목적으로 하는 업무에 종사하지 못하도록 규정되었다.

정부조직법 제40조 규정에 의해 감찰위원회는 대통령 소속으로 공무원에 대한 감찰사무를 담당했다. 감찰대상 공무원 중에는 국회의원과 법관은 포함되지 않았다. 공무원의 위법행위 또는 비행이 있을 때 그 사실을 심사한 후 증빙에 의해 위원 과반수로 징계를 의결하고, 징계가 의결되면 소관 행정장관에게 이송해 처리케 했다. 다만, 헌법 제46조에 열거된 공무원의 징계는 국회에 통고하도록 규정했다.

감찰위원회는 공무원의 비위를 감찰하는 것이 주임무였으므로 감찰활동은 전국 각지로부터 수집된 정보를 바탕으로 해당 관계기관 등에 출장해 조사했다. 정부 수립 직후의 혼란한 틈을 타 공직사회에도 비리가 많아 감찰활동 또한 활발했으며, 특히 고위직 공무원의 비위조사에 치중했다.

1949년에는 농림부장관이 양곡매입비와 조작비 유용 사건과 상공부장관의 수뢰 및 국가재산남용 사건에 대한 감찰을 실시하고, 농림부장관 조봉암과 상공부장관 임영신을 징계(파면) 의결함으로써 당시 조야의 이목을 집중시키기도 했다. 그러나 장관 파면의결과 관련한 국무위원 측과 마찰을 일으키다가 1949년 7월 정인보 초대감찰위원장이 임기 4년을 남겨두고 물러났다.

그가 임기 도중에 하차한 것은 장관에 대한 비위조사 결과를 대통령에게 상신했는데, 이승만 대통령이 이에 대한 조치를 거부하자 또다시 장관을 파면의결까지 해 신문에 공표한 후 대통령에게 보고했기 때문인 것으로 추측된다. 1950년부터 1952년까지는 6 · 25전쟁으로 인한 혼란기로, 감찰활동이 제대로 이루어지기 어려웠으며, 1953년부터 1954년까지는 전후복구사업, 전재이재민 구호사업 등에 관련된 비리조사에 치중해 일선관서에 대한 감찰을 집중적으로 실시했다.

1954년 12월 정부와 여당이 정부조직법 개정안을 통해 감찰위원회를 없애고자 했고, 야당의 반대에도 불구하고 결국 1955년 국회에서 개정안이 통과되어 폐지되었으며, 그 결과 감찰활동은 중단되고 감찰위원회의 직원은 모두 해직되었다.

12. 2대 국회의원 고영완

1) 2대 국회의원 선거와 개원 초, 고영완의 의정활동

정인보 박사와 함께 감찰위원회를 사임한 고영완(高永完)은 1950년 5월 민국당 후보로 2대 국회의원 선거에 출마했다. 2대 선거에서 장흥군은 고영완과 김기중을 비롯해 12명이 출마해 후보 최다 진기록을 세웠다. 제헌국회에서 좌파의 지지를 받은 김중기에게 패한 바 있는 고영완은 보도연맹 장흥위원장 이자산(이영원의 동생)을 영입해 선거 캠프에 합류시켰다.

김대배와 안규일 등 2명이 중도에 사퇴해 10명이 겨룬 선거에서 고영완은 15,004표를 얻어 7,923표의 2위 이세옥을 크게 누르고 당선되었다. 제헌의원 김중기는 3,000여 표를 얻어 4위에 그쳤다. 고영완의 감찰위원회 경력은 제2대 국회에서 고영완의 의정활동에 지대한 영향을 끼쳤다. 초선 소장파 국회의원 고영완은 개원 초부터 활발한 의정활동을 했다.

소장파 초선 국회의원 고영완은 개원 초부터 활발한 의정활동을 했다. 1950년 6월 20일(개원 제2일째) 상오 10시부터 개회된 국회 제2차 본회의에서 고영완 의원은 미가(米價) 문제가 상정되면 미곡매상, 보상물자 문제까지도 야기되어 간단히 귀결되지 않을 뿐 아니라 결국 분과위원회에 회부될 문제도 조성될지 모르고, 또 209명의 의원이 각자로 질문한다면 의사진행상 혼란을 초래할 것이니 먼저 교섭단체부터 구성해 놓고 토의에 들어가자는 강경한 주장을 했다.

1950년 6월 21일 고영완 의원은 오는 26일까지 교섭단체 명부를 제출할 것을 전제로, 우선 전원(全院) 위원장을 선출할 것을 제의한 바 있었는데, 결국 조헌영 의원(영양 출신)의 동의로 오는 26일까지 교섭단체 명부를 제출할 것을 170대 0으로 가결 통과시켰다.

2대 국회의원 당선 축하, 민국당 당원과 함께

2) 신문기사로 본 의정활동

〈1950년 5월 10일 경향신문〉

선거운동 현지답사(8) 나편전도 - 장흥군 : 김준기(민국, 현의원), 손석두(농민연맹), 이양래(무), 고영완(민국), 안규만(민국), 김대배(국민회), 김형배(국민회), 엄종구(무), 이세옥(무), 임대순(무), 박진(무)

〈1950년 6월 2일 동아일보〉

민중의 참된 지팡이가 되라 – 고영완(36세) 장흥. 법정대학졸업, 군수 및 국민운동에 종사(민국당).

〈1950년 6월 2일 경향신문〉

5 · 10선거 빛나는 당선자, 신국회 3파로 정립? 작일 하오까지 전지구

10일 일제히 실시된 대한민국 국회의원 선거 결과는 방방곡곡으로부터 시시각각 무선을 타고 중앙선위에 보고되고 있으며, 전국 219의 선량도 1일 하오까지는 전부 판명되었는데, 민국(民國)의 휴척을 담당하고 이 민족의 번영을 쌍견에 짊어질 210명의 면면은 어떠한가? 그 씨명과 소속 기타는 여좌하거니와 대개로 별건컨대, 특색이라 할 것은 초대의원의 재선이 겨우 30여 석 정도로 국회의원의 대부분 그것도 거물급이 전부 낙선된 것과 투표수일 전부터 불리한 조건이 개재했음에도 불구하고 출마했던 중간파가 거의 당선되었다는 사실이다.

이러한 신인의 현저한 진출 때문일는지 무소속이 절대 과반수이

며, 국민당, 민국당 공히 20여 명 정도이나 실질적으로 본다면 민국, 국민, 중간파 공히 30여 석 정도로 신국회의 중추세력을 구성할 것으로 보이는데, 이 3세력이 어떻게 무소속을 포섭하느냐에 앞으로의 국회 진로는 결정될 것이다. 따라서 19일 소집까지의 신의원의 동태는 이 3파 세력으로써 정립될 것으로 매우 흥미를 느끼는 바다.

〈장흥군 = 고영완(37) 민국당 15,004표, 차점 미상〉

〈1950년 6월 21일 동아일보〉

국회 미가(米價)문제 검토가결, 김명동 의원 불구속 취조결의 – 개원 제2일인 20일 상오 10시부터 개회된 국회 제2차본회의에서는 미가(米價) 대책, 광목공매, 귀산경매 등 제문제와 재감 중인 김명동 의원 보석문제를 상정 토의했다. 이에 앞서 의장으로부터는 의안보다도 우선 국회법에 규정되어 있는 교섭단체를 임시로라도 구성해야 의사진행과 각 상임위선거 등 모든 원내조직이 완성되어 의사진행이 원활히 될 것이라는 발언이 있었다.

이에 대해 조광섭 의원은 세력이 안정될 때까지 당분간 보류하자는 의견도 있었으나 결국 오는 26일(월요일)까지 교섭단체 명부를 제출하기로 하고, 각 안건 토의에 들어갔다. 먼저 미가(米價), 광목경매, 비료배급, 귀산경매 등 문제를 상정했는데, 이는 이진수 외 27인의 연서로서 제출된 것으로, 이 문제에 관해 고영완(高永完) 의원은

"미가(米價) 문제가 상정되면 미곡매상, 보상물자문제까지도 야기되어 간단히 귀결되지 않을 뿐 아니라 결국 분과위원회에 회부될 문제도 조성될지 모르며, 또 209의원이 각자로 질문한다면

의사진행상 혼란을 초래할 것이니 먼저 교섭단체부터 구성해 놓고 토의에 들어가자."

는 강경한 주장이 있었다. 그러나 이에 대한 토의는 계속 있어 이상 문제에 관해는 우선 22일 농림, 상공, 법무, 교통, 내무의 각 장관을 출석케 해 구체적 방침과 시책을 들을 것을 재석 193인 중 169대 1로 가결했다. 그런데 이 문제에 대해 최명주 의원은 행정부에서도 각각 이유가 있을 것인 즉 무조건 정부공격보다도 그 이유와 시책을 정부로 하여금 제출케 하고, 신중 검토해 국회로서 확고한 대책을 수립하는 것이 쓸데없는 공격 힐난보다도 유효할 것이라고 주장했다.

다음 남송학 외 20의원으로부터 각 장관의 시정연설을 듣자는 제의가 있었으나, 김용무 의원은 미곡문제 등으로 각 장관의 시책을 들으면 다시 들을 여지가 없을 것이고, 듣는다 해도 신통한 묘안이 없을 것이라는 반론으로 이 안은 부결되었다. 이에 뒤이어 돌연 김웅진 외 22의원으로부터 헌법 제 49조에 의해 보석하자는 동의가 제출되어 소수의원의 반대에도 불구하고 재석 197인 중 172 대 4로 이를 가결했다.

〈1950년 6월 21일 경향신문〉

밝혀지는 단체교섭회 26일까지 명부 제출, 작일 국회에서 긴급가결 – 국회개회 벽두의 원내교섭단체 구성에 대해서는 개회 전부터 각 정당 단체의 맹렬한 활동에 의해 그 귀추가 극히 주목되는 동시 각 정당 단체에 미치는 정치적 동태가 중시되고 있었는데, 지난 19일 개원식을 마친 작 20일 국회 제2차 회의에서는 개회 벽두 신

(申)의장의 제청으로 법규 그대로 조속히 교섭단체를 구성해 상임위원회 조직 또는 헌법위원회 위원, 탄핵제판소 심판관의 선출, 국무총리 인준 문제 등 제반 의사진행상의 원만성을 기하기 위해서러도 이를 의론하자는 요청에 따라 조광섭 의원(영등포갑구 출신)은 명실상부한 신성한 교섭단체를 구성하려면 적당한 시기가 필요하다고 시일의 여유를 주장했고, 최국현(고양군 출신), 김수학(고창갑구 출신) 양 의원은 급속 실현하자는 주장이 있었는데, 이에 따라 고영완 의원(장흥군 출신)은

"26일까지 교섭단체명부를 제출할 것을 전제로 우선 전원(全院) 위원장을 선출할 것을 제의"

한 바 있었는데, 결국 조헌영 의원(영양 출신)의 동의로 오는 26일까지 교섭단체 명부를 제출할 것을 170대 0으로 가결 통과시켰다. 이로써 현안 중이던 교섭단체 구성은 앞으로 5일을 앞두고 각 정당 단체의 포섭공작 등은 맹렬화될 것이다.

〈1950년 6월 24일 경향신문〉

교섭단체 윤곽 – 어제 현재까지에 구체화된 교섭단체의 윤곽을 보면 대요 다음과 같다.

① **민주국민당** : 당선된 공인 입후보자 23명 이외에 무소속으로 당선된 의원이 적지 않아 역시 제1당, 개원 전일인 18일에 당 회의에 모인 의원이 41명이었는데, 앞으로 포섭보다도 무소속으로서 행동통일을 취할 것이라는 바 주요 멤버는 신익희, 지청천, 임흥순, 홍길선, 신각휴, 변광호, 소선규, 윤택수, 김양수, 이판열, 고영완(高永完), 윤영선, 김용무, 서민호 등에 대한 국민당 당선된 공인입후보자

25명은 국민회와의 합동에 실패해 교섭회 인원의 포섭은 지연되는데, 국민회 한청계와의 행동통일만은 확실한 것이며 현재 45명 정도로, 맴버는 이재형, 조봉암, 오성환, 이진구, 김웅진, 윤재근, 김경배, 최면수, 연병호, 조종승, 김명동, 이규갑, 김용화, 엄병학, 유인곤, 황병규, 박영천, 육홍균, 이재학 등이다.

② **순무소속측** : 18일 조선호텔에서의 회합을 비롯해 중앙청에서도 빈번히 회합했고, 24일 결성대회를 하리라 하며 이미 취지문도 발표했는데, 순수한 무소속을 표방한 주동은 재선된 무소속 의원과 법조계 출신으로 초일 회합에 참가자 31명 현제 43명의 찬성을 날인 받았다 하며 교섭회를 가질 것만은 확실하다. 주요 맴버는 김동성, 조헌영, 곽상훈, 김광준, 오위영, 박순천, 윤길중, 이종성, 엄상섭, 김종열, 김칠성 등이다.

③ **한구계** : 한청 출신과 청년층을 모아 입이명(22명) 정도가 획득된 모양인데, 연일 회합을 하고 있으며 가칭 민정동지회라는 바 맴버는 장연송, 황성수, 남송학, 김정식, 조 순. 서상덕, 정헌상, 김판석, 이협우, 이효근, 최성웅, 김병진 등이다.

④ **기타** : 첫째로, 서상호, 김범부, 양우성, 최원봉이 주동으로 움직이고 있는 자유구락부인데, 현재 약 입명(22명)을 가지고 회합을 계속하고 있는데, 그 이상은 획득이 곤란한 듯하다. 둘째로, 장택상 씨의 주동으로 영우계가 약 입명(22명)이 역맹렬한 공작 중에 있으나 날인자가 입명(20명)이 넘을는지는 기연미연하다. 셋째로, 일민

구락부의 재선한 의원 김봉조, 권병로, 신광균, 이종진, 서이환씨 등이 일민구락부를 부활시켜 보려는 운동이 있는 듯 하나 실현성이 전무하다. 넷째로, 조소앙, 안재홍, 윤기섭, 원세훈 4씨 공동성명으로 이루어진 무소속구락부 18일 회합, 승리호텔에는 약입명(20명)이 모였으나, 중간파라는데, 여전히 기후 회합은 부진하다.

13. 6 · 25전쟁 발발

제2대 국회가 개원된지 7일째인 1950년 6월 25일 북한군의 남침(南侵)으로 인한 전면전(全面戰)이 발발(勃發)했다.

1) 6 · 25전쟁 발발 전 한반도 정세

1943년 12월의 카이로 선언이나 1945년 7월의 포츠담 선언에서 재확인된 조선의 독립은 '적당한 시기에' 이룩한다는 조건부였다. 1945년 8월 15일 일본이 항복하자 한반도는 38선을 경계로 남북한이 미, 소 양군에 의해 분할, 점령되었다. 미국, 영국, 소련 3국 외상은 그 해 12월에 모스크바에서 회동하고 한반도에 5년 간 신탁통치를 실시할 것을 합의하자 국민 모두 맹렬히 반탁운동을 전개했으나 좌파세력은 소련의 지령을 받고 찬탁으로 돌아섰다.

문제해결을 위해 1946년과 1947년 두 차례에 걸쳐 미소공동위원회가 개최되었으나 결렬되었다. 1947년 9월에 미국은 소련의 반대를 뿌리치고 한국 문제를 일방적으로 유엔에 상정했다. 1947년 11월에 열린 유엔총회에서는 유엔 임시한국위원단을 구성하고 그 위원단의 감시 아래 남북한 총선거를 실시하기로 결의했다. 그러자 소련은 1948년 초, 활동을 개시한 위원단의 입북을 거절했다. 선거의 감시가 가능한 지역의 총선거를 실시한다는 유엔소총회의 의결에 따라 그 해 5월 남한은 선거를 실시했다, 1948년 8월 대한민국 정부가 수립되자 그 해 12월 제3차 유엔총회에서는 한국을 총선거가 실시된 합법정부로 승인했다.

1945년 8월 25일 북한은 김일성(金日成)을 중심으로 해 '최고인민회의' 선거를 실시하고 9월 9일 '조선민주주의 인민공화국' 을 선포했다. 소련을 비롯한 공산국가들이 이를 승인함으로써 한반도는 남, 북한이 별개의 정권을 갖게 되었다. 정부 수립을 마친 북한은 미, 소 양군의 철수를 요구했다, 이에 따라 소련은 1945년 10월 철병을 개시했다. 남한은 공산세력의 준동에 대응해 주한미군의 계속 주둔을 요청했으나, 1949년 6월 미국은 약 500명에 달하는 군사고문단만을 남긴 채 철병을 완료했다.

2) 6 · 25전쟁 발발 전 남, 북한의 군사력과 남침 요인

38선은 남, 북한이 각각 별개의 정부를 수립함으로써 국경 아닌 국경선이 되어버렸다. 분단 과정 속에서도 북한은 소련에 의해 계획적으로 군사력을 증강했다. 1948년 10월 소련군이 철수하기 전에 북한은 이미 완전 무장한 4개 보병사단과 소련제 T-34 중형전차로 장비한 제105 기갑대대를 보유하고 있었다.

1949년 3월 17일 소련과 북한 간에 조소군사비밀협정이 체결되고, 3월 18일에는 중공과 상호방위조약을 체결해 중국 공산군에 있던 조선군 25,000명이 북한에 인도되었다. 이로써 북한군 10개 사단 13만 명이 38선에 배치되었고, 10만 명의 예비군까지 후방에 조직되었다. 막강한 군사력을 갖추게 된 김일성은 국내외 정세의 변화에 고무되어 적화통일의 야욕을 드러냈다.

남침(南侵)의 국외(國外)요인으로는

① 1949년 10월 중국 대륙이 공산화되었고,

② 1949년 6월에 주한 미군이 철수를 완료했으며,

③ 1950년 1월 미국의 극동방어선에서 한국과 타이완을 제외시킨다는 애치슨(Acheson, D. G.) 미국무장관의 성명이 있었다.

④ 1949년 말경 김일성이 모스크바를 방문, 남한의 무력침공 계획에 대한 스탈린(Stalin, I. V.)의 승인을 받아냈다는 것 등을 들 수 있다.

국내요인(要因)으로는

① 남로당의 실질적 붕괴에 따라 남한 내부에서 '인민혁명' 이 일어날 가능성이 희박해졌고,

② 김일성은 '민족해방을 위한 투사로서의 경쟁' 에서 박헌영(朴憲永)을 압도해야 할 필요가 있었다.

③ 남한은 아직도 정치, 경제적으로 혼란상태에 있었고,

④ 국군의 병력, 장비가 열세했기 때문이었다.

1950년 4월 초, 조선노동당 중앙정치위원회에서 김일성은 무력통일안을 확정시키는 한편, 이러한 침략계획을 은폐하기 위해 남북통일 최고입법회의의 서울 개최, 남북 국회에 의한 통일정부 수립을 주장하는 등, 평화공세를 펼쳤다.

한편 남한에서는 1946년 1월 미군정 산하에 국방경비대와 해안경비대가 창설되었다. 1948년 8월 정부가 수립되자 국방경비대와 해안경비대는 육군, 해군으로 개편되었다. 1949년 4월에는 해병대, 그리고 10월에는 공군이 편성되었으나 병력은 약 10만 명 정도였다. 게다가 장비마저 빈약해 북한의 군사력에는 비할 수 없는 상태였다. 예비군이 없어서 8개 사단 중 4개 사단은 38도선 이남의 후방에 배치되어서 공산게릴라 소탕에 여념이 없었다.

3) 유엔의 개입

1950년 6월 25일 새벽 북한 공산군은 38선 전역에 걸쳐 전면 남침을 개시했다. 전쟁 발발 소식을 접한 미국은 25일. 유엔안전보장이사회를 긴급 소집해 북한의 무력공격은 평화를 파괴하는 '침략행위' 라고 선언하고, 북한은 즉시 전투행위를 중지하고 그 군대를 38선 이북으로 철군시킬 것을 요청하는 결의를 채택했다. 또한, 유엔회원국들에게 한국에 원조를 제공할 것과 북한에 대해서는 어떤 원조도 중지할 것을 요청했다.

이러한 유엔의 요청은 북한에 의해 계속 묵살된 채 전쟁은 계속되었고, 6월 27일에 이르러 미국 대통령 트루만(Truman, H. S.)은 미국의 해군, 공군으로 하여금 한국군을 지원하도록 명령했다. 그 날 안전보장이사회는 유엔 회원국들에게 북한의 무력공격을 격퇴하고 국제 평화와 한반도의 안전을 회복하기 위해 필요한 원조를 한국에 제공할 것을 내용으로 하는 권고문을 채택함으로써 미국의 군사조치를 추후 승인하기에 이르렀다. 이어서 6월 28일에는 도쿄(東京)에 있던 미극동군 사령관인 맥아더(MacArthur, D. S.) 원수가 내한(來韓)해 전선(戰線)을 시찰하고, 미국방성에 지상군 파견을 요청했다.

7월 7일에 안전보장이사회에서 한반도의 유엔 군사활동을 위해 미국에 최고지휘권을 위임하는 결의를 채택함으로써 미국의 맥아더가 유엔군 총사령관에 임명되었고, 동시에 유엔군의 파견이 결정되었다. 이로써 한반도에서의 군사지휘권은 미국의 맥아더 원수에게 주어졌으며, 한국을 원조하기 위해 육군, 해군, 공군 및 지상군을 파견한 16개 국의 군대는 유엔군사령관의 지휘를 받게 되었다. 이와는 별도로 7월 14일 대전에서 이승만(李承晩) 대통령은 한국군에 대한 작전지휘권을 유엔군사령관인 맥아더에게 이양한다는 각서를 썼다.

4) 인천상륙작전

북한군에 치명적인 일격을 가하기 위한 인천상륙작전안이 구상되기 시작한 것은 전쟁이 발발하고 나서 불과 얼마 되지 않은 7월

15일부터였다. 이 날짜로 유엔군총사령관인 맥아더는 합동참모본부에 인천상륙작전안을 상신했으나, 이를 위한 군사력의 분산과 인천이 지형상 상륙작전을 하기에는 가장 부적합한 지역이라는 이유로 거부당했고, 오히려 부산 교두보에 증원하는 것이 바람직하다는 의견이 나왔다.

그러나 맥아더는 인천의 간만의 차가 9m에 불과하지만 6시간은 상륙작전을 위해 사용 가능하며, 북한군이 부산을 점령하기 위해 그 지역에 집중적으로 병력을 집결하기 때문에 인천 방어가 소홀하고, 더구나 한국의 수도 서울을 빨리 탈환하는 것은 군인과 민간에게 주는 심리적 영향이 크다는 그의 주장을 굽히지 않아 드디어는 9월 8일에 대통령의 재가를 받는 데 성공했다.

낙동강 전선에서 총반격을 시작한 것과 때를 같이해 미제1해병사단과 제7사단으로 이루어진 제10군단 및 5,000명에 달하는 한국해병대는 드디어 9월 15일 새벽에 인천 월미도에 기습상륙하고, 그 다음날에는 인천을 함락시켰다. 미해병대와 한국군은 서울 탈환을 목적으로 동진했고, 미제7사단은 남진해 북상하는 유엔군과 오산에서 합류함으로써 북한군은 남북으로 단절되었고, 한반도의 중부 및 동부산악지대로 패주했다.

인천에 상륙한 유엔군은 9월 26일 서울에 진입하여 완전히 회복한 뒤인 9월 29일 서울수복 기념식이 거행되었다. 수도 서울을 탈환한 유엔군은 동해안과 서해안을 따라 38선에 가깝게 계속 북상했다. 인천상륙작전의 성공을 계기로 전세는 완전히 뒤집혔으며, 이 기간 동안 공산군 포로는 12,500명에 달했다.

9월 1일 미국 트루만 대통령은

"한국인의 자유, 독립과 통일할 권리가 있다."

고 발표함으로써 통일 문제를 긍정적으로 보았다. 9월 11일 미국 정부는 소련과 중공이 개입할 위험이 없으면 38선 이북에서 군사작전을 전개할 수 있게 하는 합동참모본부의 지령을 맥아더에게 보냈다. 9월 27일 38선 이북에서의 군사작전을 허가하자 유엔군의 북진도 본격화했다. 다만 강대국들간의 전면전쟁을 막기 위해서 지상군 및 공군이 소련이나 중국의 국경을 넘는 것을 엄히 금했다.

동해안을 따라 북상하던 한국 제1군단은 10월 10일 원산을 점령했고, 10월 26일 미제10군단이 상륙해 한국군을 지원했다. 서부전선을 담당하고 있던 미제8군은 10월 20일 평양을 점령했으나 동해안의 미제10군단과의 작전상의 분리운영은 뒤에 많은 혼란을 일으킨 원인이 되었다. 이는 맥아더 장군이 분리운영을 고집한 결과였다. 미국 합동참모본부는 계속 미제8군과 제10군단의 통합운영을 제안했으나 맥아더는 이를 받아들이지 않았다. 맥아더는 미제8군 사령관인 워커 장군과 10군 단장인 알몬드 장군에게 "전속력으로 모든 전력을 동원해 전진"할 것을 명했다. 북한의 서북부지방에 진격중이던 한국군 제6사단이 압록강의 국경지역인 초산에 도착했고, 동해안을 따라 진격한 한국군 수도사단은 청진까지 수복하고 나서 장진호와 부전호에 진격했다.

10월 24일 한국군 제6사단이 청천강 상류에 있는 운산에서 중공군으로 보이는 적군에 의해 포위되었다. 이를 구원하기 위한 미제1기병사단도 10월 26일 포위당해 고전하고 있었다. 중공군의 참전이 공식적으로 확인되지 않은 상태에서 유엔군은 보급에 곤란을 겪었고, 미군은 청천강 남쪽까지의 후퇴를 명했다. 그러나 한국군은 북진을 계속해 11월 21일 압록강 연안인 혜산에 이르렀다.

5) 중공군의 개입

1950년 1월 5일 트루먼 대통령은 중국공산당에게 패전해 타이완(臺灣)으로 쫓겨난 중화민국에 대해 더 이상 군사적 지원을 하지 않겠다는 발표를 했다. 발표 당시 마오쩌둥(毛澤東)은 모스크바에서 스탈린과 중 · 소동맹에 관한 협상을 하고 있었다. 마오쩌둥이 중 · 소동맹을 하지 않는다면 중국공산당에게 문호를 개방하겠다는 트루먼 대통령의 시그날 (signal)이었다. 1950년 1월 12일 미국무장관 에치슨은 타이완과 한국, 인도차이나 반도를 제외하는 미극동방위선을 발표했다. 중공의 타이완 점령은 시간문제였다.

1950년 5월(남침 1개월 전) 중국공산당위원회는 타이완 상륙을 위한 작전계획을 수립하고 인민해방군 제3야전군(사령관 진의, 陳毅)을 투입하기로 결정했다. 1950년 6월 상순 중국공산당 제7기 중앙위원회 3차 전체회의(7기3중전회)에서 마오쩌둥은 가장 시급한 문제가 타이완 해방임을 선언직후, 제3야전군 부사령관 율유의 타이완 상륙에 관한 보고가 있었다. 중국공산당이 타이완 점령을 눈

앞에 둔 1950년 6월 25일 6 · 25전쟁이 발발했다.

전쟁이 발발하자 맥아더는 미7함대를 동원하여 타이완 해협부터 봉쇄했다. 타이완이 공산화되고 소련의 함대가 타이완을 이용할 경우, 오키나와(沖繩)가 위험하다는 전략적 판단에서였다. 미국의 힘을 과시하며 6 · 25전쟁을 국지전으로 끌고가려는 의도 또한 담겨 있었다. 미7함대의 타이완 해협 봉쇄로 타이완 점령이 물건너간 마오쩌둥, 결국 이 사건은 마오쩌둥이 6 · 25전쟁에 참가하게 된 결정적인 동기가 되었다.

중공의 참전은 11월 4일 '각 민족당파' 의 모임에서 공식 발표되었고, 그 표어가 바로 '항미원조보가위국' 이었다. 참전하는 중공군인들에게는 두 개의 주제에 선서하도록 시켰다. 첫째로는 '미제국주의의 죄악' 에 대한 학습이었고, 또 하나는 중국 혁명에 '조선인' 의 역할을 높이 평가해 6개 항목에 달하는

"조선 정부를 존중하고, 조선 인민을 애호한다."

는 원조(援朝)가 특히 강조되었다. 중공군의 개입으로 일시 주춤했던 연합군은 11월 24일 다시 압록강을 향해 본격적으로 진격을 재개했다. 이 날 맥아더는 전쟁이 막바지에 이르렀다는 특별성명을 발표했다. 그러나 미국의 합동참모본부는 압록강 연안의 진격은 한국군에게 맡기고 나머지 유엔군은 국경까지 이르지 말고 북동부 지역은 청진에서 진격을 멈추도록 제안했는데, 맥아더는 이에 불복했다.

유엔군의 진격이 다시 시작된 직후인 11월 25일과 26일 중국군이 18개 사단에 이르는 막대한 병력으로 서부전선을 공격해 옴으로써 유엔군 방어선은 붕괴되었다. 맥아더는 현지 사령관들과 작전회의 끝에 11월 28일 '완전히 새로운 전쟁' 에 직면해 있다는 특별성명을 유엔에 보냈다. 즉 20만 명이 넘는 중공군이 유엔군을 향해 배치된 사실이 명백해졌다는 것이다. 이는 그간 맥아더가 중공의 의도를 잘못 판단하고 있었다는 것을 공식적으로 인정한 발언이었다. 유엔군의 총공격은 오직 4일 만에 그쳤으며, 이른바 '12월 후퇴' 가 이루어졌다.

미국의 '국가안전보장회의' 는 맥아더에게 만주폭격권을 허가할 것인지 여부를 검토했으나 이는 소련의 개입을 불러 일으켜 전쟁이 더 커질 위험 앞에서 유럽의 미군사력에 위협이 되리라는 판단 아래 거절했다. 또한 맥아더가 요청한 타이완의 국부군 5~6만의 병력을 사용하기 위한 교섭권이 각하되었다. 중공군의 진격 앞에 유엔군은 후퇴를 거듭하고, 12월에는 평양이 다시 공산군의 수중에 들어갔다.

동부전선의 미제10군단은 원산, 흥남선에서, 서부전선의 미제8군의 후퇴는 30도선 근처에서 머물렀다. 이제 압록강 진격이 문제가 아니라 어떻게 안전하게 후퇴하느냐가 문제였고, 맥아더에 대한 비난은 높아졌다. 이 가운데에서도 특히 합동참모본부의 권고를 무시하고 맥아더가 서부와 동부 전선에 두 개의 독립, 분리된 야전사령부를 운영하게 한 점이었다. 혹한과 고전 속에서 해, 공로를 통해 흥남 철수는 바다를 통해 12월 24일에 작전을 완료했다.

6 · 25전쟁이 발발하자 장제스(蔣介石)는 UN에 가장 먼저 국부군 33,000명과 군용기 20대를 파병하겠다고 선언했다. 미국은 중공을 의식해 거절했으나 중공군의 참전 이후 장징궈(蔣經國; 장제스의 아들)의 심리전부대가 참전했다. 이들은 중공군 포로 신문과 중공군의 귀순종용작전에 참가했다.

중공군의 원조에 힘입은 북한군은 12월 26일 다시 38선을 넘어 남진했다. 맥아더는 미국에 지상 증원군을 요청하고 새로운 정치적 결정과 전략계획을 제시했다. 패전의 와중에서 맥아더는 미국의 해, 공군으로 중국 해안을 봉쇄하고 만주 폭격, 그리고 타이완에 있는 국부군을 한국전에 투입하는 한편, 중국의 남부지방에 상륙시켜 제2의 전선을 펴자는 것이었다. 그러나 전면 전쟁의 위험을 경계하던 트루만 대통령은 이를 받아들이지 않았다. 오히려 한반도의 유엔군 철수안에 관심이 있었다.

공산군은 1951년 1월 4일 다시 수도 서울을 점령하기에 이르렀고, 한국 정부와 많은 민간인은 다시 남하 피난길에 올랐다. 이것이 이른바 '1 · 4후퇴' 다. 맥아더는 계속 중공의 공업지대 폭격을 포함한 4개 항목에 달하는 전면 대응을 주장했으나, 본국 정부와의 긴장감만 높아졌을 뿐, 그의 의견은 수락되지 않았다. 중공군의 개입 이래 공산군의 남진은 계속되었고 그들의 보급로는 유엔군의 공중 공격으로 저지되었다.

1951년 1월 25일 유엔군은 반격을 재개하며 전진을 계속했다. 2월 10일 인천과 김포를 탈환했고, 3월 14일 서울을 재탈환했으며, 3월 24일 38선을 다시 돌파했다. 중공군의 개입 문제를 놓고 판단에 오류를 범했던 맥아더는 계속 중국 동북부인 만주지방을 성역으로 놓아두는 것에 반대하고, 폭격을 주장함으로써 휴전을 모색하는 미국 정부의 입장을 어렵게 했다.

미합동참모본부는 1951년 2월 21일 나진에 대한 폭격금지를 명하고, 3월 1일 다시 압록강 연안의 중국의 발전시설에 대한 폭격도 금함으로써 현지 사령관인 맥아더에게 제한전쟁을 강요했다. 트루만은 38선에서 휴전할 생각을 굳히고, 38선을 약간 넘은 선에서 유리한 교섭을 시작하려 했다. 이 점에서 맥아더의 승리만을 추구하는 군사전략은 협상을 추구하는 트루만의 외교전략과 갈등을 빚게 되었다.

4월 11일 트루만은 이례적인 심야 기자회견을 통해 맥아더의 해임을 발표했다. 후임에는 릿지웨이(Ridgway, M. B.) 제8군사령관을 임명했다. 1951년 4월 공산군의 춘계 공세는 70만 명에 달하는 대군을 동원한 공격이었고, 이에 대한 역공세가 되풀이되면서 전쟁은 더욱 격렬해졌다. 그러나 미국 정부가 제한전쟁을 목표로 했기 때문에 전반적 전황은 교착상태에 빠져 들었다.

6) 휴전의 성립

간헐적으로 논의되던 휴전문제는 쌍방의 필요에 따라 다시 구체화되었다. 이번에는 소련 유엔 대표인 말리크(Malik, J.)가 6월 23일 총회 연설에서 휴전문제를 제기했다. 유엔군 내의 동맹국들 사이에서는 제한전쟁으로 휴전 기운이 일고 있었던 한편, 공산측은 유엔군의 제공권 때문에 막심한 피해를 입어 승산이 없음을 인식하게 되었을 뿐만 아니라, 경제적인 부담을 감내하기가 어려운 상태였다. 이러한 쌍방의 분위기 속에서 말리크는 교전상대국이 휴전을 위한 토의를 시작하자고 제의했다.

1주일 후에 릿지웨이 유엔군사령관은 북한의 김일성과 중공군사령관 펑더화이(彭德懷)에게 휴전회담을 제안하고 이를 공산측이 수락했다. 7월 10일 개성에서 휴전회담이 열렸는데, 회담은 처음에는 비교적 원활히 진행되었다. 7월 26일 의제에 합의했으나 일차적인 어려움은 양군의 경계선의 책정 문제였다. 이미 38도선을 넘어서 진출하고 있던 미국은 양군의 접촉선에 따라서 결정하자고 주장한 반면에, 공산측은 38도선의 원상회복을 고집함으로써 회담은 교착상태에 빠졌다.

8월 22일 공산측이 회담의 중단성명을 냄으로써 회담은 정지되었다. 회담이 중단되자 전투는 다시 격렬해지고 '단장의 능선' 탈환 등 제한전쟁 중에도 국군의 전과는 컸다. 약 2개월간의 회담정지 후 유엔군사령관 릿지웨이의 제안에 따라 10월 25일 휴전회담이 판문점에서 다시 시작되었다. 공산측은 접촉선을 군사경계선으로 하자는 유엔군측의 주장에 양보했다. 11월 27일 중립국 감시위원회 설치에도 동의했다.

그러나 또 다른 어려움이 나타났다. 그것은 바로 포로 송환문제였다. 즉, 포로의 강제송환이냐 자유송환이냐에 대한 의견대립이 극심했다. 유엔군측은 수많은 북한군 포로가 전쟁 중 강제징집된 뒤에 투항했으며, 수많은 한국군 포로가 공산군에 강제 편입된 사실과, 중공군 포로들도 중공에 송환되기를 거부하는 이들이 있다는 사실들을 이유로 포로의 송환은 개개인의 의사에 따라 한국과 북한, 그리고 중공과 타이완 등을 선택할 수 있는 자유송환을 주장했다. 이에 반해 공산측은 모든 포로는 당연히 원래 소속국으로 송환되어야 한다고 주장했다.

이와 같은 의견대립 때문에 포로교환문제소위원회는 1952년 2월 27일부터 2개월 가까이 중단되었다. 이 기간 동안 북한에는 유행병이 만연했다. 북한은 이를 유엔측의 세균전이라고 비난하면서도 사실조사를 위한 국제적십자 조사위원회의 입북은 거절했다. 4월 9일 포로교환문제위원회는 비밀회의로 재개되었다. 여기에서 공산측은 포로 전원을 귀환 후에 처벌하지 않겠으며, 각각 면접을 통해 자유의사를 확인한다는 데에 동의했다.

그러나 유엔측이 귀국 희망자가 약 83,000명(북한에 76,600, 중공에 6,400)이라고 통고하자, 공산측이 다시 강제송환을 주장하면서 소위원회는 결렬되었다. 4월 28일과 5월 2일 쌍방에서 다른 문제와 일괄타결을 놓고 의견을 교환했으나, 포로문제 때문에 회담은 결렬된 채 휴전문제는 국제사회의 정치선전장으로 바뀌었다. 포로교환문제로 교착상태에 빠졌던 휴전회담을 더욱 어렵게 만든 것은, 1952년 5월 7일 거제도 포로수용소 반란 사건과 수용소 사령관인 돗드(Dodd,F.T.) 장군 감금 사건이었다. 당시의 공산군 포로들은 비밀통제조직을 결성해 송환을 거부하는 반공포로를 위협하고 테러를 가했다.

이러한 상황 속에서 유엔군사령관 릿지웨이 장군은 미국 대통령에 입후보하기 위해 사임하는 아이젠하워(Eisenhower, D. D.) 장군의 후임으로 나토사령관으로 전보되고, 클라크(Clark, M. W.) 장군이 유엔군사령관에 임명되었다. 클라크 장군이 부임하자 회담 재개전략의 일환으로 새로운 전략을 택했다. 6월 22일 거의 성역으로 되어 있던 수풍 댐까지 폭격하는 강경책을 택했다. 또한, 유엔 공군기와 새로이 등장한 공산측의 미그 15기의 공중전이 빈번해졌고 전투는 다시 격화되었다.

한반도에서 일진일퇴의 전투가 계속되는 동안 1952년 11월 미국의 대통령선거가 있었으며, 그 결과로 공화당의 아이젠하워가 당선되었다. 그는 당선되면 전쟁을 끝내기 위해 한국을 방문하겠다고 공약한 바 있었다. 약속대로 아이젠하워는 당선 직후 한국전선을 방문했고, 귀국 기자회견에서 전쟁을 확대시키지 않을 것을 명백히 함으로써 공산측에 군사적인 압력을 가해 휴전회담에 응하게 하려는 클라크를 실망시켰다. 휴전회담이 교착된 상태에서 전투가 계속되는 동안 두 가지의 중대한 사건이 있었다. 첫째로는 1952년 12월 3일 제7차 유엔총회에서는 인도가 제안한 포로송환에 관한 결의안을 압도적 다수결로 통과시켰다. 또 하나의 큰 변화는 1953년 3월 5일 소련의 스탈린이 사망했다. 이는 6 · 25전쟁의 새로운 변곡점이 되었다.

3월 28일 소련의 새 지도자들과 협의를 마친 중국의 저우언라이(周恩來) 수상은 송환을 희망하지 않는 포로를 중립국에 맡겨 그들의 귀국문제를 정당하게 해결하자는 새로운 제의를 했다. 4월 11일 부상병포로교환협정이 성립되어 20일부터 교환이 시작되었다. 4월 26일 휴전회담이 재개되어 중립국 감시위원단 구성에 대해 양쪽은 인도안에 동의해, 즉시송환을 원하지 않는 포로를 관리하는 중립국으로 인도를 지정하는 데까지 합의했다.

7) 반공포로 석방

1953년 3월 휴전회담이 급속히 진전되는 과정에서 한국 정부의 저항이 또 다른 심각한 문제가 되었다. 많은 인명과 재산의 손실을 가져 온 북한의 침략전쟁을 분단상태로 마감하려는 데서 한국의 통일정책이 좌절을 겪게 된 것이다. 공산군의 점령치하에서 강제로 의용군에 징집되었다가 포로가 되거나 또 국군 포로로 공산군에 강제 편입되었다가 다시 포로가 된 반공 포로를 공산측에 양도한다는 것은 이승만(李承晩) 대통령으로서는 도저히 받아들일 수 없는 입장이었다. 이승만은 휴전은 일종의 자살행위며 필요하다면 한국군만으로 전쟁을 수행하겠다고 공언했다.

클라크 장군과 브릭스(Briggs, E. O.) 주한 미국대사의 설득에도 불구하고 이승만은 휴전회담이 재개되기 이틀 전인 4월 24일 아이젠하워에게 중공군이 북한에 주둔한 상태에서 휴전이 성립된다면 한국을 유엔군사령관의 지휘권에서 빼내겠다고 통고했다. 한국민들도 통일정책을 지지해 휴전을 반대하는 시위가 계속되었다. 5월 12일 이승만은 포로 관리를 위한 인도 군인의 입국마저도 거부했다.

5월 30일 이승만은 아이젠하워에게 한미상호방위조약의 체결과 모든 외국군의 동시철수를 제안했다. 6월 4일 공산측은 유엔측의 최종안에 원칙적인 동의서를 보내 왔다. 6월 6일 아이젠하워는 이승만에게 휴전성립 후에 한미방위조약을 교섭할 용의가 있으며 한국에 대한 군사 및 경제 원조를 계속할 것을 약속했다. 6월 8일 한국대표가 불참한 가운데 양측은 포로송환 협정에 서명했다. 그러나 '반공 포로' 의 송환을 놓고 한국 정부의 태도가 가장 큰 변수로 등장했다.

한국 정부를 무마하기 위해 미국 정부는 이승만의 미국 방문을 청했으나 바쁘다는 이유로 거절했다. 6월 18일 새벽, 이승만 대통령은 미국에 사전예고도 없이 한국포로 감시원에게 명해 27,000명에 달하는 반공포로를 석방시켰다. 이승만은 이것이 자기의 명령임을 명백히 하고 군경에 대해 석방된 반공포로를 보호하도록 명했다. 이러한 돌발사태 속에서 공산측은 미국을 이승만의 공범자라고 맹렬히 비난했다. 그러나 미국은 이 사건과 관련이 없음을 해명하기에 바빴고 단지 휴전교섭을 파기시키지 말 것만을 요구했다.

미국은 이승만을 설득하기 위해서 더욱 구체적인 교섭을 벌이지 않을 수 없게 되었다. 1953년 6월 25일 국무차관보 로버트슨을 대통령특사로 파견했다. 16일 간이나 서울에 머물면서 이승만의 동의를 얻기 위해 교섭을 했으나, 이승만은 완강했다. 그러는 가운데 전투는 계속 진행되었다. 특히 한국군의 방어선에 대한 공산군의 집중 공격이 행해졌다. 경계선을 확정하려는 마당에 오히려 상황이 불리하게 진전되었다.

7월 11일 마침내 이승만은 휴전에 동의했다. 이때 미국이 제시한 조건은 크게 네 가지였다.

① 한미상호방위조약 체결을 위한 교섭을 시작한다.
② 장기간 대한 경제원조를 제공한다.
③ 휴전협정 성립 후에 개최될 한국의 정치적 통일에 대해 90일간 아무런 구체적인 성과가 없을 때 미국은 그 회의에서 탈퇴한다.
④ 한국군의 증강을 위한 미국의 원조 약속

등이다.

〈한국민족문화대백과 -한국학연구원 발췌〉

14. 6 · 25전쟁과 고영완

1) 피난(避難)

제2대 국회가 개원된지 7일째인 1950년 6월 25일 북한군의 남침(南侵)으로 인한 6 · 25전쟁이 발발(勃發)했다.

"각자 알아서 피하라."

라는 말을 남기고 비상소집된 국회 참석을 위해 고영완 의원이 집을 나간지 3일 후에 서울이 함락되었다. 10여 일이 지났을까? 모시옷을 입고 검정 고무신을 신은 노일환이 무계의 가회동집을 찾아왔다. 세칭 국회프락치 사건으로 제헌국회 의원직을 사퇴한 노일환은 1심에서 징역 10년형을 선고받고 서대문형무소에 수감 중이었다. 6 · 25전쟁의 와중에 출옥해 중앙청에서 서울시 임시인민위원장에 임명된 이승엽(李承燁, 1905～1953; 공산주의운동가, 정치가)을 가장 먼저 영접한 사람이 노일환이었다. 무계와는 사돈간인 그는 무계의 행적을 물었다. "연락이 되지 않는다.' 고 하자 "자신이 많은 우익진영 인사들을 보호하고 있다." 면서 "무계와 연락되면 보위부에 알리기 전에 자신에게 먼저 알려달라."는 당부를 하고 돌아갔다.

노동당에서 집을 비우라는 연락이 왔다. "우선 작은고모(고영희, 김남의 처)의 혼수짐부터 돈암동 이모집(노국환, 노일환의 막내동생)으로 옮겼다(9 · 28수복 후 찾았다). 8월 1일 고병선(무계의 아들)을 비롯한 무계 가족과 백재호 가족, 김영태 가족 등 17명이 도보로 피난길을 떠나 8월 14일 정읍군 고부면에 있는 김병기의 집에 도착했다(고병선의 증언)." 당시 정읍인민군당 위원장인 김병기는 백재호의 처남이자 무계에게는 처족이었다.

2) 정읍, 고부면의 부역자 석방

가족들이 모두 죽었으리라는 생각에 늘 독약을 지니고 생활했던 고영완 의원은 9 · 28 수복으로 미군과 함께 서울로 올라왔다. 가회동 집은 고영완의 가사일을 돕던 약방댁이 지키고 있었다. 약방댁으로부터 가족들이 피난을 갔다는 소식을 들은 고영완은 백방으로 수소문한 끝에 정읍으로 피난갔다는 소식을 들었다. 전주까지 내려간 고영완은 차편이 없자 레일 바이크를 손수 운전해 정읍에 있던 가족들과 상봉했다.

인공치하에 정읍으로부터 시오리 떨어진 김병기집에 숨어 있던 가족들은 모두 무사했다. 미군이 진주한 정읍의 정읍경찰서에는 수십 명의 부역자들이 구금되어 있었다. 전시(戰時)의 경찰서장은 부역자를 즉결처분할 수가 있었다, 고영완은 경읍경찰서장에게 그들을 풀어 줄 것을 요구했다. 자신의 가족이 한 명도 피해가 없었다면서 경찰서장을 설득했다.

경찰서장이 완강히 반대했으나 고영완 의원은 내무부장관 조병옥에게 전화를 해 김병기를 제외한 나머지 부역자들이 석방되었다. 전시임에도 불구하고 고부면 부역자들 목숨을 구한 고영완 의원의 행적은 지금도 전설처럼 정읍군민에게 회자되고 있다(고동술 박사의 증언). 고영완 의원과 가족들은 정읍경찰서장이 마련해 준 버스로 전주까지 가서 쌀장사의 트럭을 이용해 서울로 돌아왔다.

3) 장흥보도연맹 위원장 이자산 구출

북한군이 장흥을 점령하자 보도연맹 장흥군 위원장 이자산은 보위부에 불려갔다. 고영완의 선거참모였다는 사실 때문에 구금된 이자산은 죽지 않을 정도로 구타를 당한 후 풀려났다. 똥물을 마셔가며 회복 중이던 그는 북한군이 퇴각한 후에 경찰에 의해 다시 구치소에 구금되었다. 전시(戰時)였던 당시 경찰은 부역자(附逆者) 등 좌익인사들을 즉결처분하는 게 관례였다. 장흥경찰서 박명상 경사는 야간사격에 능해서 좌익인사들 사이에서 박대포로 소문이 난 경찰이었다.

이름이 불리면 총살당하는 살벌한 전시, 박경사는 총살형의 집행을 위해 이자산을 호출했다. 대답이 없자 구치소를 샅샅이 뒤졌으나 이자산의 행방은 묘연했다. 화가 난 박경사는 장명규 서장을 찾아가서 거칠게 사유를 따졌다. 한참을 머뭇거리더니, 조병옥 내무부장관의 전화를 받고 아무도 모르게 석방했다는 장명규 서장. 이후 이자산과 박대포는 제3대 국회의원선거에서 고영완의 선거참모로 함께 일을 하게 됐다. 술에 취하면 박대포는 이자산에게 "2시간 만 늦었어도 너는 내 손에 죽었어."라는 농담을 곧잘 하곤 했다.

4) 이자산 친형 이영원(남부군)의 구출

강동정치학원을 수료한 충남 금산 출신의 이현상(李鉉相, 1906~1953)은 1948년 남로당 지령으로 지리산에 들어가 빨치산 투쟁을 지도했다. 1951년 3월 맥아더 장군은 유엔군에게 38선 이북으로 진격할 것을 명령했다. 국민방위군 사건과 거창양민학살 사건으로 정국이 어수선하던 그해 5월 북한노동당과 연락이 두절되자 이현상은 남한 6도 노동당 도당위원장회의를 주재하고, 남한 빨치산 총책임자가 되었다. 이자산(고영완 의원, 선거참모)의 친형인 장흥 출신의 이영원은 대구사범을 5등으로 졸업한 수재로, 광주제일공립보통학교의 교사로 부임했으나, 뜻한 바가 있어서 의과대학에 진학해 의사가 되었다.

박정희(朴正熙)와 대구사범 심상과(尋常科) 4기 동기였던 이영원은 광주에서 의사로 활동하던 중 이현상이 이끌던 남부군의 의료책임자가 되어 지리산에 입산했다. 1953년 이영원은 손바닥에 총을 맞고 국군에게 체포되어 전주고등군법회의에서 사형선고를 받았다. 이자산은 형의 구명을 위해 대학교수이자 형의 대구사범 동창인 왕학수(王學洙, 1917~1992)를 찾아갔으나 거절당했다.

1948년 3월 중앙토지행정처(中央土地行政處)가 설립되었다. 그

해 8월 15일 신정부가 수립되자, 헌법 제86조에 "농지는 농민에게 분배하며 그 분배방법, 소유한도, 소유권의 내용과 한도는 법률로써 정한다."고 규정하는 신헌법이 제정되고, 본격적으로 농지개혁을 정책화하기 시작했다. 1949년 6월 21일 법률 제31호로 농지개혁법이 발효되었다. 농지개혁의 방법은 신한공사가 관리하는 적산농지와 국유로 소유자가 분명하지 않은 토지는 흡수하고 비농가의 농지, 자경(自耕)하지 않는 자의 농지, 3ha를 초과하는 농지는 국가에서 수매해 이들 지주에게 해당 농지 연수확량(年收穫量)의 150%로 5년간 연부상환 보상하도록 하는 지가증권(地價證券)을 발급했다.

매수농지의 연수확량 측정은 소재지위원회(所在地委員會)의 의결을 거쳐 지목별 표준 중급농지를 선정해 지번별로 보상액을 결정했다. 정부가 수매한 농경지는 직접 경작하는 영세농민에게 3ha를 한도로 분배하되, 그 댓가를 5년 연부상환으로 해당토지 수확량의 30%씩을 곡물이나 금전으로 상환했다.

3,000석의 지주였던 고영완은 농지개혁법에 따라 2,500석에 대한 지가증권을 정부로부터 수령했다. 동생 고영구가 사업을 하겠다며 조르자, 고영완은 1952년 당시 재무부장관을 겸임하고 있던 백두진 국무총리에게 부탁해 지가증권을 담보로 사업자금을 마련해 주었다. 그러나 고영구의 사업은 사기를 당해 보상받은 지가증권을 한 푼도 건질 수 없게 되었다.

부산 구포에서 정양 중이라는 신문의 기사도 나왔지만 고영완은 훌훌 털고 다시 일어섰다. 그 후 고영완은 한 번도 그 일을 다시 거론하지도 동생 탓을 하지도 않았다. 서울이 수복되고 가회동 집이 남에게 넘어가자, 고영완 의원은 성북동에 있는 길전식의 형인 길방주의 처갓집을 빌려서 생활하고 있었다.

형의 구명이 막막하게 되자 이자산이 고영완 의원을 찾아왔다. 고영완은 조병옥 내무부장관과 신익희를 비롯한 민국당의원 등 49명의 의원으로부터 이영원의 형집행정지 서명을 받아서 전주고등군법회에 제출했다. 가석방되었으나 갈 곳이 없는 이영원은 함께 입산했던 간호사와 고영완 의원의 성북동집 지하실에서 생활했다. 이후 고영완 의원의 소개로 재동에 있던 신태식외과에 취직한 이영원은 후에 용산구에 있던 연합병원으로 직장을 옮겼다.

이영원과 성북동에서 함께 생활했던 고영완 의원의 장남인 고병선은 이영원이 근무하는 연합병원에 자주 놀러갔다. 그는 대구사범 출신들이 연합병원에서 가끔씩 모였고, 박정희를 그곳에서 보았다고 회고했다. 이자산, 이영원 등과 고부의 부역자 등 수십 명의 목숨을 구한 고영완 의원. 그러나 그는 그 일을 어느 누구에게도 자랑하지 않았다. 노후에 목욕탕에 모시고 가서 가끔 고영완 의원의 등을 밀어들였다는 이자산을 통해 우리는 고영완의 삶을 반추해 볼 수 있다.

15. 유석 조병옥 – 세 번째 멘토

유석(維石) 조병옥(趙炳玉)은 6 · 25전쟁 중에 정치인 고영완 의원의 큰 버팀목이 되었다. 20살 연상인 조병옥은 고영완(1914년)의 민국당과 한민당 그리고 민주당으로 이어진 정치적 동지였다. 송진우(1890년)가 고영완에게 인생의 방향을 바로잡는 분별력을 가르친 멘토였다면, 정인보(1893년)는 지행합일의 철학을 고영완에게 전수한 멘토였다. 대한민국의 건국 초기, 정인보와 함께 한 감찰위원회 활동을 통해

"진정으로 조국을 위하는 일이 무엇인가?"

를 성찰하게 된 고영완은 2대 국회에서 30대 소장파 의원으로 국민방위군 사건을 밝혀내는 등 왕성한 활동을 했다.

거창 양민학살 사건 때문에 내무부장관직을 내던진 조병옥(1894년)은 고영완에게 인생의 우선순위와

"빈대를 잡는다고 초가삼간을 불태워서는 안 된다."

는 정치철학을 삶으로 가르친 멘토였다. 고영완은 5대 국회의원으로 당선된 후 자신이 소속된 구파동지회가 분당하자, 민주당에 잔

류했다. 재미있는 것은 송진우의 죽음 이후 정인보를 만났고, 정인보가 납북되자 조병옥이 고영완을 이끌어주었다는 사실이다. 떠나야 채워지는 것이 세상의 이치인 것 같다.

1) 조병옥 생애

1894년, 충청남도 목천(지금의 천안)에서 출생한 조병옥은 한학을 수학하고 케블 목사의 추천으로 공주 영명학교에 편입해 졸업했다. 1909년 평양 숭실중학교로 편입했으며, 1914년 연희전문학교를 졸업한 조병옥은 1918년 펜실바니아 주 와이오밍 고교를 졸업하고, 컬럼비아 대학에서 학사학위를 받은 후 동 대학교 대학원에 진학했다. 1925년 '조선의 토지제도' 라는 제목의 논문으로 박사학위를 받았다.

1925년 귀국해 연희전문학교 교수로 있으면서 독립운동에 투신, 기독교여자청년회(YWCA) 이사와 비밀 독립단체인 그리스도교 신우회 회원으로 활동했다. 같은 해 신간회(新幹會)의 창립에 참가해 재정부장, 총무부장 등을 지냈다. 1929년 광주학생운동 탄압을 규탄하는 민중대회를 열어 광주학생운동의 배후조종 혐의로 한용운 등과 함께 3년형을 언도받고 감옥에 수감되었다.

조병옥은 미국 체류 중 안창호와 교류하게 되면서 깊은 영향을 받았다. 기호지역인 충청도 출신임에도 불구하고 서북파가 주도하던 흥사단, 수양동우회의 활동에 적극 참여했다. 귀국 후 윤치호를 만나기도 했지만, 안창호의 강력한 영향 아래 있던 이광수를 찾아가 함께 흥사단과 수양동우회의 국내 지부 결성을 추진했고, 1937년 수양동우회 사건으로 수감되어 2년을 복역했다.

1932년 고당(古堂) 조만식(曺晩植, 1883~1950) 등 서북 출신들이 경영난에 빠진 조선일보사 경영을 담당하게 되자 전무라는 직위로 함께 참여했고, 보인광업회사라는 광산회사를 운영하기도 했다. 해방 후 한국민주당 창당에 참가해 송진우의 추천으로 미군정청 경무부장으로 취임해 1948년까지 재직하면서 수도청장이던 장택상과 함께 경찰력을 장악했다.

조병옥은 미군정기 물리력인 경찰력을 장악함으로써 대한민국 건국에 매우 중요한 역할을 담당했다. 조병옥은 안창호를 지지했으나 그가 사망하자 해방 이후 이승만을 지지했다. 1948년 8월 15일 대한민국 정부 수립 후에는 그해 12월에 파리에서 열린 제3차 국제연합 총회에 한국 대표단 일원으로 참가했고, 이듬해인 1949년 제4차 국제연합 총회에 단장으로 참가했다.

정부 수립 후 이승만과 한민당이 결별하게 되면서 조병옥도 이승만과 멀어지게 되었다. 1949년 2월 10일 한국민주당과 대한국민당의 신익희, 지청천 계열이 통합해 민주국민당을 창당할 때 참여했다. 그러나 6 · 25전쟁이 발발하자 다시 이승만의 부름으로 내무장관에 임명되어 대구 방어에 큰 공을 세웠다. 1951년 5월 거창 민간인 학살 사건의 책임을 지고 사퇴했다.

2) 조병옥과 이승만

조병옥은 자신과 이승만의 관계를 그의 회고록에서 아래와 같이 밝히고 있다.

해방 후 이승만(李承晩) 박사가 금의환국(錦衣還國)한 이래 미군정시대 나의 반공경찰행정에 대해 많은 관심을 갖고 만족히 여기고 격려해 주는 데 아끼지 않았다. 또 군정시대에는 한 달에 적어도 한 번씩 만찬(晩餐)을 베풀어 주면서 공산주의세력(共産主義勢力)의 퇴치와 아울러 하루 빨리 남한(南韓)이라도 주권국가(主權國家)를 수립해야 되겠다는 정담(政談)까지 같이 한 일이 있었고, 특별히 내가 초안한 정치요강(政治要綱)에 관한 오해로 나에 대한 성토대회(聲討大會)까지 개최하려고 할 적에, 내가 그 문서를 직접 들고 가서 이박사에게 정치요강의 진의(眞意)를 설명했던 바, 이박사는 나의 설명을 듣고 만족한 태도로 오해가 풀리게 되어 개최하려던 성토대회를 중지시킨 일도 있었다.

이박사와 하지 중장(中將)은 수차에 걸쳐 의견 충돌이 있었는데, 나는 이박사의 애국적 관록(貫祿), 또 풍부한 학식(學識) 등 여러 가지 점에 비추어 볼 때 대한민국의 최고영도자로서 추대(推戴)하지 않으면 안 된다는 지론(持論)을 갖고, 또 이박사에게 동정과 이해가 많은 러치 군정장관(軍政長官)의 힘을 빌어가지고 이박사와 하지 중장(中將)과의 거중지조종(居中之操縱) 역할을 즐거이 감당했다.

이박사는 나의 역량과 인품을 높이 평가했음인지 정부 수립 후 나에게 두 번이나 대통령특사(大統領特使)의 임무를 맡겼으며, 6·25전쟁 때는 내무행정(內務行政)의 전권을 맡기는 내무부장관에 임명하였다.

더욱이 정무(政務)에 관해 이박사와 상의할 때 다른 장관들과는 단지 15분이나 20분으로 끝마치는데, 나의 경우는 한 시간이나 두 시간도 넘어 논의한 적도 있었다. 당시 이박사는 나를 크게 신임하였다. 지금도 간접적으로 들리는 바에 의하면, 내가 고집쟁이라는 것 이외에 나의 인격에 대해서는 혹평(酷評)을 하지 않는다는 소식을 들었다.

내가 내무장관 취임 최초 전(前)내무장관 시절에 6·25전쟁 당시 직책을 이탈하고 임무에 충실치 못했던 관계로 경기도, 충청남도, 전라남, 북도, 강원도, 강상남도 등 6도(六道) 경찰국장에게 대기명령을 내리고 사문위원회(査問委員會)에 회부하자, 그들은 부산 임시 경무대(景武臺)를 중심으로 맹렬한 구명운동을 했으나, 이대통령은 그 처리에 있어서 전권(全權)을 나에게 맡긴 것을 보더라도 나에 대한 신임은 대단한 것이었다. 이러했던 이대통령이 거창 사건(居昌事件)이 발생하게 되자 태도가 급변했다. 거창 사건은 분명히 신성모(申性模) 국방장관이 책임을 져야 함에도 불구하고 이대통령은 신장관을 옹호하기 시작했다. 나는 거창 사건으로 인해 사표를 제출한 후에도 이대통령을 예방한 적이 있다. 원래 거창 사건이라고 하는 것은 그 전모가 다음과 같은 것이다.

3) 조병옥과 거창 양민학살 사건

제11사단 제9연대 제3대대의 약 800여 명이 거창군 신원면(神院面)에 주둔한 이후 거창군민들은 전전긍긍하며 그 민폐(民弊)는 말로는 표현할 수 없었다. 즉, 거창에서는 군비상대책위원회(軍非常對策委員會)라는 것을 국민회, 청년회, 관공서 단위하(單位下)에 각 면을 통해 조직해서, 그 조직체를 통해 쌀을 약 600석 가량 군내 가가호호에서 4, 5차에 걸쳐 걷어서 바쳤고, 또 장작은 50리, 60리나 되는 먼 거리의 각 면에다 할당을 해 약 300평 가량을 수집해 거창읍에다 갖다 주었다.

또, 무, 고추, 김치, 간장, 된장, 마늘 등 부식물(副食物)을 현가(現價)로 치면 약 9만 원어치의 현물을 각 면에다 할당해 거두었다. 그리고 엽연초(葉煙草)를 매상(賣上)하는 데 있어서도 희사금(喜捨金)이라고 해 거두었고, 미곡(米穀) 매상자에게도 100원(百圓)씩 거두었고, 또 면(面) 자치비(自治費)도 거두어서 이 거대한 돈을 제3대대가 대여해 증서를 썼고, 쌀도 수백 가마니를 먹었으며, 그리고 경찰관 가족의 식량으로 약 300가마니를 소비했다. 또 돈을 대여해 3대대의 사무비, 잡비, 부식비 등으로 소비했다.

이런 까닭에 군민(郡民)들은 부담에 못 이겨 살아나갈 도리가 없었다. 그래서 거창군민 전체가 대단히 곤란한 지경에 빠졌다. 또 군대가 들어와서 작전상의 형편에 따른다고 해 거창군 북상면(北上

面)에서는 1,200호를 불살라 버린 후, 그 불사른 집에서 나온 농우(農牛)도 잡아먹었다.

그리고는 그 불사른 집에 있던 백미(白米)를 군인들이 두 화물차에다 싣고 시장에 나가서 팔고 있는 것을 형사들이 보았다. 또 제3대대가 신원면(神院面)에 들어가자마자 6개 부락 약 700호나 되는 집을 불살라 버리자, 5,000여 명의 부락민들이 피난을 하지 않으면 안 되었다. 그들은 6개 부락에 남아 있는 604명이라는 양민(良民)을 기관총으로 소사(掃射)해 사살하였다.

즉, 제 3대대장은 수차에 걸쳐 그들에게 하산(下山)하는 공비(共匪)들에게 식사를 제공하고 양민들을 죽였다는 혐의로, 면민(面民)들을 신원초등학교(神院初等學校)에 소집해 놓고 수차에 걸쳐 총살하고 제일 마지막 판에 박산(朴山)이라는 산골짜기에서 총살, 매몰(埋沒)시킨 것이 187명이고, 전부 합하면 604명에 달하였다. 총살된 양민들 중에는 6, 70세의 노인이 있었고, 10여 세의 소녀, 3, 4세의 유아 등도 끼어 있었다. 자기의 남편을 사살한 집행 장교에게 "왜 우리 남편을 죽이냐?" 고 대드는 부녀자들 5, 6명까지 사살했다.

나는 이 놀라운 보고를 듣고 보고서를 가지고 장면(張勉) 국무총리와 함께 이대통령을 방문하고 현지조사를 하루 빨리 실시해 그러한 사실이 판명되는 경우에는 대대장 이하 관련된 장교들을 즉시 처벌해 군기숙청(軍紀肅淸)을 해야 한다고 주장했으며, 설사 면민(面民)들이 공비와 협력했다고 하더라도 그것은 자기의 생명을 보존하기 위한 만부득이한 처사이고, 또 면민들 중에 공산당원이 있다손 치더라도 그것은 법의 절차를 밟아 정당한 재판에 의해 처벌해야 되는 것이며, 군인들이 생살여탈지권(生死與奪之權)을 가지고 단독적으로 총살을 자행하는 것은 법치국가에서는 있을 수 없는 일이라고 극구역설(極口力說)했다.

이 소식을 들은 신성모(申性模) 국방장관은 조사체계도 갖추지 못한 사적(私的)인 파견으로 김철안(金喆安) 여사와 여군인 김현숙(金賢淑) 소령을 대동하고 현지조사를 한 후 그런 사실이 없다고 이 대통령에게 복명서(復命書)를 재출했다.

국방장관이 군인을 대동하고 있기 때문에 그들의 조사를 당한 면민들은 잘못 말했다가 또 총살을 당할까 봐 무서워서 그런 일이 없었다고 대답한 것은 당연한 일이다. 나는 이 사건을 국방회의(國防會議)에 보고하고, 내무, 법무 양부의 공동조사단을 파견하기로 결정하고 그 공동조사단을 파견했던 바 이 공동조사단에 의해서는 그런 사실이 있었다고 보고하므로 나는 이 조사의 보고를 국방회의에 보고했다.

그 후 이 사실이 국회에까지 비화(飛火)되어 국회에서는 조사단이 구성되고 조사를 하려고, 현지인 신원리(神院里) 고개에 도착했을 때 공비로 가장(假裝)한 우리 국군이 국회의원들의 현지조사를 방해하느라고 다발총을 발사하자 국회조사단은 그냥 돌아왔다. 이렇게 이 사건의 조사가 10여 일 간 지연되었던 관계로 외국기자들이 사건이 냄새를 맡고 신원면(神院面)의 현지 취재를 해 이 불상사의 만행이 전파를 통해 세계에 퍼지게 되었다.

나는 이 사건으로 인해 두 번째 장면(張勉) 국무총리와 함께 이대통령을 방문하고 거창 사건을 신속 조사 처리하겠다고 말한즉, 이대통령은 우리들에게 말하기를

"당신네들은 신성모 국방장관이 물러가도록 바라고 있으나, 그렇게는 되지 않을 것이다."

고 하면서 자리에서 일어섰다. 그 후 국무회의에서 이대통령의 태도가 불유쾌한 표정이었으므로 나는 어떤 말을 할 것이라는 짐작을 하고 있었다. 과연 이대통령은 의자에 앉자마자 말하기를,

"정부의 장관들은 서로 협력해서 일을 해야 잘 되는 법이오. 거창 사건으로 인해 내무, 법무, 국방 세 장관들은 서로 협력을 하지 않는 까닭에 대한민국의 체면이 국제적으로 손상되었소."

하고 특별히 나를 주시하면서 말을 계속해,

"그러므로 세 장관은 즉시 사임하시오."

하고 언명했다. 나는 그 연명을 경청하다가 즉석에서 일어나,

"선생님! 저는 즉시 사임하겠습니다만 국무위원들에게 일언(一言)을 남기고 사임하려 하오니 발언해도 좋습니까?"

라고 물었더니, 이대통령은 나의 발언을 승낙하기에 나는 말하기를,

"정부의 11부 국무위원들은 서로 협력하고, 일을 잘하고 있습니다. 다만 신국방장관만 협력하지 않는 실정에 있습니다. 이번

거창 사건에 대해서도 엄연히 있는 사실을 없다고 복명서를 꾸며 대통령에게 보고해 사건 조사의 시일을 지연했던 까닭에 국가 위신이 손상되었고, 거창 사건을 발생케 한 장본인이 군인인 까닭에 그 책임은 오로지 신국방장관에게 있다고 나는 확언합니다."

라고 일언을 남기고 즉석에서 퇴장하고 말았다. 나는 내무부의 임시청사로 되어 있는 경남도청 내의 내무장관실로 가서 즉시 사표를 내 손수 기초해 그 사표를 대통령 관저(官邸)에 전달했다. 그 사임서 내용은

"본직(本職)이 대통령의 명에 의지(依支)해서 사표를 제출하는 바 각하를 보필하던 국무위원의 일인으로서 다음과 같은 몇 가지 충언(忠言)을 올리고 내무장관의 자리를 물러갑니다. 첫째, 행정은 제도상으로 운영되어야 할 것이며, 개인의 의욕으로 움직여서는 안 됩니다. 둘째, 정치는 재인(在人)이니, 양심적인 유능한 인사를 등용하십시오. 셋째, 대한민국은 민주국가로 탄생했으며, 반드시 민주국가로서 성장 발전해야 됩니다. 우리 대한민국이 일보라도 민주주의로부터 후퇴할 때에는 대한민국은 자유세계로부터 고립무원(孤立無援)의 상태에 빠지고 말 것입니다."

라고 기록했다.

4) 민주당 대통령 후보 조병옥

1954년 5월 대구에서 제3대 민의원 선거에 입후보출마해 당선된 조병옥은 범야 신당 창당 준비조직인 호헌동지회 창설에 참여하여 곽상훈, 김도연, 김준연, 장면, 박순천 등과 함께 조봉암의 신당 참여에 반대했다. 결국 조봉암이 배제된 채 1955년 민주당은 결성되었다. 1956년 신익희의 급서로 조병옥은 민주당 대표 최고위원으로 추대되었다. 이후 민주당 내 신파와 구파 간 분쟁이 가시화되면서 조병옥은 구파의 리더로 활약하게 되었다. 1959년 11월 26일 민주당 정 · 부통령 선거 지명대회 표결 결과 조병옥은 불과 세 표 차이로 승리해 대통령 후보가 되었다.

조병옥은 대통령 후보등록까지 마쳤지만 갑작스런 발병으로 도미해 미국 월터리드 육군병원에 입원했다. 그리고 입원한 지 23일 만에, 선거를 불과 한 달여 남겨두고 심장마비로 서거했다. 그의 장례는 1960년 2월 25일 국민장으로 치러졌다.

16. 국민방위군 사건과 고영완 의원

1) 국민방위군 사건의 개요

6 · 25전쟁 중 중공군의 개입으로 전세가 역전되면서 정부는 1950년 11월 20일 6 · 25전쟁 발발 이후 방위군으로 조직된 청년방위대를 국민방위군으로 대체하기 위한 법안을 국회에 제출했다. 6 · 25전쟁 초반 북한이 남한 점령지에서 의용군을 대거 동원하자, 남한측은 대부분의 영토를 뺏긴 상황에서 예비병력 확충에 어려움을 겪었던 경험을 토대로 해 북한군이 오기 전에 미리 병력자원들을 빼돌려놓자는 의도에서 실시한 정책이다. 그 주요 내용은 다음과 같다.

① 군인, 경찰과 공무원이 아닌 만 17세 이상 40세 이하 장정들을 제2국민병에 편입시킨다.

② 제2국민병 가운데 학생을 제외한 자는 지원에 의해 국민방위군에 편입시킨다.

③ 육군참모총장은 국방부장관의 지시를 받아 국민방위군을 지휘, 감독한다.

1950년 12월 21일 「국민방위군 설치법」이 공포되었고, 당시 국방부장관 신성모는 우익단체인 '대한청년단' 단장 김윤근을 준장으로 임관시켜서 국민방위군 사령관으로 임명했다. 최소한의 기간요원만이 현역에서 차출되었고, 방위군 지휘관 대부분은 주로 청년단 출신들로 충원되었는데, 불과 몇 개월 사이에 소집된 국민방위군 중 서울에 모여든 방위군 숫자만 무려 50만여 명에 이르는 병력이었다. 중국군의 대공세로 또다시 서울을 빼앗기게 된 정부는 방위군 장병들을 대구, 부산 등으로 이동할 것을 지시했다.

국민방위군 사령관 김윤근은 신성모의 뒤를 이어 대한청년단과 청년방위대를 이끌고 있었다. 부사령관 윤익헌은 독립운동가 출신이었다. 윤익헌은 중국에서 독립운동에 종사한 후 귀국해 청년운동에 투신해 각종 청년단체의 총무부장을 역임했다. 그가 때때로 명분이 분명치 않게 돈을 쓴다는 의심을 받으면서도 각종 청년단체의 총무부장을 역임한 이유는

"돈을 만들어 내는 데 그와 맞먹는 사람을 도저히 찾을 수가 없었기 때문이다."

라는 시각도 존재했다. 윤익헌은 경기도 용인군 출신으로, 경성제일고보 동맹휴학 사건으로 중퇴한 후, 중국으로 건너가서 황포군관학교를 졸업하고 지청천 장군 밑에서 독립운동에 종사했다. 해방 후에는 광복청년회, 대동청년단, 한청 등에서 총무국장직을 역임했고, 김윤근과는 대동청년단 시절부터 함께 일한 사이였다

문제는 서울에 집결한 50만 명을 어떻게 후송하느냐였는데, 이들 50만 명은 걸어서 추운 혹한 상황 속에 천릿길을 돌파해야 했다. 그러나 제대로 된 숙식도 제공되지 않았으며 보급과 겨울피복 및 군복조차 지급되지 않았다. 혹한의 추윗속에 식량과 겨울피복조차 지급받지 못하고 굶주린 채

"장거리를 이동하라."

는 명령을 받은 50여 만 명의 병사들은 이동 중 아사하거나 동사하였다. 불과 100여 일 사이에 50만의 방위군 장병 중 무려 약 5만 명이 사망했다.

당시 국민방위군 작전처장이었던 이병국(李炳國)의 증언에 따르면, 1만 명 가까운 병력을 후송하는 데 쌀 한 톨, 군복 한 벌 안 주면서

"언제까지 집결하라."

는 기한(期限)이 없는 '착지(着地) 부산 구포' 라는 작전명령을 육군본부로부터 하달받았다고 한다. 대신 국민방위군에게는 양곡권이라는 것이 지급되었다. 행군 도중에 대열 책임자가 이 양곡권을 경유지의 시장이나 군수에게 보이고 급식을 해결하라는 것이었다.

그런데 신성모(申性模)의 국방부와 조병옥(趙炳玉)의 내무부가 서로 양곡지급권을 갖겠다고 다투다가, 급기야 내무부는 각 시장 군수에게 양곡지급을 중단하라고 지시하는 사태까지 벌어졌다. 의용군으로 끌려갔다가 탈출해 국민방위군에 자원입대한 서태원(徐泰源, 5대 민의원)은 의용군 시절에는 주먹밥이나마 하루 세 끼를

거른 적이 없지만, 국민방위군으로 남하할 때는 병자나 아사자가 속출해도 돌봐주는 이 없는 거지 중의 상거지로서, 다만 끌고가고 끌려가야 하는 슬픈 행렬이었다고 회고했다.

엄동설한에 길을 나선 국민방위군 병사들의 의복 사정은 더욱 비참했다. 장정들은 정부의 책임하에 소집된 이상 먹여 주고 입혀 줄 것이기에 어차피 벗어버릴 민간복을 껴입을 필요가 없었다. 그러나 이는 큰 오산이었다. 홑바지와 저고리 차림에 길을 나선 사람들은 대부분 추위와 굶주림으로 쓰러져 갔다. 정부 예산에는 국민방위군을 위한 피복비는 빠져 있었다. 현금으로도 당장 방한복 50만 벌을 구할 길 없는 전시상황이었다. 그런 형편이니 추위를 막을 수 있는 것은 오로지 서로의 체온과 2명당 1장씩 지급된 가마니뿐이었다.

학교 교실에서라도 숙영할 때는 교실 하나에 200~300명의 국민방위군이 배정되었다. 서로 몸을 맞대고 자는 사람들 사이에 이(서캐)가 번지기 시작했다. 어찌나 이가 많았던지 옷을 벗어 털면 이가 떨어졌다. 이 때문에 겨울철 열병인 발진티푸스가 창궐했고, 이미 허약해질 대로 허약해진 사람들은 한 번 발병하면 그것으로 끝났다.

국민방위군의 집결지로 정부는 후방에 51개의 교육대를 설치했다. 국민방위군 병력을 약 50만 명으로 잡으면 1개 교육대당 1만 명 정도가 할당되었다. 그러나 교육대는 병력이 오더라도 이들을 받아들일 능력도 의사도 없었다. 이들은 이른바 '돌려치기' 의 대상이었다. 서울이나 한강 이북에서 떠난 병력이 천신만고 끝에 집결지에 도착하면, 수용능력이 없다는 이유로 김해로 가라고 하고, 김해 교육대에 가면 진주로 가라 하고, 진주 교육대는 또 마산으로 가라 하고 이렇게 뺑뺑이를 돌렸다. 그러면서 각 교육대 간부들은 이들을 며칠씩 수용한 것으로 서류를 꾸며 예산과 식량을 빼돌렸다.

이런 식으로 빼돌린 예산이 수사당국의 발표로는 24억 원, 국회 조사단의 주장으로는 50억 원 내지 60억 원에 달했다. 국민방위군의 재정을 실질적으로 총괄한 부사령관 윤익헌(尹益憲)은 집히는 대로 돈을 뿌리고 다녔다. 그가 100여 일 동안에 기밀비 명목으로 쓴 돈이 3억 원이었다. 국가기관인 감찰위원회(지금의 감사원)의 1년 예산이 3천만 원 가량 될 때였다.

뒤에 윤익헌을 수사한 김태청(金泰淸, 뒤에 변호사협회 회장을 지냄)은 윤익헌의 씀씀이에 기가 막혀 물이라도 윤익헌이 돈 쓰듯이 해 보았으면 원이 없겠다는 생각이 들더라고 회고했다. 다들 우물물을 길어 먹던 시절, 갑자기 피난민들이 몰아닥쳐 물 한 동이 길어오기가 하늘의 별 따기 만큼이나 어렵던 그런 시절이었다.

국민방위군의 예산 유용은 이미 예정된 것이었다. 50만 병력을 운용하기 위해서 필요한 숱한 간부와 기간장병들의 월급은 예산의 어디에도 계상되지 않았다. 국민방위군 병사들은 하루에 백미 4홉을 배급받게 돼 있었는데, 이는 하루 5홉 5작을 받는 전쟁포로들보다도 못한 것이었다. 공정하게 지급되면 하루 세 끼 주먹밥과 소금국 돌아오기도 빠듯한 그 예산을 사령부가 3분의 1을 떼고, 교육대의 간부와 기간 사병들이 차례로 떼먹고 나면 남는 예산은 없었다. 소금물을 묻힌 주먹밥 한 덩이도 먹을 수 없었던 방위군들이 무더기로 죽어 가던 이 비극 속에서 국민방위군 사령부는 조사위원들에게 병사들을 위해 젤리공장을 지었다고 보고했다. 예산 횡령을 위해 장부상으로 지은 젤리공장이지만,

"빵이 없으면 과자를 먹지."

라면서 배고파 우는 민중을 끝까지 이해하지 못한 채 단두대에 섰던 프랑스의 어느 왕비를 연상케 하는 대목이었다.

이렇게 다 떼먹힌 병사들이 훈련을 나갔다. 말이 훈련이지 교육대에 있어 봤자 먹을 것이 없으니 훈련을 빙자해 마을로 가서 재주껏 빌어먹으라는 것이었다. 굶주린 대원들은 수십 명씩 떼지어 다니다가 잔칫집이나 굿판이 있으면 들이닥쳤다. 이들이 가까이 오기만 해도 냄새가 진동해 손님들은 구역질을 참으며 코를 막고 혼비백산해 흩어지고, 집주인은 잔치나 굿을 망쳤다고 대성통곡했다.

이들은 잔칫상에 놓인 간장까지 싹싹 비웠다. 잔칫집 습격 사건의 비극은 집주인에게 그치지 않았다. 그런 날 밤이면 갑자기 기름진 음식이 들어온 데 놀란 창자가 토사곽란을 일으켜 여러 명의 대원들이 숨을 거뒀다. 가장 많은 장정이 희생된 것으로 알려진 경산교육대가 있던 경산군 압양면 일대에는 비오는 날이면 강가에서

"고향 가자, 고향 가자."

하는 젊은 원혼들의 울부짖음이 들렸다고 한다.

명부도 없고 군번도 없고, 무기도 없고, 군복도 없는 부대, 죽음의 대열, 해골들의 행진이라 불린 국민방위군이 바로 그런 군대였다. 명부도 없으니 몇 명이 동원되었고, 어디서, 어떻게, 얼마나 죽었는지도 모른다. 정부의 공식기록인 《한국전란 1년지》에는 천수백 명 사망으로 돼 있지만, 당시 소문으로는 5만 명 내지 10만 명이 죽었다고 한다. 중앙일보 간행의 《민족의 증언》에는 50만 명의 대원 중 2할 가량이 병사나 아사했다고 돼 있고, 부산일보 간행의 《임시수도 천일》에는 사망자가 5만여 명으로 돼 있다. 역사학자 중에서 이승만을 가장 긍정적으로 평가하는 유영익 교수조차 이 사건을

"9만 명 가량의 군인이 동사, 아사, 병사한 천인공노할 사건"

으로 규정하고 있다.

국민방위군이 남하를 시작하자 이들은 며칠 안 가서 비참한 몰골의 거지떼로 변했다, 이들의 참상이 곳곳에서 목격되면서 국민방위군은 '국민방위군 사건' 이라는 사회문제로 비화하기 시작했다. 그러자 국민방위군 사령관 김윤근(金潤根)은 1951년 1월 8일

"우리의 앞에는 국민방위군 50만 명이 있고 (…) 먹을 식량이 있고 산같이 쌓인 군기군물(軍器軍物)이 있다."

고 사태의 진상을 호도했다. 이승만은 다음 날

"방위군 사령관이 8일 발표한 성명과 같이 우리는 방위군과 청년

단 수십만 명을 앞세우고 (…) 다 일어나서 인해전을 인해전으로 막아야 할 것"

이라고 강조했다.

국회에서 국민방위군의 참상을 둘러싸고 논의가 거듭되자 김윤근은 1월 20일 다시 성명을 발표해

"일부 불순분자들이 여러 가지 낭설을 퍼뜨리고 있다. 금번 국가방위에 필요한 인적 자원을 남하시켜 철저히 확보했다는 것은 큰 성공이라고 하지 않을 수 없다."

고 자찬했다. 이어 국방장관 신성모는 국회에서

"희생자가 아주 적게 난 것은 국민에게 아주 행복스럽게 생각하지 않을 수 없다. 제5열(스파이)의 책동이 가장 위험한 일이니 제5열의 책동에 동요 말기를 바란다."

고 국민방위군 의옥 사건에 문제제기를 한 사람들을 간첩으로 몰아갔다. 이승만 대통령은 김윤근을 대동하고 대구를 순시하고, 2월 초에는 국민방위군 장교들을 사열, 2월 중순에는 방위사관학교 졸업식에서 훈시하는 등 국민방위군 지도부를 격려했다.

2) 신문기사로 구성해 본 국민방위군 의옥 사건

이승만 정권은 국민방위군을 설치하면서 이 부대의 운영을 대한청년단과 대한청년단을 중심으로 구성된 청년방위대에 맡겼다. 대한청년단 단장인 김윤근은 민간인 신분에서 하루아침에 별을 달았

고, 윤익헌 등 청년단 간부들은 대령, 중령으로 임명되었다. 국민방위군 사건은 우익반공청년 단체인 대한청년단이 준군사단체 또는 정식군대로 발돋움하려는 소망을 전쟁 중에 실현하려는 과정에서 빚어진 국가적 재앙이었다.

국내에 전혀 기반이 없던 신성모가 대한청년단장, 내무장관, 국방장관에 국무총리서리로까지 승승장구할 수 있었던 비결은 바로 눈물이었다. 신성모는 이승만 대통령의 지시를 들을 때면 눈물을 흘렸다. 전방을 순시하면서도 이승만 대통령에 대해 이야기할 때마다 눈물을 흘려 낙루장관(落淚長官)이라는 별명까지 얻었다.

국민방위군 사건은 정부의 준비부족이나 방위군 지휘부의 예산 횡령 때문에 발생한 것이 아니라, 신성모가 이승만 이후를 노려 자기의 정치적 지지세력을 육성하기 위해 대한청년단 출신들이 많이 포진한 신정동지회(新政同志會)라는 단체를 후원하기 위해 조직적으로 예산을 빼돌리는 과정에서 발생한 것이라는 주장도 꽤 설득력이 있다.

1951년 1월 23일(제13차 국회본회의). 말썽이 많은 제2국민병 처우 문제와 군기단속 문제 등의 문제를 놓고 23일 국회 13차 본회의는 장경근 국방차관이 참석해 신랄한 질문전이 전개되었다.

천여 리를 걸어온 국민병들에 대한 대책이 서지 않자 목(目)전에서 해산시켜 놓고는 다시 도중에서 죄인 모양 붙잡아 가는 이유, 그들의 시민증과 도민증을 빼앗음으로써 어떤 지방에서는 공비로 몰려 억울하게 죽은 국민병이 있는데, 도민증을 주지 않는 이유, 국민학교 교원들까지 소집해 아동교육에 지장을 주고 있는 이유, 기타 군인들의 무기매매와 상행위 등 아직도 군기가 시정되지 않는 이유 등, 실례를 들어 안방수, 박정근, 정헌조, 서범석, 지연해, 고영완(高永完), 조민규, 이 수, 박철웅 등 무려 10여 의원의 심각한 질문이 이어졌다.

1951년 1월 28일. 동아일보 1면 톱기사는 '국련군 일대 백병전 서부전선에서 적 500명 사살' 이라는 제목의 기사였다. 전쟁 중에 열린 국회의 예산심의 과정에서 고영완 의원은 군인 및 국민방위군에게 지급되고 있는 피복의 품질과 가격에 문제가 있음을 신랄하게 지적했다.

1951년 1월 29일. 16차 국회본회의에서는 제6회 추가예산안을 상정하고 이를 통과하기 전에 정부에 대한 신랄한 질문전이 전개되었다. 즉, 고영완 의원은 내무부 소관 예산인 피복비에 대해 피복비의 단가가 시장가격보다 비싸며 그 품질도 견본과는 차의가 있는 물품을 구입했다며 그 책임과 진상을 추궁한 바 이에 대해 김외자구매처장은 작년 10월 18일 기획처의 요구에 의해 미군복 중고 71,000여 착을 구입했으나, 이는 세계시장가격에서 최염가의 가격으로 구입된 것이며, 한국의 시장가격은 그 표준에 외국제품수입의 다과에 관계되는 만큼 이것으로 표준을 삼을 수 없다고 답변했다.

1951년 3월 20일. 국민방위군 예산이 200억 원이나 됨에도 불구하고 아사자와 동사자들의 시신과 기근, 질병에 걸린 방위군의 참상이 사회문제화되자 국회에서는 1951년도 예산안 심의에 앞서 1950년도 예산이 어떻게 지출되었으며 금번 예산안 편성에 있어 과연 전국민이 기대하는 현실정에 적합하게 편성되었는가를 조사하기 위해 약 1주간에 걸쳐 행정 각부에 걸친 국정감사를 단행할 것을 90대 0으로 가결했다.

1951년 3월 24일. 제2국민병의 제대장정 귀환과 장정환자에 대한 응급조치는 시급을 요하는 사회문제였다. '귀환장정구호대책위원회' 는 전체회의를 개최하고 제2국민병 해제장정 중 국방부 보고에 의한 12,000명의 환자장정 구호문제를 협의했다. 동회의에서는 환자장정 12,000명 중 우선 10,000명만 보건부가 인수해 국민방위군 예산 중 500만 원으로 필요약품을 구입해 치료하기로 했다.

1951년 3월 29일. 국민방위군에 관한 부정 사건으로 구속 수사 중이던 피의자 3인을 수일 전에 석방했다는 소식이 전해졌다. 이 석방으로 국민의 의혹이 증폭되자 국회는 3대 사건을 규명하기 위한 조사위원을 선출했다. 국방부와 국회 사이를 이간시키는 것과 벽보 사건, 허다한 부락민이 살해당했다는 거창 사건, 제2국민병의 훈련을 위해 사용되어야 할 금액이 부정 유용되었다는 국민방위군 사건, 이상 3대 사건은 그 어느 하나라도 국민의 관심사가 아닐 수 없었다. 국회 내의 각 파의 편파성을 피하기 위해 각 교섭단체에서 각각 3인씩의 위원을 선출해 공평하고 정확한 조사를 할 것을 의결했다.

1951년 4월 23일. 국민방위군 사건 군법회의 회부 – 헌병사령관 최경록 준장은 국민방위군 사건에 관해 다음과 같이 발표했다.

"국민방위군 사령부를 비롯한 제05 제27교육대 사건에 관해 그 동안 당사령부에서 준엄한 취조를 계속하는 한편, 다각도로 인적, 물적 증거를 수집해 사건조사가 일단락되었으므로 수일 내에 일건 서류와 함께 군법회의에 송치하게 되었다."

1951년 4월 25일. 방위군 사건 국회 중간보고 내용 – 국민방위군 사건에 관한 개요가 25일 국회 제64차 본회의에서 서민호 의원으로부터 보고되었다. 동사건은 국회의 결의에 의해 서민호, 엄상섭, 이종영, 조광섭, 김정기, 백남식, 태완선, 박만○, 김명수, 황병규, 유홍, 박만수, 장홍염, 소선규, 양병일 등 15명의 조사위원이 조사한 것인데, 이 날 보고는 중간보고로, 그 경위의 개요만을 보고한 것이고, 자세한 내용과 숫자적 세요는 정리되는 대로 엄상섭 의원이 보고하기로 했다.

"모전문가의 말에 의하면 송환장정의 80%는 노력(勞力) 불가능이라고 하며, 20%는 생명 보지(保持)가 불가능할 것이라 한다. 만약 회복이 된다고 하더라도 그들의 정신은 누가 치유해 줄 것인가? 이 같은 과오를 범한 책임자는 할복자살을 해도 오히려 부족할 것이니, 국민 앞에 사과하고 민족정기가 살아 있다는 것을 표명해야 할 것이다. 그럼에도 불구하고 이를 규명하려는 자를 정치적 모략이니, 불순분자니 하는 것에 대해 국민의 이름으로 규탄하지 않을 수 없다."

"방위군은 정규군과 구별해 사병(私兵)이라는 명칭을 붙였고, 간부는 정치운동에 참여하지 못하게 되었음에도 불구하고 그 대부분이 정치에 참여하고 있다는 사실과, 과거 형법에 의한 처벌을 받은 자들이 간부로 활동하고 있다는 사실은 대한민국의 체면을 위해서도 용인할 수는 없다."

〈조사위원의 보고서 중에서〉

1951년 4월 30일. '국민방위군', '향토방위대', 해체법안 국회통과. 예산심의 기일이 끝나는 작 30일 국회에서는 예산심의를 제쳐놓고 김의준 외 100의원이 제출한 국민방위군설치법 및 비상시 향토방위령의 폐지에 관한 법률안을 상정하고 찬, 부 양론이 대립해 3시간에 걸친 격론 끝에 재석 152 중, 88 대 3표로 양 법률안을 통과시켰다. 별도의 예비병력은 새로 제정되는 법률에 의해 재편할 것을 전제로 하고, 국민방위군설치법과 비상시향토방위령을 폐지하자는 법률안을 표결해 이를 가결하게 된 것이다.

1951년 5월 7일. 국회 75차 본회의에서 태완선, 엄상섭, 백남식, 이종형, 황병규, 서민호, 김명수, 김광준 등 의원으로부터 조사진상이 보고되었다. 각 의원의 보고내용을 종합해 보면 1950년 12월 17일부터 1951년 3월 31일까지 105일간에 걸쳐 국민방위군에서는 금전으로 매일 평균 유령인원 7만여 명을 증가시켜 총액 23억 원 그리고 식량에 있어 매일 평균 유령인구 12만여 명을 증원해 식량 52,000여 석의 금액은 배급가격으로 20여억 원, 기타를 합해 50여억 원이 어디로 갔는지 알지 못하게 사용되었다 한다.

특히 방위군 부사령관 윤익헌의 기밀비로 31,753만 원을 지불해 행정감사기관의 감찰위원회 1년 총예산액(1,000만 원)의 30배 이상의 금액을 3개월간에 기밀비로 썼다고 보고했다. 그 중 1억 원은 모정파(국회 내)로 들어갔는데, 이는 확실한 증인으로 방위군 앞잡이로 모리(謀利) 장사를 하고 있는 소림피복(小林被服) '유영덕'이 말하는 것을 여러 사람이 들었다고 보고되자, 격한 나머지 신정회 이재형 의원이 공화의 곽상훈 의원의 볼을 물어뜯어 교상(咬傷)을 입힌 것은 너무나 유명한 이야기로 회자되고 있다.

국민방위군 사건과 관련해 국방부장관 신성모는 제일 먼저 책임을 져야 할 인물이었다. 그러나 그는 국민방위군 사건의 수사를 방해하면서 축소와 은폐에 앞장섰다. 마침내 수사가 시작되자 자신의 절친한 친구의 사위인 방위군 사령관 김윤근은 빼돌리고 부사령관 윤익헌 선에서 사건을 마무리하고자 했다. 국방부장관 신성모는 국민방위군 사건을 다룰 군사법정을 구성하면서 자신의 친구인 국방부 정훈국장 이선근(李瑄根)을 재판장에 임명했다. 이선근은 신성모의 뜻을 받들어 재판 개시 3일 만에 서둘러 김윤근에게 무죄, 윤익헌에게 징역 3년 6개월을 선고했다.

1951년 5월 8일. **재규명되는 방위군 사건** – 수만 명의 젊은이들을 죽음에 이르게 한 사건으로서는 어처구니없는 낮은 형량이었다, 당연히 여론은 들끓었다. 이 날 국회 본회장에서의 민국당 소속 고영완 의원의 발언은 전시정국에 엄청난 파장을 일으켰다.

이는 정당의 위신문제이고 우정(友情)관계이므로 자기 혼자만이 알고 있으려던 문제였으나 사태가 여기에 이르렀으매 공개하지 않을 수 없다는 전제하에 고영완 의원은 다음과 같이 말했다. 3월 중순경 국민방위군 간부 김모와 모 청년 한 명이 민국당구락부에 나타나서 흥분한 태도로 말하기를,

"지금 청장년 수만이 쓰러져 가고 있는데, 공금은 딴 데로 흘러가고 여자 정훈공작대원들은 성적 농락 대상이 되었다고 말하는 것을 유홍, 유승준 의원도 같이 들었으며, 그 후 신정회 사무직원이 유덕영이라는 사람 집에서 돈덩어리를 들고 가는 것을 보았다."

했다. 다음날 유덕영이 외교구락부로 나를 초청했으므로 곽태진 의원과 같이 간 즉, 유는 내가 신정회에 정치자금을 내준 데 대해 세간(世間)에 말을 내지 않은 것에 감사한다고 말하기에, 나는 젊은 사

람이 어디서 그런 거액의 돈이 생겼느냐고 물은 즉, 그는 돈 억대쯤이 문제가 되느냐고 말했다. 내 이제 이 자리에서 우정을 말살하는 것은 국가를 위한 것이나 고애(苦哀)를 금치 못하는 바이다.

국민방위군 예산이 정치자금으로 유입되었다는 고영완 의원의 발언은 국민방위군 사건을 정치적 사건으로 비화시키는 결정적 단초가 되었다. 전시(戰時) 상황을 고려할 때 고영완의 이 발언은 목숨을 담보로 한 발언이었다. 당시 고영완 의원은 청년 이철승의 제보를 받고, 고병선(아들)과 고영일(조카)에게 증거 확보를 위해 국민방위군의 신원 확인을 지시했다. 구포역 대합실은 혹한의 추위 속에서 식량과 겨울 피복조차 지급받지 못하고 굶주린 채

"장거리 이동하라."

는 명령을 받았던 피골이 상접한 방위군들로 북적거렸다. 고병선과 고영일은 그들 중 3명을 병원으로 옮겨 치료를 해 주고 신원을 확인했다. 그리고 증거자료와 사진들이 국회에 제출되었다.

1951년 5월 11일. 국민방위군 의옥(疑獄) 사건에 대한 국회결의문 - 전일 회의에서 국민방위군 의옥 사건에 대한 철저한 규명을 요청하며 대통령에게 검찰 당국이 재심토록 할 것을 결의한 국민방위군 의옥 사건에 대한 국회결의문이 대통령에게 전달되었다.

1951년 5월 17일. 국민방위군 사령관 김윤근 체포 구속 - 신성

모 국방장관이 해임되고 새로 국방장관에 임명된 이기붕 장관이 신임 인사차 국회를 참석하기 직전에 장택상 국회부의장은 국방부장관이 국회에 보내는 선물이라며 국민방위군 사건의 전(全)책임자인 동사령관 육군준장 김윤근씨가 구속되었고, 거창 사건 책임자도 체포되었으며, 합동수사본부가 해체되었다는 것을 보고했다.

1951년 6월 12일. 국민방위군 사건 재송치, 최경록 헌병사령관 담화 – 국민방위군사령부 의옥 사건은 대통령 각하의 특명에 의해 그 동안 당사령부에서 엄밀한 조사 중에 있었는데, 동사건 피의자인 전방위군 사령관 김윤근 준장, 동부사령관 윤익헌 대령, 동재무실장 방위중령 장석한, 동조달과장 방위소령 박창원, 동보급과장 방위중령 박기환, 동헌수처장 방위대령 김희, 동회계과장 방위소령 장의두, 회계과장 보좌관 방위대위 노용식, 제15교육대장 방위중령 박철, 제27교육대장 방위중령 임병언, 제10단장(대전) 방위대령 송필수 등의 죄상이 판명되었으므로 지난 5월 15일 기소의견으로, 중앙고등군법회의 설치 장관에 송치했다.

1951년 6월 21일. 최경록 헌병사령관이 조사한 내용을 중간발표한 바 동발표 중 김윤근 방위사령관 이하 혐의자들이 정치에 관여한 사실이 지적되어 있어 벌써부터 국회 본회의에서 논의되어 오던 국회 내 모정파에 1억 원 정치자금 제공문제의 진부에 관한 사실 여부를 조사하기 위해 헌병사령부에서는공화민정회 소속 국회의원

11명을 국민방위군 의옥 사건과 관련해 증인으로 신문하기로 하고, 국회의장의 양해를 구하는 국무총리의 통고문과 부산헌병대로부터 관련 의원에 대한 개별적인 소환장이 국회에 전달되었다.

1951년 7월 5일. 국민방위군 사건(김윤근 등 6명의 24억 원에 대한 의옥 사건) 중앙고등군법회의 재심공판은 지난 5일 오전 10시 제5군단사령부(전방위군사령부 청사) 강당에서 이국방부장관을 비롯해 군 관계 각 장성 및 수천 명의 방청객이 운집한 가운데 심언봉 준장 재판장 주심하에 개정되었다. 개정벽두 변호사측으로부터 동 사건은 재심할 성질의 것이 아니라는 변론과 검찰관측의 동사건은 재심의 여지가 충분히 있다는 주장으로서 일대 논쟁이 있었으나 결국 재심하기로 결정되었다.

1951년 7월 18일. 국민방위군 의옥 사건에 대한 결심공판은 수천 명 방청객이 운집한 가운데 열렸다. 김윤근, 윤익헌 등 국민방위군의 주요 간부 5명에게 사형이 선고되었다. 일반적으로 군사재판은 비공개이지만 이 재심은 공개재판으로 진행되었다, 수많은 방청객이 몰려서 옥외에 스피커까지 설치했다. 일사부재리의 원칙을 깨고 1심에서 무죄판결을 받았던 국민방위군 사령관 김윤근은 사형을 언 도받았다.

1951년 7월 30일. 제2국민병의 고혈과 생명을 짜내어 사복을 체운 국민방위군 사건과 고혈을 정치자금으로 썼다는 모정파(신정동지회) 1억 3천만 원 사건, 이 두 사건은 중앙고등군법회의에 회부해 심판한 결과 김윤근, 윤익헌 등 5인에게는 사형판결을 보았고, 1억 3천만 원 사건은 증거불충분으로 무죄판결을 언도받았다.

앞서 국회는 국민방위군 사건의 재심을 결의하는 동시에 1억 3천만 원 사건에 대해서는 5인의 조사위원을 선출해 철저한 조사를 수행케 했던 바 동사건의 조사보고는 비밀회의에 보고되어 세인의 의아를 금치 못하게 하고 있었는데, 30일 국회 하오 회의에서는 원의에 따라 이를 공개하고, 동사건에 대한 조사내용과 의문점을 추궁 답변함으로써 동사건은 거의 윤곽을 드러내게 되었다.

방위군 사건 의원 관련 윤곽 노정(露呈), 문제의 1억 3천만 원 행방 위요(圍繞)하고, 국회 희유의 공방 논박전을 전개. 공화민정에 대한 민국민우의 질문전으로 시종

"먼저 양심을 조사하라 자명한 사실을 왜 은폐하려고 하는가?"

"신정이 돈을 먹었다 해도 그것을 사건 전의 일로 돌려야 한다."

1951년 8월 3일. 국민방위군 관계 1억 3천만 원 사건 조사처리에 대해 서민호 의원의 동사건을 보류하자는 동의는, 양자 미결로서 폐기되고 논의를 계속해 먼저 사건관계 의원 11의원으로부터 변론과 각 의원의 추궁이 있었는데, 이 날 관계자 11의원 중 지청천 의원만이

"과거 혁명운동 당시부터 특별한 친의를 가지고 있던 윤익헌으

로부터 수차 약 200만 원의 생활비를 받았으나 사건 전(前)인 만큼 그것이 방위군 관련 돈인 줄은 꿈에도 몰랐으나, 죄(罪)를 달게 받겠다고 양심의 자인했을 뿐, 타 10 의원은 점심 한 끼 우동 몇 그릇 얻어먹은 일은 있었어도 돈이라고는 한 푼도 받은 일이 없을 뿐 아니라 그들이 돈이 없어 도리어 돈을 준 일이 있다."

고 강경히 부인했다.

1951년 8월 6일. 풀려지는 1억 3천만 원의 수수께끼, 도피 중인 공민, 조사무국장 피체, 국민 의혹을 풀기 위해 조법무장관 추상결의 표명 - 국민방위군 관계 1억 3천만 원 사건은 서울지검의 수사 착수로 점차 확대되어 가고 있다. 즉, 구신정동지회의 재정사무책임자이자 현공화민정회 사무국장 조영환이 체포되었다.

공화민정의 엄상섭 의원은 3일 하오 8시경 조경규 의원가(家)에 괴한 3, 4명이 침입해 사람을(姓名不言) 납치해 간 것은 분명 인권침해라는 발언에 이어 조경규 의원의 공화민정회 사무국장 조군(이름을 밝히지 않아, 민우 김광준 의원이 이름을 말하라고 수3차 고함을 지르므로 할 수 없이 조영환이라고 말했다.)이 자기 집에서 공민회 사무를 처리하고 있다가 체포되었는데, 그들은 주인도 찾지 않고, 신분도 말하지 않고, 영장도 보이지 않고, 권총으로 위협하면서, 어디로 데리고 갔는데, 그 뒤 조사한 바 서울지검에서 체포한 것을 알게 되었다는 발언이 이어졌다.

1951년 8월 7일. 동아일보 사설 – 국회의 투사 서민호 의원과 더불어 국민방위군 사건을 국민 앞에 폭로한 엄상섭 의원은 무엇 때문에 그 태도를 돌변해 군사재판관 이호 준장에게 불법간섭을 했으며 구신정동지회의 정치자금 1억 3천만 원의 출처에 대한 관건을 쥐고 있는 조영환 사무국장에 대한 체포를 불법납치라고 견강부회 항변을 강행한 이유가 어디에 있는가를 알고 싶다.

판사의 영장을 가지고 설혹 갖고 있지 않았다 하더라도 신분이 명확한 형사가 도피 은신 중인 중대사건 증인을 긴급체포한 것이 어찌해 불법납치가 되는 것이며, 다수자금의 국민의 피땀 어린 세금을 횡령유용하고 수십만 청년을 기한(飢寒)과 질병에 떨게 한 국민방위군 사건을 옹호하는 것이 어찌해 인권을 옹호하는 것인가? 이러한 궤변은 오히려 인권유린을 방조하는 것이며 엄의원 자신의 인격 파산을 선언한 것이다.

1951년 8월 12일. 피의의원 구속동의 국회요청 보도로 엄상섭 의원 육박, 조(趙)장관 단호일축, 엄의원의 계몽적 질문에 조장관 답(荅) 하기를,

"수사유년생 아니다."

법무부는 졸지 않고 있다. 기자 육감도 사실에 부합되는 일 있다. 조영환 체포경위, 하등 법적결함 없었다. – 법사위원장 엄상섭 의원이 국민방위군사건에 관해 윤익헌의 처가 국회에 제출했다는 진정서를 법제사법위원회가 성립도 되지 않았음에도 불구하고(정원

15인인데 이 날은 단 5인뿐으로 과반수 미급), 이를 통과시켜 국회 본회의에 제출했다가 김의준 의원의 맹공격을 받고 동진정서가 각하되는 법제사법위원장으로서의 위법행동과 특별히 동진정서에 대한 엄의원의 이상한 태도가 주의를 끌었다.

1951년 8월 13일 (군보도과 제공). - 김윤근, 윤익헌 등 5인, 13일 하오 대구서 사형집행, 50여 억 원의 거액을 부정처분함으로써 애국장정 1,200여 명을 기아 제단으로 몰아넣은 희유의 국민방위군 사건은 동사령관 준장 김윤근, 동부사령관 육군대령 윤익헌 등 5명에 대해서는 고등군법회의에서 사형언도가 있었거니와 드디어 13일 오후 2시 대구시 교외 모처에서 전기 피고 5명에 대한 사형집행이 있었다. 동피고 집행에 있어 유가족에 대한 면회 일체도 허가하지 않았으며 한때 영화의 주인공 꿈을 꾸고 있던 이들 수괴들은 한 방울 이슬로 화하고 말았다.

1951년 8월 14일. 지난 12일에는 국민방위군 재정 부문에 관계한 문제의 인물 유덕영(54)에 대해 정식으로 구속영장이 발부되어 안정립 서울지검 수사과장을 대장으로 하는 수사대가 시내 모처에 출동했다. 유덕영(방위군 고문격 인물)은 덕ㅁ고무(천일고무 후신) 경영하는 한편, ㅁ림ㅁㅁ경영사(무역업) 등을 경영하는 자로서, 국민방위군에서 유입착복한 재물 중 상당을 전고관에게 증여한 사실 등 허다한 죄상을 갖고 있는 바 국민방위군 사건은 사령관 김윤근과 부사령관 윤익헌과 어울린 문제의 제3인물인 조영환, 김대운, 윤덕영 등을 체포함으로써 기본수사의 일단락을 지을 것으로 예상되며, 신정동지회 정치자금 제공 여부의 흑백이 판명될 것으로 보인다.

1951년 8월 17일. 7천만 원 수수께끼 진정서 소동, "절대 받은 일 없다." 이번엔 김대운이가 반박 - 지난 9일 국민방위군 사건으로 사형언도를 받은 윤익헌의 처 김순정은 김대운에게 석방운동비로 금반지, 패물 등을 팔아 7천만 원을 주었다는 진정서를 국회 김정실, 김동성, 최면수 3의원(이상 공민 소속)의 소개로 국회 장택상 부의장에게 제출해 법제사법위원회를 거쳐 수사 당국에 회부된 바 있거니와 15일 하오 11시 반경 문제 인물인 김대운은 이를 반박하는 진정서를 그의 처 최소옥씨를 통해 국회의장에게 제출했다.

"금반 윤익헌의 처가 진정서를 국회에 제출했다는데, 그것은 전혀 허위 진정입니다. 그 이유는 내 자신이 제일 먼저 국민방위군 사건을 국회의원들에게 고발케 해 달라고 호소한 사람인만큼 국민방위군 간부들은 나를 원수로 알고 있는 처지인데, 나에게 석방운동을 할 이유가 만무하며, 또 이번 윤의 처가 낸 진정서에 의하면 모정파에 1억 3천만 원을 주었다는 것도 허위며 그럴 리 없다고 남편의 대리로 말을 하고 있으나, 기실 윤익헌은 자필로서 솔직히 이를 고백하고 서명날인까지 한 것이다. 또 '7천만 원을 유덕영과 김대운에게 주어 그 돈이 민국당 정치자금으로 흘러들어간 것 같다.' 는 말을 했는데, 이 사건을 밝히려는 민국당에서 윤익헌의 처의 돈이 아니면 돈이 없어 그런 돈을 썼겠습니까?"

"다이야 3개와 패물을 팔아서 7천만 원을 유(劉)와 김에게 주었다는데, 그것은 전연 허위입니다. 다이야 1개를 300만 원으로 치더라도(오부 이상이라야 300만 원) 3개에 1천만 원밖에 안 됩니다. 패물이 6천만 원이라면 금 1관에 해당하는데, 3인의 패물이 1관이 될 리 전무하며 만일 금 1관이라면 현재 금은 상점을 합해도 부족하며 오문중 가락지로치면 200커리가 됩니다. 허위를 하더라도 앞뒤가 맞아야 세상에서 인정할 터인데 이런 터무니없는 허위에는 나도 웃지 않을 수 없습니다."

1951년 8월 17일. 엄중수사를 요청, 7천만 원 사건과 무관, 민국당 성명 – 진정서에 나열되어 있는 김대운, 이철승, 이태환 3명은 본당의 당적을 갖지 않았을 뿐 아니라 본당은 이러한 부정자금을 사용한 일이 종전에도 없었을 뿐 아니라 장래에도 없을 것임을 천하에 성명한다. 그리고 이 진정서가 중대한 방위군 사건에 관계되었고, 또 본당의 명예에 관련된 만큼 사직(司直)은 이 사건에 대해 엄중 수사해 처단하기를 요청하는 바이다.

1951년 8월 18일. 국민방위군 재정고문적 역할을 하고 잠복 중에 있던 문제의 인물 유덕영은 국민방위군 사건을 수사 중에 있는 서울지검이 벌써부터 지명수배하고 동수사과에서 연일 맹렬한 추적

수사를 전개하고 있던 중 지난 18일 오후 3시경 경상남도 모처에서 경찰에 체포 내지 자수해 왔다고 한다. 윤익헌 처 진정서에 입각해 7천만 원 사건 진상을 규명코자 김대운을 구속 문초 중에 있는 치안국 정보수사과에서 유덕영을 구속한 것으로 확인되고 있다.

1951년 8월 29일. 서민호 의원 문초진상 '김대운 사건 규명목적' 가(賈)총경과 10여 년만에 재회한 서의원, 가(賈)총경, (고영완 의원) 대통령 선거 운운이면 치안교란죄에 저촉된다. 서(徐)의원, 정치적인 문초 말라. 1억 3천만 원 사건에 확증 – 김대운의 진술을 인용한 가총경은 동일 신성(新星)회식에서 고영완(高永完) 의원이 다음과 같은 의미의 말을 했는지 안 했는지를 명백히 해 달라는 것이다.

즉, 김대운의 진술에 의하면 고영완 의원은 김대운으로 하여금 총살집행을 앞둔 사형수 윤익헌 유서를 받아내오게 하기 위해 유도하면서, 만일 김대운이 윤익헌의 유서를 받아내오면 1억 3천만 원의 정치자금을 국민방위군으로부터 받은 신성동지회원을 포함하는 국회 공화민정회는 붕괴될 것이고, 그렇게 되면 공화민정회의 열세는 반드시 차기 대통령선거에서 이승만 박사의 재선을 확보할 수 없고 따라서 민주국민당의 지도자가 대통령에 당선될 것이라는 의미의 말을 한 일이 있는가 없는가를 동석했던 서의원이 사실대로 증언해 달라 하면서, 만일 고영완 의원이 사실 그런 의미의 말을 했다면 이는 '치안교란죄' 에 걸릴 것이라는 것이다.

신성회식에서 대부분의 시간을 누어서 잤다고 하는 서의원은 이 질문에 대해 그런 말이 그 자리에서 나올 리 없는 일이고, 또 고영완 의원이 그런 말을 할 리도 없을 테고 들은 일이 없다고 증언했다. 그러나 국회의원 서민호씨는 만일에 고영완 의원이 설혹 그런 말을 했다 치더라도 민주국가인 이 나라에서 대통령선거 문제에 언급하는 것이 어떠한 이유로 '치안교란죄' 에 걸리느냐고 반문했더니 한 번 말을 꺼낸 가충경은 양보하지 않고 '치안교란죄' 에 해당한다고 재주장했다.

1951년 9월 2일. 부득이 수사중단 난관은 피의의원 구속문제, 방위군 사건 민간인 관계 고위측서 결제서류 보류. 신(申)대사 불일 출정 – 서울지검은 국민방위군 사건을 수사하는 거창 사건을 심리 중에 있는 중앙고등군법회의에서 증인으로 소환 중에 있는 주일 대사 신성모씨는 그 동안 대일강화회의와 거류민단 관계로 출정할 수 없다는 독단적인 이유로 출정을 거부하고 있고, 공화민정회의 출납사무를 담당했던 사무국장 조영환만 죄과가 역력하다고 인정해 구속기소했을 따름 신정동지회의 정치자금을 조달해 지출할 권한을 가지고 있으며, 또 혐의가 있다고 인정해 이미 불구속으로 소환 문초한 일이 있는 국회의원들을 구속하는 데 있어 난관에 봉착하고 있다.

1951년 9월 25일. 김대운 조서발표 사건, 중대한 국제문제 제기, 심대한 명예손상, 무초 대사 아(我)정부에 항의서한 – 지난 8일 국회 본회의에서 홍범희 내무부차관이 보고한 소위 7천만 원 사건에 관한 김대운(일명, 김대현) 진술내용은 경찰조서발표 사건으로서 중대한 국제문제화하고 있다.

내무부가 그 책임하에 성급히 발표한 김대운진술 내용에 김(金)의 진술로 김이 윤익헌을 구출하기 위해 운동하되 주한미대사 무초(J. Muccio, 1900~1989), 미제8군 미군군법회원 2명, 미제8군 크린 대령 등 5명을 움직여 그들로 하여금 이대통령에게 윤익헌의 구명운동을 의뢰할 생각으로 윤익헌의 처로부터 받은 금(金)패물을 방매한 미화 6,070달러 중 5,900달러를 크린 대령에게 수교했다는 김대운의 일방적인 진술이 드디어 거대한 국제적 파문을 일으키게 된 것이다.

미국은 그 대책으로 한국내정에 간섭하지 않을 것을 원칙으로 견지해 왔던 것이므로 주한대사 무초씨가 한국의 내정에 속하는 사형수의 구명에 인용되었다는 사실은 법원이 그 진부를 심리하지 아니해 김대운의 진술 자체를 확인할 수 없음에도 불구하고 내무부가 그 책임하에 발표했다는 것은 크린 대령이 5,900달러의 구명비를 받았다는 진술 자체의 진부가 확인되지 않고 있는 것처럼 서한을 보내온 바 그 처리 여하가 극히 주목되고 있다.

1951년 12월 31일. 김대운에 3년 언도 - 국민방위군 정훈공작대장 김대현(대운)씨에 대한 사기 및 외화불법소지, 업무횡령 피의 사건은 지난 11월 초 제1회공판 이후 ○회에 걸친 비공개재판 후에 지난 22일, 5년을 구형했거니와 31일에는 언도공판이 공개리에 개정되어 판사로부터 김대현씨에게 징역 3년에 처한다는 언도가 있었다.

1952년 5월 11일. 조영환씨 무죄언도 – 전공화민정회 사무국장 조영환씨에 대한 업무횡령혐의 사건 언도공판은 지난 8일 상오 11시부터 부산지방법원 4호법정에서 개정되어 강안희 재판관으로부터 무죄언도가 있었다. 한편, 앞서 결심공판에서 담당 안문경 검사는 3년 징역을 구형했던 것인데, 검사의 공소 여부는 미정이라고 한다.

1952년 8월 16일. 김대운 무죄석방 – '국민방위군 의옥 사건' 이 국민 앞에 그 정체를 폭로하게 되었을 때 동사건의 원흉 중 한 사람인 윤익헌(사형집행)의 감형운동을 해 준다는 명목으로 윤의 처를 통해 운동비 6천만 원을 착복했다는 혐의를 받고 구속취조를 받아오던 문제의 인물 김대운씨는 지난 12일 대구고등법원에서 무죄판결을 받고 자유의 몸이 되었다.

국민방위군 사건의 결과 대통령 다음 가는 권세를 휘두르던 신성모는 주일대사로 밀려났다. 대신 사건 관련자들을 엄벌해 인기가 상승한 이기붕이 이승만의 후계자로 부상하는 계기가 되었다. 1960년 3 · 15 부정선거의 싹은 이렇게 마련되었다.

고영완 의원은 이 증언으로 이승만 정권(자유당)의 요주의 인물로 부상했다. 고영완은 항일독립운동 단체인 조선학생동지회 사건으로 일제치하에서 치안유지죄라는 죄목으로 함흥형무소에서 징역형을 살았다. 자유당 정권은 괘씸죄에 걸린 고영완 의원을 치안교란죄로 엮기 위한 공작을 벌렸지만 서민호 의원 발언 때문에 실패한다. 그리고 고영완 의원은 제3대, 4대 국회의원 선거에서 자유당 정권의 관권개입 부정선거로 낙선했다.

3) 국민방위군 사건의 본질

이승만 정부의 치부를 드러낸 국민방위군 사건은 몇 가지 의문에 답을 찾아야만 이해할 수 있는 사건이다. 첫째, 왜 이승만은 공산주의를 그토록 싫어했을까? 둘째, 왜 신성모를 중용했을까? 셋째, 대한청년단에 집착한 원인은 어디에 있을까? 이상 세 가지 질문에 대한 답을 얻기 위해 필자는 이승만을 추적했다.

(1) 왜 이승만은 공산주의를 싫어했을까?

이 질문에 답하기 위해서 우리는 먼저 이승만의 사상을 알아볼 필요가 있다. 이승만은 미국 망명시절 프린스턴대학교 대학원에서 국제법과 외교사를 전공했다. 1910년 6월 14일 이승만은 우드로 윌슨(Woodrow Wilson, 1856~1924) 총장으로부터 박사학위를 받았다. 그의 '미국의 영향을 받은 중립(Neutrality as Influenced by the United States)' 이란 제목의 박사학위 청구논문은 1912년에 프린스턴 대학 출판부에서 출간되었다.

그리고 1914년에 제1차세계대전이 일어나 공해상의 중립 문제가 당면과제로 떠오르면서, 그의 논문은 학계의 관심을 끌었다. 학위를 수여한 우드로 윌슨 총장은 후에 민주당 후보로 미국 대통령에 당선되었다. 민족자결주의로 유명한 윌슨 대통령이 바로 그분이다. 이승만은 하바드, 프린스턴을 거치면서 공산주의의 본질을 학문적으로 성찰한 정치가였다. 공산주의에 대한 이승만의 논문과 연설에는 그의 학문적 성찰이 그대로 묻어난다.

① **이승만의 논문** : 당부당(當不當)

이 글은 건국 대통령 이승만이 1920년대 하와이에서 독립운동을 할 때 발행했던 〈태평양 잡지〉에 게재한 논문이다. 1917년 레닌의 공산혁명 이후 전세계 정치인, 지식인들이 '러시아의 유토피아' 를 찬양할 당시, 이승만은 공산주의를 예리하게 비판하고 있다. '공산당의 당부당(當不當)이라는 제목이 말해 주듯이 자유평등주의자 이승만은 공산주의를 무조건 반대한 것이 아니고 '합당한 것과 부당한 것', '옳고 그른 것' 을 간결하면서 정확하게 지적한다. 공산정권 등장 6년째에 발표한 이 논문으로 이승만은 서방진영 최초로 공산주의 모순을 분석, 그 종말을 예고하는 비판자가 되었다. 당시 언어생활의 어법과 문체 등 사료적 가치를 살리기 위해 원문 그대로 전재한다.

〈뉴데일리 편집자〉

원문 : (가) **재산을 나누어 가지자 함이라.**

모든 사람의 재산을 토지, 건축 등 모든 부동산까지 다 합해다가 평균히 나누어 차지하게 하자 함이니, 이것을 가난한 사람은 물론 환영하겠지마는, 토지를 평균히 나누어 맡긴 후에 게으른 사람들이 농사를 아니 하든지 일을 아니 하든지 하야 토지를 다 버리게 되면 어찌 하겠느뇨? 부지런한 사람들이 부지런히 일하야 게으른 가난장이를 먹이어야 될 것이오, 이 가난장이는 차차 수효가 늘어서 장차는 저마다 일 아니하고 얻어먹으려는 자가 국중(國中)에 가득할 것이며,

해설 : 이승만은 공산주의가 사유재산을 부정하고 재산을 균등하게 분배하는 정책이 결국은 가난으로 귀결될 것이라고 예언했다. 경쟁과 차등이 없어지면 인간은 게을러진다. 부지런한 사람들이 이들을 부양해야 한다. 무위도식하는 이들이 점점 늘어난다. 나라는 가난해지고 생산물이 줄어들어 나눠 먹을 것도 없게 된다. 오늘의 북한을 90년 전에 예언한 글이다. 그것도 아주 쉬운 말로써. 이게 천재(天才)의 특징이다. 이박사는 인간의 본성을 정확하게 간파한 것이다. 그는 자유민주주의로 건국한 다음 국민들에게 자율과 경쟁과 책임의식을 가르치려 했다.

원문 : (나) **자본가(資本家)를 없이하자 함이라.**

모든 부자의 돈을 합해다가 공동히 나누어 가지고 살게 하면 부자의 양반 노릇하는 폐단은 막히려니와, 재정가(財政家)들의 경쟁이 없어지면 상업과 공업이 발달되기 어려우니, 사람의 지혜가 막

히고 모든 기기미묘한 기계와 연장이 다 스스로 폐기되어, 지금에 이용후생(利用厚生)하는 모든 물건이 다 진보되지 못하며, 물질적 개명(開明)이 중지될지라. 자본을 철폐하기는 어려우리니, 새 법률로 제정하야 노동과 평등 세력을 가지게 하는 것이 나을 터이며,

해설 : 공산당식으로 자본가를 없애면 경쟁이 사라져 기업이 발달하지 못한다. 그렇게 되면 상공업(商工業) 발전의 길이 막히고, 사람의 지혜도 써 먹을 데가 없어지며, 기계와 도구와 상품을 제대로 만들 수 없어 물질적 풍요를 이룰 수가 없다. 자본가를 없애지 말고 노동세력에 자본가와 평등한 권리를 보장하는 게 더 낫다.

원문 : (다) **지식계급을 없이하자 함이니,**

모든 인민의 보통 상식 정도를 높여서 지금에 학식으로 양반 노릇하는 사람들과 비등하게 되자 하는 것은 가하거니와, 지식계급을 없이하자 함은 불가능하며,

원문 : (라) **종교단체를 혁파하자 함이라.**

자고로 종교단체가 공고히 조직되어 그 안에 인류계급도 있고, 토지 소유권도 많으며, 이 속에서 인민 압제의 학대를 많이 했나니, 모든 구교 숭배하던 나라에서는 이 폐해를 다 알지라. 그러나 지금 새 교회의 제도는 이런 폐단도 없고 겸하야 평등 자유의 사상이 본래 열교확장(裂敎擴張)되는 중에서 발전된 것이라. 교회 조직을 없

이하는 날은 인류덕의(人類德義)상 손해가 다대할 것이며,

해설 : 지식계급을 없애면 무식자가 지배하는 세상이 된다. 일반 국민들을 교육해 지배층 비슷한 수준으로 올려야지 지식계급을 없애서 계급차별을 해소하겠다는 생각은 하책이다. 천주교가 권력을 잡고 사람들을 착취한 과거에 너무 얽매어서 종교를 없애자는 주장도 단견(短見)이다. 개신교는 평등과 자유사상을 발전시킨다. 그런 교회를 없애는 것은 인류의 도덕 발전에 큰 손해를 끼친다.

원문 : (마) **정부도 없고 군사도 없으며 국가 사상도 다 없이한다 함이라.**

이에 대하야는 공산당 속에서도 이론이 많을 뿐더러 지금 공산당을 주장한다는 아라사(러시아)로만 보아도 정부와 인도자와 군사가 없이는 부지할 수 없는 사정을 자기들도 다 아는 바라 더 설명을 요구치 않거니와, 설령 세상이 다 공산당이 되며, 동서양 각국이 다 국가를 없이하야 세계적 백성을 이루며, 군사를 없이하고 총과 창을 녹여서 호미와 보습을 만들지라도, 우리 한인은 일심 단결로 국가를 먼저 회복하야 세계에 당당한 자유국을 만들어 놓고, 군사를 길러서 우리 적국의 군함이 부산 항구에 그림자도 보이지 못하게 만든 후에야, 국가주의를 없이할 문제라도 생각하지, 그 전에는 설령 국가주의를 버려서 우리 2천만이 모두 다 밀리어네어(백만장자)가 된다 할지라도 우리는 원치 아니할지라. 우리 한족에게 제일 급하

고 제일 긴하고 제일 큰 것은 광복사업이라. 공산주의가 이 일을 도울 수 있으면 우리는 다 공산당 되기를 지체치 않으려니와, 만일 이 일이 방해될 것 같으면 우리는 결코 찬성할 수 없노라.

해설 : 공산주의는 계급을 국가보다 우선시한다. 계급을 대표하는 당(黨)이 국가 위에 군림한다. 공산주의의 이러한 국제주의를 이승만은 가장 신랄하게 비판한다. 나라를 잃은 민족이 나라를 되찾아 자주독립국을 만들려 하는데, 국가주의를 부정하는 것은 민족의 염원에 찬물을 끼얹는 민족반역질이란 지적이다. 국가주의를 버리면 백만장자가 된다고 하더라도 그것을 받아들일 수 없다는 것이다. 독립, 즉 광복사업에 도움이 되면 공산당이라도 좋지만 방해가 되면 절대로 용납할 수 없다는 주장이다.

② **이승만의 연설문 :** 공산당에 대한 나의 입장

1945년 12월 19일 저녁 7시 30분 이승만은 서울중앙방송국(KBS)을 통해 '공산당에 대한 나의 입장' 이라는 제목의 연설을 했다. 그때 이박사는 모든 정당과 정파(政派)를 통합한 범국민 조직으로서 독립촉성중앙협의회를 만드는 일에 열중하고 있었다. 이박사는 이 일을 방해하는, 박헌영(朴憲永)이 이끄는 공산당을 지목, 결별 선언을 한 것이다.

당시 공산당은 대중 조직이 가장 강했다. 30여 년만에 귀국한 이승만은 카리스마는 있었으나 직계 조직은 없었다.

하지 사령관의 미군정 당국도 공산당을 건국 과정에 참여시키려고 했다. 트루먼 행정부도 아직은 대소 봉쇄정책을 생각도 하지 않고 있을 때였다. 이런 가운데 이승만은 이 역사적 연설을 통해 공산당 극렬분자들을 반역자요 파괴자라고 정확히 규정했다. 그는 공산주의자들은 소련을 조국으로 생각하는 반역세력이고 파괴자들이므로 국가 건설과정에서 함께 갈 수 없다고 선언했다. 이 연설은 건국 지도자에 의해 이뤄진, 제2차세계대전 이후 공산당에 대한 세계 최초의 정면 대결 선언일 것이다.

"(공산당 극렬분자들은) '제 나라를 파괴시키고 타국의 권리범위 내에 두어서 독립권을 영영 말살시키기로 위주하는 자' 로, 양의 무리에 이리가 섞여서 공산 명목을 빙자하고 국권을 없이하야 나라와 동족을 팔아 사리와 영광을 위해 부언낭설로 인민을 속이며, 도당(徒黨)을 지어 동족을 위협하며, 군기(軍器)를 사용하야 재산을 약탈하며, 소위 공화국이라는 명사(名詞)를 조작하야 국민 전체의 분열상태를 세인에게 선전하기에 이르렀더니, 요즈음은 민중이 차차 깨어나서 공산에 대한 반동이 일어나매 간계(奸計)를 써서 각처에 선전하기를, '저희들은 공산주의자가 아니요 민주주의자' 라 하야 민심을 현혹시키나니, 이 극렬분자들의 목적은 우리 독립국을 없이해서 남의 노예를 만들고, 저희 사욕(私慾)을 채우려는 것을 누구나 볼 수 있을 것이다.

이승만은 선전, 선동 부분에서 공산당에 결코 지지 않는 전략과 기술을 가진 분이었다. 그는 공산당이 소련을 '프롤레타리아의 조국' 이라고 찬양하는 것을 약점으로 잡고 직격탄을 날렸다.

> "이 분자들이 러시아를 저희 조국이라 부른다니, 과연 이것이 사실이라면 우리의 요구하는 바는 이 사람들이 한국에서 떠나서 저희 조국에 들어가서 저희 나라를 충성스럽게 섬기라고 하고 싶다. 우리는 우리나라를 찾아서 완전히 우리 것을 만들어 가지고 잘하나 못하나 우리의 원하는 대로 만들어 가지고 살려는 것을 이 사람들이 한국 사람의 형용(形容)을 하고 와서 우리 것을 빼앗아가 저희 조국에 갖다 바치려는 것은 우리가 결코 허락지 않는 것이니, 우리 삼천만 남녀가 다 목숨을 내어놓고 싸울 결심이다."

이박사는 박헌영, 김일성이 이끌던 남북한 공산주의 세력의 본질을 정확히 간파, 이를 집중적으로 공격한 것이다. 이 자들이 스탈린의 졸개로서 소련을 위해 봉사하는 매국노들이란 점을 이렇게 직설적으로 폭로한 정치인은 해방공간에서 오로지 이승만 한 분뿐이었다. 그는 공산주의자들을, '한국 사람의 형용을 하고 와서 우리 것을 빼앗아가 소련에 갖다 바치려는 반역자' 로 묘사했다. 한국인의 모습을 하고 있으나 소련을 위해 복무하는 간첩들이란 지적이었다.

공산주의가 세계적으로 득세하던 시절에 도저히 나올 수 없는 표현인데, 적중한 예언이기도 하다. 70여 년이 흐른 지금도 유효한 분석이다. 남한의 공산주의자들, 즉 종북(從北) 세력은 민주투사나 한국인의 형용을 하고 있으나 매국노 김정은을 위해 복무하는 간첩세력인 것이다. 이승만 대통령은 이 연설에서 공산주의와 싸우는 방법도 제시했다.

"먼저 그 사람들을 회유(誨諭)해서 사실을 알려주는 것이다. 내용을 모르고 따라다니는 무리를 권유해 돌아서게만 되면 함께 나아갈 것이오…"

거짓 선동엔 진실의 햇볕을 비추어야 한다는 것이다. 그는 변할 수 없는 공산주의 골수분자들이 아니라 부화뇌동(附和雷同)하는 무리들을 설득의 대상으로 보았다. 이승만은

"교정이 되지 않는 공산주의자들은 '친부형(親父兄), 친자질(親子姪)이라도 원수로 대우해야 한다. 대의를 위해서는 애증(愛憎)과 친소(親疎)를 돌아볼 수 없는 것이다."

고 못 박았다. 그는 이어서 공산주의자들을 파괴자, 민족주의자들을 건설자로 규정했다.

"언제든지, 어디서든지 건설자와 파괴자는 협동이 못 되는 법이다. 건설자가 변경되든지 파괴자가 회개하든지 해서 같은 목적을 갖기 전에는 완전한 합동은 못 된다."

이박사는 끝으로 이렇게 호소했다.

"이 큰 문제를 우리 손으로 해결치 못하면 종시는 다른 해방국들

과 같이 나라가 두 절분(切分)으로 나뉘어져서 동족상쟁의 화를 면치 못하고, 따라서 우리가 결국은 다시 남의 노예 노릇을 면하기 어려울 것이다. 그러니 우리는 경향 각처에 모든 애국애족하는 동포의 합심 합력으로 단순한 민주정체하에서 국가를 건설하야 만년무궁한 자유복락의 기초를 세우기로 결심하자."

이 연설은 70세 노투사(老鬪士)의 위대한 선제공격이었다. 급소를 얻어맞은 조선공산당 박헌영은 중앙위원회 대표 명의로 '세계 민주주의 전선의 분열을 책동하는 파시스트 이승만 박사의 성명을 반박함' 이라는 장문의 성명을 발표했다. 표현은 극렬했지만 수세적일 수밖에 없었다. 박헌영 등 공산세력이 주도한 좌익의 통일전선체인 조선인민공화국은 이승만이 귀국하기 전에 그를 주석(主席)으로 추대했던 적이 있었다. 그래 놓고 그를 파시스트라고 공격하니 국민들에겐 잘 먹히지 않았다. 대중의 이승만에 대한 신뢰는 공산당의 선선, 선동이 무너뜨릴 수 없을 정도로 깊은 뿌리를 박고 있었다.

이승만이 공산당을 매국세력으로 규정한 지 1주일이 지난 12월 26일 모스크바에서 열린 미국, 영국 소련 3국 외상회담은 남북한에 대한 5년 기한의 신탁통치안을 발표했다. 김구, 이승만이 주도한 반탁운동이 전국적으로 일어났다. 박헌영의 조선공산당은 열화와 같은 민심에 동요해 찬반을 정하지 못했다. 지령이 내려오지 않았기 때문이다.

박헌영은 서울 주재 소련영사관을 찾아가 지침을 받으려 했으나 영사관측은 본국으로부터 훈령을 받지 못했다고 했다. 박헌영은 12월 28일 밤 비밀리에 38선을 넘어 평양으로 갔다. 그는 김일성 등 조선공산당 북조선 분국 간부들에게 신탁통치에 대한 남한의 민심이 반대쪽이라고 설명했다. 김일성도 어쩔 줄 몰라 했다. 모스크바에 갔던 북한 주둔 소련군 민정사령관 로마넨코가 평양으로 돌아온 다음날 박헌영에게 지침을 하달했다. 신탁통치를 결의한 모스크바 협정을 지지하라는 것이었다.

박헌영은 1946년 1월 1일 밤 평양을 출발, 2일 새벽 서울에 도착, 김일성과 보조를 맞추어 조선공산당 이름으로 모스크바 협정, 즉 신탁통치 지지 성명을 발표했다. 이승만의 1주일 전 예언대로 극렬 공산주의자들은 민심을 거스르고, 소련의 지령에 충직하게 복무함으로써 회복이 불가능한 패착을 두었다. 좌익은 매국세력, 우익은 민족진영이 된 것이다. 우익 주도의 반탁, 좌익 주도의 찬탁 정국은 어정쩡한 태도를 보이던 김구의 임정세력을 오른쪽으로 몰았다. 그 뒤 한 동안 이승만, 김구 연합전선이 형성되면서 좌익은 더욱 고립된다. 〈손세일의 '이승만과 김구평전' 발췌〉

(2) 왜 이승만은 신성모를 중용했을까?

이 질문에 대한 답을 찾기 위해서는 제헌국회의 정당별 세력분포와 제정된 헌법절차에 따른 제헌국회의 대통령과 부통령을 뽑는 무기명 투표 그리고 이승만 대통령의 국무총리 인선과정을 복기해 볼 필요가 있다. 8 · 15광복 후 한국문제 처리를 둘러싼 미국과 소련 간의 갈등이 결국 분단으로 귀결되면서 국제연합(UN)의 감시 아래 1948년 5월 10일 남한만의 총선거를 실시했다. 전체 의석 200석 중에 제주도 2개 구를 제외하고 198개 구에서 198명의 제헌 국회의원이 선출되었다. 제주도는 4 · 3 사건 발발로 선거가 무기한 연기되었다가 1년 뒤에 치러졌다.

제헌 국회의 정당별 의석 분포는 대한독립촉성국민회가 54석, 한국민주당이 29석, 대동청년단 12석, 조선민족청년단 6석, 대한독립촉성농민총연맹이 2석, 무소속 84석, 기타 11석이었다. 정당과 단체 기준으로는 대한독립촉성국민회가 제일 많았지만 전체적으로는 무소속이 가장 많았다. 무소속이 제일 많았던 이유는 아직 정당정치가 안착되지 못했다는 점과 함께 김구와 한국독립당처럼 단독정부 수립을 반대하면서 선거에 조직적으로 불참한 정치세력이 많았기 때문이었다.

초대 국회였기에 아무런 운영규정이 없었으므로 당선자들은 미군정 당국자들과 협의를 가진 끝에 5월 21일 신익희 의원을 위원장으로 하는 '국회 소집을 위한 준비위원회' 를 구성해 제반 준비를 감당케 했다. 이 위원회의 결의에 따라 5월 27일 국회의원 당선자 143명이 참석해 '국회의원예비회의' 가 소집되었다. 5월 31일 오전 10시 20분에 개원한 국회는 최연장자인 이승만을 임시 의장으로 추대해 의장 및 부의장 선거를 치렀다. 선거 결과 이승만이 압도적인 표차로 의장에 선출되었고, 부의장으로는 신익희와 김동원이 선출되었다.

이후 본격적인 활동에 들어간 제헌 국회는 가장 중요한 과제였던 헌법제정에 착수했다. 유진오 등이 주도적으로 참여한 준비과정을 거쳐 7월 12일에 헌법을 제정했다. 신헌법의 초안은 의원내각제였다. 이승만은 군소정당이 난립해 있고 정당의 기초가 확립되지 않은 상황에서 의원내각제를 채택하면 정국의 안정을 기대할 수 없다는 이유로 의원내각제를 반대했다. 그러나 내심은 제헌 국회의 다수당인 한민당을 견제하기 위해서였다. 이승만의 의견을 받아들여 헌법은 의원내각제에서 대통령중심제로 바뀌었다.

제정된 헌법절차에 따라 7월 20일 신익희 부의장의 사회로 대통령과 부통령을 뽑는 무기명 투표를 실시했다. 결과 대통령에는 이승만이 180표를 얻어 13표를 얻은 김구, 2표를 얻은 안재홍을 압도적으로 누르고 당선되었다. 부통령에는 133표를 얻은 이시영이 당선되었다. 7월 24일 중앙청 광장에서는 역사적인 정, 부통령의 취임식이 거행되었다. 환국 후부터 대통령으로 피선되는 과정까지 이대통령의 강력한 지지세력은 한민당이었다. 초대 대통령으로 당선된 이승만은 즉시 조각에 착수했다

정계의 화제는 국무총리 인선에 집중되었다. 초당파적인 인물로 북한지방을 대표할 만한 이윤영 조선민주당부위원장을 임명한다

는 추천서가 7월 27일 국회에 제출되었다. 대부분의 의원들은 한민당의 김성수를 국무총리로 지명할 것이라고 추측하고 있었다. 한민당의 강력한 반발과 이에 가세한 의원들의 반대로 이 제안은 부결되었다. 이대통령은 민족청년단 단장 이범석을 2차로 지명했다. 정당 세력이 약한 사람을 기용 초당적으로 정책을 추진하겠다는 이대통령의 설명이 있었다. 이 역시 한민당은 반대했으나 타의원들의 찬성으로 가결되었다.

이승만은 대통령에 취임한 이후 자신의 지지세력을 구축하기 위해 신성모를 발탁했다. 상하이에서 독립운동 진용에 참가했다는 신성모는 영국으로 건너가서 캡틴신이라는 이름으로 활동한 특이한 이력의 소유자였다. 국내에 기반이 없던 신성모를 이승만은 주의깊게 관찰했다. 1948년 9월 3일, 해군제독에 임명된 신성모는 동년 12월 25일, 내무부장관에 임명되었다.

1949년 2월 조선민족청년단의 해산 과정에서 족청과 갈등을 겪은 이승만은 이범석을 겸임하고 있던 국방장관에서 해임하고 그 자리에 '전임(專任) 국방장관의 존치' 라는 명목을 내세워 내무부장관 신성모를 임명했다. 1950년 4월 3일, 정치적인 이유로 국무총리직을 사퇴한 이범석은 중화민국 대사로 임명되었다. 그날 밤 이승만은 원내 각파 대표들을 경무대로 초청해 조병옥, 신흥우, 신성모를 총리로 추천했으나 각파에서 난색을 보이자 이윤영을 국무총리로 임명해 국회에 승인 요청을 했다. 그러나 4월 6일, 국회 표결에서 재석 155명 중 찬성 68표, 반대 83표, 기권 3표로 부결되었다.

1950년 4월 21일. 이승만은 다시 신성모를 국무총리로 임명했다. 정국은 2대 국회의원을 뽑는 선거로 급박하게 돌아갔다. 선거가 끝나고 2대국회가 개원된 지 6일 만에 6 · 25전쟁이 발발했다. 국방부장관을 겸임한 신성모 국무총리서리는 1950년 11월 22일, 서리 꼬리표를 떼어보지 못한 채로 국무총리직에서 면직되었다. 그리고 신성모 국방부장관은 대통령의 명을 받들어 자신이 이끌고 있던 대한청년단과 청년방위대를 통한 국민방위군을 조직하였다.

(3) 왜 이승만은 대한청년단에 집착했을까?

1948년 10월 19일. 발생한 국방경비대의 여순반란 사건을 계기로 군부 내 적색분자의 색출작업이 본격화되었다. 남로당 간부 이중업의 지령을 받던 군사연락책 이재복이 체포되었다. 그는

"박정희 소령(육군본부 정보장교)이 육군군부 내 조직을 담당했으며 전군부조직을 통괄한 사람이다."

고 폭로했다. 즉시 체포되어 무기징역형을 언도받은 박정희 소령의 전향은 군부 내 공산주의자들을 정리하는 실마리가 되었다. 필자는 박정희 소령의 전향이야말로 해방정국의 극렬한 좌, 우익의 이념대결에서 우익이 승기를 잡게 된 사건이라고 생각한다. 이후 벌어진 군부 내 좌익, 숙군(肅軍)은 6 · 25전쟁에서 우리 국군이 궤멸하지 않고 승리하게 된 중요한 원인 중 하나였다.

여순반란 사건을 계기로 우익청년단체를 국군의 기간조직으로

재편해야 한다는 우익청년단체들의 주장에 이승만 대통령은 난립해 있던 우익청년단체들을 통합하기로 결심했다. 1948년 11월 17일 서청(西靑), 독청(獨靑), 청총(靑總), 대청(大靑), 민족청년단(民族靑年團), 국청(國靑) 등 6개 청년단체의 최고책임자들이 이대통령을 방문했다. 이들은 대한청년의용단을 12월 말일까지 결성하고 500만 청년의 10분의 1인 50만 명에 해당하는 민병단(民兵團)을 조직하는 동시에 부대적 행동을 개시하기로 합의를 보았으나, 부서 배정 문제 때문에 족청(族靑)은 모임에서 탈퇴했다.

1948년 12월 19일. 족청을 제외한 5개 청년단체는 대한청년단으로 통합하고 이승만 대통령을 총재로 추대했다. 1948년 12월 26일. 이승만 대통령은 전일 내무부장관에 임명한 신성모를 대한청년단 단장으로 지명했다. 국무총리 인선시 한민당의 김성수를 배제하고 당내 기반이 약한 이범석을 지명했던 이승만은 대한청년단에 족청이 합류하지 않자 이범석을 경계하기 시작했다. 신성모의 대한청년단 단장 지명은 이범석의 족청을 견제하기 위한 이승만의 정치적 계산이 깔려 있었다.

대한청년단에 합류하지 않았음에도 족청의 단원수가 늘어나자 이범석의 세력 증대에 내심 불안해하던 이승만은 1949년 1월 15일, 민족청년단 해산을 명령했다. 그러나 일부 민족청년단 단원들은 해산을 거부하고 족청의 이름으로 활동을 계속했다. 1949년 3월 22일. 이승만은 이범석이 겸직하고 있던 국방부장관에 내무부장관 신성모를 임명해 신성모에게 힘을 실어주었다.

1950년 4월 3일. 정치적인 이유로 국무총리직을 물러난 이범석은 중화민국 대사로 임명되었다. 동년 4월 6일 이승만은 이윤영을 국무총리로 임명해 국회에 승인 요청했으나 부결되었다. 1950년 4월 21일. 고심에 고심을 거듭하던 이승만은 2차로 신성모를 국무총리에 지명했다. 그러나 이 지명은 2대국회의원 선거와 6 · 25전쟁 등으로 국회에 상정을 하지 못했고, 1950년 11월 22일까지 신성모는 국방부장관을 겸직한 국무총리서리를 유지하다가 2대 국무총리로 임명된 장면에게 국무총리직을 넘겨주었다.

1950년 1월 12일. 전미국신문기자협회(National Press Club)에서 미국무장관 애치슨은 '아시아에서의 위기' 라는 제목으로 연설했다. 우리에게는 '애치슨 라인' 으로 익숙한 이 연설에서 애치슨 미국무장관은 소련의 스탈린과 중공의 마오쩌둥의 공산화를 저지하기 위해 태평양에서의 미국 방위선을 알류산 열도 - 일본 - 오키나와 - 필리핀을 연결하는 선으로 발표했다.

그러나 이 선언은 미국의 극동 방위선에서 한국과 타이완, 인도차이나 반도를 제외시킴으로써 한반도에 대한 군사적 공격에는 대응하지 않는다는 입장으로 비쳐져 북한의 오판을 불러일으켰고, 6 · 25전쟁 발발의 원인이 되었다. 이어서 한반도에서 미군이 철수한다는 소식과 함께 국군의 10만 병력 보유안과 20만 명의 예비병력

육성이 당면과제로 떠올랐다. 1949년 9월 5일. 이승만 대통령은 대한청년단 단원에게 다음과 같은 당부와 함께 준비를 지시했다.

"호국단과 민보단은 본래 청년단으로 조직된 것이니만치 청년단과 합류해서 정부에서 계획 중인 상비병 10만 명 중 아직 모병 못한 3만 명과 예비병 20만 명을 다 호국군과 민보단 중에서 대부분 선택할 것이며, 이러한 순서하에서 상비병 10만 명을 충분히 만들고, 예비병 20만 명을 조직할 때까지는 명의만을 가지고 훈련과 조직 범절을 준비할 것이며, 그것이 충분히 된 후에는 또한 그 명칭까지 삭제시켜서 청년단에 합류시킬 것이다."

1949년 12월 3일. 이승만 대통령은 대한청년단을 주축으로 해 예비역 임무를 갖는 20만의 '청년방위대'를 편성해야 하겠다면서

"나는 처음부터 국방치안에 대해서는 군경을 증대시킴보다 이 군경이 구비하고 있는 조직과 훈련을 기초로 일반 국민 중에서 정병을 양성해야 된다는 구상하에 지방청년단을 조직해 민병을 체제화하고, 이로써 국내의 자치자위를 담당케 하고자 한다."

고 기자들에게 밝혔다. 1950년 4월 19일. 신성모 국방부장관은

"월남 동포들을 중심으로 한 청년방위대 20만 명과 이를 지도할 간부 15,000명도 완전히 조직되어 다시 이것을 전국 20개 사단으로 편성한 다음 그 중 수개 사단을 해안경비대로 사용, 직접 해군의 감독하에 두도록 강구하는 동시에, 이들에 대한 훈련도 3월 말까지는 완전히 끝마칠 것이었으나, 1950년도 예산이 모

두 삭감되어 이것이 운영에 커다란 지장을 초래해 이 실정을 대 청간부들과 토의한 결과 권력은 고사하고 무보수라도 단지 공산당 숙청은 물론 향토방위의 자진 희생을 아끼지 않겠다는 그들의 지대한 성의로 완전히 훈련을 마친 것이다."

고 언명했다.

1950년 5월 9일. 국무총리서리 신성모는 대한청년단 단장을 사임하고 5월 8일자로 전문교부장관 안호상씨가 총재 이승만 박사의 명을 받아 단장서리로 시무케 되었다. 그러나 6·25전쟁으로 대한청년단 단장은 공석으로 남아 있었다. 1950년 10월 25일. 대통령의 지시를 받은 대청(大靑) 상무집행위원회는 공석인 대한청년단 단장에 동단 부단장인 육군준장 김윤근을 선출했다. 1950년 10월 30일. 청방사령부에서 청방(靑防) 신구단장의 이취임식이 거행되었다. 이 자리에서 신(申)전임단장은

"앞으로 우리나라에는 최소 50만의 청년이 요구되고 있다. 이 청년을 훈련하고 조직하는 데는 그 책임이 그대들에게 있는 것이니 남을 믿지 말고 각자 맡은 바 임무를 충실히 완수해 주기를 거듭거듭 부탁하는 바이다."

라고 훈시했다.

1950년 5월 30일. 제2대 국회 총선은 5·10선거 때와는 달리 공산세력을 제외한 모든 정당 사회단체 정치인들이 적극적으로 참여했

다. 이 선거의 특징은 이승만 지지에서 등을 돌린 민국당과 이승만 지지 세력인 국민당 간의 싸움이 아니라, 이들 두 당을 포함한 보수세력과 민족자주연맹 등으로 대표되는 혁신세력 간의 대결이었다는 점이다. 민국당은 내각책임제 개헌과 독재정치 배격, 국민당은 대통령 직선제 개헌 지지 등으로 정책적인 면에서 서로 다른 주장을 폈으나, 혁신정파들은 민족사회주의적인 경제정책과 남북협상을 통한 평화적 조국 통일을 주장함으로써 보수세력과는 판이한 색채를 보였다.

1951년 3월 3일. 국회는 원구성을 완료했다. 신정동지회 70명, 공화구락부 40명, 민주국민당 40명, 민우회 20명 등 4개의 교섭단체가 등록되었다.

국회의장에는 민국당의 신익희 의원이 선출되었다. 부의장으로 선출된 장택상, 조봉암 의원을 비롯해 5명의 무소속 의원을 제외한 170명의 의원이 각기 소속 교섭단체에 가입했다. 민우회는 신정동지회 일부와 공화구락부, 일부 무소속 의원들의 결속체로 신정과 민국, 공화가 과반수를 점하지 못한 바 그 중간에서 캐스팅 보트 역할을 담당하기 위해서 급조된 교섭단체였다.

국민방위군 예산이 정치자금으로 신정동지회에 유입되었다는 민국당 고영완 의원의 발언은 신정동지회의 몰락으로 이어지고, 공화구락부와 통합되어 공화민정회가 결성되었다. 정당을 반대해 오던 이승만 대통령은 이제 그 시기가 도래했다고 생각함인지 적극적으로 지원하겠다는 격려사를 공화민정회에 보냈다. 대통령의 격려사 때문일까? 사건의 몸통인 신성모는 소환하지 못한 체로 국민방위군 관계 1억 3천만 원 사건은 종결되었다.

신정동지회 사무국장이자 공화민정회 사무국장 조영환은 무죄판결을 받고 풀려났다. 1951년 8월 15일. 광복절 기념사와 8월 25일. '신당조직에 관해' 라는 담화문을 통해 이승만 대통령은 신당 건설을 제시했다. 이승만이 일민주의를 이념으로 한 신당결성을 추진하는 것에 불만을 느낀 공화민정회 내 구공화구락부는 원내만의 발기인회를 구성할 것을 결의 1951년 10월 13일. 신당원내발기회 회합을 갖고 마침내 원내신당발기준비위원회를 결성했다.

공화민정회의 신당은 12월 23일 국회의사당에서 창당대회를 개최해 중앙위원회 부의장에 이갑성, 김동성을 선출하고, 당명을 '자유당' 으로 발표하고 자유당을 발족했다. 한편, 동년 12월 17일에 먼저 원외자유당이 이승만을 당수로, 이범석을 부당수로 추대하는 발기인대회를 개최한 바 있었다. 이대통령은 자유당은 하나밖에 없다며 이 원외자유당 지지를 표명함으로써 양당의 분열이 격화되었다.

국민방위군 관계 1억 3천 만 원 사건으로 무죄판결을 받은 신정동지회 사무국장이자 공화민정회 사무국장 조영환이 간첩 혐의로 체포된 것은 3대국회 때였다. 자유당 선전부 차장이자 자유당 영등포지구당위원장으로 3대 국회에 출마해 낙선한 조영환은 황익수와

함께 체포되었다

"황은 북한괴뢰집단에서 원산, 청진 등지의 검찰소장을 지내는 한편 괴뢰정치부의 선전책으로 있던 자로, 간첩의 사명을 띠고 월남해 정계에 침투해 평화통일론을 가지고 고위층 인사를 포섭하려고 꾀했으며, 조는 자유당 중앙당 문화부차장의 요직에 있으면서 전기 황과 접선해 간첩행위를 방조하는 등 암약해 온 것이다."

황은 1심에서 무기징역을, 조는 징역 5년을, 항소심에서는 전기 2명에게 사형이 언도되었으나, 1957년 8월 대법원에서 황익수는 사형, 조영환은 15년형이 확정되었다.

반공의 첨병에 섰던 대한청년단과 국민방위군의 예산이 신정동지회로 유입될 당시 신정동지회의 사무국장이 북한의 지령을 받았던 고정간첩이었음을 우리 모두 망각하고 국민방위군 사건을 이해하고 있었다는 사실이 씁쓸한 뒷맛을 남기고, 필자의 가슴을 아리게 하고 있다.

4) 대한청년단 관련 신문기사

〈1948년 11월 19일 동아일보〉

각 청년단체를 일원화, 방공(防共) 태세를 정비, 명춘(明春) 1월 1일 재출발

전남반란 사건(여순반란)을 계기로 국방군 강화가 절실히 요청

되고 있는 이때 지난 17일 하오 3시, 서청(西靑), 독청(獨靑), 청총(靑總), 대청(大靑), 민족청년단(民族靑年團), 국청(國靑) 등 6개 청년단체의 최고책임자 1명씩이 경무대로 이대통령을 방문하고, 국방군 강화문제에 대해 토의했다 한다.

동회의에는 윤치영 내무장관, 안호상 문교장관이 임석했는데, 앞으로 속한 기일 안에 각 청년단체 대표 1인씩으로 위원회를 조직하고, 동위원회의 결의를 반대하는 단체는 제외하고 청년단체의 통합문제를 동위원회에서 결정하기로 했다 한다. 특히, 동일 회합에는 우선 12월 말일까지 방공에 대한 준비를 일체 끝마치고 정부에 무기대여를 요청하기로 결의했다 한다. 이리하여 앞으로 반공태세는 필연적으로 강화될 것이며 각 청년단체의 역할이 클 것으로 기대된다,

〈1948년 11월 28일 동아일보〉

청년의용단 조직, 부서 결정에 다소 난색

각 청년단체에서는 현하 비상사태에 대처하는 동시에 공산분자를 철저히 분쇄하기 위해 자진해 각 청년단체를 통합하고 새로운 기구 조직문제를 연일 토의한 결과로 대한청년의용단을 12월 말일까지 결성하고, 500만 청년의 10분의 1인 50만 명에 해당하는 민병단(民兵團)을 조직하는 동시에 부대적 행동을 개시하기로 각 청년단체 대표자회의에서 합의를 보아 일반의 주목을 끌어오던 바 최후적 문제인 동단의 부서문제에 들어가 난관에 봉착하고 있다 한다.

즉, 동청년단체 통합문제를 발기할 당시에는 서청, 청총, 독청, 국청, 대청, 대한민족청년단 등 6개의 청년단체였는데, 민족청년단은

여기서 탈퇴하고 5개 청년단체가 연일 종로 청총회의실에서 회의를 진행 중에 있는데, 이 회의에서 최후로 부서가 결정되면 이대통령의 인준을 받아 동청년단체의 행동이 개시되는 것이라 하며, 다만 앞으로의 난관은 동단의 부서 문제뿐이라 한다.

〈1948년 12월 9일 동아일보〉

이대통령을 총재로 추대, 청년단체를 통합, 19일에 결성식 거행

완전 합의를 보아 오는 19일 대한청년단 결성식을 거행하는 동시에 현재까지의 각 간판을 떼어버리고 발족케 되었다 한다. 오래 전부터 동준비위원회에서는 동단의 총재에 이승만 대통령을 추대하고 교섭 중이던 바, 이대통령도 총재를 수락했다 하며 단장과 주요 부서는 총재가 임명하기로 되었다 한다. 이리하여 일반의 기대와 관심을 끌고 있던 청년단체 통합은 드디어 실현을 보게 되었는데, 이번에 합동키로 된 대청, 서청, 독청, 청총, 국청 등 5개 청년단체에서는 요지 다음과 같은 성명서를 발표해 동단의 나아갈 길을 명백히 했다.

"우리 청년은 궐기해 민족 국가의 위기를 극복하기로 용감히 전진하게 된 것이다. 조국의 운명은 시간을 다투고 이러한 정세하에 해방 이래 반역도배 공산파괴분자를 상대로 혈투를 계속해 온 5개 청년단의 피끓는 젊은이들이 중심이 되어 이승만 박사를 총재로 모시고 '갈 길은 하나' 라는 구호를 높이 들고 순수한 동포애에서 용감히 통합대회를 보게 되었다."

〈1948년 12월 19일 동아일보〉

청년단체를 통합, 대한청년단 결단식 거행 오늘 11시 서울운동장에서

이승만 대통령을 총재로 추대하고 그 동안 준비 중이던 대한청년단 결성대회는 금 19일 상오 11시부터 서울운동장에서 각 지방 대표들까지 참석해 성대히 거행키로 되었다. 해방 이래 중앙은 물론 지방까지 난립된 청년단체는 수십여 단체에 달해 그 행동통일이 불가능했던 것을 깨달은 각 단체에서는 과반 무조건 통합을 청원케 되자 이승만 대통령을 총재로 통합청년단체로 발족케 된 것이다.

이리하여 19일 결성대회와 때를 같이해 독청이니 서청이니 하는 간판을 떼어버리고 대한청년단 간판을 새로 걸게 된 것이다.

"대한의 청년들아 이때에 뭉치자."

라는 구호 아래 씩씩하게, 힘차게 청년의 사명을 완수하자는 목표로 지향하는 청년들의 결심에 일반 대중으로 하여금 커다란 기대와 관심을 갖게 하고 있다.

〈1948년 12월 22일 동아일보〉

대청(大靑)을 양분, 청장년층 정치활동

대한청년단이 신생케 됨에 따라 대동청년단에서는 25세 이하는 대한청년단에 가입케 되고, 25세 이상의 장년층은 정당에 가담키로 되었다고 한다. 그리고 대한국민당에서 최고위원으로 교섭 중이던 대동청년단단장 이청천씨는 금반 동교섭을 수락하는 동시에 대청단원 25세 이상의 장년층도 동일보조를 취하기로 되었다 한다.

이리하여 대청은 청년단원 또는 정객으로 양분되어 각각 새로운

행동을 취하게 되었다. 한편, 이청천씨는 30년 전 조국광복을 위해 압록강을 건너 중국으로 향할 때 본명 지대형(池大亨)을 자기 어머니 성 이씨와 청천이란 이름으로 개명했던 것인데, 작 21일을 기해 본명 지대형으로 부르게 되었다 한다. 그리고 씨는 이번 대청의 변동에 제해 지난 20일 요지 다음과 같은 성명서를 발표했다.

"대청은 25세 이하는 무조건으로 신생 대한청년단에 통합 재편시키고, 25세 이상의 장년층은 새로운 정치결사에로 결속하되, 새로 1당을 구성치 말고 과거조직체계를 통해 가장 우호관계를 맺어온 국민 중심의 신당인 대한국민당과 각동하기로 도모한다."

〈1948년 12월 25일 경향신문〉

내각개조 단행, 민의에 따라 내각을 강화. 내무, 외무 등 3장관 경질, 내무장관에 신성모 제독 취임

단기 4245년 중국 오송상선학교 입학 도중 난징해군사관학교로 전입, 졸업 후 무선전신과 전공, 윤돈항해(倫敦航海)대학졸업(?). 졸업 후 대서양, 인도양에서 활약하다 지난 9일 30년만에 귀국 후 해군 제독 취임.

〈1948년 12월 26일 동아일보〉

신(申)내무장관 한청단장 취임

대한청년단 총재 이승만 박사는 19일 서울운동장에서 열린 청년단 통합대회 식장에서 신성모씨를 동단 단장으로 임명했는데, 씨는 이를 수락하고 24일 하오 3시부터 사회부에 있는 대한청년단 단장

실에서 정식으로 단장 취임식을 거행했다.

〈1949년 1월 9일 동아일보〉

결국은 통합, 주목되는 족청(族靑)

수많은 청년단체를 통합해 대한청년단으로 발족케 되어 우리나라의 방위태세를 강화하는 동시에 청년들에게 부여된 중대한 사명을 달성하기에 전력을 다하고 있는 이때 민족청년단에서는 아직 이에 가담치 않고 있어 일반의 주목을 끌고 있다. 즉, 과반 민족청년단에서는 이승만 대통령에게

"통합하는 데는 이의가 없으나 2~3개월의 시간적 여유를 달라."는 건의서를 전달한 바 있는데, 이대통령은 이 건의서에 대해 해산명령이 내려지기 전에 미리 민족청년단을 해체하고, 대한청년단에 통합하라는 요지의 담화를 발표한 바 있었다. 이에 민족청년단 측에서는 이대통령의 담화가 있자 부단장 노태준씨 외 2인을 대표로 선출해 작 8일 이대통령을 방문케 하고 통합문제에 대해 상의했다는 바 앞으로 결국 민족청년단은 대한청년단에 통합될 것이 확실시되나, 민족청년단측으로서는 통합하는 데 있어서의 몇 가지 조건이 제시되리라 한다.

〈1949년 1월 18일 동아일보〉

족청에 해산령, 이대통령 특별발표

이대통령은 15일 민족청년단 해산에 관해 다음과 같은 내용의 특별 발표가 있었다.

모든 청년단은 해산하고 통일단체를 만든 것은 그 목적이 첫째는

전국 청년의 통일조직으로 반역도당들의 살인, 방화 등 지하공작을 타파하고 군경을 후원해 치안을 보장케 하는 것이고, 둘째는 청년단체의 대립분쟁의 원인을 제거해 청년 분열의 후환을 막으려는 것이니, 족청은 자체의 문제로 시일을 지연해 국가대사 진행에 지장이 되게 이른 것을 유감으로 생각하는 바이며, 국무총리 지령으로 해산령이 발표되었으니 해당단체 지도자들은 지체 말고 즉시 명령에 복종해 대한청년단과 무조건 합류해 소기의 목적을 완수하고, 어떤 청년이든지 정치상 관계를 끊고 정부당국의 명령하에서 법률을 엄중히 지켜 불법행동을 일체 엄금할 것이다.

〈1949년 3월 22일 동아일보〉

정부보강을 단행 국방부장관에 신성모씨 임명

전반 국회에서 정부에 건의한 시국수습 대책 중에도 있는 바와 같이 전임(專任) 국방부장관의 존치는 국내외 정세에 비추어 시급한 바가 있었는데, 신중을 요하는 지위인 만치 시일은 걸렸다 하더라도 덕망이 높은 신성모씨가 작일 중책과 중망을 일신에 지고 드디어 등장하게 되었다. 씨는 제2차세계대전에 혁혁한 전공을 세웠을 뿐 아니라 애국애민의 충성에 불타는 분으로, 고결한 인격의 소유자인지라 이 나라의 배주(背柱) 같은 국군의 확립에 거대한 족적을 남길 것으로 기대되는 바이다.

이와 아울러 전내무차관으로 있던 김효석씨가 내무장관으로 승진한 것도 처음부터 장관급 인물인지라 그 직책수행이 순조로울 것을 믿어 의심치 않는 바이다. 여하간 신국방부장관과 김내무부장관의 인선은 조각 이래 히트임이 틀림없고 정부보강에 일보전진을 보인 것으로 다 같이 환영하는 바이나 일반국민의 적극적인 지지와 민족진영의 총단결로 남북통일의 민족적 대업을 완수하기 위해 백척간두에 진일보 감을 금할 수 없는 바이다.

정부사령. 21일부, 국무총리겸 국방부장관 이범석 원에 의해 겸직을 면함, 국무위원 내무부장관 신성모 국방부장관에 임함, 내무차관 김효석 국무위원에 임함, 내무부장관에 보함.

신성모씨 약력 : 중국해군대학을 졸업하고 임정군사위원으로 활약, 1920년에는 국내연락차 입국하다 안동사에서 피체되어 3년간 옥중생활을 하고 도영(道寧) '엑스토라마스타(선장이란 의미의 학위)' 를 획득, 제2차세계대전 중에는 영국해군으로서 지중해, 인도양 작전에 있어서 막대한 공헌을 하고 작년 정부초청에 의해 환국 후에는 대한청년단 단장. 12월 24일. 내무부장관에 취임해 현재에 이른 금년 59세의 제독이다.

〈1949년 3월 22일 동아일보〉

한청의 예산 국비보조 요청

대한청년단에서는 지난 29일 하오 1시부터 중앙집행위원회를 개최하고 단헌의 일부를 수정해 건설국을 독립시키기로 했으며, 예산문제를 심의했는데, 예산의 일부보조를 국회와 정부에 요청하기로 했다 한다. 그리고 동회에서는 최근 경향 각지에서 물의의 중심이 되어 있는 민보단, 호국단, 의용단 등을 일체 해산하고 한청과 합류시키기를 정부 당국에 요청하기로 만장일치 가결했다 한다.

그런데 금반 한청예산 제출은 동단이 아직 국립청년단으로서 하등 근거를 갖지 못한 만큼 정부와 국회에 대한 거조가 주목되는 바이며, 이것을 계기로 동단은 국립청년단이 되느냐, 사설청년단이 되느냐? 하는 문제가 판결되리라 한다. 그래서 이 문제에 관해서는 동단 내부에서도 논의가 많았으며 일반 시민측의 의견도 있어 한청으로서는 반관 반민을 지향하기로 결정된 듯하며, 따라서 예산요구도 동단 경비의 일부 보조를 요구하기로 했다 한다.

〈1949년 4월 24일 동아일보〉

민족단결 시급 대한청년단 담(談)

대한청년단에서는 23일 미군 무기 양도와 국공화평교섭 결렬에 대해 다음과 같은 요지의 담화를 발표했다.

① 미군이 철병하기 전에 무기를 한국에 양도하겠다는 '에치슨' 미국무장관의 언명에 감사하며, 조속한 기일 내에 우리 군경이 강력히 무장되기를 기대해 마지않는다.

② 중국에 있어서나 한국에 있어서나 공산당과의 타협은 불가능한 것이다. 우리는 중국의 사태를 거울삼아 민족진영의 일층단결을 완성하지 않으면 안 될 것이며, 이 기회에 공산주의자의 반성을 촉구해 마지않는 바이다.

〈1949년 4월 24일 동아일보〉

한청(韓靑)지방간부 1,000명 훈련

대한청년단에서는 각 지방 단위의 총훈련을 전제로 우선 전국 각 군단부 이상의 훈련책임자를 소집 훈련시키기로 했다는데, 오는 5월 1일에는 약 1,000명의 청년간부가 육군사관학교에 입학하기로 되었다 하며, 1개월의 훈련을 마치고는 각각 육군 소위로 임명되어 출신지방 청년단에 돌아가 배속장교의 자격으로 청년훈련에 전념하기로 되었다는 바, 미군철퇴를 앞두고 국민 총무장 총단결이 요청되는 현실에 비추어 그 성과가 크게 기대되는 바이다.

〈1949년 4월 25일 경향신문〉

호국군을 중핵(中核)으로 20만 예비병을 조직

이대통령 남한순시에 수행 중인 국군 채(蔡)참모총장은 특별열차에서 기자단과 회견, 예비병 조직에 관해 다음과 같이 말했다.

"국군의 10만 병력 보유안은 이미 미(美) 로얄(C. Royall) 육군장관 및 웨더 마이어(A. C. Wedemeyer) 참모차장이 내한했을 때 작성된 것이므로, 미국으로부터 장비원조 도착 즉시 구체적으로 실시될 것이다. 정규군 강화와 아울러 호국군을 중핵으로 학도호국단, 대한청년단 기타 단체로 예비병 조직이 5월 상순부터 개시될 것이다. 그리고 5월 상순부터 서상천씨를 비롯해 몇몇 청년지도자를 포함해 각 도군 대한청년단 간부 훈련부장, 부단장 등의 단기 군사훈련이 육군사관학교에서 40일간 있은 후에 예비사관 자격으로 각각 소속 단체에서 학도 호국단 훈련과 병행해 진행될 것이다."

〈1949년 7월 5일 경향신문〉

한청간부 특별진급, 금년 국가비상지추에 임전태세를 강화하기 위해 대한청년단 지도훈련을 해 온 다음 수명이 특별 진급했다.

* 예비역 소위 서달, 동 강인수, 동 김윤근, 동 유지원. 임 예비역 육군 소령

* 예비역 소위 심명섭, 동 박찬구, 동 박경호, 동 김원곤, 동 김두호 임 예비역 육군 중위

〈1949년 7월 17일 동아일보〉

한청 부단장에 김윤근씨 취임

대한청년단 부단장 이성주씨가 내무부 사찰과장으로 취임함에 따라 동단 감찰국장 김윤근씨가 부단장으로 취임하게 되었는데, 신임부단장 김윤근씨는 소감을 다음과 같이 말했다.

"이성주씨를 사찰과장으로 보내게 된 것은 단을 위해 애석한 일이며, 비재천학한 나로서 부단장의 중임을 맡게 된 것은 단의 장래 과업완수를 위해 송구불감한 바이다. 앞으로 단원 동지와 함께 조국건설에 매진할 것과 난국타개를 위해 분골쇄신할 것을 맹세하는 바이며, 각계 각층 선배 동지들의 가일층의 지도편달과 협조를 빌어마지않는 바이다."

〈1949년 8월 12일〉 동아일보〉

안두희 특사운동, 각 단체에서 전개

고 김구 선생 살해 사건의 진상은 어떠하며 그 범인 안두희의 판결은 어떻게 되느냐? 하는 문제는 그간 전국민의 관심사로 되어 있는데, 저번에는 헌병사령부로부터 그 진상이 발표된 바 있었고, 지난 6일에는 군법회의에서 종신형의 판결이 있었던 것이다 그런데 이 사건의 진상이 발표된 후로부터 국내 일부에서는 안(安)은 애국청년이므로 이를 무죄 석방하라는 여론이 대두되기 시작했으며 공판 당시 군법회의장인 대법정 주위 담장에는

"애국청년 안두희를 무죄석방하라."

는 삐라가 수없이 붙어 있었던 것이다. 급기야 이러한 내염적 운동은 표면화되어 금 12일에는 대한청년단 외 16정당사회단체에서 안두희를 특사하라는 진정서를 대통령과 국무총리, 국방장관에게 제출했다 한다.

〈1949년 9월 5일 동아일보〉

세포조직을 확장, 치안책임 분담 보좌하라.

대한청년단 총재 이승만 박사는 금반 대한청년단 사명을 명시하는 다음과 같은 지시를 했다 한다.

민심이 통일되면 외란도 무려히 방비할 수 있을 것이요, 민심이 합일치 못하면 태평성대라도 보전하기 어려움은 누구나 다 아는 바이다. 사람마다 사심을 버리고 공익을 중히 여겨서 나라일이 잘되기만 목적하게 되면 민심이 스스로 합일될 것인데, 만일 각인각자가 단체를 조직해서 세력을 부식하려고 하면 그 백성은 정신통일이 될 수 없음이 정한 이치이다.

국민회가 유일한 민족운동단체로 많은 공로가 있었으나, 중간에 다소의 지장으로 인연해서 속히 성공될 것이 지연된 적도 있고, 많은 공효를 감소된 유감도 있었으니, 이는 그 중 관계되는 간부들이 정당과 기타 사회단체에 관련됨으로 인연해 손해를 면치 못하게 된 것이요. 청년단이 자초로 애국성심과 민족운동의 큰 기관이었으나, 각 단체가 분립해서 같은 목적 아래 알력이 있게 되어 열렬한 애국심을 가지고도 사업진행의 오해와 손해를 또한 면치 못하게 된 것이다.

이상 두 가지 경력을 참고해 지금부터는 모든 폐해를 다 타파하고 오직 공심과 민족정신으로만 표준을 삼아 한 명의와 한 주의로 사상과 행동을 통일해야만 국가와 민족의 광대한 사업을 지체없이 대대적으로 매진성공하리니, 일반국민은 이에 다시 경성해서 다 한 마음으로 뭉처 파괴반란분자의 화근을 방위해야만 될 것이다.

반란분자의 살인, 방화, 강탈 등을 막아서 생명재산을 보호하고 치안을 정돈하며 관민합작으로 지방마다 국민회를 조직하고 국민회 당국자들이 부적당한 곳에서는 상당한 애국자를 선택해서 책임을 담당케 하며, 치외의 일을 행해서 민간에 폐끼치는 자를 파면하고 공정한 애국자를 선택 시무케 하며, 반관민제도로 정부 관리와 경찰과 군인을 후원케 하며, 반란분자들이 잠복하거나 잠행해 요란을 양성할 여지가 없도록 당국에 조사보고할 것이며, 관리들도 이에 동란하거나 자격에 불합한 자를 해면시켜서 공정한 인원으로 대신 시무케 할 것이니, 지방 관리와 경찰 당국들은 그 소관 산하에 민간안위의 책임을 국민회에 얼마쯤 지게 만들고 그 후면에서 보호할 것이며, 청년단도 역시 국민회와 같이 세포조직을 다시 확장해서 해당지방의 관민합작으로 치안책임을 분담시켜서 군경과 지방관리를 보좌하는 기관을 만들 것이며, 이에 민족운동으로 다른 단체나 조직을 만들어 또 다시 동일한 지장을 되풀이하는 것은 일절 막아서 이를 금해야 할 것이다.

호국단과 민보단은 본래 청년단으로 조직된 것이니만치 청년단과 합류해서 정부에서 계획 중인 상비병 10만 명 중 아직 모병 못한 3만 명과 예비병 20만 명을 다 호국군과 민보단 중에서 대부분 선택할 것이며, 이러한 순서하에서 상비병 10만 명을 충분히 만들고 예비병 20만 명을 조직할 때까지는 명의만을 가지고 훈련과 조직 범절을 준비할 것이며, 그것이 충분히 된 후에는 또한 그 명칭까지 삭제시켜서 청년단에 합류시킬 것이다.

청년단은 여전히 군사훈련과 정신을 고취해서 국가유사지시에는 국민된 책임을 다하도록 하며, 평시에는 법률보호와 치안유효와 산림수호, 도로수축, 상시청결 등과 기타 반공운동에 각각 소재지에서 책임 분담시킬 것이다. 반공운동은 전국민이 다 이로써 인민의 사생과 국가의 존망을 판달할 경우에 처해 있으니 누구나 이 운동에 등한해 가지고는 될 수 없을 것이다.

그럼에도 반공연맹에는 또 특별한 이름을 지어 부분을 만들면 도리어 알륵이 생겨서 행동통일에 방해되리니, 반공연맹은 다 국민회와 청년단으로 합류해서 반공운동을 부분적으로 하지 말고 전국 통일적으로 해야 할 것이니, 이 의도에서 부분적 행동을 다 버리고 다만 나라를 위해서만 통일된 범위 내에서 다 한 뭉치가 되어 함께 진행함으로써 사나 죽으나 우리 민족이 다 같은 보조를 취하자는 주의에 지장이 없이 순리로 나가기에 특히 주의해야 할 것이다.

〈1949년 11월 28일 동아일보〉

청년방위대 편성, 예비역 임무 담당, 신(申)장관 담(談)

신성모 국방장관은 대한청년단을 주축으로 해 예비역 임무를 갖는 20만의 '청년방위대'를 편성해야 하겠다고 언명했다. 즉, 앞서 이승만 대통령은 치안과 국방을 강화하기 위해 '민병'을 조직하겠다고 언명한 바 있는데, 이를 구체화하기 위해 전국 방방곡곡 각지의 부락을 방위하는 청년방위대의 필요성이 재확인된 것이다.

민보단을 비롯한 여타의 청년조직들도 궁국에 있어서 본방위대에 편입케 되는 것이며, 현하 급속도로 가중되어 가는 국방역량 강화의 필요성으로 볼 때 즉시 실현되어야 한다고 강조했다. 이어서 해공(海空) 양군 강화에 언급해 현재 일본서 수리 중인 '뽈틱'형 수성선이 12월 5일경이면 완성되어 올 것이며, 북한 괴뢰집단이 현재 가지고 있는 해군 장비에 관해서는 항시 적확한 정보를 파악하고 이에 대비책을 강구하고 있으며, 공군은 단시일 내에 일당백할 만한 발전을 하고 있어, 앞으로 충분한 실력발휘가 기대된다고 말했다.

〈1949년 12월 3일 경향신문〉

20만 민병제(民兵制)의 예비대로 청년방위조직

이대통령은 2일 상오 10시 반 중앙청 제1회의실에서 기자단과 회견하고, 중남미 파견 사절단, 민병조직 등 현하의 제반 문제에 관해 대요 다음과 같이 일문일답을 교환했다.

문 : 앞서 정부에서 중남미 파견 친선사절단 대표를 인선 전형 중이라 했는데, 누가 결정되었는가?

답 : 김동성씨를 친선사절단 대표로 임명했는데, 불일중 장(張)대사의 알선으로 쿠바, 멕시코를 위시해 라틴아메리카 제국을 예방할 것이다.

문 : 방금 지방에서는 청년방위대를 조직하고 그 훈련에 당하고 있는데, 이것은 대통령이 언명한 민병단조직과 어떠한 관련이 있는가? 이에 따라 이후 민보단, 대한청년단의 형태는 어떻게 변형될 것인가?

답 : 나는 현하의 실태에 비추어 청년운동의 의의를 강조해 왔는데, 청년단이 조직되고 청년운동이 전개되는 당초에는 정세의 추이에 따라 부득히 청년운동이 정치운동화한 경향이 없지 않았으나, 청년단 자체의 자각으로 금일에 와서는 청순한 청년운동 방향을 따르게 된 것은 반가운 일이다. 나는 처음부터 국방치안에 대해서는 군경을 증대시킴보다 이 군경이 구비하고 있는 조직과 훈련을 기초로 일반 국민 중에서 정병을 양성해야 된다는 구상하에 지방청년단을 조직해 민병을 체계화하고 이로써 국내의 자치자위를 담당케 하자는 것이다.

그러므로 작금 지방에서 조직 훈련 중인 청년방위대는 앞서부터 기하고 있던 20만 민병제의 예비대라고 할 수 있다. 호국단 및 민보단도 이와 같은 형태의 예비적 훈련을 마치고 각기 조직체에서는 책임자를 낼 수 있도록 바라고 있다.

문 : 이러한 민병단을 구성키 위한 재정염출 방법은?

답 : 공체로 부담하려고 한다. 지난번 민병대를 구현키 위한 재원으로 공채(公債), 복표(福票)의 양방도를 설정하고 언론 대표자 수십 명에게 그 가부를 질의했던 바 대부분의 의견이 공채제에 찬동하므로 200억 원대의 공채가 불일 중 발행 출매될 것이다.

〈1950년 4월 19일 동아일보〉

청년방위대 편성 완료, 운영은 육해공 통수하에

국방부장관 신성모씨는 18일 국방 부분 강화에 있어 아직 공석으로 되어 있는 참모총장을 두지 않겠는가? 라는 기자의 질문에 있어

"기구 개혁이 안 되어 지금까지 공석으로 되어 있다. 그러나 사무

는 원칙적으로 최소인원으로 능률을 올리도록 노력하며 나 자신 그 직무를 겸임하고 있으나, 사무상 별다른 지장은 없어 그대로 두었고 금후 이 자리를 충당할 의사는 없다."

고 말한 후, 앞서 조직되어 있던 호국군은 청년방위대와 성질이 동일시되는가? 라는 말에

"아직 법적으로 호국군이 존재하고 있으므로 방금 법제처에 의뢰해 법안을 기초 중에 있으며, 특히 호국군은 대통령 특명으로 없애버린 것이다.

그래서 국내치안 또는 향토방위의 시급에 비추어 지난 3월 14, 15일 양일간에 걸친 군당국과 대한청년단 간부들과의 합동회의 석상에서 토의한 결과 월남동포들을 중심으로 한 청년방위대 20만 명과 이를 지도할 간부 15,000명도 완전히 조직되어 다시 이것을 전국 20개 사단으로 편성한 다음, 그 중 수개 사단을 해안경비대로 써 직접 해군의 감독하에 두도록 강구하는 동시에 이들에 대한 훈련도 3월 말까지는 완전히 끝마칠 것이었으나, 1950년도 예산이 모두 삭감되어 이것이 운영에 커다란 지장을 초래해 이 실정을 대청 간부들과 토의한 결과 권력은 고사하고 무보수라도 단지 공산당 숙청은 물론 향토방위의 자진 희생을 아끼지 않겠다는 그들의 지대한 성의로 완전히 훈련을 마친 것이다.

그런데 일부 인사들은 이 조직을 정치에 관련시키는 말도 들려오니 실로 유감스런 일이다. 현재 북한에서는 농민방위대라는 것을 조직하고 직접 38선상에 나타나 요즘에 와서는 게릴라로 변하고 있는 실정인데, 일반은 내외정세를 잘 인식하고 이 희생정신에서 나온 향토방위대를 위해 성원과 원조가 있도록 바라마지않는

바이다."

〈1950년 5월 9일 경향신문〉

신성모씨 한청단장 사임

국무총리서리 신성모씨는 대한청년단 단장을 사임하고 5월 8일자로 전문교부장관 안호상씨가 총재 이승만 박사의 명을 받아 단장서리로 시무케 되었다.

〈1950년 10월 28일 동아일보〉

한청단장에 김준장 취임

반공투쟁과 민국건설에 많은 업적을 세우고 씩씩히 발전해 가고 있는 대한청년단에서는 그간 단장이 공석으로 있던 바 금번 동단부단장이며 청년사령관 육군 준장 김윤근씨가 취임했다. 즉, 지난 25일 대청상무집행위원회에서는 단장 선출문제를 토의한 바 있었는데, 동위원회에서 대통령의 내시를 받아 만장일치로 전기 김씨를 선출했다. 그런데 대청총본부 단장에 선출된 김윤근 준장은 그 소감을 다음과 같이 말했다.

"천학비재한 본인이 금반 단장의 중책을 받게 된 것은 갖은 고난을 겪은 동지들의 분투노력의 덕택이라고 생각한다. 청년은 문자 그대로 이 나라, 이 민족의 간성인즉 앞으로 800만 청년을 이끌고 멸공투쟁의 육탄이 되겠다."

〈1950년 11월 1일 동아일보〉

청방(靑防) 신, 구단장 취, 이임식을 거행

대한청년단 단장으로 오랫동안 그 중임을 맡아 오던 신국무총리 서리겸 국방부장관은 이번 그 맡은 바 임무가 너무나 과대함에 그 책임을 부단장 김윤근 육군 준장에게 위임한 바 있었고, 또한 지난 25일 동당 상집에서 김준장을 심임단장으로 선출했었는데, 지난 30일 하오 5시 정각에 신(申)구단장으로부터 김(金)신단장에게 정식 위임식이 청방사령부에서 거행되었다.

신(申)전단장은 내무부 김(金)치안국장을 대동하고 청방사령부 내를 몸소 시찰한 후 청방 장교 및 대청 소속 장교들이 정렬한 가운데 신(申)전단장은 다음과 같은 위임의 말을 하고 식을 끝마쳤다.

"과거 2년 동안 아무것도 한 일이 없는데, 내가 국사다난한 가운데 그 책임은 부담할 수 없기 때문에 이총재 각하께 말씀드려서 물러나가는 것이다. 나로서 가장 기쁜 것은 나의 후임을 십분 믿을 수 있고 또한 800만 청년대원들을 능히 지도 통솔할 수 있는 새단장을 내놓고 나가기 때문이다."

"나는 이 자리에서 전국을 통한 대청대원들에게 부탁하고자 하는 것은 앞으로 사태는 결코 6 · 25전쟁 이전이나 서울탈환 이전보다 더 안전한 것이 아니고, 갖은 곤란한 난관이 놓여 있으니 대청원들은 이와 같은 국가사업의 다난함을 각성하고 과거의 몇 배 힘을 더해서 어떠한 난관이라도 막아내야 한다는 새로운 정신을 가지고 일해야 할 것이다. 앞으로 우리나라에는 최소 50만의 청년이 요구되고 있다 이 청년을 훈련하고 조직하는 데는 그 책임이 그대들에게 있는 것이니, 남을 믿지 말고 각자 맡은 바 임무를 충실히 완수해 주기를 거듭거듭 부탁하는 바이다."

5) 국민방위군 사건 관련 신문기사

〈1951년 1월 10일 동아일보〉

중공의 인해전술에 대항, 제어할 수 없는 이 분격을 총궐기로 설원, 부유층 태만성 일소, 10대 1이라도 최후의 일인까지 투쟁

게릴라를 게릴라로 대항하고 인해전(人海戰)을 제어하기 위해서 보다 강력하고 광범위한 인해전을 전개하자는 소리가 날로 높아가고 있다. 청천강으로부터 전략적 후퇴는 지금 그대로 계속되는 것인지 38선 방어 라인이 뜻한 것보다는 너무나 빨리 그리고 쉽사리 무너진 것 같은 느낌을 일반에게 주고 있다. 전략적 후퇴에 따라 지금 1,000만 명에 달하는 피란민이 유리 남하하고 있다. 그냥 밀리기만 할 것이냐? 중공 오랑캐놈들의 침략으로부터 조국을 수호하기 위해 궐기해 밀리기를 그만두고 북상할 때가 바로 지금이다.

이에 대해 이대통령은 인해전술에는 인해전술로써 온 겨레의 총궐기를 요망하는 격문이 있었거니와 또 국민방위군 사령관 김윤근은 지난 8일 장문의 격문을 발표했는데, 동격문에서 김준장은 50만 방위군을 총동원해 획기적인 인해작전의 용의가 있음을 암시하고 있으며, 또 이대통령은 김준장의 격문을 지지해 즉시 인해전을 전개하기 위해 전국민의 궐기를 촉구하는 성명서를 작 9일 발표했다.

이대통령과 김준장의 발표는 다음과 같다.

방위군사령관이 8일 발표한 성명을 보면 우리 방위군과 청년단 수십만 명을 앞에 세우고 그 뒤로 우리 장년들이 자원으로 나서서 뒤로 밀고 올라가서 죽창이나 수류탄이나 식도라도 가지고서 우리를 죽이려고 들어오는 놈들을 없애야만 될 것이다. 살 길을 구하는 사람들은 은신할 곳을 찾아 들어가지 말고 다 진두에 서서 싸우자

는 결심을 가져야만 우리가 다 같이 살 것이다. 우리 우방 군인들은 목숨을 내놓고 싸워서 많은 생명을 희생하고 있으나 중공놈들이 인해전을 만들어 가지고 군기 있는 놈, 없는 놈 할 것 없이 밀고 들어오는 것을 다 어찌할 수는 없었다.

개미떼라도 조수처럼 밀려오는 데는 일시에 다 없애기는 어려운 형편이므로 지금은 우리가 다 일어나서 인해전을 인해전으로 막아야 될 것이다. 유엔군은 우리의 생명을 보호하기 위해 자신들이 싸울 것이며 평민들은 다 뒤로 피해 보호하는 계획을 갖고 있으나, 우리로서는 우리의 생명을 위해 우방 사람만의 희생을 원치 않는다. 그리고 수많은 사람들을 다 살리기도 어려울 뿐더러 필경에는 뒤로 물러나다가 오도 가도 못 하게 되면 우리도 다 죽고 국가의 운명도 위태하게 되어서 우리의 금수강산을 중공 오랑캐에 빼앗기게 되고, 우리는 다 죽어서 이런 사실을 모르게 될 것이다.

그러므로 피하는 것이 죽는 길이다. 같이 일어나는 것이 사는 길이니, 비록 중공군 200만이 들어오기로서니 우리 2,000만 명이 일어나면 물어뜯고서라도 한 놈도 살아나갈 수 없을 것이다. 이와 같이 우리는 계속 밀고 올라가야만 우방원조도 계속될 것이며 우리가 살 수 있을 것이다. 부산, 대구, 대전 등 각 도시나 촌락에서 모든 인민들이 쌀을 타다가 밥을 지어 주먹밥이라도 만들면 실어다가 전선에서 싸우는 사람들을 먹여야 하며, 또 장정들은 참호를 파는 한편 결사대를 조직해 적의 진지를 뚫고 적군 속에 들어가 백방으로 싸워야 할 것이다.

그리고 농민 촌락에서는 짚세기라도 삼아서 자발적으로 공헌하려는 사람들은 공헌하겠지만, 그렇지 못한 사람들은 짚[藁]값이라도 물어줄 터이니 자꾸 삼아서 군인들에게 신발을 신게 해 주어야 만 싸울 수 있을 것이다. 또 뒤에 있는 사람들은 헌옷이라도 벗어서 전선에 나가는 사람들에게 내줘야 할 것이다. 앞에 나가는 사람들에게는 매 사람마다 밥이나 떡을 만들어 주어서 다만 2, 3일 먹을 것이라도 갖고 나가야 할 것이다. 뒤에 있는 사람들은 먹을 것을 광주리에라도 담아서 전선으로 보내야 할 것이다.

보통의 전쟁은 군인을 앞에 내세우고 민중이 뒤에서 도울 것이지만, 지금의 형편은 중국공산당이 사람들을 강제로 징집해 물밀듯이 몰려오고 있다. 이때에 우리는 군인만으로는 대처하기 어려울 것이므로, 우리가 앞장서서 국군의 뒤를 밟아 소리라도 질러주며 틈틈히 들어가서 한두 놈씩이라도 없애야 될 것이다. 소위 재정가와 세력가라는 사람들이 다 부산으로 모여들면서 공산당의 선전에 피동되어 공포감을 조성하고 제 생명과 재산만을 보호할 생각으로 피신할 자리만 찾고 있어 민간에도 자연스레 공포감이 전염되고 있으니 그런 사람들을 철저히 조사해서 어디로 내몰든지, 아니면 그 사람들이 생명과 재산을 내놓고 함께 싸워서 적군을 소탕할 결심을 갖고 일어나야 할 것이다. 그렇지 않고 피난이나 선동을 하는 자들을 일일이 조사해서 특별조치를 해야 할 것이다.

우리 국민들은 죽어도 같이 죽고 살아도 같이 살자는 결심만 갖게 된다면 이것이 다 같이 사는 계획일 것이다. 어서 일어나 적군이 더 내려오기 전에 우리가 밀고 올라가자. 모두 다 일어나 먼저 앞에 서라. 그 뒤로 계속 뒤따를 것이다. 지금 우리 국민은 맹렬히 싸우고 있고, 유엔군이 모든 기계와 비행기와 군기, 군물을 충분이 갖고 싸우고 있는 중이니 우리가 무엇을 두려워하며, 저 아편에 쩌든 중국공산군은 우리가 모두 일어나 밀고 올라가는 날 소멸되고 말 것이다. 그러므로 어서 일어나서 반만 년 조국을 지키자. 우리가 조국을 빼앗기는 날, 우리는 모든 것을 잃고 중국공산당의 노예가 될 것이다.

〈1951년 1월 24일 동아일보〉

수용계획 수립완료, 장차관 국회의 국민병(國民兵) 처우 질문에 답변

말썽 많던 제2국민병 처우 문제다. 군기단속 문제는 또 다시 만연되어 23일 국회 13차 본회의에서는 이 문제를 위요하고, 장국방차관이 참석해 신랄한 질문전이 전개되었다. 1,000여 리를 걸어온 국민병들에 대한 대책이 서지 않아 목전에서 해산시켜 놓고 다시 도중에서 죄인 모양 붙잡아가는 이유, 그들에게 시민증과 도민증을 빼앗고 주지 않아 어떤 지방에서는 공비로 몰려 억울하게 죽은 국민병이 있는데, 그 도민증을 주지 않는 이유, 국민학교 교원들까지 소집해 아동교육에 지장을 주고 있는 이유와 기타 군인들의 무기매매와 상행위 등 아직도 군기가 시정되지 않는 이유 등 실례를 들어 안방수, 박정근, 정헌조, 서범석, 지연해, 고영완(高永完), 조민규, 이수, 박철웅 등 무려 10여 의원의 심각한 질문이 있었다.

이에 대해 장경근 국방차관은 다음과 같이 답변했다. 장국방차관은 제2국민병을 급거히 집단 소개하게 된 것은 누차 말한 바와 같이 전국의 불리에 있어 국가의 사활을 위하고 있는 인적 자원을 적에게 빼앗기지 않기 위해 시급히 비상조치를 취하게 된 것이다. 이 계획의 단면에는 물론 무리와 희생이 없지 않았으며 목적을 위해서는

다소 희생을 긍정하지 않을 수 없었다. 도보로 걸어왔다 하나 군대 차량은 바로 걸어가지 못하는 양곡소개에 돌리고 장정들은 할 수 없어 걸어온 것이다.

여하간 적에게 인적 자원도 빼앗기지 않았다는 것은 그 성과를 말하는 것이다. 물론 당초에는 지방 61개 소의 교육대에 식량, 의류 등 모든 준비가 되어 있었으나 사태의 급변과 예정인원의 초과로 일시 혼란을 초래하게 되자 인솔자는 각 연고지에 의탁하는 해산 형식으로 당시 자유행동을 취하게 했던 것이다. 그러나 지금 재수습 중에 있는 것으로 결코 해산시켜 놓고 도중에서 체포하는 것이 아니며, 해산이 아니기 때문에 도, 시민증은 반환지 않았던 것이다 곧 원상대로 수습될 것이며, 충남, 북과 강원도 국민병은 경상남도에, 전남, 북도의 국민병은 목포, 여수, 고흥 3개 소에서 집단훈련하기로 결정되었다.

그리고 국민학교 정교원은 규정에 따라 징집 보류되어 있으며, 후생사군을 빙자하는 비행군인에 대해서는 엄군단속하고 있는데, 여기에는 많은 애로가 있으므로 전국민이 감시자가 되어 가지고 후환을 염려 말고 적극 협력해 주기 바란다. 차량, 선박 등을 징발해 상행위를 하는 군인이 있다면 이는 약탈행위로 총살에 처할 것이며, 서울에서도 총살한 예가 많다. 그러나 오늘에 있어서는 그 수가 격감되어 가고 있어 감격하는 바이다.

1951년 1월 28일 자 동아일보 1면 톱기사는 '국련군 일대 백병전, 서부전선에서 적 500명 사살'이라는 제목의 기사였다. 전쟁 중에 열린 국회의 예산심의 과정에서 고영완 의원은 군인 및 국민방위군에게 지급되고 있는 피복의 품질과 가격에 문제가 있음을 신랄하게 지적했다.

〈1951년 5월 23일 동아일보〉

조방(朝紡) 사건과 사법권 확립

조방 사건을 군법재판에 동부(同附)한 것은 사법권 침해요 국민의 권리유린이라고 국회의원이 격분했고 김대법원장도 그 위헌성을 증언했다. 우리는 이번 사건을 계기로 이 나라의 사법권이 더욱 공고화(鞏固化)하고 헌법에 의한 국민의 권리가 옹호되기를 희망한다. 조방 사건을 군법재판에 회부한 이유는 군복지(軍服地)에 낙면(落綿)을 혼입한 것이 이적행위라는 것이다.

주지한 바와 같이 면화는 국산품만 가지고 부족하기 때문에 대부분 ECA 원자(援資)로 수입된 것이다. 뿐만이 아니라 기술적으로 이용할 수 있는 낙면을 혼입(混入)하는 것은 어느 방직회사나 공통한 사실이다. 환언하면 낙면을 혼입한 것은 조방만의 특기나 의도적인 악의에서 나온 것이 아니라 방직계라면 한국뿐만이 아니라 일본이나 영국이나 세계 어느곳에든지 행해지고 있는 당연사(當然事)인 것이다.

만일 이런 당연사에 대해 이적행위라는 이유를 부친다면, 당연한 기술적 조치를 취하지 못한 것도 이적행위라고 할 수 있을 것이다. 왜냐하면 귀중한 원자(援資)를 기술적으로 이용해 흠핍(欠乏)된 국민의 복지를 더 많이 생산할 수 있는데, 그것을 이용하지 않고 복지 흠핍을 초래한 것은 비상시국에 협조하는 업자의 태도가 아닐 뿐더러 민심에 주는 영향이 막대함에 비추어 이적행위가 아닐 수 없다.

낙면을 혼입해 현저한 질적 차이가 있다면 몰라도 방직계에서는 당연사가 되어 있는 사실을 붙잡아 품질저하를 위한 의도적인 행동이 아니냐고 추궁하는 것은 사건을 만들기 위한 의식적인 취모(吹毛) 먹자적 태도라 아니할 수 없다. 이러한 궤변이 성립된다면 낮잠자는 농부도 이적행위를 한 것이요, 지각한 회사원, 관공리(官公吏)도 전부 이적행위를 하고 있는 것이다. 아니 국민 전부를 언제든지 이적행위자로 군법재판에 회부할 수 있을 것이다.

이렇다면 권력을 쥔 사람이 자기 마음대로 횡포하게 될 것이고 인권은 여지없이 유린당하고 정의는 찾을 수가 없게 된다. 그러기에 이러한 궤변과 혼란을 방지하기 위해 국민의 기본권리를 옹호하는 엄연한 사법권을 헌법으로 규정하고 있는 것이다. 환언하면, 모든 국민은 법률에 정한 법관에 의해 법률에 의한 재판을 받을 권리가 있다고 헌법 제22조에 명문화되어 있다. 더욱이 현군법재판이 군정시의 국방경비법에 의거하고 있다. 그렇다면 헌법 제100조에 의해 그 한계는 이미 명확하며 일반민간범죄를 취급할 수 없지 않은가?

조방 사건과 같은 사건을 어째서 군법재판에 회부하지 않으면 안 되는가? 사법권을 침해하고 헌법을 위반하면서까지 군법을 시행해야 할 어떠한 필요가 있는지 우리는 이해할 수가 없다. 일반 민간범죄까지 그 권한을 확대하려는 군법재판이 막상 군인의 범죄를 취급할 때에는 국민이 납득하기 어려울 정도로 관대하지 않은가? 국민방위군 의옥 사건이 그 좋은 예가 될 것이다.

국민의 피와 땀이 어린 세금으로 사복(私腹)을 채우고 기아와 학대로 50만 청장년을 대한민국에서 이반시킨 방위군 사건 이상으로 국민을 격분시킨 중대한 이적행위를 우리는 생각할 수조차 없다.

그 책임자를 만인 앞에서 교수형을 해도 국민의 분노가 풀리지 않거늘 3년 6개월은 어디서 나온 숫자인지 국민이 이해할 길이 없어 아직도 의아의 암운에 쌓여 있는 엄연한 사실임을 생각할 때에 군사재판은 오히려 본래의 임무로 돌아가 군기를 단속하는 데 최선의 노력을 경주해 국민의 권리를 유린하는 사법권 침범과 위헌과 같은 일이 없도록 해야 할 것이다.

〈1951년 7월 20일 동아일보〉

방위군 사건 공판 대단원, 김윤근, 윤익헌 등 5명에 사형언도

국민방위군 의옥 사건에 대한 결심공판은 수천 명 방청객이 운집한 가운데 18일 하오 8시 40분 검사의 논고가 시작되었는데, 검사는 피고 김윤근을 비롯해 피고들은 청년운동의 공이 크다. 그러나 그 공로는 다음과 같이 나쁘다.

① 감투를 너무 큰 것을 쓴 것.

② 제2국민병이 거리에서 방황하게 한 것은 여기 있는 피고들의 소행이다.

③ 군인이 돈을 잘 쓴다는 소문이 난 것도 이러한 도배들의 일부분의 소행으로 그렇게 된 것이다.

한편, 본사건의 피고인의 진술, 증인의 증언, 기타 증거가 확실하므로 범죄사실이 명백하다. 또한 이들은 아까운 동포를 수만 명 죽였으며 군인과 민간인을 이간케 했고, 국민의 울음소리는 높다는 1시간 30분에 걸쳐 논고가 있은 후 다음과 같은 구형을 했다.

김윤근 사형, 윤익헌 사형, 강석한 사형, 박창언 사형, 박기현 사

형, 송필수 징역 5년.

이어 언도공판은 작 19일 하오 1시 정각 이국방부장관, 이육군참모장을 비롯해 국방부 각 국장, 실장 등 수뇌부 및 피고들의 가족 그리고 입추 여지 없이 방청객이 운집한 가운데 개정되었는데, 심언봉 재판장으로부터 다음과 같이 각각 언도했다(괄호 내 구형).

김윤근 사형(사형), 윤익헌 사형(사형), 강석한 사형(사형), 박창원 사형(사형), 박기환 사형(사형), 송필수 무죄(5년)

〈1951년 7월 22일 동아일보〉

대통령 결재 필요. 사형집행은 1개월 후 방위군 의옥 사건 뒷처리

[대구 10일발 합동] 전국민의 지대한 관심리에 14일간에 걸쳐 속개를 거듭한 방위군 의옥 사건의 중앙고등군재는 판결언도로 막을 내렸다 함은 기보한 바 있거니와 형의 집행은 대통령의 서명이 있어야 할 것이다. 즉, 금반판결은 심사장관인 참모총장이 이를 승인한다면 국방장관을 경유해 대통령의 최후확인 서명이 있은 후 비로소 집행되는 것인데, 이것은 국방경비법 제86조에 의거한다.

6 · 25전쟁 후 대통령은 긴급명령으로 발의된 계엄하 군사재판에 관한 특별조치령 제16조에 의해서 당해 군사재판의 설치장관의 승인만으로 사형을 집행할 수 있지만, 군법무 당국에서는 신중을 기해 전기 국방경비법 제86조에 의거한 수속을 취한 것이라고 한다. 금반, 국민방위군 의옥 사건 군재공판 기록은 불일내 서류심사를 한 후 참모총장, 국방장관을 거쳐 대통령의 결재까지 가려면 약 1개월을 요할 것으로 보인다.

〈1951년 8월 6일 동아일보〉

엄연(嚴然)하라!! 법의 권위, 풀려지는 1억 3천만 원의 수수께끼, 도피 중인 공민 조사무국장 피체, 국민의혹을 풀기 위해 조법무장관 추상결의 표명

국민방위군 관계 1억 3천만 원 사건은 서울지검에서 착수함으로써 점차 확대되어 가고 있다. 즉, 구신정동지회의 재정사무 책임자이던 동사무국장이었고, 현공화민정회 4일 회의에서 공화민정의 엄상섭 의원은 3일 하오 8시경 조경규 의원 가(家)에 괴한 3, 4명이 침입해 사람을[姓名] 납치해 갔다고 야단을 치고, 조경규 의원은 공화 사무국장 조군(이름을 밝히지 않으므로, 민우 김광준 의원이 이름을 말하라고 수3차 고함을 지르므로 할 수 없이 조영환이라고 말했다.)이 자기 집에서 공민회 사무를 처리하고 있다가 체포되었는데, 그들은 주인도 찾지 않고 신분도 말하지 않고, 영장도 보이지 않고 권총으로 위협하면서, 어디로 데리고 갔는데, 그 뒤 조사한 바 서울지검에서 체포한 것을 알게 되었다고 설명했다.

뒤를 이어 엄상섭 의원은 이는 불법납치라고 사법 당국의 불법성을 지적해 이런 불법행동에 대해 사무국장인 조영환씨는 수일간 도피 중 3일 하오 8시경 시내 당각동 국회의원 조경규씨댁에서 장부를 처리하고 있다가 서울지검 수사대에 체포된 동시에 어떤 조치를 취할 것이냐고 조법무장관에게 질문했다.

이에 대해 조진만 법무장관은 며칠 전부터 구신정동지회 사무국장 조영환을 체포하려고 서울지검에서 노력했던 것은 사실이나 그 체포경위에 대해서는 아직 보고를 받지 못하고 있으나 사건이 중대긴급한 경우에는 그 불법성이 인정되지 않는다는 것을 법률가인 엄

의원이 잘 알고 있지 않느냐고 반문하는 동시에 동사건에 대해서는 사법 당국으로서는 철저히 수사해 전국민의 의혹을 풀어줄 것을 목적으로 하고 있으며, 범법자에 대해는 지위의 고하를 막론하고 추호의 여지가 없이 단호한 조치를 취할 것이라고 추상같은 결의를 피력했다.

일이 이렇게 전개되자 공민의 김용우, 박만우, 오의관, 오성환 의원은 번갈아 장부를 압수당했다고 한다. 그런데 공화민정회 측은 이 체포 사건을 4일 국회에 제출해 괴한에게 사람이 납치되었다고 당사자들이 등단해 체포의 부당성을 운위하고, 신용욱, 박정근 등 의원이 자리에 앉자 "안 되오.", "잘못이요." 고함을 지르자 민우의 김광준, 김봉조 양 의원은 이에 분개해 당연히 체포되어야 할 조영환이가 체포되었는데 무엇이 억울하며 깊은 관계가 있어 그렇게까지 옹호하려고 덤비느냐며 공민측의 이상한 태도를 통박하는 동시에 사회자인 장택상 부의장은 이 이상 운위하는 것은 부당하다고 이름도 밝히지 않고 야단법석을 하면서 마침 국회에 참석했던 조진만 법무장관에게 항의했다.

질문을 종결할 것을 선포하고 말았다. 그런데 조법무장관은 과거, 정의에 사는 강직한 법관이라고 내외에 이름을 날렸고, 일정(日政) 당시 온갖 위협에도 불구하고 창씨를 거부했던 의지 굳은 법관으로서 이번 사건의 처리에 있어서는 흑백자웅을 명명백백하게 판단해 멀지 않아 오랫동안 기다려 온 국민의 의혹을 풀어줄 것을 일반은 기대하고 있다.

〈1951년 8월 9일 동아일보〉

거창 사건의 중요성

거창군 신원면 주민 수백 명을 국군이 사살처분한 소위 거창 사건은 국민방위군 사건과 더불어 전국민을 전율케 했고 인류의 정의심을 성감케 했다. 이 양대 사건은 국군의 위신을 실추시켰을 뿐 아니라 대한민국의 국가적 체면을 세계적으로 오손시켰다. 대한민국에서 생을 향유하는 국민의 불행은 이에 더할 바가 없다. 그러나 그것은 보도하고 비판하는 자유를 억압함으로써 제거될 수는 없고, 그 불행한 사실을 철저히 규명해 의법 척결함으로써 반복의 불행을 면할 수 있다고 생각하는 바이다.

대한민국에는 그 민주국가를 규정한 헌법이 엄존하고 있다. '정의인도' 와 '동포애' 에 입각해 국민의 자유와 행복을 영원히 확보할 것을 결의한 이 헌법은 지위 고하에 불구하고, 이유 여하를 막론하고 위반해서는 안 되는 것이며, 국민된 자는 누구나 이 헌법을 수호해야 할 당연한 권리와 의무가 있는 것이다. 거창 사건은 헌법 제9조에서 보장된 국민의 권리를 공비가 아닌 우리 국군 자신이 위반했고 유린했다. 아무리 비상사태라고 해도 국군이 제마음대로 국민을 죽이는 권한을 갖고 있는 것은 아니다. 그와 정반대로 계엄하의 비상사태는 경찰만 갖고는 부족하니 군대까지 동원해 국민의 생명과 재산을 보호하자는 것이다.

그런데 계엄이라고 해서 국군이 국민의 생명을 초개시한다면 우리는 이런 국군을 어떻게 생각해야 할 것인가? 이와 같이 국군의 명예를 손상시키고 일선장병의 혁혁한 무훈을 모독하고 군민간을 이간시키고 적대시하게 만든 일은 없을 것이다 이 같은 사건은 국민방위군 사건에 못지않은 최대의 불상사요 최대의 이적행위인 것이다.

전국민이 격지 통곡할 이 거창 사건은 또 하나의 불상사를 저질렀으니, 그것은 이 사건을 조사하기 위해 정부와 국회에서 파견한 내무, 국방, 법무 및 국회의 합동조사반을 국군이 습격했다는 사실이다. 김종원 대령의 증언에 의하면 이 사건이 대외적으로 알려지는 것을 두려워하는 국방장관, 참모총장의 말을 듣고 동조사를 방해하기 위해 자기 독단으로 조사단을 습격했다는 것이다. 자기 독단으로 습격했다는 것은 김종원 대령이 대한민국 국군을 그의 사병으로 사용했다는 것을 의미한다.

장교가 그 지위를 이용해 국군을 그 사병으로 사용할 수 있다면 이 같은 가공할 일은 없을 것이다. 이와 같은 국군 사병화가 가능하다면 야심 많은 군인, 정치가는 무엇이든지 자기 마음대로 할 수 있다는 것을 의미한다, 정부가 마음에 들지 않으면 중앙청을 포위하고 기관총을 들이댈 수 있다는 것을 의미한다. 이것을 태평양전쟁 전 일본군대가 일부 지도자에게 이용되어 2 · 6사건과 5 · 15사건을 일으킨 것과 마찬가지다. 이러한 국군은 확실히 군부 독재를 지향하고 있었다고밖에 생각할 수 없다.

김종원 대령의 독단은 이런 군부 독재의 일단이었다. 이러한 독단을 용인한 전국방부장관 신성모씨는 군부 독재를 용인한 총본영이나 다름없다. 그 동안 우리 국군의 허다한 불상사는 실로 이 지휘자 밑에서 행해진 군부 독재의 과정이었다. 이 지휘자 밑에서 국민방위군 사건이 일어났고, 이 지휘자 밑에서 거창 사건과 동사건조사단 습격 사건이 일어났다. 총지휘자, 총책임자 신성모씨는 남자답게 당장 재판정에 출두할 지어다.

〈1951년 8월 12일 동아일보〉

윤익헌 부인의 진정 내용과 그 제출 경위

국민방위군 관계 1억 3천만 원 사건은 방금 검찰 당국에서 예의 수사에 노력 중에 있거니와 장택상 국회부의장이 기자에게 언명한 바에 의하면, 지난 9일 하오 5시경 윤익헌의 처가 돌연 국회 장부의장실을 방문하고 별항과 같은 진정서를 제출하는 동시에 울면서 억울한 심정을 토로했다고 한다. 그런데 동진정서는 국회법제사법위원회에 회부되어 10일 하오 1시 반 동위원회를 개최하려고 했으나 정원 15인 중 5인만이 출석해 과반수 미만으로 회의가 성립되지 못했음에도 불구하고 법제사법위원장 엄상섭(공민) 의원은 이를 통과한 형식을 취해 10일 국회 본회의에 제출했다가 김의준(민우) 의원의 규탄으로 뜻을 이루지 못하고, 조(曺)부의장의 지시에 따라 다시 법사위로 돌리게 된 것으로 이런 엄의원의 불법 처사에 대해 일반은 의아를 금치 못하고 있다.

한편, 동진정서에 대해서는 지난 7일 장(張)부의장이 언명한 바에 의하면, 6일 밤 윤익헌의 친척이 장부의장 자택을 방문하고 윤익헌 처가 직접 발표할 터이니 신문기자들을 집회시켜 달라고 부탁한 일이 있다 하며, 또 장부의장의 말에 의하면, 9일 하오 5시경 윤익헌의 처가 국회 장부의장실을 찾아왔는데, 공민(公民) 조경규 의원이 모기자에게 말한 바에 의하면 대구에서 9일 하오 9시 반에 부산에 왔다 하기에 기자는 기차나 버스시간이 없는데, 어떻게 왔느냐고 반문한 즉, 여하간 무엇으로 왔든지 왔다고 했다 한다.

이번 진정서 사건의 중대한 참고자료가 될 뿐 아니라 7일부터 국회의원간 화제가 되었음에도 불구하고 10일 하오 5시경 김종회(공민) 의원은 전연 이 사실을 모른 척하면서 10일 하오 장부의장실에서 연합신문 기사를 보고 이것이 사실이냐고 기자에게 반문한 것이다. 하여간 동진정서는 11일 일단 국회 본회의에 제출되었다가 각하되어 지금은 법사위원회에서 검토하고 있는 만큼 일원 본회의에 제출될 것으로 보인다.

진정서 내용의 전문은 다음과 같다.

본인의 가부인 윤익헌은 현재 대한민국 군재의 판결로 사형 언도를 받아 대구형무소에 수감되어 있습니다. 아내 되는 이 사람은 가부가 억울한 죽음을 당할 것이 하도 안타까워 어이하면 감형 혹은 재심을 받을까 하고 온갖 몸부림을 쳤던 것이 사실이고 또 누구나 이런 일을 당한 경우에는 있을 만한 사실일 것입니다. 이 불쌍한 사형수의 아내의 심정을 이용해 중간에서 금전을 사취하고 어떤 세력의 모략을 이용해 없는 사실을 있다싶이 신문과 기타 방법으로 공판장에서 뚜렷이 공술한 사실을 번복하고, 아니 준 돈을 주었다는 글을 가족에게 보냈습니다.

듣는 바에 의하면, 국회의사당에서 조사위원의 입으로까지 보고되었다 하는데, 이것은 다름이 아니라 모정당에 매수된 김대운이라는 자가 본인의 피묻은 돈 약 7천만 원을 감형이니 석방이니 하고 사취한 후에 오히려 부족한 점이 있는지 본인의 가부가 쓰지도 않은 글을 아내 되는 이 사람에게 보내서 공판장에서 공술한 사실을 최후로 번복하고 자백까지 했다고 허위사실을 날조했으니 이 같은 억울함을 당하고서는 죽는 사람도 옳게 죽지 못할 뿐 외(外)에 살고 있는 가족까지도 천고에 누를 끼칠 것 같사와 아래와 같은 억울한 사정을 현명하신 국회 장부의장께 진정하오니 이것을 명명백백하게 밝혀 주시고, 가부의 당한 언도도 혹은 그릇됨이 없는가 대통령 각하께 여쭈어 죽는 사람을 호생지덕(好生之德)으로 다시 한 번 밝혀 주실까 하고 억울한 사정을 진술합니다.

본년 8월 4일부 국내 일간신문에 발표된 유서 운운은 전연 근거 없는 일이며, 가부로부터 전여 받은 일이 없습니다. 그 당시에 나는 8월 3일날 부산서 대구로 갔는데, 신문인이라고는 한 사람도 만난 일이 없습니다. 그와 동시에 가부가 진술한 것을 번복해 일구이언은 하지 아니했을 것으로 확신합니다.

그리고 각 신문에서는 윤익헌이가 국회의원에 관련된 사실 전부를 번복해 돈을 주었다고 해서 그것을 녹음해 가지고 모기관에서 갖고 있다는 것을 보도했는데, 절대로 그런 일은 없다고 믿으며 가부가 자기 양심을 속여서 그런 말을 할 사람이 아닌 것을 확신합니다.

그런 이면에는 민국당에 매수된 김대운이가 내가 아무것도 모르는 것을 기화로 삼아 그런 거짓말을 만들어 낸 것으로 알고 있습니다. 김대운이라는 사람은 전국민방위군 정훈공작대장으로서 현재에는 민국당에 가담하고 있는 것으로 압니다. 왜 그러냐 하면 김대운이가 언제든지 말하기를 국회신정동지회 놈들은 다 죽일 놈이라고 욕하기에 유덕영에게 가서 김대운이가 혹 민국당에 매수되지 않았는가 하고 물은 즉, 그것은 내일 내가 잡을 수 있다고 대답했을 뿐만 아니라 김대운이가 이철승 외 여러 국민당 사람과 같이 다니는 것을 보아도 가히 국민당에 매수당했다는 사실을 알 수 있는 것입니다.

그리고 김대운이는 가족도 절대 면회 못 하는 가부를 육군형무소에서 두 번이나 면담한 것을 알고 있습니다. 김대운이는 수차 면담이 있은 후에 나에게 와서 가부를 면회를 가자고 여러 번 졸라댄 일이 있었는데, 내가 그 이유를 물으니

"형님(윤익헌)이 꼭 아주머니를 만나게 해 달라고 하니 가자."

고 했습니다. 그러나 나는 그럴 이유가 없다고 거절한 즉 그러면 형무소 사무실까지라도 같이 가자고 강요한 것을 이것도 거절한 즉 김대운이는 큰 목소리로 신정동지회에서 돈 가져갔다는 글을 받아야 하겠는데 하며 신정동지회 놈들은 다 죽일 놈이라고 소리를 친 일도 있고, 한때는 부산시 서대신동에 와 있을 때 김대운이가 와서

"아주머니 좋은 일이 생겼으니 틈 한 번 주시오."

하면서 유덕영이와 같이 나더러 비행기표까지 사 놓았으니 속히 대구에 올라가서 윤형에게 신정동지회에 돈을 주었다는 글을 받아가지고 오라 하고, 기타 모모에게 돈을 주었다는 것을 받아오면 윤형은 살아나온다 했습니다.

그리고 김대운과 유덕영이는 나에게 1만 원을 가져야만 부사령관(윤익헌)을 돈과 교환해서 빼내겠다고 하면서 대통령과 다름없는 사람을 이 돈으로 교제해 가부를 빼내온다고 했는데, 유사장(유덕영) 집사람에게 말을 들으니 그 사람인 즉 이태환인데, 이태환은 민국당 사람이라고 말했습니다.

그래서 나는 여동생 두 사람의 혼수 전부와 나의 약혼반지와 여동생 두 사람의 약혼반지 및 다이아몬드 3개를 팔고 그 외에 주인의 금단추, 시계줄, 나의 비녀, 귀이개, 가락지, 패물 등으로 약 7천만 원을 주었습니다. 이것을 준 것은 공판이 결정난 5일 후 동래온천장

천일각 2층에서 유덕영과 김대운에게 준 것입니다.

〈단기 4284년 8월 9일 우 진정인 김순정〉

〈1951년 8월 14일 동아일보〉

한 개의 교훈

신정동지회와 공화구락부가 합동해 공화민정회를 결성하는 것을 계기로 종래 정당을 반대해 오던 이승만 대통령도 이제 그 시기가 도래했다고 생각함인지 적극적으로 원조하겠다는 격려사를 보낸 바 있었고, 이 국회 과반수파를 핵심으로 어마어마한 관제 외곽단체를 총망라해 일대 여당의 출현이 항간에 전해졌던 것이다.

그러나 100여 명의 국회의원을 셀 수 있었던 공화민정회가 결성된지 수개월이 지나도 신당은 출현하지 못하고 있고, 권력과 금력을 배경으로 위세가 당당하던 공화민정회는 이 귀가 떨어지면 저 귀가 무너져 가는 형편에 고성낙일(孤城落日)의 처량한 모습을 감출 도리가 없고, 지난 11일 공화민정측이 주장한 교통부장관 파면안의 부결에서 나타난 바와 같이 실수(實數) 40여 명에 불과한 단결력밖에 갖고 있지 않다.

이러한 사태의 추이는 우리에게 무엇을 가르쳐주고 있는가? 정당이란 권력과 금력을 배경으로 하는 일시적인 이합집산으로 형성될 수는 없다는 것과 이 나라 선량들이 처하고 있는 허다한 불리한 조건에도 불구하고 그들은 이 나라 민주화에 필요 불가결한 양심을 상실하지는 않았다는 것이다. 이 엄연한 현실 앞에 우리는 이 나라 민주화에 용기와 희망을 가질 수 있는 것이다.

양심과 정의를 떠난 민주화란 있을 수 없고 생각할 수도 없다. 권력과 금력은 이 양심과 정의에 추종함으로써 그 양심과 정의를 더욱 빛낼 수는 있어도 여하한 권력과 금력도 이 양심과 정의를 압살할 수는 없다는 것이 명백하게 된 것은 정의의 승리요 민주화의 승리가 아니면 아닐 것이다.

대통령비서실에 이력서나 바쳤는지 장관 자리나 떨어질 것을 기대함인지 그 외 무슨 일이 있었든지 간에 태도를 돌변해 어떠한 법적 근거로 국민방위군 사건을 기소했느냐고 항의하고 도피 음신하는 자를 체포한 것을 불법납치라고 악을 쓰고, 방위군 사건에 관련된 국회의원을 체포하기 위해 국회에 동의를 요청하게 될지도 모른다는 신문기사에 대해 민족국가를 해치는 것이라고 고함을 지르는 모의원은 주지하는 바와 같이 공화민정회의 중심인물의 한 사람이요, 신당의 강령규약을 기초한다고 전해지던 사람이다.

공화구락부 당시 그 의원은 제법 똑똑한 국회의원이라고 칭찬도 받은 일이 있었다. 칭찬을 받고 인망이 집중되면 그만치 이용가치가 있기 때문에 유혹의 손이 뻗치는 법이다. 지위도 약속되고 돈도 생긴다. 그러나 이 유혹에 우쭐해 가지고 자기가 제법 큰 인물이라고 생각한다면 무자비한 도태를 당한다. 유혹과 도태를 가리켜 무정한 세상이라고 한탄해도 소용이 없다. 무슨 이유로 자기가 칭찬을 받고 인망을 얻게 되었는가를 반성하는 것이 현명할 것이다.

옳은 것을 옳다고 했고 그른 것을 그르다고 지적해 인민의 소리를 대변했기 때문에 똑똑하다고 했고 잘한다고 칭찬을 받았다. 인민의 소리를 대변해 인민의 기본자유와 복리를 촉진시키는 민주화의 길을 꾸준히 씩씩하게 걷고 있으면, 인민은 그 사람을 칭찬하고 존경한다. 그러나 그른 것을 옳다고 하고 자기의 이해관계에만 집착해 공명정대성을 상실하게 되면, 그 순간부터 그를 아무도 칭찬하지 않고 그가 권력자일수록 그를 경원하게 된다.

여하한 권력과 신분보장과 금력도 이것을 막지 못한다. 이것이 민심이요, 천심이요, 민주사회다. 이 민심에 칙(則)하고 천심에 칙해 앙천부지해서 부끄러움이 없는 태도를 취함이 선량의 양심이요 민주전사의 태도다. 인민은 항상 양심과 정의의 벗이며 당파의 여하한 수의 다소에 좌우되는 것은 아니다. 양심과 정의가 승리할 수 없는 사회는 민주사회가 아니라고 단언하는 소이(所以)도 여기에 있다.

〈1951년 8월 14일 동아일보〉

김윤근, 윤익헌 등 5인, 13일 하오 대구서 사형집행. 한때는 영화의 주인공들, 어제 면회사절리에 형장의 이슬로 (군보도과 제공)

세인의 이목을 끌던 국민방위군 사건은 앞서 군재에서 사형판결이 있었거니와 작 13일 하오 2시 동피고 육군 준장 김윤근 등 5명에 대해 사형을 집행했다. 50여 억 원의 거액을 부정처분함으로써 애국장정 1천 2백여 명을 기아 제단으로 몰아넣은 희유의 국민방위군 사건은 동사령관 준장 김윤근, 동부사령관 육군 대령 윤익헌 등 5명에 대해서는 고등군법회의에서 사형언도가 있었거니와 드디어 작 13일 오후 2시 대구시 교외 모처에서 전기 피고 5명에 대한 사형집행이 있었다 한다.

동피고집행에 있어 유가족에 대한 면회 일절도 허가하지 않았으며 한때 영화의 주인공으로 꿈을 꾸고 있던 이들 수괴들은 한 방울 이슬로 화하고 말았다(대구 13일발 지국전 대한).

〈1951년 8월 16일 동아일보〉

새 정치에의 구상(하) 김준연

정부수립 후 2년이 다 못 되어서 북의 공산반역도배는 작년 6월 25일에 대거 남침을 기도해 대한민국을 말살해 한국민 전체를 크레물린의 노예화하려고 했던 것이다. 불고독 필유린, 우리는 고독하지 아니했다. 세계 53개 민주 우방이 우리를 도와주게 되었다. 유사이래 처음으로 정의의 십자군이 악의 침입에 대해 결속을 가장 굳게 해 대항하게 되었다. 이 장거에 있어서 트루먼 미대통령의 신속과감한 활동은 우리 한국역사상뿐만 아니라 넓히 인류역사상에서 영원히 불멸의 광휘를 내뿜을 것이다.

항전 14개월 동안에 우리 수도 서울은 두 번이나 실수해서 국토는 황폐를 극하고 전재민이 천만을 산(算)하는 참담한 경지에 처하게 되었다. 개성 휴전회담은 평화에 대한 일개의 노력으로는 볼 수 있지만, 민주진영에서는 그에 대해서 큰 기대를 가질 수 없고 더욱이 우리 한국민으로서는 회의지념을 금할 수 없는 바이다. 그것은 결렬될 듯하면서 난항을 계속하고 있다. 김일성, 마오쩌둥, 스탈린 3자의 간악한 작전은 한국에 있어서 용의한 양보를 할 것 같지 아니하고, 결국은 그들의 전복으로 인해 진정한 평화는 올 수 있을 것이다. 우리는 5천 년 역사상 미증유의 국난을 당하고 있다. 지금 우리는 문자 그대로 폐허 위에 있다. 가빈(家貧)할수록 현처가 더욱 필요하고, 국난(國難)할수록 양상(良相)이 더욱 필요한 것이다. 평상시 같으면 평범한 인물로도 당국 처사해 나갈 수 있지만, 가난한 시대가 되면 더욱 현량(賢良)한 인물이 필요한 것이다.

돌이켜 우리 정국을 살펴보면 어떠한가? 정계의 혼란을 통탄한 나머지, 국민에게 고하는 일편의 애절한 성명서를 내던지고 이시영 부통령은 물러나가시게 되고, 국회에서는 민주국민당 최고위원 김성수씨를 부통령으로 새로 선출했다. 이시영 부통령이 던지신 일석(一石)은 과연 정계에 파문을 일으키게 되었다. 그리하여 국민방위군 사건도 다시 심판하게 되고, 거창 사건도 철저히 심사하게 되었다.

나는 여기서 새 정치에의 구상을 하게 된다. 그것은 평범한 것이지만 도저히 깨뜨릴 수 없는 진리를 포함한 것이다.

"백은 백이라고 하고 흑을 흑이라고 하는 정치가 되어야 한다."는 것이다. 내우외환 무수한 걱정 가운데 있으면서도 나는 백을 가리켜 흑이라 아니하고 백을 백으로 보는 사람이 늘어가는 것을 보고 기뻐하는 바이다. 나는 대한민국에 새 정치의 조짐이 보이는 것을 보고 기쁘게 생각한다. 이 점을 들어서 특별히 당국자의 주의를 촉구하는 동시에 새 정치에의 길 그 진로를 잃지 않고 나가게 하기를 바라마지 않는 바이다.

〈1951년 8월 17일 동아일보〉

7천만 원 사건, 진정서 소동. "절대 받은 일 없다." 이번엔 김대운이가 반박

지난 9일 국민방위군 사건으로 사형언도를 받은 윤익헌의 처 김순정은 김대운에게 석방운동비로 금반지, 패물 등을 팔아 7천만 원을 주었다는 진정서를 국회 김정실, 김동성, 최면수 3의원(이상 공민 소속)의 소개로 국회 장택상 부의장에게 제출해 법제사법위원회

를 거처 수사 당국에 회부된 바 있거니와 15일 하오 11시 반경 문제 인물인 김대운은 이를 반박하는 진정서를 그의 처 최소옥씨를 통해 국회의장에게 제출했는데, 그 내용은 다음과 같다.

금반 윤익헌의 처가 진정서를 국회에 제출했다는데, 그것은 전혀 허위 진정입니다. 그 이유는 내 자신이 제일 먼저 국민방위군 사건을 국회의원들에게 고발케 해 달라고 호소한 사람인만큼 국민방위군 간부들은 나를 원수로 알고 있는 처지인데, 나에게 석방운동을 할 이유가 만무하며, 또 이번 윤의 처 진정서에 의하면 모정파에 1억 3천만 원을 주었다는 것도 허위며 그럴 리 없다고 남편의 대리 말을 하고 있으나, 기실 윤익헌은 자필로서 솔직히 이를 고백하고 서명 날인까지 한 것입니다.

또 7천만 원을 유덕영과 김대운에게 주어 그 돈이 민국당 정치자금으로 흘러들어간 것 같다는 말을 했는데, 이 사건을 밝히려는 민국당에서 윤익헌의 처의 돈이 아니면 돈이 없어 그런 돈을 썼겠습니까? 이는 천만부당한 일입니다. 윤의 처는 진정서에서 신정동지회 사람들을 나쁘다고 욕을 했다고 하는데, 그 진정 사실에 신정동지회가 어찌해 들어가게 되었는지 모를 일입니다.

그리고 윤의 처는 내가 민국당 사람들하고 다니는 것만 말하고 공화민정회 사무국장을 조석으로 만나는 것은 직접 보고도 그런 사실은 말 안 하고 있습니다. 나는 지금 매일 같이 협박을 받고 있습니다. 검찰청에 다니면 죽인다는 등 대운이 네가 이 사건을 지검에 얘기해 5인이 속히 사형을 당하게 된다는 등 협박을 합니다. 이 사실은 검찰청 이씨가 직접 보았습니다.

다이야 3개와 패물을 팔아서 7천만 원을 유(劉)와 김에게 주었다는데, 그것은 전여 허위로서 다이야 1개를 300만 원으로 치고(오부 이상이라야 300만 원) 3개에 1천만 원, 패물이 6천만 원이라면 금 1관에 해당하는데, 3인의 패물이 1관이 될 리 전무하며, 만일 금 1관이라면 현재 금은 상점을 합해도 부족하며, 오문중 가락지로 치면 200커리가 됩니다. 허위를 하더라도 앞뒤가 맞아야 세상에서 인정할 터인데 이런 터무니없는 허위에는 나도 웃지 않을 수 없습니다.

윤익헌이만 역적인 줄 알았더니 여필종부라고 윤의 처도 따라갑니다. 만약에 그것이 사실이라면 무일푼이던 윤의 처가 7천만 원의 패물을 가졌었다는 것은 방위군의 피를 빨아먹었다는 사실이 또 하나 판명되는 것입니다. 소생은 동사건을 만천하에 호소한 본인인데, 어찌 윤의 처에게 석방운동비를 청구하겠습니까?

진정서면 진정서이지 하필 소생이 민국당에 매수되었다는 말이 무엇 때문에 진정서에 필요하며, 어찌 내가 매수된 줄을 윤의 처가 알고 있는가요? 그 진정서를 계획한 자는 윤의 처가 아니고 그 배후에 모략분자가 있어 그들이 허위 조작한 것으로 믿습니다. 그리고 내가 면회하고자 한 것은 대구헌병사령부 제2처장 명령으로 윤의 처에게 면회를 요구했는데, 안 한다고 거절하기에 죽어가는 남편을 안 보려느냐고 물었더니 심장병 운운하므로 내가 욕을 한 사실은 있습니다. 이것은 헌병사령부 노소령이 들었습니다. 만일에 7천만 원을 내게 주었다면 면회를 하자는 데 거절할 이유가 어디 있겠습니까? 끝으로 내가 지프차를 타거나 매수가 되거나 그 진정서와 무슨 관계가 있습니까? 그것은 전연 허위 모략인 진정서입니다. 의장께서는 이러한 사실을 양찰해 주시옵기를 바라오며 국법이 엄재하니 방위군 사건은 수일 내로 명명백백한 사실이 들어날 것을 믿고 있습니다. 그리고 방위군 사건은 서울지검에서 조사하고 있는데, 내무부에서 이 사건을 또 조사한다 하니 참으로 당파싸움인가 합니다. 수사한계를 분명히 밝혀 주시기 바랍니다.

치안국에서는 소생을 데리러 다닌다는 말을 들었습니다. 그리고 이번 윤의 고백서에는 집안에 먹을 것이 없어 장차 어찌 살아갈 것이냐고 자기 처에게 애원한 사실이 도처에 완연히 있는데, 남편 모르는 7천만 원이 어디서 났는지 그리고 다이야반지는 얼마 중(重)인지 조사해 보면 알 것입니다. 전방위군 사건시에 가택수색을 했을 터인데 그때는 문제의 패물이 발견되지 않았다가 이번 진정서에 나타났으니 참으로 이상하지 않을 수 없습니다.

〈1951년 8월 17일 동아일보〉

엄중 수사를 요청, 7천만 원 사건과 무관 - 민국당 성명

13일 총살형을 받은 윤익헌의 처가 국민방위군 정훈공작대장이었던 김대운에게 윤익헌의 구명운동비 명목으로 7천만 원을 제공한 것이 민주국민당 자금으로 사용되었으리라는 의미의 중상적 진정서를 장택상 국회부의장에게 제출한 데 대해 민주국민당에서는 16일 진정서 내용에 나열되어 있는 김대운, 이철승, 이태환 등 3명이 당원이 아님을 지적하면서 다음과 같은 반박성명을 발표했다.

사형수 윤익헌의 처는 그 부군의 구명을 표방하고 금품을 요구하는 자에게 7천만 원이란 거액을 지불했고 그리고 그 금품은 민주국민당 자금으로 사용되었으리라고 사추(邪推)하는 진정서를 장택상 국회부의장에게 제출했다 하는데, 이 진정서의 내용이 과연 사실이

라면 이는 천인공노할 죄상이다.

그러나 그 진정서에 나열되어 있는 김대운, 이철승, 이태환 3명은 본당의 당적을 갖지 않았을 뿐 아니라 본당은 이러한 부정자금을 사용한 일이 종전에도 없었고 장래에도 없을 것임을 천하에 성명한다. 그리고 이 진정서가 중대한 방위군 사건에 관계되었고 또 본당의 명예에 관련된 만큼 사직은 이 사건에 대해 엄중 수사해 처단하기를 요청하는 바이다

〈1951년 8월 17일 동아일보〉

국민은 주시한다

염불에는 마음이 없고 잿밥에만 마음이 있더라고, 국민의 대다수는 전재의 참화 가운데서 허덕이고 있고 날로 더 허덕이고 있는데, 위정자들은 국민을 살리고 총력을 대공결전으로 집결시키기로 노력하는 것이 아니라 자파 세력을 유지하고 확대하려는 데 여념이 없는 것 같다. 정치가가 자파 세력을 확대 강화하려는 노력은 우리가 이해할 수 있고 동정할 수 있는 일이나, 그 노력은 어디까지나 민주주의적 자유와 정의를 현양하는 국가의 기본방침에서 이탈해서는 안 될 것이다.

이 방향에 어느 정파가 더욱 충실히 노력하느냐를 국민 앞에 현시하려는 것은 정치가다운 투쟁이요 정당다운 경쟁으로서 국민의 흥미와 주의를 끌 만한 것이다. 그러나 이러한 방향에서 이탈해 자파 일이라면 무엇이든지 이것을 옹호하려고 하고, 사슴을 가리켜 말이라 하더라도 '옳소, 좋소' 함에 이르러서는 필부와 필부의 추악한 싸움 이상의 아무것도 아니다. 윤익헌의 처가 김대운에게 7천

만 원을 주었으니 그것이 모당 정치자금으로 들어갔을 것이라는 진정서가 국회에 들어오니 또 그것을 반박하는 진정서가 나온다. 이것을 밝히는 것은 사직의 일이요 한 장의 주관적인 진정서로 밝혀지는 것이 아니다.

국회의장이나 부의장이란 분들이 이러한 일을 몰라서 발표하는 것인가? 설혹 그러한 진정서가 국회에 들어온다 하더라도 사직에 넘겨서 흑백을 가리게 하면 되는 것을 무엇 때문에 명확하지도 않은 내용의 진정서를 발표하는 것인가? 의장과 부의장을 국회의원 전체를 통솔할 책임이 있는 것이며, 이 정파 저 정파에 이용당하며 인기배우와 같은 역할을 하는 것이 아니다. 또 이러한 처사는 사건의 진상에서 국민의 주의를 소원케 하는 결과가 되는 것이다.

윤익헌 처의 진정서에 의하면, 국민방위군에 사용될 돈이 혼수비와 패물로 둔갑한 것은 알았지만 그러나 우리가 지금 알고자 하는 것은 우리의 선거들 중에 어떤 사람이 방위군 간부들과 밀접한 연락하에 1억 3천만 원을 끌어내어 그들의 정치자금으로 썼냐는 것이다. 이 사건은 단순한 횡령이나 협잡이 아니라 우리의 귀중한 수만의 청장년을 죽이고 최대의 이적행위를 감행한 국민방위군 사건을 야기시킨 정치적 배경을 형성한 것으로, 정치가로서는 차마 하지 못할 반역적 행동이기 때문이다.

방위군 간부들이 처형당한 이상으로 이러한 반역적 정치가들이 법의 정의 앞에 적발되고 처형되어야 할 것을 국민은 원하고 있는 것이다. 국회 내의 여하한 모략적 선전에도 국민은 속지 않을 것이며, 어느 국회의원이 또 어느 정파에서 이러한 반역자를 옹호하고 법의 발동을 방해하는가를 국민은 주시하고 있는 것이다.

모당이니 반모당이니 하는 훤소 잡음은 국민의 흥미를 끌지 않는다 반모당이라고 세도를 부리려는 사람들의 전부가 애국자요 고결한 인격자라고는 아무도 생각하지 않고 있다. 아무리 반모당이라도 사슴을 말이라고 하며 흑을 백이라고 하는 이 말을 곧이듣지 않는 자는 전부 모당 계열이라고 모함한다고 정의가 죽는 것은 아니다. 모함과 압박과 박해 가운데서도 정의는 반드시 사는 법이다. 국민은 항상 정의와 자유의 편이기 때문이다. 정치가라면 이 엄숙한 진리 앞에 옷깃을 바로잡을 줄 알아야 한다.

〈1951년 8월 21일 동아일보〉

문제의 유덕영 자수? 드디어 체포

국민방위군 재정고문적 역할을 하고 잠복 중에 있던 문제의 인물 유덕영은 국민방위군 사건을 수사 중에 있는 서울지검이 벌써부터 지명수배하고, 동수사과에서 연일 맹렬한 추적수사를 전개하고 있던 중 지난 18일 오후 3시경 경남도 모처에서 경찰에 체포 내지 자수해 왔다고 한다. 유덕영이가 체포된 것인지 자수한 것인지 또는 그 장소가 마산인지 김해인지 진해인지에 관해서 치안 당국에서는 일절 언급을 회피하고 있으나 윤익헌 처 진정서에 입각해 7천만 원 사건 진상을 규명코자 김대운을 구속 문초 중에 있는 치안국 정보수사과에서 유덕영을 구속한 것으로 확인되고 있다.

그런데 전기 유덕영은 서울지검에서 수사 중인 국민방위군 사건에 주요 관건을 가지고 있는 만큼 파생적인 김대운과의 7천만 원 사취 사건 혐의에 대한 조사가 완료되는 대로 서울지검이 치안국으로부터 이관을 받을지 여부가 극히 주목되고 있다.

〈1951년 8월 29일 동아일보〉

서민호 의원 문초 진상 '김대운 사건 규명목적' 가(賈)총경과 10여 년만에 재회한 서의원, 가(賈)총경, (고영완 의원) 대통령선거 운운이면 치안교란죄에 저촉된다. 서(徐)의원 정치적인 문초 말라. 1억 3천만 원 사건에 확증

김대운, 유덕영 등의 소위 7천만 원 사기 사건에 관련한 증언요청을 받은 국회의원 서민호씨는 지정한 25일에는 출두하지 않고 다음날 26일 오후 1시 지나서 경남도청 내 치안정보 수사과에 출두했다. 7천만 원 사기 사건을 담당한 정수과 6계장 가창현 총경에게 증언을 하고 나온 서의원의 말에 의하면, 금일 증언 내용과 그 광경은 이러하다.

일제치하 서울 서대문경찰서 고등계 형사로 있으며 반일 민족주의 단체인 조선어학회에서 반일 애국자를 검거한 일이 있는 전기 가총경을 치안국 정수과에서 재회하게 된 서민호 의원은 우선 경악하면서 이렇게 말했다.

"참 운명도 기이하구려. 10여 년 전 일제 치하에서 당신이 고등계 형사로 있을 때 조선어학회 사건으로 내가 당신에게 수갑을 찬 채 붙들려갔던 일이 있는데, 독립된 오늘 내가 다시 당신에게 문초를 당하게 되었으니 참 운명이 기이해."

이리하여 가총경과 서의원은 대좌해 소위 7천만 원 사건에 관련해 가총경이 알고자 질문하는 데 서의원은 응답하게 된 것이다. 가총경은 정수과에서 구속하고 있는 김대운의 진술을 인용하면서 앞서 국회에 제출한 김대운의 진정서를 서의원이 충동한 것이 아닌가 하는 점을 명백히 하려는 각도에서 김대운에게 서의원이 초대받은

일이 있는가? 없는가를 증언해 달라고 했다.

서의원은 그가 알고 있는 사실 전부를 증언할 생각으로 김대운과 대면회식하게 된 경위를 설명했다. 서의원이 송도에 유하고 있을 때 이철승, 유진산 양씨가 방문해 회식을 청한 일이 있는데, 첫날은 형편상 거절하고 송도에서 다시 양인이 내방 초청에 응해 시내 토성동에 있는 요정 신성(新星)으로 동행했다. 어둠이 스며들려는 저녁 8시경 도착해 보니 '신성' 일식방 안에 6, 7명이 회식할 식탁이 준비되어 있었는데, 국회의원 고영완(高永完)씨가 와 있었고 말석에 착석하고 있는 김대운과 초면인사를 하게 되었던 것이다.

하오 8시에 가서 9시 조금 지나서 돌아온 전후 1시간에 피곤한 서의원은 누워 있는 시간이 길었다는 것이다. 세간에 이상한 센세이션을 일으키고 있는 서울지검이 수사 중인 국민방위군 사건에서 파생한 소위 7천만 원 사기 사건을 내외 주시리에 수사하고 있는 가총경은 김대운과 서민호 의원과의 관계를 알고 난 다음 이어서 다음의 사항에 관한 증언을 요구했다. 김대운의 진술을 인용한 가총경은 동일 신성(新星)회식에서 고영완 의원이 다음과 같은 의미의 말을 했는지 안 했는지를 명백히 해 달라는 것이다.

즉, 김대운의 진술에 의하면 고영완 의원은 김대운으로 하여금 총살집행을 앞둔 사형수 윤익헌 유서를 받아내오게 하기 위해 유도하면서 만일 김대운이 윤익헌의 유서를 받아내오면 1억 3천만 원의 정치자금을 군민방위군으로부터 받은 신정동지회원을 포함하는 국회 공화민정회는 붕괴될 것이고, 그렇게 되면 공화민정회의 열세는 반드시 차기 대통령선거에서 이승만 박사의 재선을 확보할 수 없고, 따라서 민주국민당의 지도자가 대통령에 당선될 것이라는 의미의 말을 한 일이 있는가 없는가를 동석했던 서의원이 사실대로 증언해 달라 하면서, 만일 고영완 의원이 사실 그런 의미의 말을 했다면 이는 '치안교란죄' 에 걸릴 것이라는 것이다.

신성회식에서 대부분의 시간을 누워서 잤다고 하는 서의원은 이 질문에 대해

"그런 말이 그 자리에서 나올 리 없는 일이고 또 고영완 의원이 그런 말을 할 리도 없을 테고 들은 일이 없다."

고 증언했다. 그러나 국회의원 서민호씨는 만일에 고영완 의원이 설혹 그런 말을 했다 해도 민주국가인 이 나라에서 대통령선거 문제에 언급하는 것이 어떠한 이유로 '치안교란죄' 에 걸리느냐고 반문했더니, 한 번 말을 꺼낸 가총경은 양보하지 않고 '치안교란죄' 에 해당한다고 재주장했다.

이상으로 일부에서 선동적으로 떠들어 댄 소위 '서민호 의원에 대한 문초' 는 끝이라고 한다. 서민호 의원은 가총경이 원하는 증언을 하고 나서 분연히 가총경을 향해 '정치적' 으로 일을 하지 말고 바짝 정신을 차리고 일을 하라는 의미의 충고를 하고 나서 국민방위군에서 신정동지회에 1억 3천만 원이 흘러 들어간 확증을 가지고 있으니 정치적 책략으로 사건의 흑백이 전도되지 않게 하기 위해 50 장년의 생명을 바치고자 한다는 의미의 결의를 표하면서 퇴출했다 한다.

〈1951년 9월 2일 동아일보〉

부득이 수사 중단? 난관은 피의의원 구속 문제, 방위군 사건 민간인 관계 고위측서 결제서류 보류, 신(申)대사 불일 출정? 엄의원에

모종 서한, 검사 문초 본격화, 김대운, 유덕영 사건

국민방위군 사건을 수사 중에 있는 서울지검에서는 제1차로 공화민정회 사무국장 조영환을 구속 기소하고, 계속해 관련된 범죄사실을 규명 중에 있는데, 법조소식통의 신빙할 수 있는 관측에 의하면, 이제 충분한 내사를 완료하고 필요한 단계에서 피의자들을 구속할 수 없으므로 서울지검의 국민방위군 사건 수사는 부득이 정돈상태에 놓이지 않을 수 없으리라 한다.

제헌국회 당시 요괴변을 농해 소위 소장파들의 국회 프락치 사건 수사경위를 상기할 때 서울지검은 김약수 부의장 이하 피의의원을 무난히 구속할 수 있었던 관계로 국회 프락치 사건 수사는 순조로이 진척되어 법의 권위를 확립했고, 국가의 위기를 극복했던 것으로 만일 피의의원들을 구속할 수 없었다면 서울지검의 수사는 지지부진의 상태에서 프락치 의원들은 그들이 국회의원으로서 향유하는 특권을 이용함으로써 음으로 양으로 수사를 방해했을 것이다.

일반범죄 수사에 있어서 수사기관들은 언제나 확증을 파악했을 때 법원의 영장으로 피의자를 구속할 수 있기 때문에 범죄를 수사할 수 있고, 따라서 법의 질서가 유지되는 것이다. 서울지검은 국민방위군 사건을 수사하는, 거창 사건을 심리 중에 있는 중앙고등군법회의에 증인으로 소환 중에 있는 주일대사 신성모씨가 그 동안 대일강화회의와 거류민단 관계로 출정할 수 없다는 독단적인 이유로 출정을 거부하고 있으나, 그의 독단의 거부는 결국 법을 무시하는 범(犯) 도중에서 공화민정회의 출납사무를 담당했던 사무국장 조영환의 죄과가 역력하다고 인정해 구속기소했을 따름이다.

신정동지회의 정치 자금을 조달해 지출할 권한을 가지고 있으며 또 혐의가 있다고 인정해 이미 불구속으로 소환 문초한 일이 있는 국회의원들을 구속하는 데 있어 난관에 봉착하고 있다. 검찰청에서는 할 수 있는 최선을 다했다고 말하면서, 정법(政法) 행동으로 만일에 법원이 소환한 증인을 기피한 경우에는 체포인치하는 일반례에 비추어 신성모씨의 출정은 불가피한 사실로 기대되어 오던 바 확실한 소식통에 의하면 그는 출정을 결심하고 증언을 준비 중에 있다 한다. 정부에서 마땅히 해야 할 일을 지연시키고 있다고 비난하고 있는데, 이는 한때 널리 믿어지고 있던 김종회, 박승하, 남송학, 지청천 4의원에 대한 구속동의에 관한 사무절차에 관한 것으로 해석할 수 있다. 또한 법무부에서도 법무부로서 할 일을 다 했다는 태도를 취하고 있으며 고위에서 결정할 문제라고 말하고 있는 점이다.

한편, 신성모씨는 최근 엄상섭 의원에게 밀서를 보내왔다고 하는데, 서신의 내용은 규지할 수 없으나 엄의원이 변호사를 겸업하고 있는 점으로 볼 때 혹시 변호의뢰가 아닌가 소식통들은 추측하고 있다. 미루어볼 때 서울지검이 국민방위군 사건 수사에 있어서 절실히 필요로 하는 전기 4의원에 대한 구속동의 요청이 지연되고 있는 것은 국무총리인지 대통령인지 확인할 수 없으나 법무부장관의 결재가 끝난 결재서류를 고위에서 보류 중에 있음이 확실하다.

들리는 바에 의하면 국민방위군 사건을 수사 중에 있는 서울지점 김형근 검사장, 장재갑 차장, 안희경, 안문경 양 부장검사들은 수사 도중에 있는 난관을 극복하려는 결의를 공고히 한 것으로 보이는데, 그들의 법관으로서 양심은 이미 사임을 결의하고 있으며, 조진만 법무부장관도 탄탄한 심경으로 사표는 언제나 머릿속에 있는 것이며 나를 임명한 분이 불필요하다고 할 때 또는 내가 그만두겠다고 작정할 때 한 장의 사표는 낼 수 있다고 술회하고 있는데, 이러한 일련의 사실은 결국 국민방위군 사건이 중대한 기로에 서 있는 것을 의미한다.

서울지검 김대운, 유덕영 등의 소위 7천만 원 사기 사건을 담당한 부산지검 김종수 부장, 한옥갑 양 검사는 검찰조서에 대한 심리를 끝마치고 김대운, 유덕영 양인에 대한 문초를 개시했는데, 수사에 신중을 기하고 검사 구속기한인 20일을 이용해 전반 10일간에 한옥갑 검사가 문초 수사한 후 후반 10일간에 김종수 부장검사가 재조사할 방침이라고 한다. 탐문한 바에 의하면 경찰조서와 일반증거를 일독함에 있어서 앞으로 수사진행에 있어서 상당한 범위에서 추가 기소할 것이며 법원에 병합심리를 요구할 것으로 보인다.

결과 전기 김대운, 유덕영 양인이 고 윤익헌의 처로부터 소위 윤익헌의 감형운동비 명목으로 금전을 받은 사실은 거의 확실하나 그 금액은 불분명하다. 미묘한 정치성을 내포한 본사건 규명에 있어서 신중을 기하고 있는 김, 한 양 검사는 김대운, 유덕영이 치안국에서 진술한 윤익헌 감형비의 용도에 관해 면밀한 수사를 진행시키리라 하는데, 수사진행이 본격화하고 있음에 비추어 불일간 그 윤곽이 노정될 것으로 보인다.

〈1951년 9월 10일 동아일보〉

소위 7천만 원 사건 김대운의 진술 내용 (1) (고영완 의원을 '치안교란죄' 로 엮기 위한) 정략적 허구 진실, 이철승의 문초 내용

국민방위군 사건에서 파생된 7천만 원 사기 사건으로 내무부 치

안국에 구속되어 사건 전말을 진술한 김대현(김대운)의 치안국 진술 내용은 국회의 쾌의(快議)에 의해 8일 국회에서 홍범희 내무차관으로부터 발표되었는데, 그 내용은 다음과 같다.

7월 20일 오전 10시경 유덕영으로부터 소식이 오기를 속히 와 달라는 부탁이기에 가 보니 오희석의 집이었습니다. 유덕영의 말이 어제 김윤근 일당이 사형을 받았으니 어찌하면 좋으냐고 묻기에 나도 딱히 어찌할 줄 몰랐습니다. 그래서 바로 나가 역전 미군 보안처에 가서 이용필을 찾았으나 없기에 돌아오려고 하다가 미군 식당에나 갔나 하고 찾아보았더니 없기에 돌아오려고 하다가 미군 '크린' 대령을 만나 방위군 사건 윤익헌이를 사형시킨다니 어떻게 살릴 수가 없겠느냐고 했더니 자기로서는 어찌할 수 없고 윗사람에게 이야기해서 좋게 하겠다고 하기에 그날 내일 만나자 하고 갈라섰습니다.

그리하여 시내 중앙동 '에덴' 다방에서 동일 오후 5시경 우연히 고영완, 이철승을 만나 '윤'과 '김'이 사형을 받았으니 어찌하면 살릴 수가 있느냐고 물으니 고영완이 말하기를

"지금이라도 늦지 아니하니 참회서를 써 오면 국회에서 말해 살릴 수가 있다."

하기에 참회서를 받기로 약속할 때 윤익헌의 처 앞으로 내서 가져오라는 부탁이었습니다. 그래서 그렇게 하기로 약속하고 매일 같이 한 번씩 상봉하기로 했습니다. 그리고 집으로 갔다 그 이튿날 오전 8시, 21일 오전 11시경 유덕영의 숙소인 동래 천일각으로 찾아가서

"윤익헌의 처와 유덕영 3인이 동석해 윤의 처로부터 어떻게 하든지 나의 남편을 구해 달라."

고 했습니다. 그러므로 저는

"우리 형님 '윤' 을 구해 내자면 '무초', 8군 '콜터', 미군군법회원 법무관 2명, 8군 '크린' 대령 등 5명을 움직여서 대통령께 윤익헌은 한국에서 죽일 사람이 아니니 죽이지 말고 (유엔군) 전선에 보내서 평소에 군인 경험을 살려 진언해 구출하는 한편, 국회의원으로 하여금 윤익헌이가 공화민정으로 1억 3천만 원을 준 것으로, 이를 밝히자는 여론을 일으켜 사형집행을 연장해 구출해야겠다."

고 말하니, 유덕영이가 찬성하고 윤의 처가 두 선생만 믿겠다고 하므로

"미국인 5명에 대해 인당 2천 달러씩 만 주더라도 1만 달러가 있어야 하겠는데, 우리 돈으로 1억 원이 필요해 되겠느냐?"

하니 윤의 처가 돈은 내가 구할 것이니 남편 구해 달라고 하므로 구출하겠다 승낙하고 만일 구출 못 하면 이 돈은 유덕영과 내가 변상하기로 하고 돌아왔습니다.

유덕영이와 윤의 처에 한 말은 20일 '크린' 대령을 만나 이야기해 사전동의를 얻은 것은 사실입니다. 그리고 그 후 20일 오전 10시경 동래 천일각에서 미화 4,470달러를 윤의 처로부터 받아가지고 부산시 역전 미군식당에서 오후 4시경 '크린' 대령을 만나서 8군단본부로 간다 하기에 그 '세단(승용차)' 에 동승해 동래로 가는 도중에서 윤익헌 이야기를 부탁하고 난 즉 '크린' 대령은

"그 동안 무초 대사와 콜터 준장, 법무관 등이 각각 대통령을 방문 윤익헌을 현재와 같이 군인이 부족할 때 사형을 하는 것이 옳지 못하다고 주장했다."

하며, 증거로는 48시간 이내로 집행한다는 것이 4, 5일이 지난 지금까지 사형집행하지 않은 것을 보아도 알지 않는가 하므로, 고맙게 생각하고 윤의 처로부터 금(부치) 패물을 받아 미화로 1,600달러에 교환해 동일 오후 5시경 2,500달러를 주고 부족한 금액은 윤익헌이가 사형을 면하게 되면 전액을 주겠다고 하니 좋다 하고 돌아왔습니다.

김대운, 유덕영의 소위 7천만 원 사기 사건을 수사 중인 부산지검 한옥갑 검사는 지난 7, 8일간 전전국한련 위원장 이철승씨를 증인으로 소환해 증언을 청취했다. 그런데 7일 오전 11시에서 동 오후 2시 사이에 전, 후 2차에 걸쳐 부산지검 한검사는 윤익헌의 감형문제로 김대운 또 국회의원들과 대면상의한 유무와 김대운으로부터 미군표 50달러를 받은 사실 유무에 관한 증언을 요구한 데 대해 이철승씨는 구속 중에 있는(김대운) 대질한 자리에서 윤익헌의 감형운운은 상상조차 못할 정략적 허구사실이라고 부인했고, 김대운이가 문병차 방문해 약대와 집 방세로 쓰라고 미군표 50달러를 주는 것을 무심코 받아 쓴 일이 있는데, 이는 피차간 우정적 금전 수수의 전례가 있었음에 비추어 하등 조건없이 받은 것이라 증언했다 한다. 그런데 증언을 하고 나온 이철승씨는 김대운과의 관계에(대해) 다음과 같이 말했다.

"국민방위군 정훈공작대장이었던 김대운과 부산에서 만나게 된 것은 국민방위군 재정 흑막을 지실(知悉)하고 있는데, 김대운으로부터 내용을 탐지해 흐지부지 되려는 사건을 천하에 폭로해 민족정기를 바로잡는다는 동기에서였다. 이리하여 김대운이가 제공한 정보에 의해 국회가 재조사에 착수하게 되었고, 고등군법회의에서도 재심리하게 된 것이다. 이러한 경위로 볼 때에 내가 윤익헌의 감형운동을 할 리가 만무하다는 것은 삼척동자라도 능히 판단할 수 있는 일이 아닌가?"

〈1951년 9월 11일 동아일보〉

소위 7천만 원 사건 김대운 진술 내용 (2)

돌아오는 길에 시내 중앙동 무궁화 다방에서 이철승을 만나 남은 미화 50달러를 집이 없다고 걱정하기에 방이나 얻으라고 주었다. 그리고 이덕원에게 대구 가라고 20달러를 주었다. 그 후 이철승에게 부탁해 윤익헌으로부터 참회서를 받아줄 터이니 민국당 출신 국회의원을 '신성' 요리집에 많이 모아달라고 했다. 29일 오후 5시경 '에덴' 다방에서 이철승을 만났더니 '신성' 요리집에 국회의원을 모아놓았으니 오라고 하기에 가 본즉 고영완, 서민호, 이철승, 유진산, 유성준, 김의원 등이 있었다. 그래서 내가 술을 내고 윤익헌 구출에 대해 말을 했다. 밀담을 하기 위해 기생도 부르지 않고, 본인이 먼저 일동에 대해

"국민방위군 사건은 결국 5명이 사형언도를 받았는데, 김윤근은 책임자이니 할 수 없다 하더라도 윤익헌 외 3인은 상부명령에 의해 움직였을 뿐인데 사형까지는 너무하다. 대체로 방위군 사건은 첫째 국방부장관 신성모씨는 제2국민병을 동원시킬 때 숙소 하나 준비 없이, 식량 하나, 자동차 한 대 준비 없이 천 리길을 치운(추운) 겨울날에 하룻밤만 눈 위에 자도 병이 들릴 것인데, 20여 일, 한 달씩 거리에서 자고 굶주린 참상이 어찌 김윤근, 윤익헌에게만 있다고 봅니까?"

"그리고 모르는 일이지만 신장관은 지금 결혼하면 안 되는지 62세나 되는 노인이 일선에서는 장병들이 죽음으로써 순국에 이바지하고 있고 또 한 때(는) 사랑하는 부하 김윤근이가 사형을 받게 되었는데, 무엇이 좋아서 장가를 든단 말이요?"

이렇게 말했다. 그러니 좌중 역시 본인의 말에 찬성했다. 그러니 특히 고영완 의원이 본인에게 전에 말한 윤익헌으로부터 신성모와 공화민정회에 자금을 제공한 사실을 명백히 하는 참회서를 받아내면 윤익헌을 구할 수 있다. 더욱이 공화민정회에서 윤익헌으로부터 받은 1억 3천만 원의 정치자금이 탄로날까 해 대통령에게 속히 사형집행을 하라고 하고 있다 하니 참회서만 받아내면 공화민정 세력을 분석해 윤익헌이도 구할 수 있다.

그보다 더 우리당의 입장에서 보면 내년 대통령 선거를 앞둔 이때 국회 내의 안정 세력을 가진 공화민정을 분쇄하지 아니하면 우리 대통령 선거에 지장이 있으니 이번 1억 3천만 원 사건만 밝히면 공화민정측에서 관계직원 7, 8명을 제거할 수 있고 그렇게 되면 우리당에서도 민우회 등과 합하면 어느 정도 승산이 올 것이니 꼭 협력해 달라고 하니, 서민호 의원이 그런 말 하지 말라고 했다.

그 후 본인이 참회서를 어떻게 받을까 물으니 윤의 처로 하여금 받아내면 된다고 하기에 그렇게 하겠다고 약속하고 그 문제를 중심으로 약 3시간 가량 이야기하고 헤어졌는데, 당시의 술값은 약 50만 원 정도로 외상을 달고 헤어졌다. 그 이튿날, 즉 30일에 국회에 가서 방위군 사건으로 싸움이 생기는 것을 보고 참회서를 받아오면 힘껏 싸워주겠구나 생각하고 그 이튿날 대구로 보낼 양으로 이덕원에게 부탁했다. 그런데 이덕원이가 가지 않고 있자, 8월 1일 오전 6시경 어떻게 알았는지 서울지검에서 모르는 사람 3인이 와서 나를 데리고 가매 따라간 즉, 동일 오후 2시경 대구에 가려고 나오는데 김희준 의원이 나를 만나더니 검찰청에 힘껏 협력해 주라고 부탁했다. 그런다고 답하고 동일 오후 3시경 장재갑, 안희경 양 검사가 방위군 사건으로 조사할 일이 있으니 대구로 가자고 하기에 지프차로 대구로 갔다.

그날 대구에서 일박하고 양 검사의 지시에 따라 동일 오전 10시경 헌사(헌병사령부) 로(노)소령과 같이 대구형무소로 가서 헌병 이상, 이대진 입회하에 윤익헌을 면회했을 때 부산에서 국제신문과 대구, 경향신문을 별지와 같은 것 각 1매를 내어 방위군 사건 관계 보도를 보이고 나는 고영완이 국회 내에서 싸우는 광경을 이야기하고 당신 부인에게 참회서를 써 달라고 했다.

윤익헌이가 자기 부인에게 편지를 쓴 것은 신성모에게 500만 원과 신정동지회에 1억 3천만 원을 준 사실을 썼다. 그리고 편지 내용 전부를 못 보고 가지고 나와 보려고 하다가 헌사 로(노)소령에 빼앗기고 또 검사들이 가지고 가서 보지 못했다. 그 편지는 로(노)소령이 한 벌 베끼었다. 돌아와 경주에서 일박하고 부산에 3일 오후 1시경 도착했다.

4일 대구 헌사 제2처장 송중령이 대구에 가서 윤익헌이를 보고 또 면회해 또 한 장 편지를 부인을 입회시켜 받되 가족을 데리고 가자고 하기에 윤의 처를 못 찾아 국회광장에 가 보니 김혜정이가 있어 윤의 처를 물은즉 대구 옥천병원에 있다 해 그러면 김혜정이에게 가자고 했더니 절대 못 가겠다 해 욕을 하고 송중령과 같이 대구에 동일 오후 7시경 도착해 윤의 처를 만나 면회 가자고 하니 절대

안 가겠다고 거절해 할 수 없이 나 혼자 면회를 했다. 면회시 가족에게 할 말이 없느냐고 물었더니 헌사에서 이야기하고 5일 비행기로 부산에 왔다.

〈1951년 9월 25일 동아일보〉

김대운 조서발표 사건, 중대한 국제문제 제기, 심대한 명예손상, 무초 대사 아(我)정부에 항의서한

지난 8일 국회 본회의에서 홍범희 내무부차관이 보고한 소위 7천만 원 사건에 관한 김대운(일명, 김대현) 진술내용은 경찰조서 발표 사건으로서 중대한 국제문제화하고 있다. 즉, 국회의 결의에 의해 발표했다고 하지만 국민방위군 사건을 수사 중에 있는 서울지검의 수사 활동을 방해하려는 기도 밑에 암약하고 있는 일련의 의원들이 국민방위군 사건에서 파생된 사기 사건의 경찰수사 내용을 공개하려고 책동한 이면의도는 이미 김대운이 일건 서류와 함께 구속 송청되어 부산지검이 예의 수사 중에 있는 때에 발표된 점으로 보아 검찰청의 수사를 견제하려는 동기임이 추측될 수 있었던 것이다.

당시 검찰측에서는 당혹해 불쾌히 생각했을 따름으로 아무런 견제도 받을 성질의 것이 아니었고 소정대로 엄중한 수사를 완료해 17일에 이르러 김대운을 기소했던 것이다. 그런데 내무부가 그 책임하에 성급히 발표한 김대운 진술내용에 김(金)의 진술로서 김이 윤익헌을 구출하기 위해 운동하되 주한 미대사 '무초' 미제8군 '코린' 미군군법회원 2명, 미제8군 '크린' 대령 등 5명을 움직여 그들로 하여금 이대통령에게 윤익헌의 구명운동을 의뢰할 생각으로 윤익헌의 처로부터 받은 금(金)패물을 방매한 미화 6,070달러 중 5,900

달러를 '크린' 대령에게 수교했다는 김대운의 일방적인 진술이 드디어 거대한 국제적 파문을 일으키게 된 것이다.

미국은 그 대책으로 한국내정에 간섭하지 않을 것을 원칙으로 견지해 왔던 것이므로 주한대사 무초씨가 한국의 내정에 속하는 사형수의 구명에 인용되었다는 사실은 법원이 그 진부를 심리하지 아니해 김대운의 진술 자체를 확인할 수 없음에도 불구하고 내무부가 그 책임 밑에 발표했다는 것은 크린 대령이 5,900달러의 구명비를 받았다는 진술 자체의 진부가 확인되지 않고 있는 것처럼 서한을 보내온 바 그 처리 여하가 극히 주목되고 있다.

〈1951년 9월 28일 동아일보〉

용두사미격이 될 듯하니 통탄, 양대 사건처리 촉구 민국당 담(談)

국민방위군 사건과 거창 사건의 조속한 처리를 촉구해 민주국민당에서는 26일 성명서를 발표했다. 국민방위군 사건은 일부 책임자의 처형에 의해 일부의 해결은 보았지만 아직도 의운(疑雲) 군첩한 가운데 중요한 부분이 남아 있고, 거창 사건은 전체가 해결을 보지 못하고 있다.

그런 국민방위군 사건은 잔여협의자의 수사 중단으로 인해, 거창 사건은 증인소환 문제로 인해 진전을 보지 못하고, 고위 당국의 결심이 치완해지기 때문에 용두사미격이 되고 말았다 한다니 통탄할 일이다. 이러한 사건들의 처리가 어떠한 정치적인 고려 때문에 흐지부지되어 버린다면 이는 국민의 심리상에 일대 암영을 던져준 것이라고 보지 아니할 수 없는 것이다.

〈1951년 12월 14일 동아일보〉

윤익헌 고인의 고백서 위조. 김대운과 대질 설전, 흥미 끄는 조영환 4회 공판

소위 신정동지회 사무국장 조영환에 대한 업무횡령피의 사건 제4회공판(가보3회는,오보)은 재작 12일 하오 2시 15분부터 부산지방법원 제2호법정에서 이상익 판사 단독재판으로 서울지검 안희경 부장검사 및 유재희 검사 입회하에 개정되었다. 이 날 공판은 국민방위군 부사령관 윤익헌이가 사형집행을 앞두고 자기의 과오를 참회하며 방위군 공금 중에서 1억여 만 원을 정치자금으로 공여한 사실을 폭로한 윤의 고백서를 중심으로 하는 증인심문 등으로 시종했는데, 당일 출정해 피고 조영환과 대질한 증인은 방금 사기피의 사건으로 재판 중에 있는 김대현(김대운)을 비롯해 현국회의원 오성환씨 및 조영환의 친지 등이었다.

흰색 명주 한복을 입고 출정한 조영환은 장기의 영어생활에도 불구하고 과히 쇠약하지 않은 혈색으로 역시 백색 명주 한복을 입은 증인 김대현과 이판사를 중심으로 설전이 벌어졌는데, 조영환은 시종일관해 윤익헌의 고백서는 자기를 모함하려고 김대현이가 계획한 허위사실이라고 주장하는가 하면 심지어는 서울지검이 김대현에게 지시해 윤의 고백서를 취득케 하는 것 같은 의미의 언사를 던지자, 안희경 부장검사로부터 조가 부산형무소 감방에서 동감자들에게

"국가민족의 대계를 위해 검찰청에서는 부인했으나 실은 제공했다."

는 사실을 지적해 조를 논박했으며, 증인 김대현 역시

"윤익헌의 자백서 내용인 정치자금 제공문제와 이에 조영환이 관련되었다는 것은 자백서를 받아내기 전까지는 전혀 몰랐고 예측도 못했다."

라고 진술해 조를 모함하려는 의도로 윤의 자백서를 받아낸 것이 아니라는 것을 증언했다. 그리고 김은 계속해서 윤의 자백서는 윤 자신이 누구의 지시를 받음이 없이 자진해 기술한 것이라고 부언했다.

이와 같이 조에 대한 증인 김과 검사측의 논박이 있자 조는 최후로 윤의 자백서 내용은 전부 허위라고 진술한 끝에 이판사로부터

"허위라는 것을 어떻게 증명하느냐?"

는 물음에 대해 신정과 공화의 합동 당시 있었던 각 의원의 증언을 들으면 될 것이라고 답변했다. 이리하여 김의 증언을 마치고 조의 요청으로 출두한 오성환 국회의원이 잠시 출정했으나 별 증언없이 퇴정하고, 이어 조의 친지 2명의 간단한 증언이 있은 후에 차후 공판일정은 추후 결정하기로 하고 하오 2시 45분 폐정했다.

〈1951년 12월 14일 동아일보〉

동감자까지 광범위한 청취 인사

검찰청은 사건수사시 청취서를 받은 인사는 다음과 같다. 윤익헌, 박창원(국민방위군 소령, 방위군 군수처 조달과장), 강석한(방위군 재무부장), 김윤근, 김진호(헌병사령부 수사계장. 헌병대위), 최찬현(헌사문관), 박기선(방위군군수처보급과장), 김대운, 윤우경(전헌사 제2처장, 현서울특별시경찰국장), 송학만(CIC직원, 공갈혐의 사건으로 부산형무소에 재감 중, 조영환과 동감), 남송학(국회의원), 김종회(국회의원), 박승하(국회의원) 고대성(조영환과 동감자).

〈1952년 1월 1일 동아일보〉

김대운에 징역 3년 언도

전국민방위군 정훈공작대장 김대현(대운)씨에 대한 사기 및 외화불법소지, 업무횡령피의 사건은 지난 11월 초 제1회공판 이후 O회에 걸친 비공개재판 후에 지난 22일, 징역 5년을 구형했거니와 작 31일에는 언도공판이 공개리에 개정되어 판사로부터 김대현씨에게 징역 3년에 처한다는 언도가 있었다. 즉, 이 날 오후 1시 25분 부산지방법원 제4호법정에서 동언도를 했는데, 판사 송명관과 서기 1명, 관여검사 한옥갑씨 및 간수 2명 그리고 피고 김대현씨 외에 방청인은 한 사람도 없는 쓸쓸한 재판이었으며, 이나마도 동공판은 판사의 언도주문 낭독도 없이 단 1분도 못 되어 폐정되었다.

〈1952년 4월 23일 동아일보〉

방위군 사건 관계 조영환씨 결심공판, 검사측 3년 징역을 구형, 1억 3천만 원 정치자금 제공확인, 검사논고에 나타난 범죄사실

국회 내 교섭단체 전공화민정회 사무국장 조영환씨에 대한 결심공판은 예정대로 어제 12일 오전 11시 반부터 부산지방법원 제2호법정에서 강희안 판사 단독으로 개정되어 서울지검 부장검사 안문경씨로부터 조씨에 대해 징역 3년에 처할 것을 구형했다. 이 날 공판은 이미 보석이 허가되어 오랫동안 영어생활에서 쇠약했던 건강을 회복한 피고인 조씨가 불구속으로 출정하자 강판사로부터

"사실심리를 마쳤으니 검사 논고와 변호인 변론이 있을 것이다."라는 선언에 이어 안문경 관여검사의 대략 다음과 같은 동사건 수사경위를 포함한 논고가 반 시간에 걸쳐서 있었다.

제2국민병의 비참한 모습을 우리가 눈으로 보았을 때 우리의 가슴은 무척 쓰라렸던 것이다. 그러던 중 소위 국민방위군 사건이 세상에 폭로되자 우리 서울지방검찰청은 동사건의 일반 관계자의 조사를 시작하게 된 것이 본사건의 입건 이유다. 그리하여 서울지검에서는 김형근 검사장의 총지휘하에 동차장 장재갑 검사와 안희경 부장검사 및 본인이 이를 담당해 그간 군법회의의 방위군 사건의 기록을 검토하는 한편, 장시일에 걸쳐 신중 면밀한 수사를 진행한 결과 지금은 이미 총살형을 당해 고인이 된 국민방위군 부사령관 윤익헌으로부터 동군의 영달금인 공금 중에서 1억 3천만 원을 피고인을 통해 한청 출신으로 구성된 공화민정회에 유출케 한 사실이 확실시된 것이다.

이것은 윤익헌의 참회서에서 영력히 드러난 것이고 또한 피고인 자신이 자백한 바에 의해 명백한 것으로, 특히 작년 8월 8일 부산형무소에서 재감 중인 피고에 대한 신문조서는 피고가 그 후 공판정에서 범죄 사실을 전적으로 부인하더라도 이를 면하게 못 하는 것이다. 즉, 당일 취조시에 검사 일동은 피고가 나중에 자기의 진술내용을 부인해

"검사가 자기 마음대로 죄상을 날조한 것이다."

라고 부정할 것을 미리 예측해 윤의 참회서 내용을 전혀 피고에 알리지 않고

"윤으로부터 돈을 받은 일이 있는가?"

질문하니 피고는 당황한 낯으로

"시간의 여유를 주든지 그렇지 않으면 생각해 가면서 직접 서면으로 써서 드리겠다."

고 답변한 끝에 검사가 불응하자 윤으로부터 정치자금을 받은 사실을 진술한 것이다. 뿐만 아니라 피고는 피고의 요청으로 총살직전의 윤(尹)과 대질한 자리에서 행해진 문답에서 사실을 긍정했으며 또한 8월 21일에 받은 청취서에 의해서도 범죄 사실은 깨뜨릴 수 없는 것이다.

이상과 같은 3개의 증거로서 마땅히 피고는 기소사실에 해당되는 범죄가 있다고 인정되는 것이며, 피고가 공판정에서 자기의 진술내용을 부인하는 것은 이미 증인 될 윤(尹)이 죽고 없는데에서 인정상 어떻게 해서든지 살아볼까 하는 인간의 본능의 소치로서 피고가 악질적이고 교활하다고는 생각하지 않으나 무수한 우리의 젊은 아들과 동생이 제2국민병에 끌려가 전쟁터에도 나가기 전에 굶주리고 헐벗어 비참한 죽음을 당했다는 것을 상기할 때 본검사는 비통한 감을 금치 못하는 것이다. 따라서 피고의 소행은 형법 제25조, 동제65조, 동제55조에 해당함으로써 징역 3년에 처할 것을 구형한다.

검사의 논고에 이어 변호인 양준모씨는

"본사건에 대해 공화민정회에서는 공화민정회와 민주국민당의 정치 알륵으로써 야기된 사건으로 보고 있다."

고 전제한 다음, 다음과 같이 변론했다.

본변호인은 검찰청에서 본사건을 입건할 때 무리가 있지 않았던가? 즉, 국회의원을 공범으로 인정했음에도 불구하고 기소시에는 피고만을 기소한 것을 이상히 생각하는 바이며, 기소 후 23일이 경과한 후에 사건기록이 법원에 넘어간 것은 재판의 신속화와 인권옹호의 견지에서 유감이라 생각한다. 윤과의 대질에 있어서 피고가 윤의 말대로 긍정한 것은 인정상 사형언도를 받은 윤과 싸우기 싫어서 한 것이며, 또한 법률지식이 없는 피고로서는 윤의 말대로 긍정하면 후에 공판이 열리어 윤의 사형집행이 연기될 것이니 윤을 다만 하루라도 연명시키자는 우정에서 나온 것이다.

이러한 변호인의 변론은 그칠 줄 모르고 오후 1시 반까지 계속되었는데, 주목되는 언도공판일정은 미정이다

〈1952년 5월 11일 동아일보〉

조영환씨 무죄 언도

전공화민정회 사무국장 조영환씨에 대한 업무횡령혐의 사건 언도공판은 지난 8일 상오 11시부터 부산지방법원 4호법정에서 개정되어 강안희 재판관으로부터 무죄 언도가 있었다. 한편, 앞서 결심공판에서 담당 안문경 검사는 3년 징역을 구형했던 것인데, 검사의 공소 여부는 미정이라고 한다.

〈1955년 8월 20일 경향신문〉

광복10년 발자취 (20), 국민방위군 사건

뜻하지 않은 중공군의 개입으로 우리들은 또 다시 1 · 4후퇴를 하지 않을 수 없었고, 일선(一線)에서는 공산침략을 막기 위해 젊은 피가 끊임없이 흐르고 있는 시기에 후방에서 국민방위군 의옥 사건이 생긴 것은 참으로 가슴 아픈 일이다. 1950년 12월 21일 정부에서는 국민방위군설치법을 공포, 실시해 국민방위군으로 하여금 제2국민병에 해당하는 장정의 동원과 훈련을 담당케 했고, 1951년 전국(戰局)의 변동에 따라 서울을 비롯한 각지에서 후퇴작전을 하게

되어 장정에 대한 집단적 후송임무를 국민방위군에서 맡게 되었는데, 체계 없고 무질서한 대책으로 말미암아 설한풍 몰아치는 천 리 길을 천신만고 도보로 걸어온 청장년들은 노천에서 기한(飢寒)에 떨게 되었고, 갈피를 못 잡아 방황하게 되는 참상을 노정하게 된 것이다.

역사상 일찍이 그 유래를 볼 수 없었던 이 사건은 국회에서 문제화되지 않을 수 없었으니, 1951년 1월 15일 국민들의 이목이 집중된 가운데 부산극장을 임시의사당으로 해 제2국민병 처우문제를 상정하고 그 참담한 실정을 보고하는 동시 곧 그 구제방법을 강구했던 것이다. 그러나 3월 입구일 국회 본회의에서 젊은 청장년에게 본의는 아니었겠지만 백골과 죽음의 행렬을 강요하다시피 한 이 국민방위군에 일대 의옥 사건이 개재되었다는 사실이 지적되자 즉석에서 조사위원회를 구성하고 이 천인공노할 민족적 죄업에 대한 첫 메스가 드디어 내려졌던 것이다.

당시 동조사단의 보고에 의하면

"이 국민방위군에서는 1950년 12월 17일부터 익년 3월 31일까지 105일간에 걸친 금액에 있어서 매일 평균 유령인구 7만여 명으로 총액 23여 억 원, 식량에 있어서 매일 평균 유령인구 12만여 명의 식량 5만 2천여 석이 대상자 없이 용처불명이 되었다."

는 것이다. 그러나 이 국민방위군 의옥 사건은 단순한 의옥 사건으로 그치지 않고 정치자금과 관련해 확대되었다. 즉, 당시 민국당에서는 국민방위군에서 약 1억 3천만 원에 달하는 돈을 신정동지회에 정치자금으로 주었다고 해 맹렬한 정치공세를 전개했다.

그러자 당시 신정동지회 간사였던 박승하 의원은 그러한 정치자금을 받은 일이 없다고 부인하는 등 그 후 이 정치자금 제공 여부로 상당한 시일에 걸쳐 의정단상에서 양파의 논쟁이 전개되었는데, 국민방위군 사건과 신정동지회와의 정치자금 관련설은 해소되고 다만 신정동지회의 김종회, 박승하, 남송학 3의원만이 유관 혐의가 있다 해 체포설까지 전해졌던 것이다.

이렇게 의정단상에서 정치자금 관여 여부로 양파의 논쟁이 빗발치듯할 때 격한 나머지 이재형 의원이 곽상훈 의원의 볼을 물어뜯어 교상(咬傷)을 입힌 것은 너무나 유명한 이야기로 되어 있다. 이 국민방위군 사건은 의정단상에서만 그치는 것이 아니라 거창 사건과 함께 국방부를 비롯한 정부를 공격하는 요인이 되었으니 내무장관 조병옥씨, 국방장관 신성모씨, 법무장관 김준연씨는 각각 4월 25, 6, 7일 3일간에 걸쳐 피동적으로 사표를 제출하기에 이르렀다. 그리고 부통령 이시영은 시위소찬(尸位素餐)을 탄해 사임서한을 보내어 어지러운 정국에 충격을 주었다.

그 후 국회에서는 누차에 걸쳐 사표를 반환했으나 선생은 초지일관 사임하고 말았다. 이와 같이 정계는 물론이요 일반 국민에게 커다란 파문을 일으킨 최대 최악의 민족적 죄업인 제2국민병 사건을 계기로 해 국회에서는 국민방위군 폐지에 관한 법률을 가결했으며 5월 12일 동법이 공포 실시됨으로써 국민방위군은 민족의 가슴에 가시지 않는 뼈저린 의옥 사건을 남기고 해체되었다.

한편, 국민방위군 의옥 사건에 대한 고등군법회의에서는 문제의 윤익헌 부사령관에게 3년 징역을 언도함으로써 이 또한 사회의 많은 물의를 일으킨 바 있는데, 5월 9일 국방부장관으로 임명된 이기붕씨는 사건의 정곡(正鵠)을 기하기 위해 김윤근 총사령관을 비롯한 윤익헌 부사령관 등 국민방위군 간부들을 재차 체포 구금하는 동시에 고등군법회의에 회부 7월 29일 김윤근, 윤익헌 5명에 대한 사형언도가 있어 동집행에 대한 대통령의 서명을 얻어 8월 12일 하오 대구 근교에서 형을 집행함으로써 동사건은 종막을 내렸다.

〈1955년 8월 20일 경향신문〉

해방 10년의 인물들 (30), 신성모

신성모의 때가 있었다. 6 · 25전쟁을 전후한 3개 성상. 이 나라 역사상 가장 비참한 그 기간을 통해 바다에서 돌아왔다는 이 키 작은 사나이는 어마어마하게도 내무, 국방의 양 장관을 지냈고 장기간 국무총리서리의 자리에 있었던 것이다. 그 격동하는 정세하에서 눈물을 걷잡을 수 없었다는 신성모는 대통령의 돈독한 신임을 언제나 감격하고 그로 인해 눈물도 많이 흘렸으나 눈물이 눈앞을 가리웠음인지 자기가 맡은 소임에 대해서는 도무지 흐리멍텅한 것이어서 허다한 실패를 거듭하다가 결국 정계 표면에서 자취를 감추고 말았다. 3 · 1운동 후 상하이에서 독립운동 진용에 참가했다는 신성모는 그 후 영국으로 가서 해운에 종사했다.

해운의 나라 영국에서 신성모는 배를 타고 실국(失國)의 유민으로서는 그래도 보람 있는 캡틴 신으로 이름이 있었다고 한다. 이 사람이 해방된 조국에 돌아왔을 때 흔히 외지에서 돌아온 사람에게 인정과 관심을 많이 보내는 이 나라에서는 기이한 이 바닷사람에게 기대를 보내고 검게 그을린 그의 얼굴을 주목했다. 그런데 이 믿음직한 사람은 아닌게 아니라 높은 벼슬에 보임되고 이어 그는

"평양에서 점심을 먹고 신의주에서 저녁을 먹는다."

고 장담을 하게 되었다. 그러나 6 · 25전쟁이 일어나자 국방장관 신성모는 허둥대기 시작했고, 그에게 기대를 보냈던 많은 사람들은 실망을 하기 시작했다. 6 · 25전쟁은 물론 공산도당들의 계획적 선공이었고 무력장비 모두에 있어서 우리는 열세였다. 이 불의의 침공에도 조국의 병사들은 죽음을 두려워함이 없이 끝까지 용맹했건만 그들의 총수로서의 국방부장관 신성모는 과연 무엇을 했단 말인가?

군략(軍略)상 탁월한 식견이 있었던가? 기민한 행정적 뒷받침이 있었던가? 더구나 신성모는 전란의 한 고비를 넘긴 9 · 28수복 후에도 책임을 느끼지 못하고 총사직(總辭職)을 주저함으로써 총리서리로서 또는 국방장관으로서 응당 국민 앞에 표시해야 할 공복의 의무를 얼버무린 것이다. 그러나 그것까지도 또 좋다. 만일에 그 정도라면 우리는 천재지변에 핑계해 신성모를 묵과할 수 있었을 것이다.

그런데 끈기 있게도 벼슬자리를 붙들고 늘어진 신성모는 그 후에 업적이라고 남긴 것이 국민방위군 사건과 거창 사건이다. 국가의 체면과 국민의 피눈물에 관계가 되는 이 저주로운 2대 오점이 찍혀지는 동안 키 작은 바닷사람은 쉴새없이 경무대를 드나들며 낙루하고 있었다. 그리고 신성모의 감상거리도 안 되는 눈물이 흐르는 동안 남한의 가도에는 이 땅의 아까운 자제들이 백골로 화하고, 걸인으로 되어 갔다. 거창 사건이라는 연극도 이 기간에 발생했다.

그리고 자기 부하 몇 명이 그 사건으로 형장에 가는 동안에도 신성모는 혹시나? 하는 생각으로 악착같이 감투를 쓰고 있었다. 나가라고 파면명령이 있는 후에야 어정어정 나갔다. 그리고 그것도 감투라고 해사위원장실에 앉아서 소일을 하더니 그 감투도 정부조직법 개정으로 저절로 벗겨지기까지 쓴 채로 있었다. 바다의 생리와는 다른 바닷사람이었다.

〈1957년 8월 20일 동아일보〉

횡설수설

보통 일 개인이나 또는 일 가정에서일지라도 만약에 이른바 '빨갱이' 이나 더욱 '간첩' 같은 것을 알건 모르건 숨겨두었다 치면, 그것이 발각되는 경우에 사직에서는 이를 중대시하고 소동을 일으킬 것은 뻔한 일이다. 그러한 터에 천하의 대공당인 자유당에서는 동당의 전문화선전부 차장이었고 또 영등포을구 당위원장인 조영환과 중앙당재정관계 한득필 등이 무시무시한 '대남간첩 사건' 에 관련되어, 국가보안법 위반 혐의로 사직의 문죄를 받고 있다는 소문이 퍼지자, 국민들은 경악졸도할 지경이다.

자유당 내부의 정책적인 기밀은 고사하고라도 대한민국 행정면의 모든 기밀이 그자들의 입과 붓끝을 통해서 모조리 '북쪽으로', '괴뢰집단' 으로 새 나갔을 것이니 큰일 가운데도 이만저만한 큰일이 아니다. 도대체 그러한 위험 극렬분자(?)들을 누구의 천거와 소개에 의해서 자유당이 받아들였으며 더구나 그 같은 요직 중책을 맡겠는지 모르거니와, 반드시 추천자된 사람도 그 문제에 대한 공동문책을 받아야만 되겠으며, 한 걸음 더 나아가서는 자유당 전체의 중대책임이 아닐 수 없다.

이를테면 자유당은 개문납적(開門納賊)과 양호유환(養虎遺患)한 격이 되고 말았으니 자유당 하나만이 도둑을 맞았거나, 호랑이에 잡혀 먹혔거나 했으면 오불관언(吾不關焉)으로 치지도외(置之度外)해 버려도 아까울 일이 없지만, 요는 그로 인한 손실과 해독이 국가와 국민 전체에 미치는 결과가 되었으므로 '천하대사건' 이라 함은 바로 이 때문이다.

자유당은 조제남조(粗製濫造)식의 대량당원을 포섭해서 덮어놓고 수의 대정당으로만 야당을 제압해 보겠다는 단지기일의 생각에서 인물의 성분, 사상의 적백을 가리지 않고 그저 '들어옵쇼' 식의 입당제일주의로 한 것이 오늘과 같은 결과를 가져왔으니 수원수구를 할 것인가? 말하자면 자업자득이라고 해 둘까?

그러나 문제는 그것만으로 끝나는 게 아니라 이번 사건을 계기로 자유당은 중앙, 지방당부를 가릴 것 없이 경찰의 일제 검색식으로 당내를 샅샅이 뒤져서 자가숙청의 일대 부월(斧鉞)을 한 번 내려 볼 용기를 내는 것이 국민에게 진사를 겸해서라도 절대 긴요할 것이다.

〈1957년 8월 21일 동아일보〉

자유당 기금도 유용한 듯, 정계, 군부 침투상황, 대상 계속 추궁

기보, 자유당 선전부 차장 조영환의 간첩활동을 계속 수사 중에 있는 서울시경 사찰과에서는 정계, 군부침투상황 및 포섭대상자를 추궁하고 있는데, 탐문한 바에 의하면 자유당 재정 담당으로 있던 한득필은 자유당의 일부 기금을 공작기금으로 유용한 것으로 전해지고 있다. 그런데 조(趙)는 지난 정월경 서울시내 모일간지 광고란에 3만 환의 광고료를 지불해 '근하신년(謹賀新年) 조영환(趙永煥)' 이라는 암호를 통해 황익수가 자기집에 무사히 은신하고

있다는 사실을 괴뢰측에 알린 사실도 있다 하며, 괴뢰측에 보고할 때는 언제나 조(趙), 황(黃)이 협의해 공동명의 암호로 보냈다는 것이다.

〈1957년 8월 21일 동아일보〉

조영환이란 인물 자유당 배경으로 마구 언동, 외딴 집 강점, 매일 청년 10여 명이 출입, 방위군 사건엔 체형, 사진찍기 꺼린 자, 모략중상에 경찰서장까지도 골치 앓고

기보 간첩 혐의로 구속 문초를 받고 있는 전자유당 중앙당 문화선전부 차장이며 영등포을구 당위원장까지 겸한 조영환, 과연 그는 어떤 인물인가? 여기 그와 직간접으로 접촉한 사람들이 말하는 그의 과거를 단편적으로 추려본다.

당(자유당) 간부 외 경찰관들이 말한 바에 의하면, 조영환은 8·15해방 후 함남 원산에서 괴뢰집단의 운수부장을 역임한 일도 있다. 자유당 창당 당시 모인사의 추천으로 입당해서는 자유당을 배경으로 대로를 활보. 4284년 국민방위군 사건에도 관련 체형까지도 받았다. 휴전 후 정부환도와 더불어 그는 서울 시내 영등포구 노량진동 204 소재 2층 건물이 '적산' 인 것을 탐지하고 자유당을 배경으로 자기의 소유로 만들어 그 집을 근거지로 해 이때까지 거동해 왔다.

지금부터 3년 전 그는 자유당 중앙당 선전문화부 차장 및 영등포을구 당위원장으로 있는 것을 기화로 자유당 공천으로 민의원에 출마. 당시 합동강연을 실시했는데, 강연 당시 말하기를 해외에서 망명을 하고 귀국한 인사를 지칭해

"일시적 자기보신책으로 도망갔다가 온 것이기 때문에 해외서

돌아온 사람은 매국(賣國)자다 전부 해외로 추방시켜야 한다."

"우리 현실에 비추어 무산계급을 주동으로 해야 한다."

고 엉뚱한 강연을 한 바도 있다. 이에 응수해 당시 입후보한 서울시내 영등포구 노량진동에 거주하는 유홍씨는 자유당 공천이라고 함부로 말을 하지 말라고 공박했던 것이다. 그는 민의원 선거에서 낙선되자 당시 경찰서장인 김모씨를 중앙에 다니면서 중상모략하고 더욱 당시의 자유당 영등포구 당부위원장인 이기환씨를 중상 모략해 이러한 실정이 본보(동아일보)에 게재 보도되자 그는

"이기환씨는 민주당의 비밀당원이기 때문에 동아일보에 기사를 제공한다."

고 더욱 중상모략을 일삼다가 자유당 중앙당부에서 임원을 개선하라고 해 임원선거에서 낙선해 평당원이 되었다. 그는 김모씨가 영등포경찰서장으로 있을 당시 서장실에서 '남반부' 니 하는 괴뢰들의 용어를 쓰기도 했다. 인근 주민들이 말한 바에 의하면 그의 집에는 낯 모를 청년들이 매일 5~6명 내지 10여 명씩 출입하고 있었다. 그런데 그의 집은 2층 건물로서 조금 외딴 데에 떨어져 있어 무엇을 하는지 동리 사람들은 알 수가 없었던 것으로, 이번의 사건탄로로 그러한 사실이 더욱 주목되고 있다고, 그의 집안 생활은 중류 이상의 호화로운 생활을 했으면서도 누가 사진을 같이 찍자고 하면 외면하기 일쑤였고

"사진을 찍어서 무엇하느냐?"

고 시종 피하기만 했다. 조(趙)는 또한 무엇이 두려웠던지 자유당 영등포을구당에 자기에 관한 서류는 일체 두지 않고 자기네 집으로 전부 가져갔다. 동민들이 대체적으로 말한 바에 의하면 그는 자유

당 간부이기 때문에 약간의 지위를 가지고 있는 공무원은 조금이라도 자기의 비위에 거슬리면 좌천 내지 파면시키라고 중상모략을 일삼아 왔다고도 한다.

그의 일거일동 및 중상모략을 일삼고 있던 사실을 잘 알고 있는 현영등포경찰서장 박씨는 조가 10여 번이나 서신 및 전화로 저녁을 먹자고 한 것을 거절하자 이에 대해 조는 박서장이 응해 주지 않는다고 별별 소리를 다하고 돌아다녔다는데, 지금 와서 박서장은 안도의 숨을 쉬고 있다고 한다.

〈1957년 10월 11일 경향신문〉

황익수 간첩에 사형 확정, 조영환엔 15년 언도, 대법원서

대법원에서는 10일 간첩, 간첩미수, 국가보안법 위반 등 피고 황(황익수, 39, 일명 지명철)에게 상고를 기각함으로써 사형을 확정시키는 한편, 간첩미수, 간첩방조 등 피고 조(조영환, 48)에게 원심을 파기하고 15년을 언도했다. 전기 황은 1심에서 무기징역을, 조는 징역 5년을 언도받았으나 지난 6월 8일 항소심인 서울고법에서전기 2명에게 다 같이 사형을 언도했던 것이다.

황은 북한 괴뢰집단에서 원산, 청진 등지의 검찰소장을 지내는 한편 괴뢰정치부의 선전책으로 있던 자로서 간첩의 사명을 띠고 월남해 정계침투해 평화통일론을 가지고 고위층 인사를 포섭하려고 꾀했으며, 조는 자유당 중앙당 문화부 차장의 요직에 있으면서 전기 황과 접선해 간첩행위를 방조하는 등 암약해 온 것이다.

17. 고영완과 부산정치파동 그리고 발췌개헌

1) 1952년 경향신문의 신년간담회

초선의 고영완(高永完, 민국당) 의원은 1952년 01월 01일자 경향신문의 신년간담회에 참석해 내외정세전망, 지상좌담회, 신경제문제토론 등의 주제를 놓고 탁월한 정견을 제시했다. 신년좌담회에는 고영완, 신광균(민우회), 정일형(무소속), 김동성(자유당), 여운홍(자유당), 이 활(자유당), 함상훈(민국당), 오위영(자유당) 등 의원 8명이 참석했다.

먼저 고영완 의원은 '휴전회담 장래와 그에 대처할 우리 정계의 나아갈 길' 에 대해 다음과 같이 피력했다.

항구적인 정전이나 휴전을 기대한다는 것은 한낱 넌센스에 지나지 않을 것이지만, 정전은 성립될 것이며, 또 당분간 정전상태는 지속될 것이다. 왜냐하면 미소 쌍방이 국지적인 한국의 현전쟁을 세계대전으로 확대할 수 있는 태세가 아직 갖추어져 있지 않기 때문이다.

군사적인 것만을 논의한 정전회담에서 합의한 정전은 종국적인 정치적 해결의 방편으로 유엔 감시하의 총선거론이 필연적으로 대두될 것이다. 그들은 이것을 거역하고 종래의 진부한 외국군 철퇴에 의한 총선거 또는 연방정부론을 제의할 것이지만, 그러한 것은 조성된 현정세하에서 거절될 것이므로 38선이 당분간 그대로 존속해 있지 않겠는가 생각한다.

그렇다면 침략의 가능성이 또 있을 것이며, 정치적으로 경제적으로 온갖 책동을 다해서 그들은 침투하며 잠식해 올 것이므로 우리는 군사적인 강화에 치중함은 물론 정치적 혼란과 부페를 정돈하고 정화해 경제적 위축을 배제하며, 경제적 파탄을 지양해서 민생을 안정화시켜 마수의 댈 곳을 없애야 할 것이다. 뿐만 아니라 튼튼한 정신무장을 갖추기 위해서 적극적이고 광범한 선전활동을 전개해 국민을 사상의 빈궁으로부터 구출해야 할 것이다.

'전란을 통해 본 정부시책' 에 대해 고영완 의원은, 첫째로 귀속기업체를 조속히 불하해서 민족자본가를 육성시켜 창의성을 발휘케 하며, 황폐되고 위축된 생산업을 장려해서 민족경제의 부흥을 도모함으로써 쓸데없는 외국상품의 범람을 방지해야 할 것이고, 둘째로 UNKRA 의 물자도입을 잘 조정해 생산재 도입에 치중해야 할 뿐만 아니라 또 도입된 구호물자의 조속하며 원활한 분량(분배)을 통해 헐벗음과 굶주림에 신음하고 있는 동포들의 원망을 사지 않아야 할 것이며, 셋째로는 지주들의 전업에 있어 기업체 등을 적극 알선하고 주선해서 국내생산에 일대 박차를 가해야 할 것이라는 구체적인 정책조언을 했다.

1952년 01월 02일. 경향신문의 대외정세전망 좌담회에서 고영완 의원은 여당인 자유당의 발족에 대해 긍정적인 견해를 밝힌다.

"자유당의 발족은 한국의 민주발전을 위해서 회기적인 일이며 또 반가운 일이다. 정당정치에 있어서 아직 영(zero)의 상태에 놓여 있는 우리나라에 여(與)의 성격을 갖춘 자유당의 발족으로 말미암아 야당인 민국당과의 사이가 일시적으로는 감정적 대립과 알력, 중상과 왜곡과 모함 등이 있을 것이나 이는 초창기에 있을 수 있는 과도기적인 현상에 지나지 않을 것이다.

그러나 마침내 선진국과 같이 민국(民國)의 개당(改黨) 개치(改治)는 본궤도에 올라 민주체제를 확립함에 있어서 지대한 도움이 될 것으로 믿는다. 아무튼 전반, 영국의 노동당 내각이 위기에 봉착하자 서슴치않고 총선거를 통해 세력을 만회하던 그러한 겸손과 아량이 우리에게도 있어야 할 것이다."

6월에 시행되리라 믿어지는 대통령 선거전의 전망에 대해서는

"고어(古語)에 득천심자(得天心者)는 득천하(得天下)라 했으니, 앞으로도 현정부의 시책결함을 시정하고, 국민과 호흡을 같이 하며, 민심을 수습해서 국민으로부터 환심을 산다면 현대통령이 차기에도 재선될 것으로 믿는다."

면서 이승만 대통령의 재선을 예상했다.

1952년 1월 3일. 경향신문 내외정세전망 지상좌담회에서 '긴급한 세계 정세 아래서 3차대전의 가능성과 3차대전이 발발한다면 그에 대한 우리의 대책' 에 대해 고영완 의원은

> "3차대전이 언제 발발할 것이라는 데는 속단을 할 수 없다. 그러나 '세계 프롤레타리아 혁명' 을 몽상하고 있는 소련과 자유세계의 대립된 사회체계의 공존이란 있을 수 없다. 만일 전쟁이 발발할 경우에는 반공의 기치하에 민족적 단결을 더 한층 공고히 해 대외적으로는 미국을 위시한 민주우방 제국과 긴밀한 제휴하에 자유와 민주를 위한 성전에 적극적이며 황홀한 투쟁이 있어야 할 것이다."

라는 정견을 밝혔다

2) 5 · 26 부산정치파동과 발췌개헌

1950년 5월 30일. 제2대 국회 총선은 5 · 10선거 때와는 달리 공산세력을 제외한 모든 정당 사회단체 정치인들이 적극적으로 참여했다. 이 선거의 특징은 이승만 지지에서 등을 돌린 민국당과 이승만 지지 세력인 국민당 간의 싸움이 아니라, 이들 두 당을 포함한 보수세력과 민족자주연맹 등으로 대표되는 혁신세력 간의 대결이었다는 점이다. 민국당은 내각책임제 개헌과 독재정치 배격, 국민당은 대통령 직선제 개헌 지지 등으로 정책적인 면에서 서로 다른 주장을 폈으나, 혁신정파들은 민족사회주의적인 경제정책과 남북협상을 통한 평화적 조국 통일을 주장함으로써 보수세력과는 판이한 색

채를 보였다.

1951년 3월 3일 국회는 원구성을 완료했다. 신정동지회 70명, 공화구락부 40명, 민주국민당 40명, 민우회 20명 등 4개의 교섭단체가 등록되었다. 국회의장에는 민국당의 신익희 의원이 선출되었다. 부의장으로 선출된 장택상, 조봉암 의원을 비롯해 5명의 무소속 의원을 제외한 170명의 의원이 각기 소속 교섭단체에 가입했다. 민우회는 신정동지회 일부와 공화구락부 일부 무소속 의원들의 결속체로 시정과 민국, 공화가 과반수를 점하지 못한 바 그 중간에서 캐스팅보트 역할을 담당하기 위해서 급조된 교섭단체였다.

이승만은 자신의 세력 기반을 형성하기 위해 새로운 정당의 조직을 추진하고, 1951년 11월 28일 대통령 직선제와 상, 하 양원제를 골격으로 하는 개헌안을 국회에 제출했다. 그러나 신당을 창당하는 자유당의 조직은 정부측의 개헌안을 둘러싸고 단원제와 대통령 간선제를 지지하는 원내 의원들과 정부측 개헌안을 지지하는 원외 인사들 사이에 의견이 대립하던 중, 1951년 12월 23일 각기 '자유당'이라는 같은 이름으로 두 개의 정당이 창당되었다.

한편, 정부측 개헌안은 1952년 1월 18일 국회에서 표결에 붙여져 찬성 19표, 반대 143표, 기권 1표라는 압도적 표차로 부결되었다. 직선제 개헌안을 통해 대통령 재선을 바라던 이승만은 국회에 대한 통제력의 한계를 절감하고 이에 대처하기 위한 비상수단을 강구했다. 그는 원외 자유당을 내세워 개헌안 부결반대 민중대회를 개최하게 하고, 헌법 규정에도 없는 국회의원 소환운동을 벌리며, 직선제 개헌 지지자들은 지방의회의 구성을 통해 국회를 견제했다.

1952년 4월 17일. 민주국민당을 중심으로 한 반(反)이승만 세력은 곽상훈(郭尙勳) 의원 외 122명의 연서로 국회에서 내각책임제 개헌안을 제출하자, 원외자유당을 비롯한 18개 사회단체가 국회측의 개헌안에 대해 개헌안 반대 전국정당투쟁위원회를 조직했고, 의원내각제를 추구하는 국회와 대통령 직선제를 관철시키려는 정부와의 대립이 전면전 대결의 양상을 띄게 되었다. 1952년 4월과 5월에 지방의회 선거가 실시되어 여당인 자유당이 압승을 거두었다. 이에 따라 이승만은 지방의회와 원외 자유당이라는 두 가지의 대국회 압력수단을 확보했다. 4월 20일, 정부는 장택상(張澤相)을 국무총리로 임명했다. 그는 취임과 더불어 '개헌안 4개 원칙'을 발표하고, 내각책임제 개헌안 서명 의원들을 포섭하기 시작했다. 이러한 가운데 내각책임제 개헌추진파 서민호(徐珉濠) 의원이 육군대위 서창선을 사살한 사건이 발생했다.

(1) 5 · 26 부산정치파동

국회는 서민호의 살인이 정당방위이고, 구속은 정치적 책략이라고 판단하고 5월 14일 서민호 의원 석방 결의안을 가결했다. 한편, 정부는 같은 날, 부결되었던 대통령 직선제 개헌안을 다소 수정해 국회에 다시 제출했다. 5월 19일 서민호가 석방되자, 부산시내는 민족자결단, 백골단, 땃벌떼 등 각종 정체불명의 단체들의 관제 데모

로 극도의 혼란을 맞게 되었다. 이들은

"살인 국회의원 석방한 국회는 해산하라."

등의 구호를 외치며 정부와 국회 및 대법원 청사를 포위, 습격했다. 7개 도의회도 국회해산 요구를 결의하고, 지방의회 대표는 반민의국회(反民意國會) 해산궐기대회를 개최했다.

임시수도 부산의 분위기가 이처럼 살벌해진 가운데, 이승만은 1952년 5월 25일 0시를 기해 부산을 포함한 경상남도와 전라남,북도 일부지역에 공비소탕 명분으로 비상계엄을 선포하고 영남지구 계엄사령관에 소장 원용덕(元容德)을 임명했다. 언론검열이 실시되면서 내각책임제 개헌 추진 주동 의원의 체포가 진행되어 서민호 등이 구속되었다. 5월 26일에는 국회에 등정하던 국회의원 40여 명이 탄 통근버스를 크레인으로 끌어 헌병대로 연행했다.

정치자금 유입으로 국제공산당에 관련되었다는 이유에서였다. 계엄과 국회의원 탄압에 직면한 국회는 계엄해제요구결의안 가결과, 구속 의원 즉시석방결의안 가결로 맞섰다. 민주국민당의 사실상 영도자인 부통령 김성수(金性洙)는 5월 29일 대통령 이승만을 비난하면서 국회에 사표를 던졌으나, 이승만은 내무장관 이범석(李範奭)에게 '정부혁신위원회 사건' 을 발표케 해 한층 더 공포분위기를 조성했다.

(2) 발췌개헌

일부 대학생들이 '반공, 반파쇼, 민주수호' 의 구호와 함께 술렁

거리기 시작했다. 1952년 6월 20일. 이시영(李始榮), 김성수, 장면(張勉), 조병옥(趙炳玉), 김창숙(金昌淑), 신흥우(申興雨), 백남훈(白南薰), 서상일(徐相日) 등 재야 인사 60여 명이 부산시 남포동에 있는 국제구락부에서 '반독재호헌구국투쟁위원회' 를 결성하고 선언대회를 개최하려는 순간 괴한들의 습격을 받아 대회가 무산되었다.

국제연합한국위원단은 우리나라 정부에게 사태진전을 우려하는 성명을 내고, 트루먼(H.S. Truman) 미국 대통령은 각서를 보내왔지만 정부는 내정간섭이라고 반발하면서 장택상 총리가 주축이 되어 국회 해산을 협박 수단으로 발췌개헌을 추진했다.

1952년 6월 21일 국회에 상정된 발췌개헌안은, 정부가 제출한 대통령 직선제와 상, 하 양원제에다 국회가 제안한 개헌안 중 국무총리의 요청에 의한 국무위원의 면직과 임명, 국무위원에 대한 국회의 불신임결의권 등을 덧붙인 절충안이었다. 이 후 6·25전쟁기념식상에서 대통령을 저격하려다 실패한 이승만 암살미수 사건이 터지자, 야당인 민주국민당 등은 발췌개헌안에 대한 저항을 완전히 포기하기에 이르렀다.

마침내 발췌개헌안의 추진을 위해서는 개헌결의에 필요한 의원 정족수만이 문제로 남게 되자, 정부는 피신 중인 국회의원에게 신분 보장을 책임지겠다는 등의 조건으로 등원을 호소하고 구속 중이던 의원 10명을 석방시키는 등 발췌개헌안의 통과를 서둘렀다.

강제로 연행, 동원되어 연 이틀간이나 국회에 감금되어 있던 야당의원들은 경찰과 군이 국회를 포위하고, 남송학(南松鶴) 의원 등 자유당합동파와 신라회 소장의원들이 출입을 통제하는 가운데 1952년 7월 4일 밤 기립표결에 들어갈 수밖에 없었고, 그 결과 출석 166명, 가 163명, 기권 3명으로 발췌개헌안은 국회를 통과하게 되었다.

정부는 7월 7일 제1차 개정헌법을 공포했고, 이로써 부산정치파동은 일단락을 짓게 되었다. 이 개헌에 따라서 정 · 부통령선거법이 새로이 제정되고 이에 의한 선거가 1952년 8월 5일에 실시되어 이승만이 대통령으로 재선되었다.

〈한국민족문화대백과, 한국학중앙연구원 발췌〉

3) 고영완 관련 신문기사

〈1952년 2월 24일 경향신문〉

데모 사건 일단락, 국회 데모 사건 일단락, 행정부측 선처로

수일간에 걸쳐 국회 본회의에서 전개되었던 국회의원 소환설에 관한 국회와 정부간의 질문전은 22일의 질의응답으로 일단 끝을 맺고, 월요일부터는 정상적 회의에 들어가게 되었다. 즉, 국회에서 이와 같은 태도를 취하게 된 것은 소환이라는 자체가 법률적으로 볼 때 기본적인 헌법에도 없을 뿐더러 절차법도 없는 만큼 현행 법규하에서는 할 수 없다는 대법원장의 증언과 또한 22일 본회의에서 허국무총리서리와 내무, 법무 양장관이 앞으로 사태가 더 악화되지 않도록 최선의 노력을 다할 것과 계속 조사해 법에 의해 처단하겠다고 언명했을 뿐더러, 특히 허서리는 정치적과 도의적으로 책임을 느낀다는 솔직한 답변으로 국회가 규명하고자 했던 제반 문제는 대

통령에 대한 질문서를 제외하고는 거의 해결된 때문인데, 22일 본회의에서 벌어진 질의응답 요지는 다음과 같다.

* 서민호 의원(무) : 내무부장관은 18일 행한 데모에는 6개 단체가 참가했다고 국회조사위원회에서 확실히 말했으나, 후에 우리가 조사한 바에 의하면 각 단체 책임자들이 이구동성으로 개인적 입장에서 참가한 지는 모르나 단체의 결의 밑에 한 일은 없다고 증언하고 있는데, 내무부장관은 내용도 모르는 것 아닌가? 남의 단체의 이름을 도용할 뿐더러 국회를 무시한 도배들에게 아직껏 아무런 조치가 없는 것을 보면 일전의 데모가 일종의 관제데모라고 아니할 수 없다.

과거 일제시대에도 관대했던 중등학교 웅변대회에 있어 계출(屆出)이 30분 늦었다고 또한 연설 중 정부정책을 혼란했다고 해서 순진한 학생들을 두들기고 시말서를 받고 있으면서 어찌해 국법을 무시한 이 사건을 그대로 두고 있는가? 책임 있는 답변을 바라는 바이다.

* 장내무장관 : 말이라는 것은 갑에서 을에게 가고, 을에서 병에게 가면 조금씩 변한다는 것은 누구나 알 것이다. 나는 특별위원회와 만났을 때 다만 양심적으로 말했다. 6개 단체의 건은 6개가 참가했는지 100개가 참가했는지 모르지만, 신의장에게 건의서를 전달하려는 이달우 등 대표 3인에 대한 청취서에 6개 단체가 참가했다고 나왔으니 말한 것이다.

그리고 2천 명이라는 것도 제가 그날 나가보았을 때에는 처음 보기에는 한 만 명 가량 되어 보였다. 국회는 140명 가량이라고 하지만 어떠한 방법으로 계산했는지 가르쳐 주면 좋겠다. 내무부는 집회신청을 허가 아니한 것이 한 건도 없다. 끝으로 좋은 법 많이 만들어 주기 바란다.

* 김종순 의원(자유) : 서리 이하 각 국무위원은 금반의 대통령의 한 일에 책임이 있다고 보는가? 없다고 보는가? 질문서에 대해 국무회의에서 토의한 바 있는가? 법무장관은 현행 법규로 취재할 수 없다고 보는가? 또한 어느 정도 조사가 진행되고 있는가? 대통령은 국무원 의장으로서 국무원의 의결 없이는 국가적 중대사인 소환권 운운을 말할 수 없다고 보는데, 서리 이하 국무위원은 어떻게 생각하는가?

* 정대완 의원(민국) : 금반 사안의 발생이 앞으로 좋은 결과를 가져올 것으로 보는가? 나쁜 결과가 올 것으로 보는가? 만일 좋은 결과가 온다면 매일 할 것이요, 나쁜 것이라면 하루 속히 원인을 규명해 처리할 생각은 없는가? 내무장관은 만 명으로 보았다고 하는데, 많은 것과 적은 것에 대한 수학적 개념이 없는가? 많게만 보는 이유는 무엇인가? 또 내무장관이 법이 없으니 법을 맨들어 달라고 했는데, 데모를 보고 수수방관한 것은 무슨 법에 의해 방관했는가?

* 허총리서리 : 저는 대통령의 담화는 모든 주권이 국민에게 있다는 원리 원칙을 설명한 것으로 보기 때문에 국무위원들이 법적으로 책임을 느끼는 것은 없다고 본다. 이것이 법이론이고 나 개인적 입장에서 볼 때 담화 이후에 벌어진 여러가지 사태는 긴박한 국내외 정세와 더욱이 전시라는 것을 생각할 때 잠시나마 총리서리로서 도의적으로나 정치적으로나 중대한 책임을 느끼는 바이다.

또한 국회의 질문서를 받은 즉시로 대통령에게 전달했더니 잘 보고 회신하겠다 말했으니 일간 곧 올 것이다. 따라서 국무회의에서는 토의하지 않았다. 또한 지방에는 파급되지 않도록 내무장관과 상의하고 있다. 그리고 금반 사건결과가 결단코 좋은 것이 아니고 나쁜 결과를 가져오리라고 우려하고 있다. 물론 이 이상 악화되지 않도록 하겠고 되도록 철저히 규명해 적절히 조치하겠다.

* 조법무장관 : 말하자면 목적과 수단 방법이 범죄가 되느냐 하는 것인데 검찰청에서는 일하 조사 중이니 법대로 집행하겠다. 군정 당시에는 포고 2호와 군정법령 19호에 의해 집회 전에 신청해야 되었지만, 정부수립과 회시(回示)에 처벌법규가 없어졌다.

* 장내무장관 : 만 명으로 보았다는 것이 아니다. 만 명같이 보였다는 것이다. 정신이상은 안 생겼다.

* 권중돈 의원(민우) : 금반 사건은 대통령을 둘러싼 일부 악질적인 정상배들의 소치다. 노동당 조직 당시 농민은 다 들어왔고 노동자가 500만이나 참가했다고 대통령한테 올려바치고, 어떤 국회의원이 지방에서 도장을 찍은 것을 국민이 지지하고 있다고 올려바치기 때문에 오늘과 같은 사태가 생긴 것이다. 결국 세계를 적화시키려는 스탈린과 김일성이만 만족시키고 있다. 이와 같이 국가원수를 속이고 인심을 소란시키는 배후를 의심하는데, 서리와 내무장관은 이 배후를 조사할 의도가 있는가? 또 내무부 사찰과장회의에서 반정부적 행동자는 처벌하라고 했는데, 민주주의 국가에서는 정부정책을 비판할 수 있지 않는가?

* 김정실 의원(자유) : 대한민국의 헌법에도 없고 절차법에도 없는 것을 행동으로 실시하려는 것은 혁명이라고 아니할 수 없다. 국민투표 제도를 법률로 제정해 실시할 의사가 있는가?

* 고영완 의원(민국) : 양심적으로 답변하겠다고 했는데, 사태를 수습할 용의는 있는가? 국회가 파면을 결의하면 어떻게 할 것인가?

* 허국무총리서리 : 내무부에서 조사 중이며 또 국회특위에서도 조사 중이지만 전국수사기관을 통해 하겠다. 소환을 내용으로 한 개헌안 제출에 관해서는 아무런 생각이 없다.

* 장내무장관 : 본인이 조사했고 또 조사 중이고 사태수습을 노력 중에 있다는 것만은 알아주기 바란다. 정부라는 말에는 행정부만 아니라 입법, 사법을 다 말하는 것으로 안다. 반정부 행동에는 사찰하라고 했지, 엄벌하라고 하지 않았다. 어느 나라든지 사찰강화는 있는 것이다. 좌익 이외에 비합법적 방법으로 정부를 전복하려는 것을 미연에 방지하자는 조치에 불과하다.

* 곽상훈 의원(무) : 여러분의 답변을 듣고 어느 정도 안득(安得)했다. 서리는 앞으로 지방이나 어디를 막론하고 더 악화 안 되도록 단속하겠다고 했고, 어느 단체나 비합법적 행동을 단속해 다시 그런 일이 발생하지 않도록 노력하겠다고 하니, 대체로 만족하다고 본다.

〈1952년 4월 21일 동아일보〉

비서명 의원 60명, 개헌추위서 날인명부 발표

지난 17일 국회에 제출되어 대통령의 공고를 기다리고 있는 국무원 내각책임제 헌법개정안에 서명한 123의원의 명부는 19일 하오에 열린 개헌추진위원회의 결의에 의해 19일 밤 정식 발표되었다. 동명부에 의하면 서명의원은 자유당 93명 중 48명, 민국당 39명 전원, 민우회 25명 중 21명, 무소속 26명 중 15명 합 123명 명부, 별항으로 비서명 의원이 60명에 달하고 있는데, 그 중에는 출타 중인 관계로 서명치 못한 의원과 사정상 서명발표를 기피하는 의원 등과 기타 부동의원들이 있어 실제로 개헌안을 최후까지 반대할 의원은 과연 얼마일는지 확신하기 힘들 것이라고 찬성파에서는 말하고 있다. 그리고 개헌 서명의원과 비서명의원은 다음과 같다.

〈**서명의원**〉 123명

* **자유당**(48) : 이상철 이종옥 이종형 안상한 김정식 이재학 육홍윤 유 곤 변진갑 이협우 박정근 김우성 김준태 김준희 김판석 이호근 박만원 김봉재 송방용 박양재 금정두 홍익표 박재환 김동성 장건상 정문음 김준태 조대연 김용우 지련해 태완선 이채오 임용순 최성웅 이석기 김병진 엄병학 조정훈 오성환 윤길중 안용대 김종순 엄상섭 김영선 정헌주 오위영 신중목 이종수

* **민국당**(39) : 신익희 지청천 김양수 변광호 정남국 곽태진 금시헌 정순조 정재완 최원호 서상국 김명수 소선규 서상덕 노기용 임흥순 김수학 박충식 신각휴 양병일 이춘기 서범석 안민복 홍길선 이종순 조병문 윤 담 이병홍 성득환 박팔봉 최국현 고영완 김택술 윤영선 구을회 조 순 유승준 박민기 윤택중

* **민우회**(21) : 서이환 김의준 김종렬 배상연 금관준 한필수 유홍 곽의영 장홍염 이충환 여영복 하만복 이동환 권중동 김지태 김상현 한국원 박성하 김익기 백남식 신광균

* **무소속**(15) : 조봉암 류덕천 김택천 서상호 곽상훈 박순천 이시목 정일형 이용설 민영복 서민호 김범부 김정기 금문용 이범승

〈**비서명의원**〉 60명

* **자유당**(45) : 이갑성 이교승 정기원 임영신 여운홍 황성수 최민수 조시원 박철웅 연병호 이교선 오의관 박영출 황병규 남송학 김태하 신용욱 조광섭 김용하 윤성순 김익호 최원수 박세동 박정규 최현길 방만수 조경규 박승하 박기배 서장주 김종회 김정실 강경옥 정헌조 조주영 홍창섭 윤재근 김락오 강창용 이재형 김인선 최주일 윤치영 이도영 김형덕

* **민우회**(4) : 권병로 이학림 권태욱 김봉조

* **무소속**(11) : 양우정 이규갑 이진수 우 문 배은희 김제능 이한창 전진한 임기봉 장택상 이종현

〈1952년 5월 30일 경향신문〉

국회 긴장된 분위기에 개막, 수난사건 진상보고, 장총리의 데모사건 등에 답변

27일 국회 제26차 본회의에서는(신의장 사회) 5월 26일에 발생한 국회의원 수난 사건에 대한 진상보고를 비롯해 반민국회의원 소환성토대회 및 데모사건에 대한 장총리의 답변과 부산지구 비상계엄해제결의안과 비상계엄 선포 이후 구속된 국회의원(9명) 석방에 관한 긴급동의안이 각각 상정되어 긴장된 분위기 가운데 비상계엄 해제에 관한 건은 가결되고 석방결의안은 정부측 답변을 들은 후에 표결키로 했다.

의사결정 제1항인 국회의원 수난 사건에 대한 진상보고는 국방장관이 출석치 않았으므로 대신해 이종현 의원으로부터 항간에는 장총리의 사표설이 유표되고 있으니 사실인가 물어볼 겸 장총리는

월요일까지 데모 사건을 보고한다고 했으니 경과와 결말을 청취하자는 결의안을 재석 105인 중 85 대 0으로 가결했다. 11시 35분 국회에 출석한 장총리는 지난 15일부터 24일간 4회에 걸쳐 일어난 데모 사건은 5월 14일 행한 서민호 의원의 석방이 동기이며 집회허가를 받은 것이다.

경찰에서는 미리부터 철통같은 경비를 했는데, 동 데모 사건으로 인한 경찰측의 피해는 중상 10명, 경상 80명이고 민간화물차 7대가 피해를 입었다. 그리고 본인은 여전히 국무총리로서 국가와 민족에 봉사하고 있다고 답변해 사표설을 부인했다. 이에 대해 이진수 의원이 헌법 제22조에 의하면 청원과 집회의 자유가 허락되어 있다. 이 헌법에 의해 집회의 허락을 받은 국민이 청원하러 온 것을 총리는 난민(亂民)이라고 했으니 그 근거가 어디에 있는가? 또 소방차를 동원하고 말궁둥이를 국민에 대한다는 것은 비민주주의라는 질문에 대해 장총리는 난민이라고 한 것은 경찰의 지시를 무시하고 죽창을 들고 의사당에 돌입하려는 사람을 지적한 것이라고 답변했다.

다음 별항과 같은 비상계엄 해제결의를 통과하고, 계속해 이종현 의원으로부터 금반 국회의원 수난 사건에 대해는 국방장관 혼자에 대해서만 질문할 것이 아니라 국무총리와 국방장관, 계엄사령관, 국회정, 부의장의 그간의 경과를 듣자는 긴급동의안을 재석 139인 중 117대 0으로 가결했다. 다음 5월 27일 부로 유엔한국위원단의 별항과 같은 커뮤니케 발표에 관해 신의장과 윤치영 의원 사이에 질의응답이 있은 후 일단 산회했다가 하오 3시 40분경 조부의장의 사회로 속개되었다. 정부측 불출석으로 29일 회의에서 보고 듣기로 했다.

하오회의에서는 이 날 상오회의의 결정에 따라 장국무총리, 신국방장관, 계엄사령관, 공보처장의 출석을 기다리면서 먼저 신의장이 지난 26일에 발생된 국회의원 수난 사건에 대한 진상보고와 김부의장의 동보고에 대한 보충이 있었고 수난의원 중 소선규 의원의 보고가 있었는데, 하오 5시 40분이 경과되도록 전기 출석요청 중인 정부측의 출석이 없으므로 산회되고 말았다.

산회에 앞서 하오 5시경 백남식 의원은 국회의 결정에 의한 전기 출석요청 중에 있는 신국방장관, 계엄사령관, 공보처장이 출석할 때까지 국회는 철야를 각오하고 시간을 연장하자는 긴급동의를 성립시켜 표결에 붙인 결과 재석 136명 중 73표 대 0표로 동동의는 가결되었다. 그 후 정부측에 연락한 결과 출석요청 중인 당사자는 각기 사정으로 이미 출석이 어렵다는 것을 알게 되어 신의장 통고로 결국 국회의원 수난에 대한 정부측의 진상보고는 29일 본회의에서 듣기로 하고 산회했다.

〈1952년 5월 30일 경향신문〉

45(명) 수난 의원

탐문한 바에 의하면 26일 중앙청 현관 앞 수난 사건에 있어서 동버스 내에 있었던 45의원의 씨명(氏名)은 다음과 같다.

정남국 고영완 류인곤 윤 담 김상현 최계호 조 순 박팔봉 송방용 임용순 하만복 김택술 변광호 박만원 신광균 정재완 유던천 곽상훈 권중돈 소선규 정순조 노기용 이종순 홍익표 최성웅 김양수 변진갑 홍길선 신각휴 김영선 박민기 서상덕 박정근 박양재 육홍균 윤택중 여영복 곽태진 이충환 최국현 엄병학 임흥순 서범석 김의준 이용설 이상 체포된 의원

18. 2대국회 고영완 의원의 의정활동

1) 법률안 제안

발췌개헌이 통과된 후에도 고영완 의원은 법원조직법 중 지방법원 단독재판부의 소송대상가격 20만 원이 당시 물가지수에 비해 차이가 많으므로 이를 1,000만 원으로 개정하자는 법률안을 제안해 통과시켰다. 고영완 의원은 전투경찰의 소집을 반대했고, 낙태죄 삭제를 주장했다. 또한 연고자의 우선권을 폐지하고 공매로서 최고입찰자에 불하한다는 정부 제출의 귀산처리법안(歸産處理法案)에 대해 고영완 의원은

> "국법에 의해 7~8년간 심력을 경주해 온 연고자들을 일조에 무시해 버린다면 이는 수탈정책이다."

며 강력히 반대 발언을 했다. 국회의원선거법 개정안을 계속 상정토의 중 고영완 의원은

> "선거기일이 2개월밖에 안 남은 오늘에 개정안을 제출한다는 것은 모순이다."

고 주장했다

2) 고영완 관련 신문기사

〈1952년 12월 20일 동아일보〉

단상단하 : 전남지구를 돌아보고 온 고영완 의원은 그 실정담에서 "지금 농촌에는 돈 한 푼 구득(求得)할 수 없는 형편에 도적만 늘어가니 장차 어떻게 타개될 것인지 의문"이라고 술회, 그야말로 금동반야풍(衾凍半夜風)이오, 적무삼경월(賊舞三更月)" 이로군.

〈1953년 2월 4일 동아일보〉

단상단하 : 40리 밖 구포(龜浦)에서 매일 출근하고 있는 김정식, 고영완 양군은 그 이유를 말해 하는 말이 "황촌진일무소음(荒村盡日無騷音)인데 시유잔운반학귀(時有殘雲伴鶴歸)" 라고, 머리가 복잡할수록 정신의 안정은 절대 필요합니다.

〈1953년 2월 8일 동아일보〉

법원조직법 중 개정법안 통과

법원조직법 중 개정법률안이 7일 국회에서 통과되었다. 동법안은 고영완 의원의 제안으로서 현재 지방법원지원에 있어 단독재판부에서 취급되는 소송대상가격 20만 원이 현물가지수에 비해 너무 차이가 크므로 이를 1,000만 원으로 개정해 포기(抛棄)에 의해 유린되는 인권옹호를 목적으로 한 것이라고 하는 바 개정조항은 법원조직법 중 제29조의 '20만 원' 을 '1,000만 원' 으로 개정한 것이다.

〈1953년 3월 1일 동아일보〉

단상단하 : 백서리(白署理) 여당은 아닌 모양, 개화(改貨) 참여한

7인 총사표호. 말썽 많던「긴급금융조치법안」은 드디어 정부에서 국회의 법안대로 27일 공포실시. 기실 백장관을 비롯한 각료들은 개정안을 내기로 결정했다가 급히 하부(下釜)한 대통령의 명령에 의해 부득히 공포한 것이라고 모의원이 말하고 있으니 국회도 대승 리려니와 대통령도 민의를 존중. 이에 따라 개화(改貨)에 참여한 관계자 7인은 책임상 사표를 내지 않으면 안 될 것이라고 모의원은 충언을 피력.

「금융조치법」 때문에 2일 동안이나 밤을 새우다싶이한 선량들은 27일 회의는 개회와 동시에 산회하고, 28일 회의에서는 2일부터 2주간 휴회키로 결정하고 즉시 산회. 국정감사를 위한 것이라고는 하나 수면부족도 없지 않을 터이니, "매고여창춘몽단(每苦旅窓春夢短)이고 차중여세장상망(此中與世暫相忘)이라." 고 앞일을 위하여 편히 쉬시오.

26일 밤 외자유(外自由)에서 '지불한도액' 을 10,000원으로 결정했다가 백장관의 일격에 정부안 지지로 번안하게 되자, 새로 입당한 백남식군은 "여기 있다가 사람 버리겠다." 고 분개 퇴장하는가 하면, 외자유(外自由)의원 부대표인 백은희군은 "사표를 내고 말겠다." 고 일성대갈했다고. 이래서 결국 정부안이 대참패당했으니 백서리 여당은 아닌 모양. 고영완군은 "여당(與黨)은 주기를 잘하는 여당이고 야당은 야단(惹端) 안 맞는 야당이라고 고소. 그럴 리 있겠소? 야당(野黨)은 정치도덕을 도야(陶冶)하는 야당(冶黨)이겠지?

〈1953년 4월 7일 동아일보〉

단상단하 : 소집보류 문제는 어디서나 관심

서남지구 전투경찰대 설치법안을 상정하고 고영완군은 민폐 근절과 전투력 강화 등 그 성의는 좋으나 객관적 조건이 용허되지 않는 이 마당에 이는 한갓 지배권 강화로서 경찰독재화를 조장시킬 우려가 있다고 반대하는가 하면, 유승준군은 '소비(巢匪) 5년이 되는 오늘에 와서 이 법을 만들겠다는 것은 마치 인프레 방지한다고 화폐개혁하는 격이라고 비난. 그러나 전투경찰의 소집을 보류한다는 조항 때문에 한 시간 동안 옥신각신하다가 그 조항을 삭제 통과하고 보니 소집보류 문제는 어디서나 관심이 큰 모양.

〈1953년 4월 8일 경향신문〉

서남경찰대 설치법안 채택 소집불보류키로

(부산 본사발) 민의원 47차 본회의는 상오 10시 반부터 조부의장 사회로 개의. 전회의에 계속해 서남지구 전투경찰 설치안을 심의 통과했다. 먼저 대체토론에 들어가 고영완 의원(민국)의 반대, 박정규 의원(자유)의 찬성 발언이 있었고, 남송학 의원(자유)의 동의를 채택해 토론종결하고 즉석에서 제1독회로 들어가 대체로 내무위원회 수정안대로 통과했다. 그런데 이 날 논의의 초점은 내무위원회회 수정안에 따라 전투경찰의 소집면제를 허용하느냐, 안 하느냐였는데, 소집은 허용 안 하기로 결정을 봤다.

〈1953년 6월 26일 동아일보〉

단상단하 : 가미통일탕(加味統一湯) 아니면 풀 길 없을까? 3주년

을 맞아 작일 국회서는 의사당에서 기념식을 거행, 백만호아범대조(百萬胡兒犯大朝)하니 분남수북한초(奔南狩北恨超)라. 뼈에 사무친 이 원한은 가미통일탕 아니면 풀 길 없을까 하노라. 요즘 국회 출석이 드문 고영완군은 구포 교외에서 세사를 잊고 약한 몸을 정양하면서 호연지기를 기르고 있다고.

녹수청산(綠水靑山) 깊은 곳에 찾아올 이 있으랴?
화경(花逕)도 쓸 이 없고 자비(柴扉)도 닫혔는데
선방(仙彷)이 운외폐(雲外吠)하니 속객(俗客) 올까 하노라.

〈1953년 7월 7일 동아일보〉

단상단하 : 형법 심의에 들어가 "음란한 문서(文書), 도(圖), 화(畵) 기타의 물품을 반포, 판매, 전시하는 자는 1년 이하의 징역 또는 벌금에 처한다."는 제260조는 원안대로 통과, 비밀투표 때 용지에 큼직하게 희화를 그리는 그 선량은 비밀투표라 범법은 안 될 것인가?. 낙태죄를 규정한 187조에 들어가 변진갑, 김준태, 고영완, 정남국 등 의원은 낙태죄를 인정한다는 것은 사회에 모든 죄악과 비극을 남길 뿐 현실을 무시하는 법이 된다고 삭제를 주장하는가 하면, 박순천, 곽의영, 이용설, 김용화, 백남식 등 제군은 이는 인간의 존엄성을 말살하고 성도덕의 윤락을 조장하는 것이라고 주장해 드디어 삭제안은 부결, 이래서 '부자무친(父子無親)' 이 될 뻔한 오륜의 제일항목은 '부자유친(父子有親)' 그대로 존속.

〈1953년 10월 2일 동아일보〉

단상단하 : 많이 해 먹었습니다. 예-. 차관(差觀)에 남문북답이니

통과 막연(漠然). 연고자의 우선권을 폐지하고 공매로서 최고입찰자에 불하한다는 정부제출의 귀산처리법안(歸産處理法案)을 상정하고 총리 이하 사회, 농림, 상공장관의 출석을 요청했으나 총리 대신으로는 신법제처장이 나오고 기타는 전부 차관이 출석. 관(官)이 차관(次官)이라 그런지 관점도 차관(差觀)이오 답변도 남문북답(南問北答)이다.

정부안 통과는 전도가 막연. "국법에 의해 7~8년간 심력을 경주해 온 연고자들을 일조에 무시해 버린다면 이는 수탈정책이다." 고 고영완군은 대들고, "법을 고치지 않고 지금까지 우선권을 무시하면서 공매불하한 예가 없지 않은데 구태어 법을 고쳐 국민경제에 중대 혼란을 일으키려는 의도가 어디 있느냐?고 유 홍군이 추궁하자 금사회부차관은 "헐값으로 사고, 지가증권(地價證券)으로 사고, 10년 연부로 갚는 그런 이들에게는 실망일지 모르나 중석불(重石弗)은 헐값으로 팔아먹고 귀산(歸産)은 똥값에 팔아먹는다는 것이 민중의 소리"라고 호통!

중석불(重石弗)은 누가 헐값에 팔아먹었으며 귀산은 누가 똥값으로 팔아먹었는지 자타를 분간 못 하는 금차관은 요즘 장자재물론(莊子財物論)을 읽으시는 모양. 치국(治國)의 요체는 식족(食足), 병족(兵足), 사민신지(使民信之)에 있다는 철언이 있는데, 법으로 연고를 만들어 주고, 법으로 이를 말살해 버리면 국민의 불신에서 오는 영향을 어떻게 할 것이냐?는 강경옥군의 질문에 신태익 법제처장은

"상당히 많이 해 먹었습니다. 예- 귀산관리인들은 정부에 바칠 돈도 다 잘라먹고 조금도 억울하지 않습니다. 예-"

하고 흥분해 입부정족(立不停足) 1,000원 미만 월급 받아가지고 수억짜리 집을 사고 양조장, 포도밭, 염전도 사고 기업체란 기업체는 한 몫씩 다 들고 많이 해 먹었지요 누가? 사민신지(使民信之)와 사민신지(詐民信止)는 음은 같으나 뜻은 다르웨다. 금사회부차관은 "돈 2,000원씩 받아 가족 데리고 와서 35% 감원당한 공무원도 있으니 국가를 위해 용인해 달라."고 호소. 돈 3~4백 원에 양쌀 몇 합 받은 공무원들이 목숨을 내걸고 안 나가려는 이유는 이디 있는지나 아시오? 아멘.

〈1953년 12월 1일 경향신문〉

민의원 명년 2월에 시행키로 결의, 참의원 선거법 토의 최종단계에

국회는 30일 참의원 선거법 통과의 최종단계에 들어갔다. 이 날의 본회의는 상오 10시 반부터 윤부의장 사회로 개의해 제46조부터 축조(逐條)토의에 들어가 '제7장 선거일과 투표' 에 관한 조항을 일사천리로 통과시킨 후 부칙으로 들어가 장시간 토의가 계속되고 있다.

즉, 참의원 선거 시행일을 조상(俎上)에 놓고 최원호(민), 고영완(민), 서범석(무) 의원으로부터 민의원 선거와 병행하자고 주장함에 비추어 백남석(자), 정헌조(자), 김준희(자) 등 의원은 즉시 시행할 것을 주장해 재석 107인 중 가 60, 부 0로 통과되어 정부의견에 따라 2월에 시행을 보게 되었다. 한편, 이미 본조에서 통과된 참의원 연고지제는 금반에 한해 적용하지 않기로 결정되었으며 별표(참의원 구성인표)는 하오에 통과될 것 같다(하오 1시 10분 현재).

〈1954년 3월 20일 동아일보〉

여야 완전 분리, 선거법개정 토의 진행

19일 국회는 국회의원선거법을 계속 상정 토의 중 고영완 의원으로부터 "선거기일이 2개월밖에 안 남은 오늘에 개정안을 제출한다는 것은 모순"이라고 지적하며 심의보류를 제안했으나 8표 부족으로 폐기되고, 곧 이어 윤길중 의원은 동개정안 중 제8항인 운동원 제한에 관한 조항은 지난번에 제안되었으나 부결된 조항인 만큼 일사부재리에 위반된다 해 이를 상정 않기로 동의했으나 역시 표결에서 3~4표 부족으로 폐기되어 동개정안은 앞으로 계속 심의하게 되었다.

그런데 이 날 표결에 있어 야당과 여당은 분명하게 분리되어 양안에 대한 찬성거수에 무소속과 민국당이 완전 합치되었을 뿐이다. 그런데 이에 앞서 자유당에서는 이 개정안에 대해 반대거수를 하는 의원은 제명처분할 것을 결의하고 표결시에도 배은희, 이갑성 양 의원은 뒤로 돌아앉아 소속의원들의 거수 여부를 예리한 눈초리로 감시했으므로 자유당 의원은 김정식, 김낙오 외 한 사람도 손을 들지 못했던 것이다.

〈1954년 3월 24일 동아일보〉

단상단하 : 27의 부표에 관심, 이번 민의는 더 강력한 민의라고

국회에서 통과해 정부에 보낸 것이 정부서 거부되어 왔던 형사소송법안은 19일 국회의 재표결에서 재석 149인 중 120 대 27표로 3분지 2 이상 표를 얻어 법률로서 확정. 이 날 표결에서 27표의 부표는 과거 양우정군 구속동의의 부표와 김정식군 출석정지시의 부표와

거의 같은 수의 부표이고 보니 관심이 집중할 수밖에. 선거법 개정은 선거기일을 목전에 두고 부당하니 이를 보류하자는 고영완군의 동의에 자유당 의원들은 한 사람도 손을 못 들고 김낙오군만이 쾌연(快然)거수. 손을 들면 제명처분하게끔 자유당에서 경고를 해 놓았으니 감시의 눈초리 앞에 감히 손을 들 용기가 있나?

초물루(超物累) 낙천기(樂天機)는 김낙오군뿐이로군. 한국무대예술원과 대한국악원에서는 산하단체를 대표해 "그렇지 않아도 공짜 구경꾼이 많아 수지가 안 맞는데, 세금을 6할로 인상하는 세법개정안이 나왔으니 고충을 생각해 달라."는 진정서를 국회에 제출. 시내 15개 극장에 객년 12월 통계로 무료입장자기 125,018명이라고 하니 평균비율로 열 달만 그대로 한다면 서울시민 전체가 한 번씩은 공짜구경을 하게 되는 판.

초대 대통령 종신집정제와 국회의원 소환제를 내포한 신개헌 운동이 대두되어 정계는 분분(芬芬). 이번 민의를 더 강력한 민의라고 공작의원이 말하고 있다 하나 사회에서는 들은 이 적으니 이번 민의는 벙어리 민의인 모양? 장흥염군은 19일 모다방에서 낯모를 4~5인의 청년들에게 개헌취지서에 도장을 찍으라는 협박을 당하고 간신히 위기를 모면했다고 전파. 금년 민의는 몇 살 더 먹었으니 철도 들었을 터이다. 걱정 말고 들어가 술이나 마시시지? 엊그제 덜 술을 질동이에 가득 붓고 설데친 무나물을 청국장 끼쳐내니 육식자(肉食者)들이 이 맛을 어이 알리?

〈1954년 3월 24일 동아일보〉

공죄(功罪) 총결산, 개관, 2대 민의원 의원

천추의 한을 불면(不免), 정치인 신념에 좋은 교훈, 민국의 민주 발전사에 기여, 비록 힘은 부족했었으나 분투와 노력의 발자취, 호화로운 민주 계획, 그러나 무력한 투쟁이었다. 무기력한 기립투표, 유례 없는 자폭결의안 뒤 이어, 능(能), 다변(多辯)만이 능사가 아니다. 바른쪽으로 손든 건 무언거사(無言居士).

(1) 국민방위군 사건

5월 30일 선거로서 구성된 국회는 6월 19일에 제1차 회의를 열었으나 뜻하지 않은 6 · 25전쟁으로 대전, 대구를 거쳐 부산에서 제31차 회의를 마치고, 9 · 28 수복과 아울러 다시 서울로 돌아와서, 서울에서 다시 회담을 하면서 국민방위군설치법을 통과, 제정했던 것이다. 동국민방위군설치법은 국가비상시에 있어서 예비병력 양성을 목적으로 했던 것으로, 만 17세 이상 40세 이하인 남자는 지원에 의해 지역을 단위로 국민방위군에 편입시켜 군사훈련을 실시함으로써 병력동원의 신속을 기하도록 했던 것이다.

그 후에 이 법에 의한 방위군 조직이 착착 진행되어 다대한 성과를 거두게 되었을 때 뜻하지 않은 중공(中共)의 재침(再侵)으로 다시 1 · 4후퇴를 하게 됨에 따라 정부 당국에서는 서울을 비롯한 일선 부근 각지의 청, 장년 전체를 남쪽으로 후송할 것을 계획하고 일일이 소집영장을 내려 소집해 가지고 도행(徒行)으로 남하를 단행시켰던 것이다.

그러나 정부 자신이 창망 중인 관계도 있었겠지만 각 지구에 이를 수용할 준비와 계획이 철저하지 못했던 관계로 동원된 수십만 장정은 그야말로 엄동설한에 풍찬노숙(風餐露宿)을 하지 않을 수 없는 고경(苦境)에 빠지는가 하면, 그 후 교육대에 배치된 후에 있어서도 부족한 식량과 부식물로 인해 많은 장정이 영양부족으로 쓰러지고 있다는 소식이 연달아 국회에 보고되어 왔던 것이다.

한편, 이와 때를 같이해 국회 내의 청년단 출신들을 중심으로 한 선량들이 한 그룹이 되어 김종회, 박승하 의원을 중심으로 신정동지회라는 단체를 만들어 회원흡수에 급급하는가 하면, 당시 부산에서 일류 요정(料亭)으로 손꼽히던 '외교구락부' 에는 그들의 출입이 빈번할 뿐 아니라, 어디서 융통된 정치자금인지는 모르나 물 쓰듯 돈을 뿌린다는 소문이 부산 정계를 휩쓸게 되었다.

사건은 여기에서 발단된 것이다. 이를 척결(剔抉)해 처음으로 국회에 상정시킨 것은 고영완(高永完) 의원이었다. 그러나 이에 호응해 상정까지에 노력한 의원들은 신정동지회를 제외한 대부분의 선량이었으며, 당시 공화구락부의 엄상섭, 조주영, 김정실 의원도 이 사건의 적발에 노력해 국회의 공기는 대체로

"장정 후송을 위해 마련된 수억의 예산이 방위군 간부의 협잡(挾雜)으로 인해 드디어 국회 내 신정동지회 정치자금으로 흘러들었다."

는 것으로 귀결되어 국회에서는 이 사건에 대한 조사반을 구성하는가 하면, 사건의 이면 수색에 전력을 기울이게 되었고, 한편 각지에서 들어온 보고는 어느 교육대에서 몇 명 사망, 어느 교육대에서 몇 명이 아사(餓死), 어느 교육대 수용장정은 전원이 빈사(瀕死) 지경

운운의 비참한 소식이 날을 따라 증가하게 되고, 국회는 드디어 동 사건의 수사와 병행해 국민방위군 해산을 결의하는 한편, 귀환자(歸還者)에게는 쌀 몇 말, 광목(廣木) 몇 자씩과 귀향여비를 주어 해산시키도록 결의를 해 국방 당국은 이를 승낙하고 그 실행에 들어가게 되었다.

수용 당시보다 해산시는 더욱 비참한 광경을 드러내게 되었다. 영도(影島)를 비롯한 부산 중심지까지도 영화 스크린에서나 볼 수 있는 해골의 행렬이 움직였고, 지방 각지에서는 목불인견(目不忍見)의 참상이 일어났던 것이다. 당시 내무위원장이던 서민호 의원은 자기가 조사한 바에 의하면 죽은 장정이 5만에 달한다고까지 발표했다가 말썽을 일으킨 것으로서도 당시의 정경(情景)이 얼마나 참혹했는가를 알 수 있다.

이 책임을 져야 할 당시 국방부장관 신성모씨는 해임이 되고, 이어 이기붕씨가 장관으로 취임됨에 따라서 사건에 대한 조사는 철저히 진행되어 결국에는 주모자로 규정해 김윤근 준장을 비롯한 윤익헌 등 5~6명에 총살형을 가했으나 국회 내의 관계 의원에 대한 처결은 좀체로 진행되지 않았던 것이다. 그 이유로는 당시 야당적인 입장에서 국정을 편달해 온 공화구락부 소속의 조주영, 엄상섭 등 의원이 돌연 태도를 변해 사고조사를 방해하는가 하면, 심지어 조주영 의원은 대구에서 윤익헌 사형수의 변론까지 하게 되었고, 공화구락부는 함구무언(緘口無言) 애매한 태도를 취하게 되어 야당측은 사건해결에 박차를 가했으나 중과부적(衆寡不敵)이었다는 사실을 상기할 수 있는 것이다.

이로써 정부에서는 김종회 등 의원에 대한 구속 동의요청까지 국회에 제출할 준비를 했으나 국회의 중요간부였던 모씨와 고위측근인 모씨 등이 필사적인 반대를 하게 되어 동국민방위군 사건에 국회의원 관련 관계는 위기일발(危機一髮)에서 모면을 보게 되었다는 사실은 그 후 동구속영장을 철폐하기에 필사노력했던 측근 모씨의 공공연한 언명으로 알 수 있었던 것이다.

이와 같은 경로로써 동사건 국회 관계자들은 일시 안도의 숨을 쉬게 되었는데, 당시 태도를 돌변해 체면불구하고 사건의 옹호에 힘을 기울이던 엄상섭 의원은 그 후 회개해

"장차 국정을 바로잡을 때는 이런 적은 사건보다도 더 필요한 의석의 숫자 획득이 있는 관계로 신정회(新政會)를 흡수 동화하기 위한 정치적 응변(應變)이었다."

고 술회하고 있는 것으로 보아 다음 단계에 나올 내각책임제 개헌공작을 전제로 했던 것인지는 모르나, 여하간 정치인인 동시에 민족을 대표하는 국회의원으로서 수만 장정이 사(死)의 행렬을 하고 있는 것을 목도하면서도 도리어 이를 옹호한다는 그러한 정치적 응변은 중대한 위험성을 내포하고 있는 초정치수완이라고 단정하지 않을 수 없는 것으로, 그 후 공화구락부는 신정동지회를 흡수해 100여 인의 의석을 얻어 공화민정회라는 간판을 세우기는 했으나, 얼마 안 되어 자유당의 결성, 소동이 일어나서 두 쪽으로 갈리는가 하면, 정치파동을 거친 후에는 공화 자체조차 유지하지 못하고 무소속으로 전락하는 운명에 놓였다는 것을 생각할 때, 정치인의 신념이라는 것이 얼마나 필요하며 금전과 회유로 만들어진 집단이 얼마나 무력하고 비열하다는 사실을 생각할 수 있을 것이다.

대체로 동사건의 추이를 살펴볼 때 사건 직접 관련자는 불과 4~5명, 같은 회원으로서 호응자 24~5명, 정치적 이용을 목적으로 한 자 70명 합 100여 명이 동사건으로 국민에 대한 실신(失信)을 했다고 볼 수 있는데, 만약에 동사건의 동기가 모의원이 말한 바와 같이 국회 내의 여당 세력 구성을 목적으로 한 것이었다면, 이는 천추의 오명을 면치 못할 것이다. 단기 4283년 5월 30일 총선거로 구성된 제2회 국회는 앞으로 회기를 다시 연장하지 않는 한 4월 30일로서 4년간의 의무를 마치는 최종막을 내리게 되었다.

회고하건대, 4년간 이번 국회는 그야말로 형극 속에서 간난의 길을 걸어온 수난의 국회였다. 83년 6월 19일 서울에서 구성 제1차 국회를 소집했으나 회기 1주일만인 6월 25일 뜻하지 않은 북한괴뢰의 남침으로 인해 27일 서울을 떠나 대전, 대구, 부산으로 남천(南遷)을 하게 된 이래 작년 9월 환도(還都)시까지 만 3년 3개월 동안을 피난 중에 전국민과 수난을 같이 하면서 맡은 바 의무의 완수에 힘을 기울였던 것이다.

임기 4년간 총 1,460일 동안에 1,300여 일이라는 회기를 가지고 거의 상설되다 싶이 해 다난한 국사 처리에 노력과 성의를 경주한 이번 국회는 총평해 분투의 국회요 노력의 국회라 할 것이다. 대외적으로 밀려온 미증유의 6 · 25전쟁의 처리에 있어서는 우리 국회 단독의 힘으로서는 어찌할 수 없었던 만큼 이제 언급을 차치하고 국내문제에 있어서 거창 사건, 국민방위군 사건을 비롯해 접종해 일어난 정부제출 제1차 개헌안 처리, 서민호 의원 사건, 양차(兩次)의 부통령 사표 처리, 정치파동, 발췌개헌안 처리, 대통령저격 사건, 중석불 사건, 족청파발호 사건, 입도 매매 사건, 정국은(鄭國殷) 사건 등의 처리에 있어 비록 힘이 부족했다 할까, 국민이 원하는 대로 유종의 미를 거두지는 못했다 할지라도 언제나 민주주의를 목표로 세우고 이의 실행에 대부분 선량들이 총체적으로 힘을 다하고 정성을 기울였다는 사실은 대한민국의 민주발전사에 기여한 바 클 것이다.

전술한 바와 같이 이번 국회는 수난국회였던 관계로 법안심의에 있어서는 당면 시급한 각종 긴급법안을 처리한 외에 형법과 형사소송법을 제정했을 뿐 유감이나마 기본법인 육법조차 완전(히) 제정하지 못한 형편이었으므로, 이제 4년간을 통한 법안심의상황은 생략하고 꼬리를 물고 일어난 국내정치 문제에 대한 국회의 그 시 그 시의 태도와 맺어진 결과, 그리고 각 파, 각 의원들의 동향을 약술함으로써 4년간의 동태를 더듬어 앞으로의 참고에 공(供)하는 동시에 민주주의 발전을 위해 이번 국회가 어떠한 공헌을 했다는 것을 살펴보기로 한다.

(2) 5 · 26 정치파동

4284년 5월 26일부터 7월 4일까지를 정치파동기라고 부른다. 이때는 대통령의 임기가 끝나고 국회에서 다시 대통령을 선거하게 되는 중대한 시기였던 만큼 전국민의 관심과 내외정계의 시청은 국회에 집중되어 선량들의 일거일동은 그야말로 대한민국의 운명을 좌우하는 중대한 지위에 처했던 것이다. 이에 앞서 정부에서는 대통령의 임기만료를 앞두고 대통령직선제와 상, 하 양원제의 헌법개정안을 국회에 제출했다가 1월 18일 국회에서의 표결에서 압도적인 다수표로 부결이 됨에 따라 다시 새로운 조항을 보충해 두 번째 국회에 제출한 것이다.

그러나 국회의 동태가 첫 번째 부결시와 다름이 없는 것을 간파하게 된 정부는 동안을 통과시키지 않으면 안 될 입장에서 각양각색으로 공작을 전개했으나 가망성이 없었던 것은 사실이다. 때를 같이해 지방각지에서는 민의를 거역하는 국회의원을 소환하라는 민의 '데모' 가 농번기에도 불구하고 일어난다고 들리는가 하면, 국회의원 소환장이 직접 각 선량들에게 날아들기 시작했다.

물론 여기에 겁을 내거나 귀를 기울일 국회는(당시에는) 아니었던 만큼 이는 일소에 붙이고 국회의 종합된 대부분의 의견은 국회에서 시기를 보아서 대통령을 선거하는 동시에 이번에는 기필코 내각책임제로 개헌할 것을 내정하고 대통령선거를 하고 내각책임제 개헌을 하느냐, 그렇지 않으면 개헌을 해 놓고 대통령선거를 하느냐의 양론이 대립되어 여러 날 동안 극비리에 논의가 진행되어 왔을 뿐이었다.

이보다 앞서 이(李)대통령은 정부를 지지하는 여당을 조직할 것을 시사(示唆)해 그 후 조직된 자유당(自由黨, 합동파)은 그 수 61명(6월 현재)에 달하기는 했으나 대통령 선거나 개헌안을 무기명으로 비밀투표할 때 과연 몇 표나 찬성표가 나올 것이냐는 자유당 자체에서도 의심하지 않을 수 없는 형편에 있을 만큼 국회의 공기는 미묘했던 것이다.

이러한 공기를 간파한 절대적 우세에 있는 야당 연합파에서는 대통령 선거보다도 개헌안을 먼저 해 내각책임제를 만들어 놓고 선거를 할 작정으로 123이라는 숫자를 맞추기 위해 123명의 날인을 얻어 국회에 제출 공고시켰다.

다음 단계로는 개헌 추진보다도 대통령 선거 문제에 치중해 각 파에서는 각 처에서 비밀회합을 열면서 협의를 거듭했으나 각 파 모두 의견의 일치를 보지 못하게 되자 최후로 5월 25일 밤에는 각 파에서 파별이 없이 터놓고 정치적 양심으로 인물을 투표해 이를 밀봉해 가지고 개표 뒤에 표수가 가장 많은 인물에게 어느 파를 막론하고 무조건 지지투표를 하도록 귀결이 되어 26일 아침에는 그 투표봉투를 수집 개봉할 차례였던 것이다.

이리하여 각 선량들은 바로 몇 시간 후에 자기 몸이 어떠한 운명이 닥쳐올 것도 모르고 대통령 예선투표 봉투를 밀봉해 품 속에 간직한 채 행복한 꿈나라를 거닐고 있었던 것이다. 운명의 날은 오고야 말았다. 계엄령이 선포되고 중견야당 선량의 집에는 포교가 달리는 가 하면, 시내 요소요소에 삼엄한 경계망이 깔려 선량들의 행동거지는 완전 봉쇄되는가 하면, 누구누구는 새벽에, 누구누구는 아침에 모두 붙들렸다는 소식이 연달아 보고되었다.

그 동안 호화롭던 민주 계획은 어디로 도망가고 이제는 민의 앞에 붙들려 심판을 받지 않으면 안 될 운명에 처해 모두 산지(散地) 사방(四方). 그러나 여하간 의사당 안으로 들어가야 살 수 있다고 골목골목을 더듬어 의사당으로 몰려들기 시작한 것이다.

사건은 국회 안에 국제공산당들이 잠재해 공산당의 돈을 끌어다 뿌리면서 의원들을 매수해 마음대로 대통령을 뽑아 가지고 이북괴

뢰에게 나라를 팔아먹으려는 음모라는 것이 차츰 알려졌다. 이용설, 임흥순, 서범석, 고영완 등 40여 의원은 국회사무처에서 버스를 내어 동승하고 의사당으로 들어가다가 관헌에게 붙들려 '버스' 그대로 대형 트럭에 끌려 헌병대로 가게 되었다. 남은 선량들은 의사당 안에서 아무리 부당성과 민주주의를 부르짖었으나 이는 민의 앞에는 소용이 없었다.

(3) 발췌(拔萃)개헌안 통과

이때 두각을 나타낸 것은 자유당이다. 여당인 자유당은 과연 여당답게 방금 일어난 모든 사태에 대한 합법적인 설명에 최선을 다했으나 그 말은 그 자신의 귀와 민의에만 통할 뿐 야당 선량에게는 통하지 않을 뿐 아니라 도리어 귀를 거슬렀다. 사태가 이렇게 되고 자유당은 차츰 수를 더하게 되자(신라회도 합세) 야당측에서는 어떤 결의사항이나 통과되지 않을까 하는 근심으로 다음날부터는 모두 몸을 각지로 감추어버리게 되어서 국회는 며칠 동안 성원 부족으로 일을 할 수 없게 되었다.

이때에 자유당에서는 이갑성 의원을 중심으로 국회의 자진해산 결의안, 즉 세계 어느 나라에서도 볼 수 없는 국회의 자폭결의안이 60여 명의 날인으로 제출되는 한편, 다음부터는 성원을 위해 전 경찰이 나서서 의원들의 행방을 찾아 끌어들이기에 노력한 결과 7월 4일에는 구속 의원들도 대부분 석방이 되고 숨었던 의원도 끌려오게 되어 대성원을 이루었는데, 이를 가리켜 '경찰의 안내' 라 하며, 이에 대해서는 당시 장총리의 공적이 컸던 것이다.

연일 의사당을 둘러싸고 아우성치던 민의 때도 이 날만은 잠잠

하고 이재형 의원과 금정실, 장택상 의원 등에 의해 성안(成案)된 역사적인 소위 '발췌개헌안' 은 모여든 대부분의 선량들로부터 찬성하겠다는 승낙을 받게끔 되었다. 곽상훈 등 야당 의원들은 그렇게 하지 않으면 안 된다는 운명의 최후 심판을 듣고 대성통곡했으나 이는 민의에 대한 불가능한 항변밖에 아무것도 아니었다.

7월 4일 밤 미국에서는 독립기념을 축하하는 7월 4일 밤, 우리 국회에서는 대통령을 직선하고 상, 하 양원제를 두는 발췌개헌안을 기력이 없는 기립표결로서 통과시켰다. 그 광경은 최후 심판을 받은 죄수들의 처참한 모습이었음을 기억한다. 이러한 경위를 더듬어 개헌안을 통과시킨 국회의 동향을 살펴보면 기고한 움직임이 없지 않았다.

전에 말한 국민방위군 사건 당시 국회 관련자인 신정동지회측을 적극 엄호해 온 구공화구락부 소속 선량들은 정치파동에 있어서는 어느 파보다 굳세었고, 구신정동지회계는 대부분이 여당으로 들어가 파동시의 총본영이었던 삼우장의 주인이 되었던 것으로, 민의의 떼들이 '데모' 를 하다가는 삼우장으로 밀려가서 삼우장 애국동지 만세를 불러 준 것은 청사에 빛나고도 남음이 있을 것이다.

그러나 그 후, 즉 파동을 겪은 후로는 신라회는 말할 것도 없고 민우회가 몇 사람 남고는 죄다 자유당으로 들어가는가 하면 그렇게 굳세던 구공화의 원내자유당도 머리를 숙이고 여당으로 들어가게 되어 야당으로 남은 것은 민국당과 무소속뿐이라는 데는 다시 한 번 이번 국회 선량들의 정치적 신념과 의지를 의심하지 않을 수 없는 것이다.

이(李)대통령은 수차에 걸쳐 이번 국회에는 국가를 위해 일할 사람이 한 사람도 없다고 언명했으나 현여당 의원들과 같이 자기신념보다 더 민의에 순종하는 사람은 다른 곳에서 구하기 어려울 것 아닌가 생각된다. 앞으로 구성되는 국회에는 또다시 국회의원 소환제와 국민투표제 개헌 기타 대통령삼선제 등을 규정하는 헌법개정안이 나와 선량들과 민의와의 대결이 다시 연출되리라 추측된다.

끝으로 이번 국회의 선량별 동향을 종합 관찰해 보면 다음과 같은 흥미점을 발견할 수 있다. 국회의원이란 민의를 대변하는 만큼 능변이고 달변이어야 할 것은 사실이나 사실에 있어 단상에서 말 잘하고 이론을 잘 전개하는 선량으로서 중대한 국사 처리에 신념을 지키는 자가 적다는 것이다.

국회의원으로서 지조를 지키지 못하고 금력과 권력에 쏠려 동으로 서로 부평초 모양 움직인다면 구태여 선거로서 대변자를 뽑아 국사 처리를 맡길 필요조차 없을 것이다. 그래도 4년간 정치생활에 있어 바른 쪽으로 손을 들고 어떠한 유혹에도 끌리지 않은 것은 대부분이 무언거사(無言居士)라는 말 없는 선량들이 독점하고 있다는 경이한 사실을 잊어서는 안 될 것이며, 또한 평시 말 없는 선량들이 1년에 한두 번씩은 진리를 관철하는 대웅변으로 장내를 경악케 했다는 사실 또한 놀라지 않을 수 없었던 것이다. 그의 일례로 김정기, 정재완 등 다수 의원을 들 수 있는 것이다.

그리고 국회의원이 되어 가지고 국사보다 더 사업(私業)과 사리(私利)에 분망해 의원이라는 간판 밑에서 정부측과 결탁해 양조장 허가, 적산기업체 불하, 외국무역 기타 각양각색으로 모리에 힘을 써서 일약 갑부된 선량들도 많은 수에 달하고 있다는 것과는 정반대로 한 간 세방에 자취하면서 지조를 지키는 선량 역시 다수를 점하고 있는데, 이 역시 위에 말한 무언(無言)의원들에게 독점되어 있다는 것 또한 말하고 싶다.

19. 3대 국회의원 선거와 고영완

1) 공권력이 개입된 3대 민의원 선거

개원 6일 만에 6 · 25전쟁이 발발한 2대국회는 난감한 지역구 문제를 해결하지 못하고 3대 민의원(국회의원) 선거를 치루게 되었다. 휴전협정의 결과 일부 국회의원의 지역구는 북한령이 되었다. 옹진군 선거구 갑구는 백령도, 대청도만 남았고, 을구는 연평도만 남았다. 연백군, 개성시, 개풍군은 북한땅이 되었고, 장단군 선거구도 남은 지역이 민간인 출입이 통제된 주민이 없는 지역구였다. 선거를 치를 수 없는 이들 지역의 국회의원의 임기를 연장하는 법이 국회에서 통과되었으나, 헌법에 어긋난다는 이유로 거부권이 발동되었다.

1954년 5월의 선거를 앞두고 원내에서는 국회의원 선거법 중에서 연고지제를 채택하고 정당 아닌 사회단체 명의하에 선거운동을 불가능하게 하는 내용의 개정안을 통과시켰으나, 정부에서는 대체로 현의원의 재선에 유리하도록 된 개정 선거법의 공포를 거부했다. 더욱이 제3대 민의원 의원선거의 실시를 위한 국회의원(민의원) 선거법과 선거일 선정 문제를 중심으로 한동안 정부와 국회, 특히 야당 세력간에는 상당한 논란이 제기되었으나, 동선거법의 새로운 제정이나 개정이 없이 기존 법률로 실시하기로 타협됨으로써 정부는 그해 4월 7일 선거일자를 5월 20일로 공고하게 되었다.

이승만 대통령은 기존의 대한독립촉성국민회를 버리고 자유당을 창당했다. 2대국회에서 다수 의석을 가진 야권의 내각제 개헌안을 5 · 26 부산정치파동과 발췌개헌으로 제압한 이승만 대통령은 자유당과 경찰에게 총선의 개헌선 확보를 지시했다. 3대민의원 선거는 경찰이 개입한 관권부정선거였다. 당시 경찰은 국민 3,400여 명을 범죄혐의로 체포했다. 반이승만 성향 후보들에 대한 선거입후보 서류날치기, 선거인들에 대한 고문도 이어졌다.

국무총리서리를 역임했던 허정은 회고록에서 자신의 선거를 도와주던 사람을 경찰이 연행해 고문을 가해서 죽게 되자 출마를 포기했다고 적고 있다. 조봉암은 자신의 대통령 선거를 돕던 김성주가 불법으로 고문당하다가 원용덕 소장집에서 살해당했다. 그는 선거 서류를 날치기 당해 후보등록조차 할 수 없었다. 이기붕의 지역구에 막판에 선거 서류를 냈으나 등록을 거부당했다. 국회의장이던 신익희는 선거구민들이 여론조사에서 최인규가 이긴다고 답을 한 후 몰표를 주어서 당선시켰다.

2) 3대 국회의원 선거 낙선

3대 민의원(국회의원) 선거에 고영완(민국당)은 손석두(자유당)에게 600여 표 차로 패해 낙선했다. 당시의 부정관권선거를 1960년 09월 28일자 동아일보 기사는 다음과 같이 기록하고 있다.

"총경급 인사이동에 대한 장흥 출신의 고영완 의원의 불평을 들어보면 3대 민의원선거 때는 장흥서장으로서 무장 경관을 동원해 자기표를 모조리 강탈해 갔고, 김제서장때는 읍장부정선거사건을 일으킨 김영봉이라는 자가 어떻게 된 영문인지 이번에 다시 장흥서장으로 굴러들었다는 내용. 금의환향인가 금권환향인가?"

3) 고영완 관련 신문기사

〈1954년 3월 24일 경향신문〉

자유당과 일대 대결 예상, 제1차 공인 입후보 명단발표, 민국당

민주국민당에서는 박두한 5 · 20 총선거를 앞두고 그간 공인 입후보자에 대한 다각도의 심사를 해 오던 중 15일 제1차 공인입후보자의 명단을 발표했다. 금반 최종결정은 그 동안 영남지방 유세를 마치고 13일 귀경한 동당 위원장 신익희씨를 중심으로 14일 개최된 동당 선거대책위원회에서 최종적으로 결정을 본 것이다. 금반 발표된 제1차 공인 입후보자 수는 60명이며, 그 중 현의원은 13명이 포함되어 있다. 소식통에 의하면 현재 동당 선거대책위원회에 제출된 공인입후보자 수는 140명에 달하고 있는데, 그 중 우선 전기 60명이 제1차로 공인을 받았고 수일 내로 제2차, 제3차 발표가 있을 것이라

한다. 금반 발표에 의하면 동당의 최고 간부를 비롯해 중견당원이 망라되어 있어 자유당과 일대결전이 예상되고 있는데, 제1차 발표된 공인 입후보자 명단은 다음과 같다

* 전라남도 장흥(長興) : 고영완

〈1954년 5월 9일 경향신문〉

공명한 일표 민주정치의 초석

장흥군 7명, 고영완(남 40, 민의원) 민국당, 백쌍암(남 48, 출판업) 자유당, 정동렬(남 45. 농업) 무소속, 윤대하(남 35, 무) 유도(儒道)회, 손석두(남 43, 양조업) 자유당, 이병민(남 36, 농업) 농민회

〈1954년 6월 9일 동아일보〉

당선 일부 무효청구 장흥, 고씨 선위장 걸어 소송

제3대 민의원 총선거가 끝난 후 선거소송 제3호. 전남 장흥 선거구에 입후보했다가 낙선한 민국당 공천 고영완씨는 7일 장흥 선거구 선거관리위원장을 걸어 동선거구에서 당선된 손석두(자유당, 공천)씨의 당선 일부무효 청구소송을 제기했다고 한다.

〈1954년 6월 21일 경향신문〉

총선거의 여진, 무효소송 총 23건 접수, 간섭과 압력이 다수, 피고 : 15(자), 6 (무), 1(민), 1(국)

5 · 20 민의원 선거가 끝난 직후 광양 선거구의 엄상섭씨가 김정호씨의 당선무효를 주장하는 제1호의 선거소송이 접수된 이래 선거법에 규정된 마감일(선거 및 당선결정 후 30일 이내에 소송을 제

기할 수 있음)인 19일 오후 5시 현재까지 대법원에 총23건의 선거소송 사건이 접수되었다.

즉, 엄상섭씨의 선거소송을 스타트로 19일 오후 3시 창원을구의 장수룡씨의 제의 사건이 맨 나중에 접수된 것인데, 제기된 선거소송 중 원고의 소속별로 보면 자유당이 11명이고, 민국당이 4명, 무소속이 8명으로 되어 있고, 한편 피소송자의 소속을 살펴보면 자유당이 15명(15명 중 10명은 형식상 선거위원장을 피고로 하고 있으나)이고, 무소속 6명, 민국당 1명, 국민호 1명으로 되어 있는데, 각 시도별로 보면 경남의 11건이 최고이고, 경북 5건, 전남 3건, 강원 2건, 서울 1건, 충남 1건으로 되어 있다.

한편, 23건 중 13건이 선거무효를 주장하는 선거효력에 관한 이의소송이고, 11건이 당사자의 당선무효를 주장하는 당선무효확인소송인데, 소송을 제기한 원고들의 주장을 살펴보면 경찰의 협박과 간섭이 있어 불공평한 선거를 행했다는 것과 강제로 압력으로 유권자의 투표를 기권케 하고 당선된 자측 운동원으로 하여금 대리투표케 했다는 것이 많고, 다음은 각 면지반을 통한 매수공작으로 금품을 분배했다는 것과 선거법에서 금지되어 있는 호별방문을 했다는 것 등으로 볼 수 있다.

그 중 가장 특색이 있는 것이라면 광양구의 당선자 김정호씨의 피선거권 유무를 밝히려는 엄상섭씨 제기의 선거소송 사건이며, 맨 처음으로 26일 공판을 개정하게 되어 있다. 또한 선거고공 사건이 제기된 선거구의 피고는 아래와 같다. 상(上)은 원고(原告), 하(下)는 피고(被告) - 고영완(민, 장흥) - 김병규(장흥선거관리위원장)

〈1960년 9월 28일 동아일보〉

우주선(宇宙船)

도지사를 임명하느냐, 직선하느냐 규정짓는 지자법개정안은 27일 국회에서 민주당 신파측의 집요한 반대에도 불구하고 직접선거로 선임하도록 재석 156 중 94표로 통과되었다. 민주당의 국민에 대한 선거공약이 집권파인 여파보다도 야파에 의해 실현되었다는 것도 야릇하거니와 도대체 내각책임제의 집권파가 사사건건 야파에게 패배당한다는 사실은 우리나라에서도 장정권이 아니고는 다시는 못 보리라.

민의원에서는 오는 30일 각 분과위원을 선출하도록 각 파 대표들 간에 합의를 보아 개원 50여 일만에 정상적인 운영을 보게 되었는데, 10월 1일부터 10일 동안은 예산안 검토를 구실로 내세우고 본회의는 휴회되리라고.

"풍우하촌쌍저급(風雨何村雙杵急)고
건곤차옥일등심(乾坤此屋一燈深)이라.
회총노학함운색(懷寵老鶴含雲色)이요
만책한계저효심(滿柵寒鷄貯曉心)이라."

추석도 짙어가니 예산검토보다는 추석귀향이리라. 부정선거 원흉에 대한 구형은 최인규, 이성우, 이강학, 최병환 4피고에는 사형, 이여(爾餘) 23피고엔 10년 내지 15년, 기타에는 4년 6월, 구형도 구형이려니와 특별법 없이 현행법으로는 처치곤란이라는 법원측 언도가 더욱 주목.

총경급 인사이동에 대한 장흥 출신의 고영완 의원의 불평을 들어보면 3대 민의원 선거 때는 장흥서장으로서 무장 경관을 동원해 자기표를 모조리 강탈해 갔고, 김제서장 때는 읍장부정선거 사건을 일으킨 김영봉이라는 자가 어떻게 된 영문인지 이번에 다시 장흥서장으로 굴러들었다는 내용 - 금의환향(錦衣還鄕)인가 금권환향(金權還鄕)인가?

28일은 전신개발 75주년 기념일이라 체신부에서는 기념식과 아울러 유공자 표창이 있다는 소식. 한 가지 부탁은 6국(局) 전화는 1대에 50만 환, 기타는 30만 환에 매매되고 있으니 전화수요량에 특별 유의해 주시길. 병사한 아내의 뒤를 따라 어린 자녀 남매를 사회에 부탁하고 음독 자결한 이 모라는 대학교수의 비련 한 토막. 금생이과의(今生已過矣)라. 중결후생연(重結後生緣)으로 이승에서 미진한 사랑 저승에서 다시 맺으리.

20. 장흥농업기술학교와 고영완

1) 장흥공립중학교에 '답(畓) 100두락(斗落)' 쾌척

일본강점기 1923년 4월 23일 장흥공립농잠실수학교가 개교되었다, 비단을 수탈해 가기 위한 일본의 식민정책의 일환이었다. 이 학교명이 1935년 4월 1일 장흥농업실수학교로 변경되었다. 해방 이듬해인 1946년 10월 9일 미군정은 장흥농업실수학교를 장흥공립초등중학교로 인가하자 동년 10월 24일 장흥공립중학교로 정식 개교했다.

개교 당시 고영완은 본인의 '답(畓) 100두락(斗落)'을 장흥공립중학교에 쾌척(快擲)했다. 무계가 영면한 지 18년이 지난 2007년 5월 15일 무계의 공적비가 장흥중학교 교정에 세워졌다. 이 공적비가 무계 고영완의 유일한 흔적이다. 다음은 공적비 뒷면에 새겨진 공적 내용의 전문이다.

"우리 장흥중학교는 조국 광복의 환희와 더불어 온 겨레의 가슴마다 새로운 건국대업을 향한 열정과 희망이 가득차 있을 때 교육입국이라는 전군민의 여망을 싣고 1946년 10월 9일 개교했다. 식민지 통치로부터 국권을 되찾아 민족자존의 새 역사를 창조하고 민족 정기를 구현하려는 시대적 진운이 무르익어 가는 속에서 우리 학교가 문을 열자 전군민의 교육열은 더욱 불타 사방에서 모여든 학도들이 학당을 메웠으니, 거기에 조국의 밝은 미래가 빛나고 있었다.

그러나 건국 초기의 국가 재정은 너무나 빈약해 부족한 교육시설은 학부모와 군민들의 힘으로 확충해야 할 난관에 부딪혔다. 이렇듯 어려운 처지에 있을 때 추포 국오현(1909~1972) 선생과 무계 고영완(1914~1991) 선생께서 남달리 사재를 아낌없이 내어 여기 이 자리에 현대식 새 교사를 세우고 또 많은 땅을 교답으로 내놓았다. 추포 선생은 실업가로, 무계 선생은 정치가로 항상 공을 앞세워 실천한 선각자이시다. 이에 두 선생께서 오늘날 장흥남여중, 고의 초석을 깔아주신 은혜를 영원히 기억하고 두 분의 거룩한 정신을 이

장흥중학교 교정에 선 공덕비. 사후 18년이 지나 세워진
고영완의 유일한 흔적

학교를 나온 동문은 물론 모든 군민은 가억해야 할 것이다."

2) 장흥농업기술학교 설립

1953년 당시 한국은 3년간 지속된 전쟁으로 서울 등 대도시는 폐허가 되고 농촌은 황폐화되었다. 잃어버린 생계수단을 찾아서 혈안이 된 사람들의 비참함은 이루 말할 수가 없었다. 초근목피로 근근이 끼니를 연명하던 농촌에서 자녀교육은 차라리 사치였다. 대부분의 농촌에서는 초등학교만 보낸 후 농사나 가사를 돕고 있었다.

마을에서 자녀를 중, 고등학교에 보낸 가정은 한두 곳에 불과했다. 가난 때문에 수업료 등 학비를 부담할 형편이 못 되었기 때문이었다. 이러한 농촌의 청소년들에게 진학의 길을 열어줄 수는 없을까 고영완은 고민을 했다. 고민 끝에 상급학교에 진학하지 못한 이들을 전문농업인으로 양성할 수만 있다면 피폐된 농촌경제를 일으켜 세우는 데 큰 몫을 담당할 수 있으리라는 판단 아래 장흥농업기술고등학교를 설립키로 결심했다.

장흥농업기술학교 수예강습 수료기념

1954년 5월 2일 제3대 국회의원 선거에서 자유당의 부정선거로 600여 표 차로 낙선을 한 고영완은 자신 소유(우목리 농장)의 임야, 전, 답 등 3만여 평을 실습용으로 내놓고 국유재산인 구군청터(동헌터)를 임차해 장흥농업기술학교를 설립했다. 제1대 교장에는 고영완의 사촌동생인 고영국이 맡았다. 고영구, 고영달, 고영묵, 함흥 출신의 피난민 양기선 등이 교사로 참여했다. 입학생은 졸업 때까지 수업료가 전액 면제되었고, 일반 인문계와 동일한 수준의 교과과정을 이수하면서 영농기술교육을 받도록 했다.

개교 당시에는 학생 수가 500여 명에 이르렀다. 그러나 자유당 정권은 장흥농업기술학교의 학교법인설립인가를 내주지 않았다. 1956~57년 사이 고영완은 농촌의 식량문제 해결을 위해 조흥은행 장흥지점에서 100만 원을 대출받아서 가구당 100주에서 500주의 밤나무를 할당 심게 했다. 밤나무조림사업으로 억불산에는 가을이면 알밤을 주으려고 사람들이 모여들었다.

고영완이 1958년 4대 국회의원 선거에서도 낙선하자 장흥농업기술학교는 심한 재정난으로 폐교 위기의 상황에 몰렸다. 임야를

장흥농업기술학교 동료들과 함께

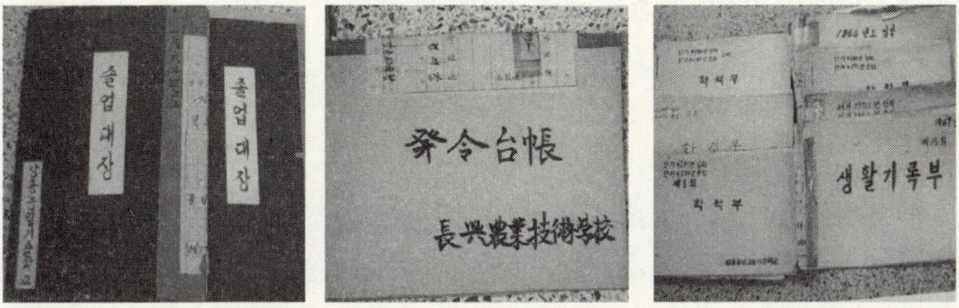

장흥농업기술학교 관련 자료(장흥교육청 제공)

개발하고 농산물 소득으로 학교 운영비를 마련하려고 했으나 뜻대로 되지 않았기 때문이다.

3) 장흥읍교회에 위탁경영(1958년) – 폐교(1975년)

1958년 고영완은 5년 이내에 학교법인 인가를 받을 경우에 자신 소유의 재산을 학교법인에 넘긴다는 조건으로 학교운영권을 종교법인인 장흥읍교회에 위탁운영하게 했다. 읍내에서 가장 교세가 큰 종교재단인 장흥읍교회에 학교운영을 맡기면 공정하게 운영되리라 믿었기 때문이다. 당시 장흥농업기술학교는 농장부설교육기관이었다.

운영권을 넘겨받은 장흥읍교회 또한 국유재산인 동헌(東軒)터를 학교부지로 불하받았으나 재정난을 해소하지 못했다. 학교법인 인가를 받지 못한 채로 10여 년이 흐르자 학생수가 점차 줄어들더니 1975년에는 학생이 없는 유령학교로 변했다. 재정난 타개책을 이유로 돈을 받고 졸업장을 만들어준다는 등 소문이 퍼지자 더 이상의 학교 존치는 지역사회에 오히려 해악이 될 것으로 판단한 고영완은 장흥읍교회와 협의해 전남교육청에 폐교신청을 했다. 개교 20년 만에 장흥농업기술학교는 문을 닫았다.

2대 국회는 6 · 25전쟁으로, 5대 국회는 5 · 16군사정변으로 험난한 의정생활을 했던 고영완. 5대국회, 농림위원회 상임위원으로 활동했던 고영완 의원은 국회의원 재임시절 타이완의 농촌을 시찰하고 돌아온 후 타이완의 농촌취락구조 개선에 깊은 감명을 받았다. 5 · 16군사정변 이후 정계를 은퇴한 고영완은 민주당 구파동지인 윤보선과 유진산의 강권에 못 이겨서 1971년 국회의원 선거에 출마 낙선했다. 그리나 그는 공화당 정부의 취락구조개선 사업을 앞장서서 지지했다. 막내아들(병학)을 대학교를 보내지 못한 어려움 속에서도 농촌의 주거환경 개선을 위해 600만 원 상당의 전답을 희사한 그의 농촌 사랑을 통해 우리는 이 시대의 진정한 지도자를 만나게 된다.

4) 고영완 관련 신문기사

〈1948년 8월 20일 동아일보〉

전남 장흥 고영완씨 수재의연금 2,000원

〈1960년 10월 3일 경향신문〉

민의원 상임위원 명단, 농림(30명) 위원장(委員長)=유옥우(민구), 고영완(민구).

〈1961년 03월 19일 경향신문〉

공항 왕래 입국(18일) - CAT편 강재량(참의원), 고영완(민의원) 이상 양씨 타이완 농촌개발시찰 후, 조동오(민국일보 기자), 김규제(자유신문 기자) 이상 양씨 일본사법제도 운영상황 취재 후

〈1978년 7월 26일 경향신문〉

농촌 새 풍속도 - 170 - 주거 변혁 - 29. 집짓기 지원, 생활에서 의식까지 탈바꿈, 현장에 가다, 영세농에 독지가 성원, 성금, 자재희사 등 흐뭇한 온정 줄이어, 전남에선 '헌집물려주기운동' 까지.

지난 4월 전남 장성군 남면 죽분 마을에서는 온 동네가 모두 함께 이삿짐을 꾸리면서 축제분위기에 싸였었다. 이 마을에 대농(大農)으로 꼽히는 임상렬씨(64)는 취락구조개선 사업에 따라 15평짜리 양옥으로 이사를 했다. 그리고 가장 빈농축에 들던 신대기씨(70)는 임씨의 헌집을 물려받아 말끔하게 수리를 해서 살림을 옮겼다. 평소 이웃에서 임씨네를 가장 부러워하며 살아오던 신씨다.

도무지 새 집을 지을 만한 경제적 여유가 없는 신씨 가족들로서는 임씨의 집을 물려받은 것이 그토록 흡족할 수가 없었다. 온 가족이 아침 일찍부터 벽에 못질을 하고 문에 칠도 다시 했다. 그리고 신씨의 3간짜리 초가는 깨끗이 헐어서 새로운 대지를 만들었다. 주택개량사업을 벌리면서 당국이 새 집을 지을 능력이 없는 농가를 위해 집물려주기운동을 전개한 것이다.

이 죽분 마을에서는 새 집을 못 지은 5가구가 이렇게 남의 집을 물려받았고, 15가구가 새 집을 지어 이사를 했다. 또 고흥면, 남양면 침교리의 중농(中農) 송재만씨(53)는 80평짜리 대지에 있던 집을 이

웃 정모씨(49)에게 넘겨주고, 마을 뒤 구릉지에 새로 닦은 집터에 새 집을 지었다. 이런 '집물려주기운동' 은 지난 봄 전남지방에서 가장 먼저 시작했다. 전남도는 금년도 주택개량농가를 7,500여 가구로 잡았는데, 이 중 700여 가구를 사실상 새 집을 지을 수 없는 영세농으로 보고 새 집을 지은 농가 중에서 쓸 만한 집을 골라 이들에게 물려주도록 한 것이다.

그래서 지난 봄 100여 가구가 이미 헌집을 물려주었고 금년 말까지는 600여 가구를 목표로 이 운동을 확대시켜 나가고 있다. 농촌의 새 집짓기 바람이 일기 시작하면서 여러가지 문제점도 잇따르고 있지만 한편으로는 흐뭇한 사연들도 적지 않게 벌어지고 있다. 조선대 건축과 김천규(42) 교수는 고향인 나주군 세기면 화산 마을에 구정 성묘를 하러 갔다가 마을이 몰라보게 달라진 것을 보고 현금 3천만 원을 마을사업에 써 달라고 내놓았다고 한다.

2대 국회 때 야당 의원을 지낸 고영완씨(72)는 고향인 장흥군 장흥읍 내평 마을에 600만 원 상당의 전답을 희사했다. 의원 재직 때 자유중국을 시찰하면서 잘사는 농촌을 보고 왔다는 고씨는

"우리 농촌도 이제 잘 살 수 있을 때가 왔다."

며 매일 마을에 나가 집짓는 일을 돌봐주고 있다.

경남에서는 전혀 새 집을 지을 능력이 없는 생활보호대상자 186가구를 도 당국이 100% 지원을 해서 새 집을 지어주기로 했다. 경남도는 생활보호대상자의 대부분이 노인과 어린이들로 가족이 많지 않다는 점을 착안, 2가구를 1동으로 설계한 연립주택을 지어 나누어주겠다는 것이다. 이 예산은 국비보조 20만 원을 비롯해 도가 동당 28만 원을 지원하고, 나머지 117만 원에 해당하는 금액을 도내 관

계기관과 업체 등에 연결시켜서 서로 돕기운동을 전개, 지원해 나가고 있다.

경기도 용인읍내의 건축자재 메이커인 정청기업에서는 관내 한일 부락민들이 어려운 여건 속에서 집을 짓고 있다는 얘기를 듣고 6인치 블록 1만 장을 희사했다. 어렵게 살아온 이 부락주민들 20여 가구는 독지가가 보내준 블록으로 똑같이 7평짜리 부속사를 지으면서 두고두고 잊지 않았다. 독지가들에 의한 주택개량돕기운동은 당초 내무부가 주택개량사업 속에 영세농에 대한 대책으로 포함시키고 있었다.

자재와 기술 등으로 고향마을돕기운동을 전개하고 직장, 학교 등의 지매결연으로 성금지원을 하도록 했다. 그러나 이 운동은 지방에 따라 부분적으로만 실시되고 있을 뿐 영세농에 대한 적극적인 대책은 아직 막연한 상태다. 대역사에 따르는 갖가지 어려움을 이기고

"내 집은 내가 짓는다."

는 자세로 가난에 찌든 옛집을 헐고 새 집을 짓는 농촌주택개량사업은 농촌의 주거환경을 바꾸어 가면서 80년대 새 농촌의 모습을 앞당겨 펼쳐 가고 있다. 〈특별 취재반〉

21. 민주당 창당과 고영완

1) 민주당 창당

민주당의 창당은 초대 대통령의 중임제한 철폐를 골자로 하는 개헌안이 사사오입이라는 계산방식에 의해 통과하자, 민국당과 무소속 의원 60명이 자유당의 전횡 제지와 효율적인 헌법 수호를 위해 1954년 11월 30일 호헌동지회를 구성함으로써 비롯되었다, 제3대 국회의원 선거에서 자유당의 관권선거에 600여 표 차로 낙선한 고영완은 호헌동지회 일원으로 정치활동을 재개했다.

이들은 신당의 기본이념으로, ① 반공, 반독재, ② 대의정치 및 책임정치 확립, ③ 사회정의에 입각한 국민경제 체제 확립, ④ 평화적 국제질서 수립을 내세워 반자유당 세력의 규합을 목표로 했으나, 6개 항의 조직요강으로 인해 일부 인사의 가입이 봉쇄되었다. 즉, 좌익전향자, 독재나 부패행위가 현저해 규탄을 받은 자는 신당 발기에 참여할 수 없다고 규정해 혁신계나 족청계의 주요 인물들이 참여할 수 없었다.

1955년 6월 17일 시천교(侍天教) 강당에서 168명(민의원 33명, 전민의원 34명, 일반 101명)으로 구성된 신당발기준비위원회가 개최되었다. 고영완은 전민의원 자격으로 창단준비위원회에 참여해, 조직위원회 위원으로 활동했다. 9월18일 민국당 중심으로 원내의 장면(張勉), 정일형(鄭一亨) 등 흥사단계와 현석호(玄錫虎), 이태용(李泰鎔) 등 자유당 탈당계, 그리고 무소속 일부를 흡수해 민주당이 창당되었다.

9월 21일 고영완은 민주당 중앙위원회 상무위원으로 선출되었다. 그러나 원래의 민국당 출신과 이때 참여한 인사들간의 이해가 엇갈리면서 뒷날 민주당이 구파와 신파로 나누어졌다. 창당 때 33명의 원내세력을 규합했던 민주당의 간부 진용은 대표최고위원에 신익희(申翼熙), 최고위원에 조병옥(趙炳玉), 장면(張勉), 곽상훈(郭尙勳), 백남훈(白南薰)이었고, 중앙상무위원회의장에 성원경(成元慶)이었다.

당의 조직은 중앙당부 이외 지방에까지 확대해 서울특별시 및 각 도지부 외 시, 군, 면, 동당부를 두고, 당원도 평당원에 해당하는 정당원과 비밀당원격인 특별당원제로 이원화시켰다. 민주당의 정강은 독재배격과 민주주의 발전기약, 공정한 자유선거에 의한 대의정치와 내각책임제 구현, 건전한 국민경제의 발전과 근로대중의 복지향상, 민족문화 육성과 문화교류로 세계문화에의 공헌, 민주우방과의 제휴를 통한 국토통일과 국제주의 확립 등으로 표방되고 있다.

그러나 대통령 이승만(李承晩)에 대한 공개적 반대운동인 내각책임제 실현이 가장 핵심적인 것이었다.

2) 제4대 국회의원 낙선과 2 · 4파동

1956년의 제3대 대통령 선거에 민주당은 신익희와 장면을 각각 정 · 부통령 후보로 내세웠다. 대통령 선거를 10일 앞두고 신익희씨가 갑자기 사망함으로써 정권교체의 꿈은 실현하지 못했으나, 장면 후보는 부통령에 당선되었다. 신익희에 이어 조병옥은 민주당 대표 최고위원으로 선출됐다. 민주당의 도전으로 정권 유지에 위협을 느끼게 된 이승만과 자유당은 권력을 이용해 민주당을 탄압하기 시작했다. 1956년 9월, 장면 부통령에 대한 저격 사건이 미수에 그치자. 자유당은 대통령 유고시 부통령의 대통령 승계권을 삭제하는 개헌을 추진했다. 민주당에 대한 자유당의 탄압이 가중되면서 일반국민들은 민주당을 동정, 지지하기 시작했다. 고영완은 자유당의 관권선거의 벽을 넘지 못하고 4대 국회의원 선거에서 낙선했다. 정부의 관권선거에도 불구하고 민주당은 79석을 획득했으나, 자유당은 원내 안정세력이라고 할 수 있는 3분의 2선에는 미치지 못했다. 이에 불안을 느낀 자유당은 민주당을 견제하려는 의도에서 「국가보안법」을 제출, 경위권을 발동해 농성 중인 민주당 의원을 퇴장시킨 채 이를 통과시켰다. 이것을 '2 · 4파동' [12]이라고 한다.

3) 민주당 대통령 후보 조병옥 사망

민주당의 대표가 된 조병옥은 여당과의 협상에서

"빈대를 잡기 위해 초가삼간(草家三間)을 태울 수 없다."

는 기본적인 자세를 견지해 야당 내에서 일부 반발을 사기도 했으나, 협상과 타협이 민주주의의 기본 원칙이라는 태도를 누그러뜨리지 않았다. 1960년의 제4대 대통령 선거에서 민주당은 조병옥을 대통령 후보로 내세웠다. 그러나 국민의 존경과 지지를 받던 유석 조병옥 박사가 선거를 한 달 남기고 1960년 2월 15일 미국 월터리드 육군병원에서 서거했다. 국민들은 커다란 충격에 빠졌다. 1956년 대통령 선거에서 국민의 추앙을 받던 해공 신익희 선생아 선거일을 열흘 남기고 호남선 열차 속에서 서거한 지 4년 만에 똑같은 비보가 전해진 것이다. 그렇게도 믿었던 유석이기에 그의 장례식장에서 눈물로 범벅된 고영완은, 유석의 관을 붙잡고 한국의 민주정치는 끝났다고 울부짖었다. 유석의 타계 이후, '유정천리' 가락에 맞춘 '유석애도가' 가 국민들의 입을 타고 전국으로 퍼져나갔다.

가련다 떠나련다 해공선생 뒤를 따라
장면박사 홀로 두고 조박사도 떠나가네
가도 가도 끝이 없는 당선 길은 몇 굽이냐
자유당에 꽃이 피네 민주당에 비가 오네.

세상을 원망하랴 자유당을 원망하랴

춘삼월 십오일에 조기선거 웬말인가
천리만리 타국 땅에 박사 죽음 웬말인가
설움 어린 신문 들고 백성들이 울고 있네.

민주당은 부통령 후보인 장면의 당선에 총력을 기울였다. 자유당으로서는 자당의 부통령 후보인 이기붕(李起鵬)의 당선이 어렵게 되자, 전국적인 부정선거 지령을 내려 투, 개표를 조작했다. 이기붕을 부통령에 당선시키기 위한 3 · 15부정선거는 이렇게 시작됐다. 이에 대해 민주당은 전국적인 당조직을 이용해 맹렬한 반대운동을 전개하면서 부정에 항의하는 정치분위기를 조성함으로써 학생들의 반독재운동이 일어났다.

4 · 19혁명의 성공으로 민주당은 제2기를 맞게 되었다. 자유당 조직은 와해되고 민주당 세력은 크게 신장되어 창당 이래 당의 숙원이던 내각책임제 개헌안을 통과시킬 수 있었다. 1960년 7월 29일 선거에서 4 · 19혁명의 완수를 내세워서 전체 233의석 가운데 175석(75.1%)을 차지해 집권 정당으로 부상했다.

4) 고영완 관련 신문기사

〈1955년 7월 18일 동아일보〉

신당운동수 결실단계, 17일 준위(準委) 발족코 성명서 발표

지난 개헌파동을 계기로 태동 중이던 신당운동은 마침내 결실단계에 들어가 작(昨) 17일 하오 2시부터 시내 시천교(侍天敎) 강당에

서는 168명(현민의원 33, 전민의원 34, 일반 101)으로 구성된 신당발기준비위원회가 개최되었다. 그런데 동위원회는 정헌주씨 사회로 진행되었으며, 임시의장에는 곽상훈 민의원 부의장이 선출되었다. 따라서 동회의는 곽상훈씨의 개회사가 있은 후 임시집행부 선임, 정일형씨에 의한 경과보고, 신익희, 장면씨의 인사말씀이 있은 다음 토의사항에 들어가

① 성명서 발표

② 부서 편성

③ 임원 선임

④ 발기인대회 및 발당대회 일자를 결정하고 폐회

그런데 이 날 동준비위원회에서 발표한 성명서와 준비위원은 다음과 같다.

* **성명서**(聲明書) : 대한민국은 3 · 1운동의 전통을 계승하고 자유와 민주와 진보의 이념 위에 건설되었다. 그간 우리는 외적의 침략을 격퇴하기는 했으나 남북통일의 민족적 숙원달성은 아직도 요원하며 공산침략으로부터 피로써 보위된 자유와 민주주의는 내부의 자상으로 쇠퇴의 길을 걷고 있으니 얼마나 비통한 현실이냐?

권력의 비민주적 남용과 과도한 집중은 필연적으로 비정의 누적을 초래해, 안으로는 민생을 도탄으로 빠뜨리고 밖으로는 국위를 훼손함이 지대했다. 국정의 간난을 도외시하면서 오직 세도의 연장을 기도함에 급급해 날이 갈수록 비법(非法)의 수단이 접종되니, 이대로 간다면 시폐(時弊)는 굳어져 고질이 되고, 민주건설의 이상과 자주통일의 숙원은 한낱 환영에 그치고 말 것을 심려치 않을 수 없다.

이제 자주와 민주독립의 길이 오직 진정한 민주세력의 결집 강화에만 있음을 통감하고 이를 실현함으로써

첫째, 공산주의와 일절 비민주적 요소를 배제하고 자유인권을 신장해야 하겠으며,

둘째, 헌법과 법률의 권위를 확립하고 건전한 대의정치와 책임정치를 구현해야 하겠으며,

셋째, 자유경쟁 원칙하에 생산을 증강하고, 사회주의에 입각한 수탈없는 국민경제 체계를 발전시켜야 하겠으며,

넷째, 민주우방과의 협조 제휴를 통한 평화적 국제질서의 수립을 기해야 하겠다.

이 기본 목적을 달성하기 위해 우리는 허심탄회, 상호 겸양으로써 기성의 조직을 초월하고 소절(小節)에 구애됨이 없이 흔연 결속해 금일 신당발기준비위원회를 결성하는 바이며, 앞으로 청신 강력한 신당을 구성해서 국민대중의 치열한 비원의 성취를 위해 투쟁할 것을 이에 성명하는 바이다. 만천하의 애국동포 동지는 우리의 간절한 결의 흡연(翕然) 호응 분기해 줄 것을 확신하며, 또 기대해 마지않는 바이다.

* **신당준비 명단** : 정일형, 윤보선, 박순천, 정헌주, 곽상훈, 조병옥, 신익희, 김영삼, 고영완, 엄상섭 등

〈1955년 8월 4일 동아일보〉

각 부서의 배치, 신당 준위서 결정 - 2일 신당발기준비위원회에서는 각 부서의 간사와 위원 배치를 다음과 같이 발표했다.

조직위원회 - 간사 서범석… 위원(委員)… 고영완

〈1955년 9월 21일 경향신문〉

중앙위원 명단

정일형, 장면, 윤보선, 신익희, 조병옥, 김영삼, 고영완 등

〈1955년 9월 23일 동아일보〉

민주당 상위 등 선출

21일 하오 민주당 최고위원 5씨와 그들이 선정한 10명의 전형위원들은 동당중앙상위(50명) 및 중앙감찰위(16명)를 각각 다음과 같이 선출 발표했다. 그런데 민주당 상위는 소속 국회의원과 최고위원들이 자동적으로 상위원이 되는 만큼 결국 동상위는 86명으로 구성되었다 따라서 이들 민주당 상위는 작(昨) 22일 하오 2시 대성빌딩에서 제1차로 회합하고 상위의장 1명과 동부의장 1명 및 16개 중앙부서의 부, 차장을 결정할 예정이다. 이 날 선출된 중앙상위위원 및 중앙감찰위원의 명단은 다음과 같다.

* 중앙상무위원 : 서범석, 고영완, 엄상섭, 박순천 등

〈1955년 9월 26일 경향신문〉

지방정국 보고 전남편 2.

전남지방의 민주당은 한민당 때부터 뿌리를 박아 전국의 야당세력의 본산처럼 되어 있다. 4285년의 정 · 부통령 선거 때 광주시의 투표 결과를 상기한다면 전남지방의 야당세력이 어느 정도란 것을 짐작할 것이다. 더욱이 전남의 민국당 세력은 거개(擧皆) 낭산 김준연 계통이라는 데 각별한 의의가 있는 것이다. 이 세력이 금반의 민주당 결당에 거개 참여했다.

이제 전남 민주당 세력을 보면 광주에서의 서우석, 김용환, 정성태, 김일도 등 제씨. 목포에서는 김문옥, 김응부, 정중섭 등 제씨. 그리고 순천에 윤형남, 김양수, 최의남, 여수의 정재완, 광산(光山)의 정순조, 담양(潭陽)의 고재청, 화순(和順)의 조국현, 박인기, 양회영, 보성의 이창래, 구례의 고재연, 승주의 조연하, 광양의 엄상섭, 장흥의 고영완, 강진의 양병일, 차부진, 해남의 민영남, 박철수, 윤주환, 영암의 김준연, 완도의 김선태, 나주의 서상덕, 함평의 김의택, 서상국, 장성의 김록수, 박철용, 영광의 조영규, 정헌승 등 쟁쟁한 진용이었는데, 만일에 이러한 면면들이 도당(道黨)부 구성에 있어서 민국당 체취를 제거하기만 한다면 그야말로 자유당을 문제없이 압도할 수 있을 것이다.

주지하는 바와 같이 전남은 민국당의 아성인 동시에 민국당의 인상은 민중에게 그리 좋게 영상되지 못한 곳이다. 그것은 과거 한민당이 득세했을 때 이 지방 인사들이 대개 권력에 참여한 비율이 많았기 때문이다. 그러므로 이 지방에서는 특히 무소속 계통의 인사들을 많이 끌어내서 민주당은 결코 민국당의 재판이 아니라는 것을 강조할 필요가 있다고들 보고 있다.

전남의 민주당이 발전할 가망이 있는 또 다른 이유는 이 지방이 신진층이 많다는 것이다. 청신한 인상을 주는 신진들로서 민주당에 참가한 장강석(광주), 장충식(광주), 안홍순(구례), 김귀진(목포), 최봉재(여수), 구제탁(화순) 등 제씨는 민주당의 방계로 청년단체를 구성할 태세를 갖추고 있다 한다. 이와 같이 민주당이 진출함에 따라 자유당 전남도당에는 더욱이 혼란이 조장되는데, 그것은 불평세력이 경우에 따라서는 민주당으로 돌아설 가망이 많기 때문이다.

자유당은 방금 도당을 비롯해 목포시당 등 각처에 싸움이 일어나고 있다. 이에 대한 민주당측의 공작 전개로 전남의 정국은 일대 변동을 초래할 가망이 있는 것이다.

끝으로, 이 지방의 문제점의 하나인 목포시와 무안에서의 유옥우 의원에 대한 압력에 관해서는 이미 중앙에서도 문제가 되고 있지만 자유당을 탈당한 이후 유의원에 대한 제반 사건의 입건은 의원 신분에 관한 문제인 만큼 국회에서 조사단을 구성할 준비를 갖추고 있어 이 문제가 역전된다면 전남 정국변전에 또 하나의 계기가 될 것으로 주목되고 있다.

〈1955년 9월 29일 경향신문〉

민주당 부, 차장 상집위서 인준

부, 차장 인준을 목적으로 입칠(廿七)일 하오에 소집되었던 민주당 제2차 상무집행위워회에서는 최고위원에서 제청한 다음과 같은 부, 차장을 인준했다. 한편 선출된 부, 차장들은 입팔(廿八)일 하오 2시 대성빌딩에서 초회합을 갖는다 했다.

* 조직부장 : 현석호, 동차장 이철승, 고영완

〈1956년 10월 2일 동아일보〉

상위 및 감위원, 민주당 선출

민주당은 30일 동당 중앙상무위원 원외 50명과 감찰위원 20명을 각각 전형 선출 완료했다. 이 날 돈암동 조병옥 최고위원 댁에서 개최된 동당 최고위원과 각 도 대표로 구성된 전형위원들 상호간 아무런 의견 대립 없이 원만히 전형을 진행 완료했다. 동전형위원회에서 선출된 중앙상무위원과 감찰위원 명단은 다음과 같다.

* 중앙상무위원 : 오위영, 이상돈, 김대중(金大仲), 고영완, 서범석 등

〈1957년 10월 22일 동아일보〉

민주당 상위구성, 원내외 96명 선출

최고위원과 중앙위 정, 부의장 및 전상위 정, 부의장으로 구성된 민주당 중앙상위 및 중앙감위 전형위원회에서는 21일 상오 96명의(국회의원 포함) 중앙상무위원과 20명의 감찰위원을 선정 발표했는데, 그 명단은 다음과 같다.

* 중앙상무위원 : 조병옥, 장 면. 곽상훈, 박순천, 정일형, 윤보선, 고영완, 이철승, 김영삼, 김대중(金大仲) 등

〈1958년 2월 8일 경향신문〉

제3차로 63명 공천, 7일 민주당 중앙상위서 발표

민주당은 7일 하오에 열린 중앙상무위원회에서 63명의 제3차 공천자를 결정하고 제4차 공천은 오는 14일 하오 중앙상무위원회에서 결정하기로 합의했다. 이 날 하오 2시부터 개최된 동상위에서는 최고회의 등 연석회의에서 심사를 마친 65개의 신청자를 상정 심의한 결과 그 중에서 양양과 평택 2개 구에 대한 결정을 보류하고 63개 구의 공천자를 결정한 것이다. 이 날 공천된 63개 구 중 핵심당부의 추천대회 결과를 번복해서 결정한 지구는 양주갑, 파주, 나주을 등 3개 구이며, 이들 3구는 무기명 비밀투표에 의해 결정되었다.
전남 장흥 : 고영완

〈1958년 4월 9일 경향신문〉

민의원 입후보 등록

8일 현재 전남 장흥 : 고영완

〈1958년 5월 5월 동아일보〉

자유당 개헌선 수(遂) 좌절, 민주당 비약적인 발전, 자(自) 121석, 민 80석. 4일 정오 현재 5구만 개표 미료

전국민의 지대한 관심을 집중시킨 가운데 지난 2일 실시된 제4대 민의원 총선거는 야당인 민주당이 비약적인 승리를 거두는 가운데 끝을 맺게 되었다. 4일 정오 현재 중앙선위에 보고된 각 선거구의 투표결과와 본사 지국으로부터의 타전에 의하면 영예의 당선자는 자유당 121명, 민주당 80명, 통일당 1명, 무소속 26명으로 되어 있어 민주당은 3대국회 의석인 46석에 비하면 34석을 더 차지하게 되는 동시에 당초 목표로 삼고 있는 개헌저지선인 3분지 1선(78명)을 무난히 돌파했다.

한편, 자유당은 3대국회 의석인 131명에 비하면 11석의 감퇴를 초래한 셈이며, 당초 그들이 장담하던 3분지 2선(156석)에서는 36석이 부족되고 있다. 그런데 현재까지 개표가 완료되지 않은 곳은 전북 이리를 비롯해 전남 무안 병, 경북 대구 병, 대구 을 및 경남 창령 등 6개 구이며 이들 중 대부분은 민주당이 리드하고 있는 만큼 언급한 의석에 별반 변동을 가져오지 않을 것으로 보이고 있다.

따라서 자유당은 26명의 무소속층을 상대로 집요한 포섭공작을 전개할 것이 예상되고 있으나 그 중 약 절반 정도는 친자유당계이니 만큼 그 포섭도 가능할 것이지만, 잔여 무소속은 앞으로 열릴 국

회에서 순수한 무소속의 입장을 견지할 것으로 보이므로 자유당의 숙원인 개헌 기도는 완전히 수포화될 것으로 보인다.

특히, 이번 선거를 통해 크게 주목되는 것은 현의원이 근 100명이나 재선되고 있다는 사실과 군소정당 영수급의 참패와 무소속의 현저한 몰락인데, 이 같은 현상은 국민들의 정당정치 구현에로의 인식이 높아지고 있다는 것을 반증하는 것으로 보인다. 그런데 3일 정오 이후의 당선자와 차점자는 다음과 같다.

장흥 손석두(자) 26,851, 고영완(민) 21,248.

〈1958년 11월 1일 동아일보〉

민주당 중앙위 536명 선출

민주당에서는 30일 하오 536명의 동당 중앙위원 명단을 발표했다. 그런데 536명의 중앙위원은 당 소속 국회의원과 핵심당부위원으로써 자동적으로 중앙위원이 되는 236명과 전형을 통해 선출된 300명의 중앙위원으로 구성되고 있다. 30일 하오 발표된 중앙위원 명단은 다음과 같다.

전형을 통한 중앙위원 - 고영완 외

* 주해(註解) 12) 2 · 4파동(二四波動) : 자유당 정권이 1958년 12월 24일. 국회에서 야당 의원들을 폭력으로 몰아내고 「국가보안법」을 비롯한 여러 법안들을 통과시킨 일련의 정치 사건으로, 일명 '보안법 파동' 이라고 한다. 1956년 정 · 부통령 선거에서 이승만이 당선되었으나, 평화통일론을 주장했던 진보당의 조봉암은 200여 만 표를 얻었다. 조봉암은 1957년 전국적으로 지방조직을 확대하는 등 4대 총선을 겨냥해 활발한 활동을 벌였다. 1957년 11월 22일. 이근식 내무부장관은

"우리나라 주권을 무시한 '평화통일론자' 를 처단하기 위해 국가보안법 개정안을 입안 중이며 평화통일을 주장한 정당을 내사 중이다."

라는 중대발언을 했다. 1958년 1월 12일. '평화통일 구호 및 간첩 박정호와의 접선혐의' 로 진보당 당수 조봉암 및 간부들을 체포했다. 1958년 2월 16일. KNA여객기가 김순기, 김택선, 김형, 최관호, 기덕영, 박명익 등에 의해 북으로 납치되었다는 정부발표가 있었다. KNA 납북 사건을 계기로 자유당 정부는 불온사상에 대한 내사와 반국가적 행동에 대한 단속요강을 발표했다.

이러한 경색된 분위기에서 1958년 5월 민의원 선거를 앞두고 자유당과 민주당은 각각 선거 전략의 일환으로 선거법 개정을 추진했다. 1958년 1월 서로의 이해를 절충한 이른바 협상선거법이라고 불리는 선거법 개정안을 통과시켰다. 민주당은 소선거구제 및 선거구 증설, 무소속과 군소정당에 타격을 줄 입후보금기탁제 등에 자유당과 이해가 일치했으므로 민주당이 강력히 요구하고 있던 선거 참관인의 확대를

선거법 개정에 포함시키는 댓가로 선거공영제와 언론규제 조항의 삽입을 양보했다.

이러한 협상선거법의 언론보도제한 규정에 대해 언론인은 위헌이라고 반대했다. 한국신문인협회가 반대성명까지 냈으나, 민주당은 비밀협상에서 자유당이 요구한 이 언론제한 조항을 용인했다. 협상선거법에 따라 실시된 1958년 5월 2일, 제4대 민의원선거에서 자유당과 민주당의 의도대로 자유당 126석, 민주당 79석, 무소속 27석, 통일당 1석으로 무소속과 군소정당이 큰 타격을 입었다.

자유당은 총 233의석 가운데 126석으로 개헌 추진을 위한 3분의 2 의석 확보에 실패했고, 서울 16개 선거구 중 단 1석만 당선자를 내는 등 여촌야도(與村野都) 현상에 실망을 감추지 못했다. 자유당은 다가올 1960년 차기 정 · 부통령 선거의 선행책으로 야당의 언론제한을 주제로 하는 신국가보안법을 구상하고, 야당측이 고집하는 내각책임제 개헌공작을 봉쇄함과 아울러 대공사찰을 강화할 것을 기도했다.

자유당은 국가원수 명예훼손 엄벌과 범법자의 언론기관 취임자격 박탈 및 공무원의 반항, 선동도 엄벌한다는 것을 골자로 했는데, 이 법안은 ① 간첩죄의 극형, ② 간첩방조자에 대한 중죄, ③ 변호사 접견금지 및 2심제도 폐지 등을 내용으로 했다. 이에 대해 민주당과 일부 무소속 의원들은 간첩 개념확대 규정은 정 · 부통령 선거를 앞두고 야당의 대통령 출마 봉쇄와 언론인의 활동을 제약하려는 것이며, 변호사의 접견금지 및 2심제 폐지는 위헌이라고 반대했다.

자유당은 보안법안을 철회하고 다시 협의한 결과 언론관계 조항을 삽입해 처벌이 강화된 새로운 국가보안법 개정안을 마련, 1958년 8월 5

일 다시 국회에 제출했다. 전문 42조인 이 개정안의 골자는

① 보안법 적용 대상의 확대, '북괴 지령에 의해 운영되는 단체' 에서 '국가 변란을 목적으로 하는 결사집단 또는 단체의 조직',

② 이적행위 개념의 확대, '군사상의 비밀탐지' 에서 '적을 이롭게 할 목적으로 국가의 이익이 되는 모든 정보의 수집',

③ 정부를 참칭하거나 국가를 변란할 목적으로 구성된 결사 또는 집단의 지령을 받고 그 목적한 사항의 실행을 협의, 선전, 선동하거나 또는 그 이익을 위해 동일한 사항을 선전, 선동하는 행위의 처벌규정 신설,

④ 군인 및 공무원의 반항, 선동행위 처벌규정 신설,

⑤ 헌법상 기관의 명예훼손행위에 대한 처벌규정 신설,

⑥ 사법경찰관의 조서를 증거능력으로 인정해 구속기간 연장을 가능하게 했으며,

⑦ 「국가보안법」 피고인이 보석될 경우 즉시 항고할 수 있게 하고,

⑧ 군정보기관의 간첩수사에 대한 법적 근거 마련,

⑨ 보안법 범법자에 대한 취임자격 박탈에 교육기관과 보도기관 추가 등이었다.

1958년 11월 8일 정부는 이 개정안에

"공연히 허위의 사실을 적시 또는 유포하거나 사실을 왜곡해 적시 또는 유포함으로써 인심을 혹란하게 해 적을 이롭게 한 자는 5년 이하의 징역에 처한다."

는 언론통제 조항을 추가했다.

정부는 8월 9일자. 제출한 국가보안법을 철회하고, 보다 강력한 「국가보안법안」을 국회에 제출하고 심의를 요청했다. 이 법안은 국가기밀, 명예훼손, 경찰조서의 증거력 인정, 자격정지, 허위사실의 유포 등에 관한 것으로 인권침해의 우려뿐만 아니라 언론의 자유를 침해할 가능성이 있는 방대한 내용이었다.

국가보안법 개정안이 국회에 제안되자 1958년 11월 21일. 한국신문편집인협회는 이 법안의 언론 관계 조항이 언론의 자유와 인권보장을 침해하는 것이라고 지적하고 반대했다. 대한변호사협회도 국회 법제사법위원회에 건의서를 보내 이 법안이 적용범위가 광범, 모호하며, 국민의 기본권을 침해하는 위법조항이 있고, 소송절차를 무시했다고 지적했다.

그리고 일제의 「치안유지법」보다 독소조항이 많아 수사기관의 언론검열을 사실상 인정하는 언론탄압 조항이라는 비판이 일었다. 1958년 11월 23일. 민주당은 반대성명을 발표하고

"정부가 제출한 「국가보안법안」은 공산분자를 더 잡을 수 있는 잇점보다는 언론자유를 말살하고 야당을 질식시키며 일반의 공사생활을 위협할 해점이 심대하다."

고 지적했다. 민주당은 이 법안의 문제점으로

① 이 법안은 헌법상의 기관에 대한 명예훼손을 엄벌하는 바 정치비판의 모든 길을 봉쇄할 것이며,

② 국가기밀과 정보의 개념을 군사뿐만 아니라 사회 전분야에 확대해 국민생활의 거의 전영역을 처벌 대상으로 했는 바, 아무리 총력전이라 하더라도 사회와 문화의 영역까지를 군사기밀이라 해

엄벌해서는 안 될 것이고,

③ 이 법안은 경찰, 헌병, 특무대 등에서 작성한 피의자 신문조서에 증거능력을 부여해 자백을 받기 위한 고문을 장려하는 결과를 낳을 것이며, 사법경찰관의 구속기간의 연장, 보석허가와 보석명령에 대한 효력을 정지시키는 즉시항고 제도의 신설은 국민의 신체 자유권을 침해하는 것이라는 점,

④ 허위사실의 유포, 적시, 그리고 사실의 왜곡, 적시에 관한 조항은 오늘날 법운영상의 기형적 현실로 미루어 보아 언론 탄압의 수단으로 사용될 것

이라고 주장하고, 이 법안 반대를 위해 투쟁할 것임을 천명했다.

1958년 10월. 자유당은 신보안법안의 연내 무수정 통과방침을 결정, 개정의 관철을 위해 무소속의 장택상(張澤相) 의원을 포섭해 반공투쟁위원회를 발족시켰다. 그리고 차기 정 · 부통령 선거를 위해 정 · 부통령선거법, 지방자치법, 국가보안법의 운용을 위한 중앙조사국의 설치, 경찰집무법의 개정 등 각종 개헌의 연내통과를 시도했다.

11월 27일. 민주당은 보안법 개정을 저지하기 위한 원내조직으로 국가보안법 개악 반대투쟁위원회와 원외조직으로 범야국민대회준비회를 구성해 대립하게 되었다.

극한투쟁을 선언한 야당계의 전면 거부 방침에도 불구하고 자유당은 연내 통과를 위해, 민주당측이 마지막 타협조건으로 제시한 국방, 내무 양 분과위원회에서의 병행심의 요구를 거절하고, 원내의 반대투쟁을 저지하려고 법제사법위원회만의 단독심의를 고집해 야당 의원들과 논쟁을 벌인 끝에 12월 5일 여당의원들만의 찬성으로 법제사법위

원회에 상정했다. 12월 11일 제안 설명에 대한 야당측의 반박, 난투극이 있었고, 13일 회의가 속개되었으나 차이를 좁히지 못해 타협에 실패했다.

야당측에서 요구했던 일반인의 공청회가 12월 17일 형식적으로 열렸다. 12월 19일 오전 조재천(曺在千) 의원에 의한 의사방해 발언에 나섰으나, 오후 3시 속개하기로 합의했다. 그러나 자유당 의원들은 오후 3시 3분 전에 출석해서 야당 의원들의 지참(遲參; 지각해 참석함)을 틈타 단 3분만에 모든 독회를 생략하고 신보안법안을 무수정 통과시키고 본회의에 회부했다.

자유당 의원들의 날치기 통과에 격분한 민주당과 일부 무소속 의원 80여 명은 이 날 오후부터 국회 본회의장에서 무기한 농성에 들어갔다. 범야 각 정당과 사회단체, 재야인사들은 1958년 12월 23일. 보안법 반대국민대회준비회를 구성, 규탄가두시위 등을 벌였다. 자유당 내 온건파 의원들은 새해예산안의 선심을 조건으로 내걸고 야당과 타협을 모색했다. 민주당 내의 구파 의원 또한 신보안법안의 연내 통과를 저지하기 위해 여야 쌍방의 뜻을 절충한 수정안을 내놓고 협상을 시도했으나 두 가지의 타협안 모두 양당 강경파의 입김에 눌려 좌절되고 말았다.

자유당 강경파는 기정방침대로 무수정 통과를 주장했으며, 민주당 신파가 극한투쟁을 주장해서 야당의 농성투쟁은 계속되었다. 한편, 정부, 여당은 야당의 국회 본회의장 농성사태에 대해 '소수당이 타협을 거부하고 농성해 국회 기능을 마비시키는 것은 불법' 이라 반격하고, 경위권을 발동해 농성 의원들을 축출할 것을 결정했다. 당시 국회의 경위 수는 28명밖에 안 되었으므로 정부는 국회사무처에 경위(警衛)를 300명으로 임시 증원할 것을 지시하고 전국 각지의 경찰관 중 태권도, 유도, 검도 등에 능숙한 무술경위를 차출, 경찰전문학교에서 이들을 훈련시켰다.

1958년 12월 24일. 오전 국회의사당 주위는 무장경관들이 삼엄하게 에워싸고 있었고, 일반인들의 통행이 차단된 가운데 자유당의 한희석(韓熙錫) 국회부의장에 의해 개회 직전 경호권이 발동되었으며, 결사적으로 저항하는 야당 의원들을 한 사람씩 축출해 지하실에 연금시켰다. 이 과정에서 경위들에 반항하던 야당 의원 중 김상돈(金相敦), 조일환(曺逸煥), 허윤수(許潤秀), 유성권(劉聖權), 전영석(田泳奭), 박창화(朴昌華), 구철회(具喆會), 윤택중(尹宅重), 김재곤(金載坤), 김응주(金應柱), 박순천(朴順天), 조일재(趙一載) 등 12명의 의원이 병원에 입원하는 사태가 벌어졌다. 경호권 발동하에 자유당 의원들만이 남아 「신국가보안법」을 비롯해 3,988억 환 규모의 신년도예산안, 「지방자치법」 중 개정안 등 10여 개 법안, 12개의 각종 세법과 27개의 의안을 한희석 부의장 사회로 독회를 생략하고 2시간 만에 일사천리로 통과시켰다.

이들 통과된 법안들 중 특히 「지방자치법」 개정안은 차기 정 · 부통령 선거를 앞두고 지방자치단체의 장을 선거제에서 임명제로 개정해 관에서 임명한 각급 자치단체장을 선거운동에 동원함으로써 선거준비에 만전을 기하자는 것이 골자였다. 야당의원들은 2 · 4 의결무효확인이라는 성명을 내고 제31회 임시국회 소집을 요구했다, 한편, 원외의 보안법반대국민대회준비위원회도 1958년 12월 30일. 규탄성명을 발표한 뒤 1959년 1월 7일. 시위계를 내고 대대적인 데모를 계획했다.

정부는 이 위원회의 간판을 강제로 철거시키고 정사복경찰을 동원, 포위경계망과 통행동결 조치로 제지했으며, 민주당은 정치훈련원을 졸업한 약 300명의 청년당원을 중심 부대로 약 3만 명의 서울시당원과 2,000여 명 정도의 지방당원을 대기시켜 놓고, 민주당 당사에서 백남훈(白南薰), 고희동(高羲東), 민혁당(民革黨)의 신숙(申肅), 노농당의 전진한(錢鎭漢), 무소속의 김팔봉(金八峰) 등 16명의 간부들이 철야회합을 갖고 시위방법과 대책을 논의했다.

이 집회를 불허한 정부는 경찰전문학교 학생 및 지방경찰관 500여 명까지 동원한 경찰망의 편성과 장갑차를 비롯한 각종 장비를 동원해 시위 방지에 주력했고, 국민회를 사주해 애국단체연합회로 하여금 민주당에 대한 폭거규탄국민궐기대회를 전국적으로 개최하게 했다.

1월 7일. 국민대회준비위가 계획한 시위는 실패했지만, 미도파 앞 노상시위를 비롯해 서울역 앞에서의 여자국민당 시위 등 수천 명의 시위대가 전단(傳單)을 뿌리며 거리로 나섰고, 대구, 부산, 청주 등 각 지방에서도 시위가 일어났다. 중앙의 수십 만 학생들도 이에 호응, 경찰 제지를 무릅쓰고 시위를 일으켰다.

이러한 시위에서도 뜻을 이루지 못한 야당은 원내에 민주구국원내투쟁위원회를 결성했다. 원외는 '민권수호국민총연맹' 을 결성해 투쟁방법을 전환했다. 그러나 1959년 1월 15일.「신보안법」발효일을 고비로 잠잠해졌다. 그 뒤 야당에서는 농성 중인 야당의원들의 축출을 계획한 인물과 특채된 무술경위의 명단만이라도 밝히려고 했으나 모두 허사로 끝나고 말았다.

22. 3 · 15 부정선거와 4 · 19혁명

1) 3 · 15 부정선거

1956년 정 · 부통령 선거에서 나타난 국민들의 야당 지지 성향과 투표 결과를 분석한 자유당 정권은 순리적인 선거를 통해서는 승산이 없음을 깨닫고 1960년 정 · 부통령 선거를 처음부터 관권을 동원해 부정하게 치를 계획을 세웠다. 자유당은 민주당의 대통령 후보인 조병옥(趙炳玉)이 신병치료를 위해 도미(渡美)하게 된 것을 기회로, 5월 중에 실시해야 할 정 · 부통령 선거를 2개월이나 앞당겨 3월 15일 실시했다. 내무부장관 최인규(崔仁圭)를 중심으로 공무원을 총동원한 부정선거 음모의 내용은,

① 4할 사전투표

② 3인조에 의한 반공개 투표

③ 자유당의 완장부대 동원으로 유권자 위협

④ 야당참관인 축출

⑤ 유령 유권자의 조작과 기권 강요 및 기권자의 대리 투표

⑥ 내통식 기표소의 설치

⑦ 투표함 바꿔치기

⑧ 개표 때의 혼표와 환표

⑨ 득표수의 조작 발표

이러한 음모는 정의감에 불타는 한 말단 경찰관이 '부정선거지령서' 의 사본을 민주당에 공개함으로써 백일하에 폭로되었다. 당시, 조병옥이 미국에서 치료 중 급사(急死)해 이승만 대통령의 4선은 확정된 상태였다. 3월 17일 이승만, 이기붕 후보가 80%가 넘는 높은 득표율로 당선되었음을 발표했다. 국민들은 아무도 믿지 않았다. 그것은 선거가 아니라 선거라는 미명 아래 행해진 국민주권의 유린행위였고, 국민에 대한 배신행위에 불과했기 때문이다.

2) 4 · 19혁명

1960년 2월 28일 민주당 정 · 부통령후보의 대구 유세일(遊說日)인 28일은 일요일이었다. 일요일임에도 불구하고 대구시내 모든 초, 중, 고교 학생은 당국의 지시로 등교했다. 선거유세장에 학생들이 가지 못하도록 하기 위한 당국의 조치에 대구고교와 경북고교 학생이

"학생을 정치에 이용하지 말라."

고 외치면서 시위를 벌였다. 학생들의 시위는 3월 1일 서울, 대전, 수원에서, 8일 대전, 12일, 13일 부산, 서울에서 계속되었다. 학생들의 구호도

"구속학생 석방하라."

"학생을 정치도구화하지 마라."

는 등이었으나, 점차 정치적인 구호로 바뀌어

"학생은 민주주의 수호를 위해 뭉치자."

"부정선거를 묵인하는 자는 자유로운 조국에서 삶을 포기한 자다."

라는 등의 부정선거 규탄의 방향으로 바뀌어 갔다. 3월 15일 선거 당일에는 마산에서 학생들이 시위를 벌였고, 자유당의 작태를 목격한 시민들도 선거포기선언을 한 민주당 당사 주변에 모여

"협잡선거 물리치자."

고 외치면서 학생 시위에 합류했다. 경찰과 자유당 정치폭력배들의 무자비한 제지로 많은 사상자와 행방불명자가 속출했으며, 갖가지 풍문은 마산시민들을 극도로 흥분시켰다. 이러한 분위기 속에 4월 11일 그 동안 행방불명이 된 마산상고생 김주열(金朱烈)이 눈에 최루탄이 박힌 채 무참하게 살해된 시체로 바다에서 발견되자, 전국의 학생들과 국민들의 흥분은 극에 달했다.

4월 18일 고려대생 3,000여 명이 의사당 앞에서 연좌(連坐) 시위를 한 후 귀교하는 길에 정치폭력배들의 습격을 받아 10여 명이 부상하는 사태가 발생했다. 시위에 앞서 밝힌 고려대생들의 선언문에서는 다음과 같이 되어 있었다.

"지난날의 학생들은 일제(日帝)에 항거하고 멸공전선(滅共戰線)의 전위대열(前衛隊列)에 섰으나, 오늘은 진정한 민주이념의 쟁

취를 위한 봉화를 높이 들어야 한다. 청년학도만이 진정한 민주 역사창조의 역군이 될 수 있음을 명심하고 총궐기하자."

고려대생들의 4 · 18시위는 그 다음날 학생들이 총궐기하게 된 직접적 원인이 되었다. 1960년 4월 19일 서울 시내 각 대학 학생들이 미리 약속했던 계획에 따라 각 대학에서 총궐기의 선언문을 낭독하고 중앙청을 향해 행진했다. 그 선언문도 4 · 18 고려대 선언문과 맥락(脈絡)을 같이하는 것으로

"학생들은 더 이상 현실을 좌시할 수만은 없으며 정의와 민주수호를 위해 궐기해야 한다."

는 것이었다. 이들에게 자극된 수많은 고등학생들도 시위에 참가했다. 경찰이 경무대(景武臺)로 통하는 효자동 입구에 바리케이드를 치고 이승만과의 면담을 원하는 학생들의 요구를 무시한 채 무차별 발포를 해 사상자가 늘어가자, 시위 군중은 더욱 흥분해 경찰 지프차를 탈취해 불사르고 경찰서와 파출소를 파괴, 방화했다.

또 일부 시위군중은 자유당 정권의 전위부대의 하나였던 서울신문사와 반공청년단 본부, 그리고 자유당 본부 등을 습격해 불태우거나 파괴했다. '서대문경무대'로 알려진 이기붕의 집도 습격했으나, 이곳에서는 정치폭력배들이 시위 학생들을 몽둥이로 살상까지 했다.

서울 시내는 완전히 무정부 상태였고, 모든 질서는 회복할 수 없는 수라장이 되었다. 이 날의 구호는

"3 · 15부정선거 다시 하라."

"1인 독재 물러가라."

"이대통령은 하야하라."

등 독재 규탄과 민주수호 및 정권교체를 요구하는 혁명적인 것이었다. 이에 당황한 정부는 오후 3시를 기해서 서울 지역에 계엄령을 선포하고 탱크를 앞세운 계엄군을 진주시켰다. 사망자 약 100명에 부상자 약 450명에 달한 엄청난 희생을 가져온 시위는 계엄군의 진주로 다음날부터 일단 멈췄다. 4월 23일, 서울시 주관으로 4 · 19희생자에 대한 합동위령제를 올리자 일제히 이에 반발,

"어용(御用) 위령제는 4 · 19 희생자에 대한 모독이다. 학생들이 주최하는 위령제를 다시 거행해야 한다."

고 요구했다. 한편, 부통령 장면이 정부의 만행을 규탄하면서 사퇴하자, 이기붕도 자신의 부통령 당선을 사퇴할 용의가 있다고 발표하고, 이승만도 자유당 총재직에서 물러날 뜻을 밝혔다. 그러나 결코 정 · 부통령 선거를 다시 한다거나, 대통령직을 사퇴한다는 의사는 밝히지 않았다. 이러한 자유당의 미온적인 태도에 국민들의 분노가 다시 일기 시작했고, 4월 25일 서울의 각 대학 교수 259명이

"대통령 이하 3부요인들은 3 · 15 부정선거와 4 · 19사태의 책임을 지고 즉시 물러나는 동시에 정 · 부통령 선거를 다시 하라."

는 내용의 시국선언문을 채택하고, 구속학생의 즉시석방을 요구하면서 시위에 나섰다.

이 날의 교수 시위는 자유당 정권 퇴진의 결정적 계기가 되었다. 이에 자극받은 일반 군중들은 계속해서 야간 시위를 벌이며

"자유당 정권 물러가라."

고 외쳤고, 4월 26일 다시 학생들이 거리를 메워 태평로는 4 · 19 때와 같은 혼란이 거듭되었다. 학생들의 요구에 따라 계엄사령관 송요찬(宋堯讚)이 주선해 학생과 시민대표 5명이 이승만과 면담하고 시국수습을 위한 요구조건을 제시했다. 이 자리에서 이승만은

> "국민이 원한다면 하야하고, 3 · 15부정선거는 다시 한다. 또한, 이기붕은 모든 공직에서 물러나는 동시에 내각책임제 개헌을 한다."

고 약속했다. 그리고 이어 11시 이승만은 방송을 통해 직접 하야의 뜻을 밝히고 다음 날 정식으로 '대통령 사임서'를 국회에 제출했다. 4월 28일. 이기붕 일가(一家)가 경무대의 일실(一室)에서 자살했음이 확인되었고, 5월 29일 이승만은 극비리에 하와이로 떠났다. 결국 이승만이 이끈 자유당의 12년간의 장기집권은 비극적인 종말을 고했고 새로운 공화정을 위한 준비를 위해 허정(許政) 과도 정권이 뒤를 이었다.

23. 제5대 국회 국회의원 고영완

1) 민주당의 압승과 신, 구파 갈등

민주당 구파에 속한 고영완은 장흥에서 제5대 국회의원에 당선되었다. 그러나 민주당의 세력 신장의 이면에는 신파와 구파의 내분이라는 어두운 면이 상존하고 있어 결국은 분당에 이르게 되었다. 두 계보 중 구파는 한국민주당, 민주국민당으로 이어 내려온 전통적 보수세력으로 신익희(申翼熙), 조병옥(趙炳玉), 윤보선(尹潽善), 유진산(柳珍山) 등의 인맥으로 이어졌다. 이에 반해 신파는 장면(張勉), 곽상훈(郭尙勳), 박순천(朴順天) 등을 대표로 하는 세력이었다. 구파는 우국지사형 인사들로 보수적, 배타적인 성향을 띠었으며, 신파는 관료, 법관 출신이 많았고 일종의 테크노크라트(technocrat, 기술관료)들 이었다.

이들은 이승만(李承晩)과 자유당 독재정권 종식에 대한 국민적 열망, 집권이라는 목표에서 일치해 민주당으로 뭉쳤지만 4 · 19혁명으로 집권 가능성이 확실시되면서 갈등이 커졌다.

7 · 29 총선거를 앞두고 내각책임제하에서 실권을 가진 총리를

자파 출신으로 선출하기 위해서는 의석수에서 앞서야 했으므로 공천 과정에서부터 싸움이 치열했다. 선거 과정에서도 모든 선거구에서 신, 구 양파의 후보가 마치 여야 대결을 방불케 하는 대립경쟁상을 보였으며, 두 파 간에 감정의 골은 회복하기 힘들 정도로 매우 깊어졌다.

원 구성 이후인 1960년 8월 12일 국회는 12명의 대통령 후보 중에서 윤보선을 79%의 득표로 4대 대통령으로 당선시켰다. 그러나 실권을 담당하는 총리의 경우는 윤대통령이 지명한 구파의 영수격인 김도연(金度演)이 과반수보다 3표가 적어 떨어지고 신파 장면이 과반수보다 2표가 많아 당선된다. 장면은 내각 구성에서 구파를 소외시켰다. 8월 23일 신파 위주의 조각 명단이 나오자 구파측은 즉각 반발했다,

8월 29일 신, 구파의 갈등 속에서도 국회는 태풍피해조사특별위원회 위원으로 고영완 의원을 포함한 17명을 선출했다. 8월 31일 구파는 '구파동지회' 라는 이름으로 원내교섭단체를 구성, 신파와의 결별을 고했다. 다음달에는 신파도 '민주당' 이라는 이름의 원내교섭단체를 구성함으로써 분당은 시간문제가 됐다. 불과 9개월 동안에 네 차례의 개각이 이루어질 정도로 민주당 내 각 계파간 이해관계의 대립은 심했던 것이다.

2) 고영완 관련 신문기사

〈1960년 05월 26일 경향신문〉

자동공천자 명단, 민주당서 공식 발표

민주당 중앙상무위원회에서 통과된 「제5대 민의원 의원후보자 공천규정」에 의해서 핵심당부의 추천회를 거치지 않고 자동적으로 공천을 받게 되는 자는 다음 129명이다. 이 명단은 25일 하오 민주당으로부터 공식 발표되었다. 전남 장흥 고영완 외.

〈1960년 6월 29일 경향신문〉

민, 참의원 입후보자 등록

29일 하오 1시 현재 전남 장흥 = 고영완(46) 민, 공

〈1960년 7월 4일 경향신문〉

선거전 이제 본격화, 토수세(土收稅) 금납(金納) 관심, 민주당과 혁신세력의 대결, 전남

등록 마감이 끝나자 각 지방의 선거전은 전례없이 활발한 양상을 노정. 각 입후보자간에는 선전, 조직 등 면에서 치열한 대결전에 들어갔다. 이와 같은 현상은 7 · 29 선거가 4 · 19혁명으로 갑자기 시행된 데다가 과거처럼 관권작용에 기대를 거는 후보자가 없으므로 모두가 선거운동을 서두르는 것 같다.

각 지방의 초반전 실정은 다음과 같다. [영암에서 본사 이환의 특파원 발] 전남의 곡창인 서부 5군 나주, 영암, 강진, 해남, 장흥의 선거전은 들에서 논매기가 한창인 농부들의 여론에 의해 8할이 좌우된다. 이들 농민들은 토수세를 금납제로 한다는 민주당의 선거공약

에 많은 관심과 기대를 가지고 있다. 농민들에게 당장 아쉽고 필요한 말은 어느 정당이 집권했을 때 비료와 농자금을 많이 줄 것인가 하는 문제였다.

각 후보자들은 오는 8일 '유두(流頭)날'을 기다려 농민들에게 농주와 잔치를 베풀며 자기 정견을 발표하려고 기다리고 있다. 도내에서 제일 빈궁하기로 알려진 영암은 통일당의 김준연씨와 사대당(社大黨)의 박찬일씨의 대결인데, 민주당 공천자인 현영달씨도 무시 못 할 조직과 씨족기반을 가지고 있다. 영암은 도내에서 함평에 다음 가는 양민학살지역이며, 구보도연맹의 세력이 강력한 곳이다. 이들은 정당도 혈연도 초월해서 굳게 뭉쳐 있다.

서부에서는 학파농장의 소작인 1,000여 세대가 농토 분규로 굳게 단결해 있다. 영암은 이 양대 세력을 누가 잡느냐에 승패가 좌우될 것이다. 나주 갑구에서는 민주당 공천자 정문채씨가 유력하며, 을구에서는 자유당의 정명섭씨가 구자유당 조직을 활용해 민주당 공천자와 혁신(革新)계를 위협하고 있다.

장흥에서는 손석두씨가 포기함으로써 대세가 민주당 공천자 고영완씨에게 쏠리고 있다. 강진과 해남 갑, 을구 역시 민주당 공천자가 여론을 지배하고 있다. 이 5개 군의 선거운동이 타군과 다른 점은 민주당의 신구파 싸움이 없고 민주당 대 혁신세력의 대전을 이루고 있는 곳이다. 참의원 선거전은 전혀 정적(靜寂)이다. 농민들은 누가 입후보했는지조차 모르며 투표방법도 거의 백지상태다.

〈1960년 7월 31일 동아일보〉

민주당 예상 외로 압승, 무소속과 혁신계는 극도로 위축, 대통령

과 총리 지명 전 분당, 새 국회소집 앞서 정계개편 필지

7 · 29 총선의 결과는 민주당의 압도적인 승리로 귀착되었다. 따라서 앞으로의 정국은 총선 전의 예상과는 판이한 모습으로 들어날 것이 분명해져 가고 있다. 한때 '캐스팅 보트'를 잡을 것으로 전망해 온 보수계 무소속이나 혁신계가 함께 극도로 위축되고만 상태이므로 5대 국회는 민주당의 독무대가 될 것이 뻔해졌다. 따라서 민주당내 신, 구 파쟁이 훨씬 더 '클로즈 업' 될 것이 분명해진 것이다.

실상 아직 개표가 진행되고 있는 30일 상오 벌써 신파의 장면 대표최고위원과 구파의 소선규씨는 분당론을 비롯한 여러 가지 문제를 중심으로 크게 상반된 주장을 하고 나섰다. 장최고위원은 민주당의 지나친 압승으로 보수 야당이 생겨나기 어렵게 된 것은 유감이나

"민주당을 갈라서 양당제를 할 필요는 없다."

고 분당론을 반대했는데, 소씨는 민주당이 의석의 3분지 2를 넘는 다수인 때는 양당제가 전제인 의회정치가 바르게 되지 않을 것이며

"분당의 여건이 더 익은 것으로 해석할 수 있다."

고 말했다. 또한 분당론뿐만 아니라 대통령이나 총리 후보를 뽑기 위해 장씨가

"최고위원을 모아 사전에 타협해야 한다."

고 말한 데 대해

"최고위원회나 당의 공식기관에서 해결지을 문제는 이미 아니다."

는 의견이었다. 소씨에 의하면 대통령과 총리 지명에 앞서 분당 여부부터 결정짓고 그 다음에 양 파별로 대통령, 총리 지명을 위한 당

선자 회합이 있어야 한다는 것이다. 그리고 대통령 선출 문제에 있어서 신파측 일부 인사가 윤보선씨 추대를 운위하고 있는 데 대해 소선규씨는

"윤최고위원은 아직 대통령이 되기에는 빠른 젊은 일꾼이며 정치의 일선에 나설 사람"

이라고 말하며, 신파 일부 언설을 반대하고, 윤씨가 총리후보 지명에 나서리라는 것을 시사했다. 그는 또 한 사람의 구파측 총리후보로 나선 김도연씨에 관해서는 윤씨와 타협이 잘 될 것이라고 말했다. 또한 대통령 물망 인사로는 김병로씨가 무난한 것도 같지만 그가 서민호 사작(事作)의 판결 등으로 야당 사람들의 절대적인 지지는 받기 힘들 것이며, 허정씨 또한 이정권의 추종자의 한 사람이었으므로 부적격이라는 의견을 말하고, 당내의 백남훈씨가 가장 무난할 것이라는 개인의견을 덧붙였다. 한편, 이 때까지 분당을 반대해 온 윤보선 최고위원은 양당제가 불가능하게 된 5대 국회 구성을

"원칙적으로는 유감스럽게 생각한 당내에서 견제해 사실상의 양당제의 실(實)을 거두게 되기를 바란다."

고 말했다 이와 같은 윤최고위원의 말은 사실상의 분당을 말하는 것으로 해석되기도 한다.

〈1960년 7월 31일 동아일보〉

신, 구파 서로 백중

하오 5시 현재, 민의원 116명 당선 확정. 장흥 = 당(當) 고영완(민) 26,663, 차(次) 김형배(무) 11,869

〈1960년 08월 07일 동아일보〉

양파의 세력 분포 뚜렷이 판명, 민주당 신, 구파 개별의 당선자 대회 개최. 분당 선언 추인. 대통령, 총리 후보 23인위 일임. 구파대회에 95의원 참석

민, 참 양원의 개원을 2일 앞두고 민주당 신, 구 양파는 6일 밤 예정대로 별개의 첫 당선자대회를 성대하게 개최했다. 이 날밤 양파의 첫 모임에는 이제까지 서로가 말로만 수의 우세를 주장해 오던 자파 세력을 구체적으로 공개하는 계기가 되었다는 데에서 그 동안 정계의 큰 관심을 집중시켜 왔던 것인데, 동대회에 실지로 참석한 당선자 수는 구파가 95명(공천 74. 공락 9, 참의원 12) 신파는 85명(공천 68, 공락 5, 무공천지구 2, 참의원 10)으로 구파가 10명의 우세를 나타내었다.

이 날 동대회는 신, 구 양측이 모두 한근조(신), 박준규(구)씨 등과 같이 파성이 뚜렷한 의원들의 불참도 없지 않았으며 양파는 서로 '불참통고자 명단' 이라는 것까지 발표하기에 이르렀으나 총체적으로 볼 때 국회 개회에 임할 양파의 세력 분포는 이 날밤을 고비로 그 우열이 뚜렷하게 노출을 보게 된 셈이다. 민주당 구파는 6일 하오 시내 아사원에서 참의원(12명)과 민의원(83명) 95명이 모인 가운데 당선자 대회를 개최하고, 이미 발표한 분당 선언을 추인함으로써 대통령과 국무총리의 겸점(兼占) 목적을 재확인했다.

동대회는 또한 7일 의원총회를 '구차한 형식론과 명분론으로써 신파가 당론을 강작(强作)하려는 것' 이라는 이유로 거부하기로 결정 별항과 같은 '거부이유 담화' 를 발표하는 한편, 각 도 대표로써 23인 소위원회를 구성해 대통령, 국무총리 후보 인선을 일임했다.

그런데 이 날 대회가 며칠 전 20인 위원회에서 결정한 민의원 의장 후보 곽상훈, 참의원 의장 후보 소선규씨를 추인함으로써 앞으로 23인위원회는 대통령, 총리, 민의원 부의장 2인, 참의원 부의장 1인의 후보를 작정하면 되는 것이다. 한편, 구파 의원들은 7일 하오 2시 신파의 장면 박사가 소집한 의원총회를 거부하는 대신 동일 상오 11시 구파 사무실에 집합해 고 인촌(仁村), 해공(海公), 유석(維石) 선생의 묘를 참배하기로 작정했다.

이 날 하오 7시 반, 윤보선 최고위원의 개회사로 시작된 동대회는 임시의장에 유진산씨를 선출한 후 조영규씨의 사회로 진행되었는데, 신파대회에 참석한 수(85)보다 10명이 더 많이 참석했다는 소식으로 동대회의 분위기는 의기양양한 것이었다.

〈1960년 8월 9일 동아일보〉

제2공화국 새국회 열리다. 온 겨레 축복 주시 속에 화기찬 얼굴, 방청객 쇄도로 일반교통 차단, 감도는 축하 기분 대머리 의원들, 관록도 여실

학생들의 고귀한 피로 이룩된 '제2공화국' 이름 밑에서 선출된 제5대 민의원 및 초대 참의원은 8일 상오 10시를 넘어 온 국민이 주시하는 가운데 각기 개회되었다. 이 날 의사당 주변에는

"국회에서 반혁명분자를 즉시 축출하라."

"축 제5대 민의원, 초대 참의원 개원식"

등 '플래카드' 가 나부끼고, '가스' 부대까지 동원되는 등 수백 명의 정사복경찰관까지 삼엄한 경비망을 펼치고 있던 중 아침 일찍 약간의 소동도 없지 않았으나 시민들은 대체로 이 날을 축복해 마지않

았다.

의원들은 대체로 9시 넘어서부터 등원하기 시작, 맨 먼저 8시 20분경, 박충모, 이충환 의원 등이 일단 의사당 안에 들어갔다가 다시 나오고, 의사당 밖 태평거리에는

"국회에서 반혁명분자를 축출하라."

"발포경관 전원을 조속히 색출하라."

라는 '플래카드'가 4월혁명 유가족회 이름으로 보였다. 경찰은 시경국장 진두지휘 아래 이른 아침부터 교통을 차단하고 삼엄한 경비를 실시, 수십 명의 '가스' 부대까지 동원되었으나 경찰간부들은 전기 '플래카드'가

"어느 틈에 붙었는지 모르겠다."

는 괴상한 말을 했다. 9시 10분을 넘어서 이재형, 이영준, 최치환 의원 등이 나타나기 시작, 이 무렵 의사당 구내식당 앞에서는 1명의 청년과 경찰관 사이에서 언쟁이 벌어졌으니, 청년은 무조건 "방청하겠다."는 것이고 경찰은 "정신이 돈 사람 같다."는 것, 데모라도 할 듯한 청년 7~8명이 의사당 정문 옆에서 서성이는 장면도 - 형제의원으로 유명한 김광준, 김명윤 두 의원이 9시 45분경 함께 등원, "야!" 하고 부르는 형의 소리에 "네?" 하며 다가서는 동생이 이채로웠다.

2층, 3층 방청석은 남여 방청인으로 꽉 차 있다. 외국기자들이 분주히 왔다 갔다 하고, 수많은 '카메라 맨'들의 '플래시'가 쉴 사이 없이 뻔적인다. 이 날따라 표면상으로는 신파, 구파의 구별이 없는 듯, 나란히 앉아 조용한(?) 얼굴들 - 고영완, 이철승, 조영규의 3의원이 화기에 찬(?) 담소를 하는가 하면, 부의장 후보로 알려진 이영

준 의원 앞에는 신파 의원도 곧잘 와서 인사들 – 11시 대부분의 의원들이 등원 '벨' 소리가 요란히 울리자 각기 착석, 냉방장치가 완비된 의사당 안에는 담배 연기가 그윽, 악수와 담소가 그치지 않는다. 장면 박사는 얌전하게 앉아서 지나가는 사람들의 인사를 받고 정준 의원은 서울시 출신의 민주당 의석을 두루 돌아다니며 인사, 어느 의미에서 유명하기도 한 이정석 의원이 어느 틈에 의석에 앉아 부채질만. '카이젤' 수염의 김상돈 의원은 모시 '셔츠' 바람 – 11시 6분 최고령자 김시현옹이 임시 의장석에 착석, 이 때 어느 방청인은 "몇 달 전만 해도 옥중에 있던 사람인데… 사람 팔자 알 수 없지." 라고 혼잣말.

김씨는 그의 인사말을 통해 "과거 12년간 독재정치를 벗어나고…" 의사당은 물 끼얹은 듯 조용하고 엄숙한 순간이다. – 김임시 의장이 의장단 선거를 선언하고 의사봉을 딱딱 쳐내리자 난데없이 폭소가 터져나오고 – 의장단 선거 개시, 이 날 결석한 의원은 서상일, 이재학, 최하영, 한근조 등인데, 한의원은 맹장을 앓고 있다고. 일렬로 나란히 선 의원들은 차례차례로 비밀투표, 홍일점 박순천 의원은 천천한 걸음걸이. 11시 22분 의장선거의 결과 발표. 예상대로 곽상훈 의원이 재적 216명 중 203표의 절대다수로 당선 – 이 때 곽의원 자신은 손부채로 입을 가리며 수줍은 듯한 미소까지. 박수 소리가 우렁차게 터져 나왔다.

다음 부의장 선거 11시 25분 투표 결과 발표, 189표로 이영준 의원이 예상대로 당선. 박수와 '플래시' 의 세례를 받자 약간 흥분한 듯 담배를 연거푸 피어대고, 또 한 사람의 부의장 선거에 들어가자 의사당과 방청석이 별안간 수군대기 시작. 이번 선거의 결과는 신,

구파 세력의 판가름이기 때문. 11시 50분 개표결과 발표, 서민호씨가 114표로 과반수를 넘어 당선. 곽, 이 양씨 때와 달리 이번 박수는 그야말로 절반 정도. 구파는 신나게 박수하는 데 반해 신파는 노골적으로 우울한 표정들. 박수마저 잊고 있는 듯, 떨어진 이재형 의원은 생긋 웃으며 아무 말 없이 의석에 앉아 있을 뿐. 서민호 의원은 기쁨과 흥분을 감추지 못하고 사방을 휘돌아보고 있다. 이어 곽상훈, 이영준, 서민호 정, 부의장의 인사. 이 무렵까지도 의사당 밖은 경찰경비망 주변에 방청인들로 가득.

* **참의원** : 누구나 새 나라, 새 국회를 주목하고 있다. 건국 후 처음으로 개원되는 8일 상오 이른 아침 8시경부터 참의원 의사당 내외는 축제 기분이 감돌고 있었다. 새 의사당에 삼삼오오 모이기 시작한 의원들은 민의원같이 금배지는 없었는데, 서로 굳은 악수를 나누면서 친화 속에 서로의 당선을 축하했다. 이러한 기분의 영광 때문인지 의장, 부의장 선거에 앞서 사고구 의원 15명을 선거하기 이전에 참의원을 구성해 정, 부의장을 선거한다는 것은 안 된다는 55분간의 토론이 벌어지고 나중에는 불법론, 상식론, 도덕론, 합법론 등 가지가지의 의견이 튀어나왔다.

이 날의 참의원 풍경을 추려본다. 15명의 사고구 때문에 의석 중앙부분이 텅 비어 있어서 지난날의 투표함 소각소동이 연상되고 씁쓸한 인상을 던져주었다. 그래도 43명의 당선자 중 송필만 의원을 제외한 42명이 모두 참석해 정치신입생의 열성을 보여주었다.

의원 중에는 백발이나 대머리 선생이 20명이 되어 참다운 관록을 보여주고, 10시 15분 개회된 회의는 11시 10분경까지 참의원 구성 부당론과 찬성론이 벌어져서 8명의 의원이 연달아 등단 발언하는 가운데 소비되자 마지막에는 의사국장의 '합법' 이라는 증언까지 듣게 되는 등 제법 이론투쟁이 벅차게 오고가고 했다.

의사당 내는 대형 선풍기와 빙산으로 더위를 물리쳐 보려고 했는데, 의원들은 거의 전부가 넥타이를 반듯이 매고 양복을 입고 있어 의원들의 복장점수는 만점이겠으나 몹시도 땀을 흘리는 모양이었다. 백낙준씨가 2차 투표에서 압도적으로 의장에 당선되자 "와", "짝짝짝" 하고 감격과 박수소리가 터져나왔다. 싱글벙글하며 만면에 기쁨을 감추지 못한 백의장은

"자기는 정치초년생이니 잘 부탁한다."고 겸손. 김남중, 안호상씨의 제의에 따라 의원들은 12시 10분 백의장의 사회로 4월혁명 순국학생들을 추념하는 1분간 묵도를 올리고 옷깃을 여몄다.

〈1960년 8월 30일 동아일보〉

17 의원 선출, 민의원 태풍조위

민의원 의장단은 29일 하오 이 날 상오 본회의의 결의에 따라 태풍피해조사특별위원회를 다음과 같이 선정 발표했다. …고영완

3) 민주당의 분열, 구파동지회 신민당 창당

9월 12일. 제2차 내각은 신파 8, 구파 5, 무소속 2의 비율로 조각되었다. 이에 반발해 신당 발족을 선언한 구파동지회는 또다시 협상파와 분당파로 나누어지고, 분당파는 신민당을 창당했으나, 협상파는 민주당에 합작했다.

10월 24일. 민주당 구파동지회 소속 고영완 의원은 민주당에 잔류하기로 결단했다. 10월 31일 구파동지회 소속 의원들은 신당의

발기를 선언하고, 정당 등록을 마침으로써 신민당이 창당하게 되었다. 이로써 민주당은 표면상으로 안정 세력을 구축했다. 그러나 민주당 내부에서는 소장파와 노장파, 그리고 합작파가 대립해 요직분배를 놓고 심각한 의견대립을 보였다. 이 가운데 소장파는, 1961년 1월 26일. '신풍회(新風會)' 를 만들어 노장파와 행정부에 커다란 타격을 주었다. 장면은 분파작용을 막기 위해 1월 30일. 3차 내각을 발족시켜 각 파별로 요직을 안배했으나 당내 파쟁은 종식되지 않았다.

4) 고영완 관련 신문기사

〈1960년 8월 31일 경향신문〉

민구. 민정구 교섭단체 등록, 민주당 분당 원내에서 실현, 장면내각 불완전은 난면, 구파동지회 84명으로

민주당 구파와 원내 무소속은 31일 상오 각각 '민주당구파동지회' 와 '민정구락부' 로써 원내 교섭단체 등록을 마쳤다. 이로써 원내 각 파의 세력분포는 민구측이 84명, 민정구측이 48명, 나머지 111명으로서 아직 교섭단체 등록을 하지 않은 민주당 신파는 나머지 의원을 상대로 교섭단체 구성을 절충 – 늦어도 9월 2~3일경까지는 신파 외 원내무소속과 낙천 당선자의 승낙을 얻어 등록을 끝낼 예정이다.

민주당 신파가 절충할 수 있는 의원 수는 곽상훈 의장과 사대당(社大黨)의 서상일 의원, 그리고 수감 중인 이재학, 최하영 보궐선거구로 된 2개 구를 제외한 95명이다. 구파측이 앞으로 더 포섭공작을 전개해 90석을 확보할 것이라 하므로 신파측의 고정의석 90석을

감안할 때 신, 구세력 역시 백중하게 된다. 구파가 등록을 마침으로써 민주당은 원내에서 완전히 분당을 실현시킨 셈인데, 민주당 원내세력이 뚜렷이 양분되어 어느 쪽도 원내 과반의 안정 세력을 이루고 있지 못한 만큼 장정권 사상누각에 서 있는 것처럼 불안정한 상태를 면치 못하게 되었다.

원내 민주당 구파의 84명은 31일 하오 김도연 의원 명의로 원내교섭단체 등록을 마쳤다. 구파측은 이 날 하오에 7인위원회를 개최하고 원내부서를 결정한 후 1일 정기회 개회식이 끝난 직후 '민구동지회' 의 첫 의원총회를 열고, 각 부서의 인선에 들어갈 예정이다. 유진산 의원은 민구동지회 내 '정책위원회' 까지 설치해 독립된 교섭단체로써 기능을 다할 수 있도록 할 방침이라고 밝혔다. 윤제술 대변인은 그 동안 대 무소속 교섭과 개인적인 거취 결정이 늦어 교섭단체 등록이 늦어졌다고 그 이유를 설명한 뒤, 단체가입을 약속한 의원까지 추가로 등록되면 민구동지회는 90명 선이 넘을 것이라고 말했다. 또한 양일동 의원은 구파계로써 '구동(舊同)' 에 미가입한 의원은 신정수, 이필선, 고기봉, 김석주, 우돈규, 정재완 의원 등 6~7명에 달한다고 지적했다. 이 날 구파측이 단체등록을 하면서 발표한 성명서 내용은 다음과 같다.

원래 민주당 내의 신, 구파 대립은 한낱 감정이나 생리의 소인(素因)이라기보다는 실은 정치적 풍토와 정치적 사고가 서로 달랐고 조직행위에 있어 일방은 산만하나마 민주적 태도인가 하면, 타방은 강압적인 '파쇼' 방법이었고 정치관에 있어 일방은 '선국가 후정권' 인가 하면 타방은 '선정권 후국가' 형이었고, 심지어 처세관에 있어서도 일방은 관용과 타협주의인가 하면 타방은 형식과 독선주의 등 상위(相違)에서 빚어지는 비극이었다.

오늘 국민의 후대를 받아 3분의 2 이상의 의석을 차지하게 된 비만한 민주당은 선정이고 악정이고 무엇이든지 마음대로 할 수 있게 되었다. 여기에서 보수 양당제로 분립해 상호견제와 선의의 경쟁으로 정치에 임하는 것이 헌정의 상도이기도 하다. 우리는 원내 교섭단체를 따로 해 당중 야파(野派)의 입장에서 정부에 대한 협조와 편달을 아끼지 않으려 한다. 신파 단독내각은 벌써 반혁명적, 비창조적, 배타적 그리고 독선적인 관료정치가 자행될 징후를 시현하고 있지 않은가? 행정에 참획 않는 우리로서는 비록 한 울타리 안에 정치의 자리를 차지하고 있다 해 국정이 잘못되어 가는 꼴을 보고도 그저 유유낙낙하고만 있을 수는 없기 때문이다. 우리는 우리 민주당의 진정한 그 전통과 그 정신을 다시 가려 간직하고 혁명완수의 일로로 용감히 나가려 한다."

양일동… 고영완… 유진산… 김영삼… 등

〈1960년 10월 18일 동아일보〉

17일 정부로 이송, 표결은 내월 15일 이후, 공민권 제한규정 약간 완화

부정선거 원흉과 부정축재자의 처단 및 현저한 반민주 행위자의 공민권 제한규정 등 특별법 제정의 길을 터놓기 위한 헌법개정안은 17일 윤형남(민구) 법사위원장 외 117인으로부터 정식 제안되었다. 헌법 제98조에 의해서 헌법개정안은 민의원 의원 3분의 1인 78명 이상이 찬성하면 제안할 수 있는데, 이 날 제안된 개헌안은 곧 정부에

이송되었으며 윤(尹)대통령은 이 날 하오 중으로 이를 공고할 것이 확실시되고 있다.

따라서 이 헌법 개정안은 30일 동안의 공고기간을 채우고 난 후 11월 15일 이후에는 먼저 민의원에 상정되어 가부에 대한 기명투표를 하게 된다. 혁명입법을 가능하게 하기 위한 이 개헌안은 16일 하오 민, 참 양원의 각 파 대표들과 법사위원이 연석한 회의에서 최종안을 작성, 17일 민의원 본회의에서 윤법사위원장이 보고해 곧 정식 제안의 수속을 밟게 한 것이다. 윤법사위원장은 이 보고에서 공민권을 제한하는 규정은 처음 초안에 약간 수정을 가해 5 · 26 부산정치파동, 사사오입 개헌파동, 그리고 2 · 4보안법파동 등에까지 그 범위를 넓혔으나 그 대상을 '현저한 반민주 행위를 한 자' 로 해 일반 국민의 불안감을 일소키로 했다고 말했다. 그 설명한 바에 의하면 공민권 제한은 재판의 절차를 거치지 않고 자동적으로 하되, 특별법에서 심사위원회를 구성하도록 해서 그 심사의 결과를 따르기로 했다는 것이다.

그리고 부정축재자의 처벌도 그 한계를 명확히 하기 위해서 지위 또는 권력을 이용해서 부정한 방법으로 재산을 축적한 자를 처벌하도록 했다. 이 개헌안은 또한 이러한 형사 사건의 처리를 위해서 특별재판소와 특별검찰부를 두어 단심제 재판을 하도록 했는데, 이에 대한 특별법은 실체법과 수속법을 한데 묶어 이 달 말까지 제출하도록 되어 있는 것이다.

제안자 명단 윤형남…, 고영완…, 등

〈1960년 10월 25일 동아일보〉

민주당에 잔류. 구파 김, 고 양 의원

민주당 합작파의 민관식 의원은 24일 아침 구파의 김병수, 고영완 의원이 그와 함께 민주당에 합작하기로 했다고 전했다. 김(金), 고(高)의원의 신파 합작이 실현되면 민주당의 원내의석은 앞서 합작한 18명을 합해 모두 120석으로 늘게 된다.

〈1960년 11월 22일 동아일보〉

원내 과반수 상회

그 동안 민주당 교섭단체 가입 여부로 말썽을 피우던 구파 합작파 의원들은 21일 하오 총회를 열고 마침내 민관식, 장영모 의원을 비롯한 수삼 의원의 탈락을 무릅쓰고 22일 상오 10시까지 최소한 22의원이 민주당 교섭단체에 정식 가입키로 작정했다. 합작파 의원들의 말대로 22일 안에 등록되면 민주당은 현소속의원 103명에 이들을 합해 125석이 되며 원내 과반수인 117석에서 8석이나 상회하는 다수를 확보하게 되는 셈이다.

탈락 내지 주저자로 알려진 4~5명의 의원들은 주로 핵심 당부의 압력이나 지방당 개편에 대한 불만이 원인이 되어 교섭단체 가입을 거부하고 있다는 것인데, 이 날 김판술 의원은 민관식, 장영모, 김병수, 고영완, 박기종(22일까지 태도 결정을 약속) 등 5의원은 그 부류에 속한다고 밝혔다.

이 날 현재 민주당 가입을 위해 서명을 끝낸 합작파 의원은 다음과 같다.

김판술 이병하 심길섭 최태능 한종건 김동호 박해충 조명환 김석주 박희수 민장식 신정호 김명윤 김병수 고기봉 김채용 최영두 송능운(이미 입당한 것으로 되어 있다). 곽태진 김광준 최준길 안만복

그런데 탈락자 중 장영모 의원은 신민당 가입의 뜻을 명백히 했다고 한다. 한편, 이 날 합작파 의원들은 그들에게 맡겨질 원내 부총무 1석의 후보로 이병하 의원을 결정했으며, 민관식 의원의 탈락에 따르는 정치자문위원 보궐선출도 고려했으나 미루었다고 한다.

〈1960년 11월 28일 경향신문〉

민주당에 가입. 신민당의 최, 고 양 의원

신민당 최원호, 고영완 양 의원이 민주당에 가입함으로써 민의원 원내의석은 민주당 128, 신민당 63, 민정구 34, 무소속 8석으로 되었다.

〈1960년 11월 29일 동아일보〉

우주선

민의원의 이충환 예결위원장은 법정기일 내의 예산통과 문제에 대해

"예산에 수반되는 세법개정안 등 모든 법안이 아직 분위에 머물러 있는 만큼 법정기일인 12월 1일까지 본회의 통과는 불가능하다."

고 본회의서 보고 – 법정기일까지 통과 안 되면 내각불신임으로 인정되고 내각불신임이면 국회를 해산시키거나 총사퇴를 하도록 헌법에 규정되어 있는지라 둘 중에 하나다. 신민당의 특별법 7인위에서는 부정축재자 처리법안에 대한 자파의 수정안을 성안했는데,

그 내용인 즉 적용기간을 10년 전으로 소급시켜 세칭 중석불 사건까지를 포함시키도록 규정했다.

이박사 재선 공작을 한답시고 1 · 4후퇴시의 장정 후송비를 다 집어먹어 수만 장정이 동, 아사한 것이 국민방위군 사건이요. 그래 가지고도 안 되니까 중석 판 외화를 박박 긁어다가 정치파동을 일으킨 것이 소위 중석불 사건이다. 3 · 15 부정선거에 비하면 더했으면 더했지 손색이 없을 것이다.

추수는 꾸어먹는 쌀 갚기도 모자라 당장에 호구지책이 막연한데다가 미당융자란 꿈에 떡맛볼 정도를 넘어서 아예 화중지병인가 하면, 지사님들은 도민이야 죽건 살건 지사선거에 여념이 없는 실정이라 영남 일대는 벌써 절량(絕糧), 이농(離農) 소동으로 아우성이라는 지방소식 – 이쯤 되고 보면 전원장무(田園將蕪)라기보다 전원장무(田園將無)로 귀거래사도 부를 곳이 없게 될 판이니, 이유는 여하 간에 정권이 바뀌었으면 손톱만치라도 낫지는 못할 망정 더해가는 것은 무슨 탓인가?

구파동지회 소속 고영완, 최원호 양군은 드디어 민주당 교섭단체에 가입함으로써 동당은 원내 128석을 점했다고 - 고(高), 최(崔) 양군은 무엇보다도 그 지긋지긋한 야당을 해 오면서도 절조를 지켜온 것이 특징인데, 이제 소금이 짠맛을 빼버리면 결국 무엇이 남나?

5) 민주당 잔류와 정안회 활동

1961년 2월 3일, 고영완을 비롯한 구파동지회 중 민주당 잔류파는 별도로 '정안회(政安會)'를 조직해 추경예산안 심의서부터 독자적인 편성 원칙 밑에서 예산안 검토에 참가하기로 했다. 3차 내각에 불만이던 신풍회가 당직 개편을 요구하자 정국은 혼란속으로 빠져든다. 5월 3일 제4차 내각이 발족되었으나, 노장파가 실권을 장악한데 대해 신풍회는 당을 떠날 태세를 보였고, 노장파 내에서도 비주류는 별도로 중도파라는 단체를 만들어 신풍회와 제휴하려는 움직임을 보였다. 7 · 29 총선 이래 압도적인 다수의석을 차지했음에도 불구하고 민주당은 분파작용에 진통을 거듭 겪어, 민주당 정부는 정국의 안정도 내각의 안정도 이루지 못한 채 제5대 국회는 개원 10개월 만에 5 · 16군사정변으로 해산되었다.

6) 고영완 관련 신문기사

〈1961년 1월 15일 경향신문〉

중앙당부 부, 차장을 보강, 민주당 기구 정비 완료

민주당은 14일 하오의 중앙상무위원회에서 중앙당 부, 차장을 개편 보강하는 한편, 공석 중이던 중앙감찰위원을 보선함으로써 당기구를 정상적으로 올려놓았다. 민주당은 앞서 노, 소장층의 한부회합(韓部會合)의 합의에 따라 중앙집행 부서를 개편 보강한 것인데, 이로써 동당은 신, 구파의 노골적인 분쟁으로 인해 마비되었던 당 기구를 약 5개월만에 정상화시킨 셈이다. 무교동의원부연락처에서 열린 이 날 상위(常委)는 김용주 의원으로부터 일본경제사절단이 입국하기에 따른 경위를 들었다 하는데, 김의원은 그 보고를 통해

"일측에서 먼저 한국을 방문할 수 있도록 알선해 달라."

는 요청이 있어 이에 대한 안내를 했음을 시사했다고 한다. 이 날 상위를 마치고 난 오위영 의장은 다음 상위에서 당기구 개혁(총재, 간

사장 등)을 골자로 하는 당헌 개정소위를 구성하게 될 것이라고 언명하고, 전당대회가 좀 늦어질 것 같다는 태도를 보였다. 재정부장으로 피선된 황호영 의원은 정국 실정 및 당내 사정으로 인해 전당대회가 3월 말 아니면 4월 초에나 소집될 것이라고 말하면서 이번 확정되는 전당대회 시기가 연차적으로 실시될 수 있도록 당헌에 규정해야 할 것이라고 피력했다. 각 부, 차장 명단은 다음과 같다(괄호는 차장) 산업부장 = 고영완(송을상)

〈1961년 2월 3일 동아일보〉

정안회 발족, 민주당 내 합작파 서클

제2차 개각에 크게 반발해 오던 민주당 내 합작파의 26의원은 지난 2일 밤 마침내 '정안회(政安會)'라는 새로운 당내 서클로 발족했으며 박해충, 고기봉, 한종건, 김채용 의원 등이 이것을 3일 하오 장(張)총리에게 직접 통고하기로 했다. 정안회는 지난 2일 발족회에서 여당 내 거수기 노릇을 그만두고 독자적인 정책수립 및 원내활동을 기약하는 전문 40조의 규약을 채택하고, 회원들은 ① 정치법률 ② 재정경제 ③ 국방외교 ④ 사회문화 ⑤ 산업부흥의 5개 전문 분과로 나누어 전문 분야를 연구하도록 했다. 김채용, 박해충 양 의원은 3일 아침 정안회는 추경예산안 심의서부터 독자적인 편성 원칙 밑에서 예산안 검토에 참가할 것이라고 말했다.

〈1961년 2월 5일 동아일보〉

정안회 멤버 25명 명단 발표

민주당 내 합작파 의원들로 구성된 정안회는 4일 그 '멤버'가 다음 25명이라고 발표했다.

김채용(2월 간사) 박해충 이병하 심길섭 한종건 박기종 김동준 최영두 박해정 안만복 민장식 고기봉 김석주 최태능 박희수(연락간사) 고영완 최완호 윤추섭 곽태진 조명환(연락간사) 이병헌 문병호 최경석 신정호 김판술

또한 정안회는 정치자문위원으로서 고기봉, 한종건, 박해충, 세 의원을 선출했다.

24. 5 · 16 군사정변

1) 거사 모의

이승만의 최측근이었던 윤치영은 장면 내각에 큰 불만을 품고 있었다. 제2공화국의 국무총리이던 장면은 재임기간 동안 10여 차례나 군사정변 정보를 보고받거나 입수했다. 장면은 그 때마다

"미군이 있는데, 어떻게 쿠데타를 하겠소?"

라는 말로 태연하게 대응했다. 장도영 육군참모총장이 쿠데타 정보를 입수하고도 이를 묵살했기 때문이다. 당시 미국 정보국과 장총리의 고문이었던 위태커는 장도영 참모총장이 정보를 확보했음에도 불구하고 쿠데타 세력을 이용하기 위해 이러한 행동을 했을 거라 보았다.

장면 내각의 무능력과 사회의 혼란을 이유로 박정희는 제6군단 포병여단, 해병대, 제1공수특전단 등을 동원해 청와대를 장악하기로 하고 거사일을 5월 8일로 정했지만, 4 · 19혁명으로 실행에 옮기지 못했다. 박정희는 1960년 부산 군수기지 사령관 역임 후 제2군사령부 부사령관을 역임하면서, 군내 부패행위에 항거하다가 중령에

서 예편된 김종필 등을 비롯한 지지 세력을 규합했다. 그리고 장면 내각에 불평, 불만이 많던 윤치영, 임영신, 임병직 등의 지지를 이끌어내는 데 성공했다.

2) 거사 이유

군 내부의 알력 다툼과 인사적체로 인한 불만을 쿠데타의 원인으로 보는 사람들도 있다. 당시 국군은 광복군과 중국군 출신, 일본군 출신, 만주군 출신, 함경도파, 서북파 등 여러 군벌로 형성되어 있었다. 창군 직후에는 광복군과 중국군 출신이 중용되었으나, 이들은 김구와 정치적으로 매우 긴밀한 관계에 있었으므로 이승만 정권 출범과 함께 주요 요직에서 제거되었다.

이후 이승만은 일본군 출신을 중용했고, 훗날 이들의 세력이 비대해지자 다시 만주군 출신을 중용해 일본군 출신을 제거했다. 이런 와중에 박정희는 주류 세력에 편승하지 못했고 그와 함께 육사 5기, 육사 8기도 소외되어 승진할 수 없었다. 군사혁명위원회의 주축을 이루고 있는 이들 세력은 장면 내각의 정치력 부재와 이로 인한 사회 · 경제적 혼란, 그리고 군 내부 인사들의 불만이 응축되어 쿠데타를 일으켰다고 주장한다.

3) 거 사

1961년 5월 16일 새벽 3시 제2군사령부 부사령관인 소장 박정희와 육사 3~5기생 주도 세력은 장교 250여 명 및 부사관과 병 3,500

여 명과 함께 한강을 도하해 서울의 주요기관을 점령했다. 군사혁명위원회 부의장 박정희는 육군참모총장 장도영을 의장으로 추대하고 전권을 장악, 정변의 성공과 6개 항의 '혁명공약' 을 발표했다.

헌법상의 국정, 국군통솔권은 국무총리인 장면에게 있었다. 새벽 4시경, 장면 총리는 장도영의 전화를 받고 미국 대사관으로 향했지만 들어갈 수가 없었다. 카르멜 수도원으로 피신한 장면 총리는 미국에 사태 진압을 요청했다. 윤보선 대통령 역시 장도영으로부터 정변이 발생했으니 피신하라는 연락을 받았지만, 국제연합군 사령관 매그루더와 주한 미 대리대사 그린은 대통령을 접견하는 자리에서 무력으로 쿠데타를 진압할 것을 건의했다. 특히 국제연합군 사령관 매그루더는 쿠데타 세력을 인정하지 않고 진압명령서에

"사인만 하시면 반란군을 진압하겠다."

고 했으나, 윤보선은

"국군끼리 전투를 벌여 서울이 불바다가 되면 북한의 공산군이 기회를 노려 남침한다."

면서 끝까지 반대했다. 주한 미국 대사 그린은 마지막으로

"각하의 이번 결정으로 한국은 오랫동안 군부통치가 계속될 것입니다."

라고 말했다. 그러나 윤보선은 계엄령 사후추인과 정변 지지성명 발표 요구를 모두 거절했다. '싸움을 피하기 위해, 그리고 장면 내각에 대한 적개심' 때문에 윤보선이 진압을 거부했다는 분석도 있다.

4) 하야와 번복

5월 17일 장도영과 박정희는 매그루더 장군을 만났다. 이 자리에서 박정희 소장은 군대를 원대복귀시키지 않겠다는 의지를 단호하게 밝혔다. 5월 18일, 카르멜 수도원에 숨어 있던 장면 총리가 사퇴하자, 박정희는 유원식(兪原植)을 데리고 청와대로 찾아갔다. 윤보선 대통령은 쿠데타 군을 진압하기보다,

"올 것이 왔다."

며 체념하는 태도를 취했다. 5월 20일, 군사혁명위원회가 국가재건최고회의로 개편되고 장도영을 헌법에도 없는 '내각수반'으로 임명했다. 1961년 5월 19일, 대통령 윤보선은 오후 8시 30분 방송을 통해 하야성명을 발표했다.

금번 군사 쿠데타가 발생하면서 나는 무엇보다도 귀중한 인명의 희생이 없기를 바랐으며, 순조롭게 수습되기를 희망했습니다. 다행히 하늘은 우리를 도와서 무사하게 이 나라의 일을 군사혁명위원회의 사람들이 맡아서 보게 했으며, 국민 여러분이 또한 커다란 기대를 가지고 있다는 것을 알게 된 나는 지금 안심하고 이 자리를 물러나겠습니다. 아무쪼록 군사혁명위원회의 사람들은 그 소신과 충성을 다해 이 나라를 발전시키고 이 국민을 하루 속히 궁핍에서 건져내 주기를 바라며, 나의 친애하는 국민 여러분이 적극적으로 이에 협조해 주실 것을 간곡히 부탁하는 바입니다.

5월 19일 밤, 박정희와 장도영이 청와대를 찾아가 윤보선의 사퇴를 만류했다. 5월 20일 상오, 외무부 차관 김용식이 윤보선에게

"유일한 헌법기관인 대통령의 이 시점에서의 하야는 국제법상 새 정부의 승인문제를 복잡하게 할 우려가 있습니다."

고 보고했다. 김용식은 이 점을 박정희에게도 설명했다. 5월 20일 오후 2시, 윤보선, 박정희, 장도영, 김용식 4자 회담이 열렸다. 이 자리에서 김용식은 다시

"만일 각하가 사임한 뒤 이북이 남침하면 외국과 유엔에 호소하려 해도 대한민국을 대표해 호소할 기관이 없습니다."

며 사임 재고를 요청했다. 윤보선은 5월 20일 오후 6시, 예정돼 있던 고별회견 대신

"국가재건최고회의에서 하야하겠다는 나의 결정이 국제적, 국내적으로 영향이 크다 하므로 나라 일을 해친다는 것은 옳지 않다고 생각해 만부득이 이 나라 형편을 생각해 번의해야 할 것 같습니다."

며 하야를 번복, 번의 회견을 했다. 윤보선의 사퇴번복은 후일 그가 군사정권에 협력했거나 내통했다는 정적들의 공격의 원인이 되었다.

5) 거사 성공

국방부장관 현석호를 비롯한 각 부서의 장관, 차관, 처장급 인사들이 줄줄이 가택에서 체포되거나 연행되는 형식으로 청와대에 끌

려갔다, 그들과 함께 접견실에서 박정희, 장도영 등을 만난 대통령 윤보선은

"올 것이 왔구나."

라는 말로 입을 열었다. 혼자 하는 말이었지만 소리가 워낙 커 다른 사람들도 그 말을 들었다. 민주당 신파의 각료인 정일형, 현석호 등은 윤보선의 발언을 듣고 경악했다. 현석호는 회고록에서 윤보선은 이 말에 이어

"나라를 구하는 길은 이 길밖에 없었다."

"장면 정부에 비난을 퍼붓고 박정희의 거사에 찬사를 보냈다."

라 말했다고 기록하고 있다. 5월 16일. 혁명위원회 포고 제4호로써 민의원, 참의원 및 지방의원 등 대의원 헌법기관은 해산되었고, 5월 22일, 국가재건최고회의 포고 제6호에 의해 정당 및 사회단체는 해산되어 정치활동이 완전히 금지되었다. 따라서 민주적으로 선출된 장면 내각은 붕괴되었고, 국가재건최고회의에 의한 약 3년간의 군정통치가 이루어졌다. 정변 초기, 미8군 사령관 C. B. 매그루더, 야전사령관, 이한림 등의 반대로 난관에 부딪히기도 했으나 미국 정부의 신속한 지지 의사 표명과 장면 내각의 책임 자각형 총사퇴, 그리고 대통령 윤보선의 체념 등에 의해 5 · 16군사정변은 성공했다.

5월 20일. 장도영이 내각수반이 되면서 박정희는 군사혁명위원회 의장에 취임해 혁명위원회를 국가재건최고회의로 개편했다. 국가재건최고회의는 5 · 16 군사정변 이후 정변 주도세력이 5월 18일에 군사혁명위원회를 개편해 만든 통치기구다. 입법, 사법, 행정 3

권을 장악한 최고통치기구였으며, 1963년 12월 17일 제3공화국이 수립되면서 해체되었다. 군정기간 중 정변세력은 특수범죄처벌법, 정치활동정화법 등의 법적 조치를 통해 정치적 반대세력과 군부 내의 반대파까지 제거했다.

또한 핵심권력기구로서 중앙정보부를 설치하고, 민주공화당을 창당해 대통령제 복귀 등을 골자로 하는 헌법개정을 했다. 5·16 군사정변으로 집권한 의장 박정희는 조만간 원대복귀하겠다던 애초의 혁명공약 제6조를 추후 번복하고, 1963년 대통령 선거에 출마해 현직 대통령이었던 윤보선을 물리치고 제5대 대통령에 취임했다. 이후, 박정희는 6대 대통령 선거에서도 윤보선을 물리치고 승리했다.

25. 야당의 정당 변천사

1) 민주당에서 신민당까지

1963년 1월 1일. 정치활동이 재개되자 야권에서도 새로운 정당을 만들려는 움직임이 일어나고, 재야세력의 이합집산은 다시금 복잡한 양상으로 전개되기 시작했다. 1월 9일. 윤보선, 김병로, 이 인, 전진한 등 이른바 4자회담으로 신당의 창당이 구체화되었다. 전민주당계의 박순천, 홍익표는 단일 야당의 선행조건으로 대통령 후보 사전합의를 주장하고 윤보선, 김병로, 이 인 등은 대통령 후보에 출마하지 않고 순수 재야인사들을 옹립할 것을 제의했지만 수용되지 않았다.

1월 17일. 윤보선, 김병로 등은 성명을 내고 범야 단일정당 대열에서 이탈했다. 1월 27일. 전신민당계, 전자유당계, 전민주당계 일부, 그리고 무소속 등이 모여 민정당을 창당했다. 그러나 민정당은 신민계와 비신민계의 암투가 있을 뿐 아니라 김도연, 소선규의 구 한국민주당 정통파와 유진산 등의 대립이 나타나기 시작했다. 한편, 민정당 창당 과정에서 이탈한 박순천을 중심으로 한 세력들은 민주당을 재건했다.

민주당과의 합작에는 실패했지만, 가칭 신정당 위원장 허정(許政)과 민정당 대표최고위원 김병로(金炳魯) 등을 중심으로 야당통합문제가 제기되어 1963년 7월 18일. 김병로, 허정과 가칭 민우당(民友黨) 고문 이범석(李範奭)이 무조건 통합을 다짐하는 공동성명을 발표함으로써 이들 3자와 무소속의 통합이 급진전되었다.

8월 1일. 창당발기인대회를 열어 김병로, 허정, 이범석을 대표위원으로 선출하고 9월 10일. 정당등록을 함으로써 국민의 당이 창당되었다. 9월 13일. 윤보선(尹潽善)을 대통령 후보로 지명해 민정당이 이탈하자, 국민의 당은 제5대 대통령 선거에서 비민정당계와 김병로계에 속한 일부 민정당계 대의원만으로 허정을 후보로 지명했다. 두 차례 선거에서 패배한 국민의 당은 대표최고위원 김병로의 정계은퇴와 이범석의 탈당으로 이어졌다. 1964년 9월 17일. 국민의 당은 민주당에 흡수합당되었다.

1965년 5월 3일. 민정당과 민주당이 합당해 민중당을 창당했다. 야당통합으로 발족된 '민중당'은 제3공화국에서 야당제도의 터전을 마련하게 되었지만, 지도위원의 선출을 둘러싸고 민정당계의 윤보선계와 민주당계의 박순천계 간의 갈등을 드러냈다.

1965년 7월 14일. 임시국회에서 부의장 장경순(張坰淳)이 정부 제안의 한일협정 비준동의안과 베트남 파병 동의안을 전격적으로 발의시키고, 민중당이 비준동의안의 발의를 막지 못한 것을 문제삼아 윤보선계를 중심으로 한 당내 일부세력은 당해체결의서 서명 및 탈당계를 제출했다.

한일협정비준저지 방안에 대한 강경노선 지지자들은 원외투쟁을 전개할 태세였고, 온건노선 지지자들은 국회투쟁을 통해 정부 및 여당과 싸우는 것이 국회의원으로서의 책임을 다하는 것이라 주장했다. 윤보선은 탈당계를 제출함으로써 의원자격을 자동으로 상실했다.

1965년 8월. 국회의 한일협정 비준심의 특별위원회에서 공화당 의원만으로 비준동의가 처리되자 민중당 소속의원 61명은 의원직 사퇴서를 제출했다. 탈당 의원인 서민호(徐珉濠), 정일형(鄭一亨) 등이 주동이 되어 구자유당계 일부와 민주구락부, 한일회담 반대투쟁위원회, 학계, 종교계, 언론계 등 인사 및 예비역 장성들과 신당 창당을 준비했다. 1966년 5월 30일. 윤보선을 총재로 한 '신한당(新韓黨)' 이 창당되었다.

신한당은 윤보선 총재를 제6대 대통령 후보로 공식지명 공천했다. 신한당과 민중당의 반목은 계속되었다. 그리고 신한당 대통령 후보 윤보선과 민중당 대통령 후보 유진오 사이에 대통령 후보에는 윤보선, 당수에 유진오로 결정을 보아 1967년 2월 7일. 신민당이 창당되었다. 그러나 윤보선은 박정희에게 116만 표 차로 패배 낙선했다.

1969년 박정희의 3선 개헌안 공고로 정국은 파국으로 치달았다. 그런 가운데 신민당 소속 성낙현(成樂絃), 조흥만(曺興萬), 연주흠(延周欽) 등 세 의원의 3선개헌 지지성명이 나왔다. 신민당은 이들을 몰아내고 더 많은 이탈자의 확산방지를 위해 소속의원 전원이 유진오 총재에게 탈당계를 맡겼다. 당적을 상실하면 의원직을 상실하는 정당법 규정을 활용해, 1969년 9월 8일. 해당(解黨)하고 같은 날짜로 신민당(가칭) 창당준비위원회를 중앙선거관리위원회에 신고했다.

9월 20일. 창당전당대회를 열고 모든 요직과 체제를 그대로 승계했다. 전당대회에서 총재에 유진오를 다시 추대하고, 총재는 부총재에 유진산(수석), 정일형, 이재형(李載瀅), 조한백(趙漢栢)을 지명했다. 1970년 1월 16일. 임시전당대회를 개최해 당헌을 개정하고 대표위원으로 유진산을 선출했다. 제7대 대통령선거의 후보 지명을 위한 임시전당대회를 같은 해 9월 29일. 서울시민회관에서 개최, 김대중(金大中)이 후보에 당선되었다.

1971년 4월 27일. 대통령선거에서 김대중 후보는 539만 5,900표를 얻어 634만 2,828표를 얻은 박정희 후보에게 패했다. 그러나 1971년 5월 25일, 제8대 국회의원 선거에서 신민당은 지역구 당선자 65명과 전국구 당선자 24명 등 모두 89석을 확보해 여당과의 의석수 차이가 24석으로 강력한 야당이 되었다. 신민당은

"호헌선(護憲線) 확보는 민주국민의 승리요, 민주주의의 승리"

라고 국민에게 감사성명을 냈다. 1972년 10월 17일. 대통령특별선언에 따라 국회해산, 정당 및 정치활동의 중지 등 헌법 일부조항의 효력중지에 따라 정당활동이 중지되었다.

2) 고영완 관련 신문기사

〈1963년 4월 24일 경향신문〉

박순천씨 등록, 민주당 대표 변경

민주당은 24일 박순천씨를 당대표로 병경 등록했다. 민주당은 노진교씨의 당대표사임 신고와 함께 변경 신고를 중앙선관위에 제출했다. 한편, 민주당은 전민주당 소속 국회의원 141명 중 정치활동 미해금자와 사망자 등을 제외한 55명이 민주당 고수파라고 밝혔다. 민주당이 발표한 55명의 명단은 다음과 같다. * 민의원 = …정일형…고영완… 등

〈1963년 5월 9일 경향신문〉

민주당 상위 구성 – 민주당은 9일 상무위원 127명을 선임 발표했다. 이 가운데는 전국회의원 57명이 포함되어 있다. 민주당은 10일 첫 상무위원회를 열고 상위 정, 부의장과 7개 부, 차장 및 3개 분과위원장의 인선을 할 방침이다. 민주당 대변인 신상초씨는 당기구의 정상화에 따라

"5월 말에는 창당대회를 열 것"

이라고 말했다. 중앙상무위원 명단은 다음과 같다.

…고영완… 박순천… 등

〈1963년 6월 11일 경향신문〉

가칭 민우당

12일 창당 발기, 이범석, 안호상, 이윤영, 김두일, 문기선 등이 중심이 된 가칭 민우당은 12일 상오 창당발기선언을 한다. 민우당 준비대회는 19일 중에 있을 예정이라는데, 위원장에는 안호상씨나 이윤영씨가 물망에 오르고 있다.

〈1963년 8월 1일 경향신문〉

국민의 당 발기를 선언, 민정, 신정, 민우당 통합, 대표위원 김병로, 허정, 이범석씨 선출 민주적 민족주체세력 표방 – 군정세력에 대항하는 가장 강력한 야당인 '국민의 당' 이 1일 발족했다. 3당 통합을 추진해 온 야당 정치인들은 이 날 상오 9시 40분 시민회관 소강당에서 국민의 당 창당준비위원회 결성대회를 엶으로써 강력한 제1야당의 토대를 마련했다.

대회는 민정, 신정, 민우당의 영수인 김병로, 허정, 이범석 3씨를 만장일치로 대표위원으로 선출했으며, 수석대표위원에 최연장자인 김병로씨를 추대했다. 대회는 창당 취지문에서 "참된 민주주의의 기수가 될 것"을 강조하면서

"우리 스스로의 운명을 개척하려는 이 역사적인 행렬에 참가하자."

고 호소했다. 취지문은 또한 5 · 16군사정변 이후에

"무정견, 무절조한 강압정치로 민생은 구제 없는 도탄에서 울고 있다."

고 주장하면서

"온갖 구연, 구원, 아집, 파벌의식을 활활 타오르는 애국의 용광로 속에 집어넣어 새로운 민주주의적 민족주체세력을 형성"

할 것임을 다짐했다 이들은

"통합된 힘으로 민주터전을 확립하자."

"국민에게 안정과 희망을 주자."

는 것을 창당 발기의 표어로 내걸었다. 서범석, 장기영, 최규옥씨 등 3명의 의장단에 의해 주재된 대회는 별항과 같은 창당 취지문, 결의문, 규약 등을 만장일치로 채택했다. 대회는 63명의 발기인 – 3명의 각 당 영수와 각 정파에서 15명씩 선임 – 중 58명이 참석했다. 고영완은 기타 정파의 자격으로 – 민주당 소속 7명 참여- 창당발기인에 참여했다.

〈결의문〉

① 정부는 파탄에 직면하고 있는 국민경제, 특히 긴박한 식량 및 외화위기를 화급히 수습 대책을 강구 실천하라.

② 공명선거를 보장하기 위해 정당추천 선거위원의 각급 선거관리위원회의 참여를 용인함과 동시에 선거관계법 중 독소조항을 시급히 개정하라.

③ 선거의 자유 분위기를 조성하기 위해 계엄해제에 유보된 13개의 비상사태 수습을 위한 임시 특례법을 시급히 철폐하라.

④ 공명선거를 실천하기 위해 선거관리 내각을 조속히 구성하라.

⑤ 한, 일 국교정상화에 있어서는 지나친 굴종과 비밀의 장막을 즉시 거두고 정정당당하게 임하라. 재야 정당과 사전 협의 없는 국교 타결은 국민의 이름으로 이를 절대 배격한다.

〈1963년 8월 3일 경향신문〉

기획위원 등도 선출

대표위원 김병로, 허정, 이범석씨가 심사 선정한 위원회 별 명단은 다음과 같다.

정책의안위 = …고영완… 등

〈1963년 8월 17일 동아일보〉

각 지구조직책명단

전라남도 장흥 = 보류

보류경합자 장흥 = 김영태(민정), 박석교(신정), 고영완(무)

26. 마지막 정리(情理)

1) 유진산의 강권

5 · 16 군사정권의 정치규제법으로 정치인 고영완의 삶은 사실상 끝이 났다. 그는

"이제 정계를 은퇴하겠다. 국방 의무를 수행해야 할 군인들에 의해 헌정이 유린된 마당에 무슨 면목으로 국민 앞에 나설 것인가?"

라는 말을 남기고 친구들의 만류를 뿌리치고 고향인 장흥으로 낙향했다. 칩거하던 무계가 다시 정치의 문을 두드린 것은 1971년의 8대 국회의원 선거였다. 당시 야당 당수로 있던 민주당 구파 동지였던 유진산에 대한 의리와 강권에 못이겨 출마했지만 혁명주체세력으로 6, 7대 국회의원을 지낸 공화당 사무총장 출신의 길전식에게 패함으로써 그의 정치일생을 마감했다.

2) 고영완 관련 신문기사

〈1970년 7월 22일 동아일보〉

신민 4개 당 조직책 인준 – 신민당 정무회의는 21일 4개 사고당부의 조직책을 다음과 같이 인준했다. - 장흥 = 고영완

〈1971년 3월 9일 경향신문〉

확정된 신민 공천자 명단 - 장흥 = 고영완 57, 센슈대(專修大). 2, 5대 의원

〈1971년 5월 22일 동아일보〉

장흥. 여 장날 독점, 점조직으로 유격전 펴 - 후보자 1. 길전식(공화), 2. 고영완(신민), 4. 문숙렬(대중)

장흥은 공화당 길전식 후보와 신민당 고영완 후보가 열전을 벌리고 있는 곳. 공화당 길후보는 6, 7대 의원으로 현재 당무위원과 도지부장 자리를 맡고 있으며, 신민당 고후보는 2대와 5대 의원을 지냈고 특히 3, 4대 때는 600표와 4,000표 차로 자유당 후보에게 두 번 분루를 삼킨 전력이 있다.

길후보는 40대로 비교적 성실한 태도가 표를 모우는 데 도움이 되고, 50대의 고후보는 야당 정치인으로 일관된 지조와 선비와 같은 단아한 인품이 유권자들에게 어필하고 있는데, 어느편이나 정치 또는 생활면에 이렇다 할 큰 결함이 없는 것으로 지적되고 있다. 전열면에서 공화당은 9천명 내외의 당원을 기간조직으로 총동원하고 있으며, 신민당은 투표구책 이하는 '점조직' 으로 유격전을 벌리는 상태라는 것이며, 방계조직으로 길씨 문중은 100표 남짓한데, 고씨

문중은 1,200여 표와 씨족표 외에 농업기술학교 설립과 장학 및 육영사업에 도움을 주고 있는 것으로 보고 있다. 여야는 유세전에 신경을 써 공화당은 선거운동 개시일부터 선거일 전날까지 읍, 면의 장날과 시장터를 모두 차지해 매일 오전 11시부터 오후 2시까지, 오후 3시부터 오후 6시까지 이른바 유세의 골든아워를 독점, 신민당이 사용할 기회를 봉쇄했다는 비난을 사고 있다. 이에 따라 신민당은 장터 등에서는 공화당 유세기간 사이의 한 시간을 겨우 활용하고 있을 뿐이다.

신민당은 고영구 부위원장을 멀리 정읍 내장사까지 보내 김대중씨와 접촉 유세를 23일 하도록 날짜를 잡아놨는데, 공화당측에서는 이 유세가 어떤 영향을 끼칠지 긴장하고 있는 것 같다. 이런 가운데 신민당측은 면책 2명과 추천선관위원 아들이 폭행과 허위사실유포 구실로 경찰에 연행 조사를 받았다고 주장한 데 대해 공화당측은

> "일련의 사건은 야당이 도발했으나 선거운동기간 중이어서 당국에 요청 조용히 가라앉힌 것"

이라고 말하고 있다. 4 · 27 결과를 놓고 여당측은

> "유권자들이 그때는 정권이 바뀌는 줄 알고 표를 많이 찍었으나 이번에는 사정이 전혀 다르다."

고 말하고 있는 데 대해 신민당측은 4 · 27 당시의 야당 지지 붐이 더 강한 상태로 저류를 이루고 있다고 말하고 있다.

〈1971년 5월 26일 동아일보〉

곳곳서 투, 개표 말썽

신민 개표참관 거부 대전 을구, 부정사례 들어 무효선언, 국민당

은 퇴장 공화당만 입회 개표진행 시장인 찍힌 가짜 통지표 공화당원이 돌리다 발각, 5 · 25 총선의 투표가 끝나고 전국 153지역구의 개표가 시작되면서 대전 을구에선 신민당측이 '선거무효' 를 주장 개표 참관을 거부하고 데모를 벌렸으며, 경기도 광주에선 공화당 후보표가 신민당 후보의 뭉치 속에 섞여 있는 것이 발견돼 개표가 중단됐다.

또한 전북 고창에선 부재자투표 속에 모의투표지가 섞여 말썽이 됐고, 전남 순천, 승주 지역구 신민당 후보는 부재자투표에 의혹이 있다고 주장, 그 명부를 법원에 증거보전 신청했으며, 전남 광산에선 신민당 참관인 없이 투표된 투표함을 개표장에 들여놓지 못하게 막는 신민당원들의 데모가 벌어지는 등의 투, 개표 사고가 일어났다.

대전 을구의 신민당 김태용 후보는 25일 오후 7시경 개표 시작에 앞서, 이번 선거는 공화당에 의해 가짜투표용지까지 만들어지는 등 전면적인 부정선거라고 주장, 선거무효를 선언하고 개표 참관을 포기했다. 김후보는 부정사례로

① 공화당은 투표통지표를 무제한 발부해 대전시장의 직인이 찍힌 가짜투표통지표까지 만들어냈고

② 투표소 부근서 매표행위가 성행했고

③ 윤순원씨(대사동 산 3) 등 5명은 본인도 모르게 사전투표돼 표를 못 찍었고

④ 5인조, 7인조 등 인솔에 의한 투표가 자행됐다.

고 주장, 개표장에 들어가 이석조 선관위장에 신민당 참관증으로 모두 반납, 참관거부를 통보하고 퇴장했다.

국민당 송천영 후보도 "이번 선거는 부정선거"라고 주장, 참관을 포기하고 퇴장. 공화당측 참관인들만 참관한 가운데 개표가 진행되고 있다. 그런데 이 날 오후 4시 5분 부사동 제1투표소인 보운국민학교에서 공화당원 임봉추씨(32)가 가짜 투표지를 대량으로 몸에 숨기고 가지고 와 통지표가 없는 주민들에게 발부하고 있는 것을 신민당원들이 발견 경찰에 신병을 인계했는데, 현장에 온 경찰관은 임씨의 주머니에서 가짜 투표통지표 58장을 압수했으며, 신민당원들은 이에 앞서 가짜 투표통지표 70장을 빼앗았다. 이에 대해 부사1투표구 선관위원장 서(徐)정대씨는

"이 날 낮 4시 반경 투표통지표를 분실한 유권자들에게 주민등록증과 대조 신원이 확실한 경우 참관인들과 의논해서 투표종사원들이 통지표를 재발부토록 한 것"

이라고 말하고 있는데, 이 가짜통지표는 대전시장이 발부인으로 명기돼 있고 시장관인까지 찍혀 있었으나, 투표통지표 일련번호는 없었다.

〈1971년 5월 26일 경향신문〉

광산. 장흥 투표함 증거 보전

야 참관인 없이 투, 개표. [광주 광산] 광주지법은 26일 상오 전남, 광산지구 신민당 박자용 후보의 신청에 따라 광산군 삼도면 제3투표함을 증거 보전했다. 신민당측은 25일 상오 7시부터 이 투표구에서는 신민당측 참관인 없이 투표가 진행되었는데, 이 날 상오 10시까지 3시간 동안 전체의 95% 투표율을 보여 공화당의 부정이 개입되었다고 주장, 증거보전 신청했다. 신민당측은 이 밖에 동지구 48

개 투표함에도 부정이 있다고 주장, 투표함 증거보전신청을 하기로 했다.

한편, 박후보 등 100여 명의 신민당원들은 25일 상오 9시 송정읍 광산농협 앞에서 "부정선거 다시 하라."는 구호를 외치며 데모를 하다 긴급 출동한 경찰에 의해 이 날 하오 11시 50분 해산했다. 신민당측은 삼도면 제3투표소에서 신민당 참관인이 자리를 비운 25일 상오 7시부터 10시까지 3시간 동안 95%의 투표가 진행된 것은 부정선거라고 주장 25일 하오 10시 참관인 전원이 개표소에서 퇴장했는데, 선관위는 그대로 개표를 진행하고 있다.

광산서는 데모의 주동자인 신민당원 최경진씨(32) 등 8명을 연행했다 데모 도중 경찰의 곤봉에 맞아 박상배씨(34) 등 2명이 중상을 입고, 송정읍 심(沈)의원에 입원 가료 중이다. 이 날 신민당 당원의 데모를 취재하던 조선일보 사진부 임희순 기자(33)와 전남매일 사진부 염규정 기자(33)가 경찰 곤봉에 맞아 경상을 입었다. 두 기자의 카메라도 박살났다.

[장흥] 신민당 장흥지구 고영완 후보는 26일 투표함 48개를 광주지법 장흥지원에 증거보전 신청했다. 신민당 전남 장흥지구당은 이 날 상오 7시 20분 공화당이 시차제에 의한 공개투표를 했다고 주장 신민당 추천 선관위원 김만후씨(48) 등 2명과 참관인 고영일(42) 등 8명이 모두 퇴장했는데, 선관위는 그대로 개표를 진행했다.

27. 에필로그(epilogue)

1) 고영완의 독립유공자 및 국가유공자 포상

고영완은 40년이 지나서야 1982년 8월. 독립유공자로 포상되었다. 독립투사로 정치인으로 나라를 위해 평생을 바친 고영완. 과묵한 그가 남긴 몇 마디는 지금도 살아서 후학들을 깨우치고 있다.

"정치란 남을 위해 봉사하는 일이다. 남을 위할 마음이 생기지 않으면 정치를 하지 말아라."

"정적이라고 해서 미워해서는 안 된다. 우리가 왜놈들과 싸울 때는 의당 적개심에 불태워야 했지만, 같은 민족끼리 정치를 하면서 서로의 소신이 다르다고 해서 미워해서야 되겠는가?"

장흥문화원 윤수옥 원장은

"고영완 선생은 독립투사이자, 정치가이며, 독지가이자, 시대의 마지막 선비이기도 했다."

"선생은 정치를 했지만 이재에 밝은 작금의 정치가와는 달랐다.

그에게는 권모나 술수 같은 것은 아예 생각조차 할 수 없는 노릇 이었다."

고 장흥문화원에서 발간한 서적에서 기술하고 있다.

한 번은 정치노선을 바꾼 옛 동료 국회의원이 무계의 고택을 방문했다. 보통사람이라면 전, 후사를 물을 것이 없이 먼저 반가워서 어쩔 줄을 몰라 했을 텐데, 무계는 도통 말문을 열지 않았다. 혼자서 이 말 저 말을 하다가 돌아간 동료 국회의원은 문 밖까지 배웅 나온 무계의 장남에게

"아버님이 실어증에 걸린 것 같네. 병원에 모시고 가서 진찰을 받아보게."

하였다. 사실 무계의 말년은 고독했다. 뜻을 이해해 줄 만한 지기가 없었고, 대화를 나눌 만한 마땅한 벗도 없었다. 문화재로 지정된 자신의 고택에서 글씨 쓰는 일에 몰두했다. 당시(唐詩)를 음미하면서 당시에 나타난 시상(詩想)처럼 송백정(松栢井)과 주변의 풍광을 사랑하면서 말년을 보냈다.

2) 고영완 가옥 - 정화사(淨化舍)

장흥읍 평화리에 있는 고영완 가옥[13]은 1988년 3월 16일 전라남도 문화재 자료 제161호로 지정되었다. 고영완의 증조부 고언주가 1852년에 건립하고 조부 고재극이 증축한 무계 고택은 본래 정화사라는 암자 자리였다. 무계 고택은 일자형 겹집으로 목조 기와집이

다. 무계 고택의 뒤쪽에는 1862년 장흥민란[14] 당시 장흥민란의 괴수로 의금부에 압송된 무계의 5대조 국로 고제환(보성 군수 출신)이 살던 사랑채가 관군에 의해 불탄 이후 복원되지 않고 있다. 평화리의 정면에는 장흥군 수목군락지로 지정된 고영완 소유의 원림이 있다. 원림에는 송백정이라 불리는 연못이 있고, 연못 중앙에 작은 섬이 있으며, 둘레에는 소나무, 느티나무, 배롱나무, 대나무 등이 숲의 경치가 장관이다

고영완 가옥 - 정화사

3) 고영완 관련 신문기사

〈1982년 8월 14일 경향신문〉

독립유공 포상자 명단 - 대통령 표창 = 고영완(전남, 장흥, 평화 89) / 연희전문학생운동

〈1986년 6월 12일 매일경제〉

국가유공자 28명 포상

정부는 12일 상오 국무총리 대접견실에서 노신영 국무총리와 정관용 총무처장관, 김근수 보훈처장 및 국가유공자 단체장 등 60여명이 참석한 가운데 모범 국가유공자 28명에 대한 포상식을 가졌다. 이 날 포상식에는 국가유공자 및 그 가족들에게 무료진료와 장학금 지원 등을 해 온 한독종합병원장 서연익씨(71) 등 5명이 국민훈장을, 김홍제씨(57) 등 5명은 국민포상을, 이형옥씨(63) 등 8명은 대통령 표창을, 오금손씨(55) 등 10명은 국무총리 표창을 받았다. 모범 국가유공자들은 이 날 청와대를 예방하고 국방부장관과 국가보훈처장이 주재하는 오찬과 만찬에 참석했다.

* 대통령 표창 = 이형옥(55)··· 고영완(72) ···

〈1991년 8월 7일 동아일보〉

2, 5대 의원 고영완씨, 제2대와 제5대 국회의원(구, 민국. 민주당)을 지낸 고영완씨가 6일 새벽 5시 전남 장흥군 장흥읍 평화리 89 자택에서 숙환으로 별세했다. 향년 78세. 고 전의원은 장흥 군수를 역임한 뒤 전남 장흥에서 국회의원을 지냈으며, 애국지사 대통령표창과 건국훈장 애족장을 받기도 했다.

발인은 8일 오후 1시. 연락처(0665)-2-3546

* 주해(註解 13) 고영완 가옥 : 전남 장흥군 장흥읍 평화리, 전남문화재 자료 제161호, 안채는 정면 5칸, 측면 2칸의 건물이다. 1988년 3월 16일 전라남도문화재 자료 제161호로 지정되었다. 고영완의 고조부 고언주가 1852년 건립했으나 장흥민란 때 관군에 의해 화재를 당한 후 조부 고재극이 재증축했다. 원래 이곳에는 정화사(淨化寺)라는 절이 있어 정화사(淨化舍)라는 현판이 붙어 있다. 일(一)자형 겹집으로 남부지방에 흔한 목조 기와집이다. 안채는 정면 5칸, 측면 2칸에 전퇴를 둔 목조 기와 팔작지붕집이다.

1m 가량의 높은 축대 위에 외벌대의 기단으로 자리를 잡고, 다듬은 원형 주춧돌을 놓았으며 바깥기둥인 평주(平柱)는 원형으로, 안기둥인 고주(高柱)는 사각으로 세웠다. 기둥 위에는 첨차와 소로, 보아지, 주두 등으로 결구했으며, 그 위에는 다시 장혀와 팔각형 도리를 얹어서 서까래를 받쳤다. 양쪽 고주를 대들보로 연결했고, 그 위에 동자주를 세우고 중종보를 얹었으며, 다시 판대공을 얹고 위에다 장혀와 종도리를 놓아 지붕을 받쳤다. 가구(架構)는 2고주반(二高柱半) 8량가(八樑架)로 전형적인 주거 건축이나, 주택의 뒷면에 툇간 없이 전퇴 부분만 이용해 툇마루를 깔았다.

마을의 정면에는 장흥군 수목군락지로 지정되어 있는 고영완 소유의 원림이 있다. 원림에는 연못이 있고 가운데는 섬이 있으며, 둘레에는 소나무, 느티나무, 배롱나무, 대나무 등이 숲을 이룬다. 수목군락지를 오른쪽으로 돌아가면 남쪽에 낮은 산이 있는데, 그 앞에 본채가 북향으로 서 있다. 경사가 급한 대지에 건축되어서 기단이 3단으로 되어 있다. 제일 아래에는 대문과 하인방을, 그 다음 단에는 마당, 창고, 관리사를, 맨 윗단에는 본채, 양옥(예전에는 재실이었다고 함)을 배치했다.

* 주해(註解) 14) 장흥민란 : 1862년 (철종 13) 5월 13일에 일어난 농민봉기로 관이 농민들에게 전세, 대동세를 부과할 때 상당 부분을 추가 징수했다. 지역적 특성상 바다에 인접한 관계로 어민들에 대모갑(바다거북의 껍데기)을 공납하게 했는데, 어민들은 대모갑을 구하기가 어려워 화폐로 대납하게 되었다. 그러나 처음에는 40~50냥이던 것이 해마다 늘어 3,400냥이 되었다.

이 때문에 농민들이 봉기하게 되었다. 봉기에 참여한 숫자는 1.000여 명이었다. 고제환의 만류로 동헌의 습격은 유보하고, 농민수탈에 앞장섰던 자들의 집을 습격했다. 읍내의 향유 정방현, 임재성과 함께 향리인 오리의 가옥을 파괴하고 소화했다. 고제환이 압송된 후 아전 이향유가 수백 명을 모아서 고제환의 가옥을 불질렀으니 무법천지의 극을 이루었다. 주동자 고제환은 무반으로 관직에 올라 보성 군수를 지낸 양반 신분이었다.

중앙정부는 양반이 봉기를 주도한 점에 크게 충격을 받는 한편, 의금부 관헌을 파견해 고제환을 체포하고 곤장 30대를 친 후 유배를 보냈다. 그 외에 농민수탈에 앞장섰던 자들을 처벌하고 마무리했다. 장흥민란은 평화적인 방법으로 양반에 의해 봉기된 조선시대의 최초의 민란이란 점과 전후를 살핀 중앙정부의 사건처리가 매우 합리적이란 점에서 현대를 살아가는 우리들에게 교훈을 주고 있다.

■ 무계(霧溪) 고영완(高永完)의 약력

1914년 02월 11일

전라남도 장흥군 장흥읍 평화리 89번지에서

부친 고동석(高東錫)과 모친 백종규(白鍾圭)의 장남으로 태어남.

1925년	서석국민학교
1931년	중앙고보 졸업
1932년 03월	김복현(金福賢)과 결혼
1933년 09월	고병은(高秉殷) 장녀 출생
1935년 10월	고병선(高秉善) 장남 출생
1936년	일본센슈(專修)대학 수료
1937년 05월	고병관(高秉琯) 차남 출생
1939년 12월	조선학생동지회 결성, 전라도 총책으로 여동생 고영남(고완남)과 함께 활동
1941년	조선학생동지회 사건으로 여동생 고영남 (인촌의 자부, 고완남)과 함께 체포되어 함흥형무소에 수감
1942년 04월	고은숙(高殷淑) 차녀 출생
1943년 03월	함흥지방법원에서 1년 징역형 선고
1944년 03월	함흥형무소 출옥
1944년 04월	고병돈(高秉焞) 3남 출생

1945년	건국준비위원회 장흥지부장
1945년	미군정하의 초대 장흥 군수
1946년	장흥중학교 설립시 답(畓) 100두락(斗落) 희사
1946년 11월	조선민족청년단 청년간부 훈련
1947년 03월	고병학(高秉學) 4남 출생
1947년	독촉국민회 및 민족청년단 장흥군 지부장
1948년 05월 10일	제1대 민의원(국회의원) 선거 낙선 (전남 장흥군, 한민당)
1948년 11월 05일	초대감찰위원회(감사원 전신) 정보관 발령
1949년 07월	위원장 정인보와 함께 사퇴
1950년 05월 31일	제2대 민의원(국회의원) 선거 당선 (전남 장흥군, 민주국민당)
1954년 05월 02일	제3대 민의원(국회의원) 선거 낙선 (전남 장흥군, 민주국민당)
1954년	장흥농업기술학교 설립
1955년 09월	민주당 창당 중앙상무위원 및 조직부 차장 선임
1958년 05월 02일	제4대 민의원(국회의원) 선거 낙선 (전남 장흥군, 민주당)

1960년 07월 31일	제5대 민의원 (국회의원) 선거 당선 (전남 장흥군, 민주당)
1960년 10월 25일	민주당 구파, 신민당 창당했으나 민주당 잔류
1961년 02월 03일	민주당 내 신민당과 합당파 써클, 정안회(政安會) 활동
1961년 05월 16일	5 · 16군사정변으로 국회 해산. 정치활동 금지
1963년 05월 09일	정치활동 해금, 민주당 중앙상무위원
1963년 08월 01일	범야정당(민주당 불참) 기타 자격으로 국민의당 발기인 참여
1971년 05월 26일	제8대 국회의원 선거 낙선 (전남 장흥군, 신민당)
1973년 01월 17일	신민당 지도위원 선임
1982년 08월 14일	독립유공자 대통령 표창
1986년 06월 12일	국가유공자 대통령 표창
1991년 08월 06일	소천